Links und *rechts* im Wandel

Philipp Scherer

Links und *rechts* im Wandel

Zur Bedeutung und Relevanz der Richtungsbegriffe in Deutschland

Springer VS

Philipp Scherer
Fachbereich 03 – Gesellschaftswissenschaften
Johann Wolfgang Goethe-Universität
Frankfurt am Main, Deutschland

D 30

ISBN 978-3-658-30495-9 ISBN 978-3-658-30496-6 (eBook)
https://doi.org/10.1007/978-3-658-30496-6

Die Deutsche Nationalbibliothek verzeichnet diese Publikation in der Deutschen Nationalbibliografie; detaillierte bibliografische Daten sind im Internet über http://dnb.d-nb.de abrufbar.

Springer VS ist ein Imprint der eingetragenen Gesellschaft Springer Fachmedien Wiesbaden GmbH und ist ein Teil von Springer Nature.
Die Anschrift der Gesellschaft ist: Abraham-Lincoln-Str. 46, 65189 Wiesbaden, Germany

Für Verena und Mathilda

Danksagungen

Gras wächst nicht schneller, wenn man daran zieht.

(aus Afrika)

Es hat lange gedauert bis aus den einzelnen Halmen ein Rasen geworden ist. Umso mehr bin ich allen Menschen dankbar, die mir beim Gießen des Rasens zugeschaut und dabei nicht die Geduld verloren haben. Dabei denke ich als erstes an Professorin Sigrid Roßteutscher, PhD und danke ihr ganz herzlich für die vielfältige Unterstützung in den vergangenen Jahren. Auch Professor Dr. Thomas Zittel danke ich sehr, dass er die Begutachtung meiner Arbeit übernommen hat.

Ein großes Dankeschön gebührt auch Dr. Ina Bieber und Margarete Scherer, die immer ein offenes Ohr für mich hatten und mir sehr hilfreiche Anmerkungen auf dem Weg der Fertigstellung gegeben haben – inhaltlicher wie auch typographischer Natur. Ebenso wichtig war die Unterstützung von Dr. Evelyn Bytzek, die mir einen ersten Einblick in die Verfahren der Zeitreihenanalyse zuteil werden ließ.

Zu danken habe ich darüber hinaus allen studentischen Hilfskräften am Lehrstuhl von Sigrid Roßteutscher, die mir immer eine sehr große Hilfe waren, sei es beim Recherchieren, beim Datensammeln und -aufbereiten oder beim Korrekturlesen. Ein besonderer Dank geht dabei an Marcel Mertlik, der die Arbeit lektoriert hat, mir viele wertvolle Hinweise geben konnte und dafür gesorgt hat, dass der *rote Faden* sicher in meiner Hand geblieben ist. Nicht zuletzt seiner gründlichen Korrekturarbeit ist es zu verdanken, dass die Arbeit möglichst angenehm zu lesen ist.

Schließlich danke ich von ganzem Herzen meiner Frau, deren Geduld ich beim Schreiben und auf dem Weg zur Veröffentlichung dieser Arbeit übermäßig beansprucht habe. Sie hat mich dennoch jederzeit unterstützt und – wenn es mal nicht ganz so gut lief – wieder aufgemuntert.

Inhaltsverzeichnis

Der Anhang zu diesem Buch ist unter SpringerLink frei verfügbar.

Abbildungsverzeichnis

Tabellenverzeichnis

1. What's left & who's right?

Nur wenige Menschen werden auf die Frage, was sie am 23. April 1990 gemacht haben, eine Antwort wissen. Claus Modaleck ist einer dieser Menschen. Er weiß es und er denkt gerne an diesen Tag zurück. Modaleck stand, so erinnert er sich 20 Jahre später in einem Interview mit der Tageszeitung *Freie Presse* aus Chemnitz (Leuoth 2010), an besagtem Tag vor Journalist*innen* und verkündete das Ergebnis eines Bürgerentscheids. Auf Initiative von Modaleck und seinen Mitstreiter*innen* durfte die Bevölkerung von Karl-Marx-Stadt in den Wochen zuvor über den zukünftigen Namen ihrer Stadt abstimmen. Nach intensiver Überzeugungsarbeit konnten sie jubeln: Mit einem klaren Votum entschieden sich die Karl-Marx-Städter*innen* dafür, ihrer Stadt den alten Namen zurückzugeben. 37 Jahre nach dem Beschluss der DDR-Führung, die sächsische Industriemetropole umzubenennen, stand damit fest: „Karl-Marx-Stadt wird wieder Chemnitz heißen" (Leuoth 2010).

Doch nicht nur Karl-Marx-Stadt wurde Anfang der 1990er-Jahre umbenannt. An vielen Orten Mittel- und Osteuropas wurden die Namen kommunistischer Helden von Straßen sowie öffentlichen Gebäuden entfernt und ihre Denkmäler gestürzt. Ein frischer Wind wehte durch die sozialistischen Länder Europas. Nach dem Fall der Berliner Mauer und dem beschleunigten Zusammenbruch des Sowjetreichs schien „das Gespenst des Kommunismus" (Marx und Engels 1974: 461) endgültig besiegt. Für den amerikanischen Politikwissenschaftler Francis Fukuyama (1989) war damit gar das „Ende der Geschichte" erreicht. Fukuyama ging davon aus, dass mit „der völligen Erschöpfung aller Alternativen zum westlichen Liberalismus" (Fukuyama 1989: 3) die ideologische Evolution zu einem Ende gekommen sei und die liberale Demokratie die endgültige Regierungsform der Menschheit darstelle (Fukuyama 1989, 1992: 11).

Doch mit dem Fall der sozialistischen Regime in Europa verband sich nicht nur der Niedergang der kommunistischen Ideologie und eine Schwächung der politischen Linken auf globaler Ebene, sondern auch die Frage, welche Relevanz der klassischen Richtungsunterscheidung zwischen *links* und *rechts* in der zukünftigen unipolaren Welt überhaupt noch zukommt. „What's

P. Scherer, Links *und* rechts *im Wandel*,
https://doi.org/10.1007/978-3-658-30496-6_1

left?“ (Derber 1995; Lukes 1992; Rotbuch-Verlag 1993) wurde damit in doppelter Hinsicht zur Frage der Stunde: Was macht eine linke Identität nach dem Zusammenbruch des real existierenden Sozialismus aus? Und was ist geblieben vom Antagonismus zwischen der politischen Rechten und der politischen Linken (Derber 1995; Dietzel und Irmschler 1991; Dubiel 1994; Goldfarb 1990; Hoff 1993; Katznelson 1990; Lasch 1991: 13–39; Lukes 1990, 1992; Puntsch 1994; Ziebura 1996)?

Neu und besonders originell waren diese Debatten in den späten 1980er- und frühen 1990er-Jahren hingegen nicht mehr. Nachdem die Unterscheidung zwischen *links* und *rechts* seit Ende des Zweiten Weltkrieges mehrmals totgesagt wurde, gehören die Zweifel an der Funktionalität und politischen Relevanz des Richtungsschemas seit längerem zur Folklore der gesellschaftspolitischen Diskurse in vielen Demokratien der westlichen Welt, so auch in Deutschland.[1]

1.1. Der Links-Rechts-Gegensatz: eine angefochtene Unterscheidung?

Die ersten kritischen Auseinandersetzungen zur Relevanz des Links-Rechts-Schemas in der Bundesrepublik wurden schon gegen Ende der 1940er- und zu Beginn der 1950er-Jahre verfasst: Der Journalist Hans Baumgarten befand im November 1951 in der *Frankfurter Allgemeinen Zeitung (FAZ)*, dass *links* und *rechts* „Begriffe von vorgestern“ seien, „vage Bezeichnungen“, die „weder der heutigen noch der zukünftigen Politik“ weiterhelfen würden. Es werde vielmehr alles „schief, wenn man an Hand solcher Schlagworte Politik machen“ (Baumgarten 1951) wolle.[2]

1 Die These, dass die Links-Rechts-Unterscheidung an politischer Relevanz verloren hat, wurde nach Anthony Giddens (1999: 51) schon im späten 19. Jahrhundert aufgestellt. Das Copyright auf diese Behauptung schreibt Giddens dabei den französischen Solidaristen zu, einer „republikanisch-laizistische[n] Reformbewegung, die den Anspruch erhob, mit der Kategorie der Solidarität eine jenseits von Liberalismus und Kollektivismus angesiedelte eigenständige Sozialphilosophie etablieren zu können“ (Grosse Kracht 2007: 13; siehe auch Zoll 2000: 87–93). Ignazi (2003: 4) datiert eine erste deutliche Kritik am Links-Rechts-Gegensatz sogar noch früher. Das Richtungsschema sei schon im „*Dictionaire du politique*“ (ebenda, Hervorhebung im Original) von 1842 als eine altertümliche Unterscheidung bezeichnet worden, die viel von ihrem ehemaligen Wert verloren hätte (ebenda).

2 Im genauen Wortlaut schreibt Hans Baumgarten: „Das sind keine eindeutigen Begriffe mehr. Als man sie erfand, wollten die Rechten die Monarchie, die Linken die

Während den Ausführungen Baumgartens zur *Politikfähigkeit* der Links-Rechts-Unterscheidung noch wenig Aufmerksamkeit geschenkt wurde, verstärkte sich im Laufe der 1950er-Jahre das „Gerücht", nach dem „Begriffe wie ‚rechts' und ‚links' soziologisch überholt und politisch unbrauchbar wären" (Krüger 1963: Klappentext), zu einer breiten gesellschaftspolitischen Debatte (Dahrendorf 1963a; Krüger 1963; Schmidt 1963; Stoltenberg 1963). Die Feststellung, dass *links* und *rechts* zu diffusen Begriffen geworden sind, war dabei sehr eng mit der These von einem „Ende der Ideologie" (Bell 1961; Dahrendorf 1963b; Shils 1955; zusammenfassend Waxman 1968) verbunden, die seit Mitte der 1950er-Jahre zunächst in den Vereinigten Staaten, später auch im westlichen Europa popularisiert wurde: So sah es nach dem Ende der „ideologisch überhitzten" (Freeden 2003: 37) Zwischenkriegszeit kurzzeitig so aus, als seien die Massenideologien aus den westlichen Industriegesellschaften verschwunden (ebenda: 35–39).

Die Demokratie wurde in den Bevölkerungen ganz überwiegend als Regierungsform akzeptiert und anstelle der ideologischen Kämpfe der 1920er- und 1930er-Jahre etablierte sich ein weithin akzeptierter „liberale[r] Konsens zwischen Kapital, Arbeit und Staat" (Doering-Manteuffel und Raphael 2012: 35), der die Grundlagen für wirtschaftliches Wachstum und wohlfahrtsstaatliche Expansion bis in die 1970er-Jahre bildete (ebenda: 33-38). Dadurch, so eine verbreitete Annahme, seien die Klassengegensätze in „hohem Maße abgemildert" (Kühnl 1967: 1166) und soziale Fragen „im großen und ganzen partei-indifferent geworden" (Dahrendorf 1963a: 39), so dass ein Verschwimmen zwischen linken und rechten Positionen und Politikentwürfen eingetreten sei. Aus heutiger Perspektive lässt sich davon sprechen, dass sich der Links-Rechts-Gegensatz in dieser Zeit von einem innerstaatlichen Verteilungs- zu einem außenpolitischen Systemkonflikt ausgedehnt hat: Die Sowjetunion und ihre Satellitenstaaten stellten den neuen und gemeinsamen klassenübergreifenden ideologischen Feind der westlichen Gesellschaften dar (Doering-Manteuffel und Raphael 2012: 35; Noël und Thérien 2008: 107–109, 122–127; Roßteutscher und Scherer 2013: 381).

Revolution. Die Rechten verlangten Schutzzölle, die Linken Freihandel. Die Rechten waren religiös, die Linken Materialisten. Die Rechten waren für die Landwirtschaft, die Linken für die Industrie. Die Rechten waren für eine glitzernde Wehrmacht, die Linke war pazifistisch. Die Rechte war für den Föderalismus, die Linke war unitarisch. Die Rechte war arbeiterfeindlich, die Linke sah nur Bourgeois und Ausbeuter. Welcher dieser Kontraste läßt sich auf die ‚Rechte', als die [Kurt] Schumacher die Christlich-Demokratische Union ansieht, und auf die ‚Linke', deren Stellung er seiner eigenen Partei zuweist, übertragen? Nichts stimmt mehr. Alles wird schief, wenn man an Hand solcher Schlagworte Politik machen wollte" (Baumgarten 1951).

Obwohl schon wenig später im Zuge der studentischen Proteste Ende der 1960er-Jahre ein „rote[s] Jahrzehnt" (Koenen 2001) begann und eine politische Reideologisierung in den wohlfahrtsstaatlichen Demokratien des Westens einsetzte, blieb das Unbehagen an der dichotomen Aufteilung des politischen Raumes bei vielen gesellschaftlichen Eliten bestehen: Es wurde zunehmend die Meinung vertreten, dass die „ordinäre[n] Langweilereien" (Harpprecht 1964: 135) *links* und *rechts* nur noch „Leerformeln der Kämpfe des 19. Jahrhunderts" (Rohrmoser 1974: 100) seien, durch die politische Wirklichkeit „mehr verschleiert als gedeutet" (ebenda) werde. Anstatt politische Orientierungshilfen darzustellen, würden die beiden Begriffe vielmehr „Wegweisern" ähneln, „die im Krieg von Saboteuren aufgestellt, ausgetauscht oder vernichtet werden, um die feindlichen Truppen irrezuführen" (Habe, zitiert nach Hoff 1993: 11). Dementsprechend konstatiert auch der deutsche Philosoph Robert Spaemann 1982 in einem Beitrag für die Neue Züricher Zeitung, dass die beiden Richtungsbegriffe nicht mehr als „Ausdruck der fundamentalen politischen Alternativen unserer Epoche" (Spaemann, zitiert nach Hoff 1993: 12) angesehen werden könnten.[3]

Im Gegensatz zu den Debatten in den 1950er- und 1960er-Jahren, wurde das vermeintliche Ende von *links* und *rechts* in der sozialwissenschaftlichen Diagnose der 1970er- und 1980er-Jahre nicht mehr in erster Linie mit einer „Erschöpfung der Ideologien" (Bell 1961) in Verbindung gebracht, sondern vielmehr als die Folge eines Wandels des Werteuniversums in den westlichen Industriegesellschaften angesehen (zusammenfassend Murphy u. a. 1981). Diese „stille Revolution" führe, so die Annahme Ingleharts (1971, 1977), zu einer Ausdifferenzierung der gesellschaftlichen Werthaltungen. So würden in den westlichen Industriegesellschaften seit Mitte der 1960er-Jahre postmaterialistische Werthaltungen, die im Streben nach Selbstentfaltung, politischer Teilhabe und gesellschaftlicher Emanzipation ihren Ausdruck finden, zunehmend in Konkurrenz zu materialistischen Werthaltungen, wie sie Pflicht- und Akzeptanzwerte darstellen, treten und diese verdrängen (siehe auch Klages 1985, 1988; Roßteutscher 2004; Scherer und Roßteutscher 2020: 211–214). In Folge dieser Transformationen entfalteten sich neue gesellschaftliche Konflikte, die quer zu den klassischen mit *links* und *rechts* verbundenen Semantiken standen und die Richtungsunterscheidung mehrdeutig werden ließ. „*Links* oder *rechts*?" ist seither nicht mehr nur eine Frage gesellschaftlicher Teilha-

3 Die hier zitierten Aussagen sind weitgehend dem Buch „Rechts und Links – zwei Schlagworte auf dem Prüfstand" von Klaus Hoff (1993: 11–12) entnommen. Neben diesen finden sich darin noch weitere kritische Statements zur Relevanz der Links-Rechts-Unterscheidung.

be und ökonomischer Gleichheit, sondern spiegelt sich zunehmend auch in dem Konflikt zwischen ökologischer Nachhaltigkeit und dem Streben nach wirtschaftlichem Wachstum wider (Kitschelt und Hellemans 1990; Knutsen 1995: 87; Noël und Thérien 2008: 210–215).

Diese Entwicklung befeuerte darüber hinaus die These, dass die beiden Vokabeln durch die Pluralisierung ihrer Semantiken zu inhaltsleeren Formeln geronnen seien und nicht mehr nachvollzogen werden könne, was ein Individuum mit *links* und/oder *rechts* inhaltlich assoziiere:

> „Jedenfalls ist der politische Raum kaum mehr zu überschauen, da Individuen, soziale Gruppen und Parteien zum Beispiel gleichzeitig ‚links' im Sinne eines Wertekonfliktes und ‚rechts' im Sinne eines anderen Gegensatzes sein können. So lässt eine auf der Aggregatebene erfasste politische Ideologisierung nicht mehr zweifelsfrei entschlüsseln, welche Normen und Werte einen Menschen dazu bringen, sich an einem bestimmten Punkt der Links-rechts-Achse zu positionieren" (Roßteutscher und Scherer 2013: 382).

An diesem Punkt knüpfen die Überlegungen von Ulrich Beck (1993: 85–91, 229–234, 2002: 390–402) an, der nach der Öffnung des Eisernen Vorhangs zusammen mit Anthony Giddens (1997, 1999, 2001) zu den prominentesten Kritikern der Links-Rechts-Unterscheidung zu zählen ist und den Diskurs zunehmend auch für normative Argumentationen geöffnet hat. Nach Ulrich Becks Auffassung haben die politischen und gesellschaftlichen Wandlungsprozesse seit den späten 1960er-Jahren die Funktionalität der Richtungsvokabeln nachhaltig erodieren lassen. Zwar bestätige die empirische Politikwissenschaft „die Relevanz und Signifikanz des Rechts-Links-Schemas in der Wahrnehmung der Bevölkerung", doch hätten die Befragten wie die Befrager einfach keine Alternative, so dass „sie sich mit den Begriffskrücken der Vergangenheit, deren Unangemessenheit und Antiquiertheit sie selbst schon deutlich spüren" (Beck 1993: 231), behelfen müssten. Zwar sei „[d]ie politische Rechts-Links-Metapher [...] wohl unüberwindlich", doch ließe sich der politische Raum in den postindustriellen Demokratien des Westens eigentlich viel besser in den Dichotomien „*sicher-unsicher*, *innen-außen*, *politisch-unpolitisch*" (ebenda, Hervorhebung im Original, siehe auch 85–91) beschreiben. Eine Neukartierung des politischen Raumes ist in den Augen von Beck notwendig, da „die politischen Spannungen der reflexiven Moderne[4], die schon hinter den eingeschliffenen Altgegensätzen rumoren" (ebenda: 85, Fußnote vom Verfasser ergänzt) erst dann begriffen werden könnten, „wenn es gelingt, das

4 Zum Begriff der *reflexiven Modernisierung* siehe Beck (1993: 57–98, 1996a, 1996b).

Links-Rechts-Monopol des Politischen [...] durch Alternativen aufzubrechen" (ebenda). Schließlich, so stellt er in einem späteren Werk fest, sei in Folge von (reflexiven)[5] Modernisierungs- und Globalisierungsprozessen aus dem klaren Gegensatz von *links* und *rechts*, der die nationalstaatlich organisierte Politik der Industriemoderne geprägt habe, ein „sowohl links als auch rechts" (Beck 2009: 390) geworden. Die Funktionalität und politische Relevanz des Richtungsschemas ist demnach nicht zuletzt dadurch eingeschränkt, dass in einer globalisierten Welt viele Werthaltungen, politische Positionen und Akteur*innen* nicht mehr eindeutig entweder *links* oder *rechts* zugeordnet werden können:

> "Die Absorptionsversuche der weltpolitischen Gegensätze in die nationalstaatliche Politikarithmetik der Ersten Moderne verändert die etablierte Entgegensetzung von Links und Rechts *bis zur Unkenntlichkeit*" (ebenda: 393, Hervorhebung im Original).

Eine ähnliche Argumentation verfolgt auch der Münchner Soziologe Armin Nassehi (2015), der zwar konstatiert, dass es „nicht nur politisch naiv, sondern auch empirisch sehr gewagt" wäre, „zu behaupten, rechts und links machen keinen Unterschied" (ebenda: 26). Doch sieht Nassehi in der empirischen Validität der beiden Vokabeln eher ein Problem, denn einen Vorteil. So bringe die „Unterscheidung womöglich mehr Ordnung in die Welt [...], als es für eine angemessene Beschreibung ihrer Komplexität und inneren Widersprüchlichkeit zuträglich" sei.[6] Darüber hinaus gibt er zu bedenken, dass *rechts* als eine politische Kategorie der Selbstbeschreibung, trotz sichtbarer Zunahme „genuin rechte[r] Orientierungen" (ebenda: 27), wie sie beispielsweise von der *PEGIDA-Bewegung* vertreten werden, abhanden gekommen sei: „Denn gerade *rechts* will heute niemand sein" (ebenda: 28–29, Hervorhebung im Original). Anstelle der Begriffe *links* und *rechts*, aber auch *konservativ* und *progressiv* sei es demzufolge notwendig, eine alternative „Beschreibungsmöglichkeit für die Komplexitätsprobleme der Gesellschaft" (ebenda: 27) zu finden.

5 In den späteren Werken Becks kommen die Begriffe *reflexive Modernisierung* und *reflexive Moderne* nicht mehr vor. Stattdessen unterscheidet er zwischen einer *ersten* und einer *zweiten Moderne*. Wobei die *erste Moderne* das Industriezeitalter beschreibt und die *zweite Moderne* den Begriff der *reflexiven Moderne* ersetzt. Zur Unterscheidung der Deutungskonzepte *Moderne*, *Postmoderne* und *zweite* oder *reflexive Moderne* siehe Rödder (2009).

6 Eine vergleichbare Sichtweise findet sich auch bei Steven Lukes (1992), der konstatiert, dass die Links-Rechts-Unterscheidung zunehmend in Frage gestellt würde, weil „contemporary politics is said to be too complicated for this simple dualistic schema".

Auch Anthony Giddens, Vordenker der Politik *New Labours* in Großbritannien, plädiert dafür, die Vorstellung zu überwinden, dass „der Links-Rechts-Gegensatz [...] die einzige und absolute Grenzscheide in der Politik" (Giddens 2001: 47) ist. „Links und Rechts", so Giddens, würden zwar „sicherlich nicht verschwinden", doch sei die Unterscheidung „heutzutage weniger zwingend als früher" (ebenda). Da sich „[d]ie Trennlinie zwischen Links und Rechts" verschoben hätte „und viele politische Probleme und Fragen [...] nicht mehr in dieses Schema" passen würden, wäre es „ein entscheidender Fehler, sie dort alle hineinpressen zu wollen" (ebenda: 48). Giddens sieht die Gründe für die zunehmende Unangemessenheit des Links-Rechts-Schemas ganz unmittelbar in den „Ereignisse[n] von ‚1989 und danach'" (ebenda: 60). So sei „[d]ie Unterscheidung zwischen Links und Rechts [...] Ausdruck einer Welt" gewesen, „in der man glaubte, den Kapitalismus überwinden zu können, und in der das politische Leben stark vom Klassenkonflikt bestimmt wurde" (ebenda: 48). Doch dies treffe heutzutage beides nicht mehr zu: „‚Radikal-Demokratisch' ist nicht mehr mit ‚links sein' gleichzusetzen" (ebenda). Diese Erkenntnis lässt ihn zu dem Schluss kommen, dass moderne sozialdemokratische Politik in postindustriellen Gesellschaften jenseits von linken Dogmen die politische Mitte ansprechen und einen *dritten Weg* formulieren müsse, um erfolgreich zu sein (Giddens 1999).[7]

Doch in der Debatte um eine Modernisierungs-Vision für die sozialdemokratischen/sozialistischen Parteien in Westeuropa, sind durchaus auch kritische Stimmen zu vernehmen: Eine entgegengesetzte Position nimmt etwa Chantal Mouffe ein, die dafür plädiert, den Links-Rechts-Gegensatz wieder zu stärken.

7 Für eine Transzendierung des Links-Rechts-Gegensatzes spricht sich schon Dolf Sternberg in einem *FAZ*-Kommentar aus den Jahr 1987 aus. Sternberg diskutiert darin die Wiederherstellung der Links-Rechts-Unterscheidung im Angesicht der damals aktuellen Abrüstungsdebatte. Demnach habe es den Anschein, als würde sich in Deutschland im Zuge der Abrüstungsdebatte ein „altes Muster" wiederherstellen, in der Form, dass „links die Partei der Abrüstung, rechts die Partei der Sicherheit" stehe. Entgegen dieser Rekonstruktion der Links-Rechts-Unterscheidung sei es jedoch notwendig, dass „wir [...] allesamt rechts und links zugleich denken und handeln, auch in der Bundesrepublik Deutschland." Denn „die Aussicht auf atomare Abrüstung" sei zwar eröffnet und niemand werde sie versperren wollen. Aber es könne sein, „daß das Postulat der Sicherheit uns – schwer erfüllbar – eine Verstärkung der ‚konventionellen' Truppen und Waffen auferlegen" (Sternberg 1987: 1) werde. Auch Alain de Benoist (1995), Vordenker der französischen *neuen Rechten*, kommt zu dem Urteil, dass sich die Politik spätestens nach Ende des Ost-West-Konfliktes nicht mehr mit den beiden Richtungsvokabeln *links* und *rechts* beschreiben lasse und die „traditional dichotomy" (ebenda: 88) daher überwunden werden müsse: „It is not a matter of ‚neither Left nor Right' but of salvaging their best features. It is a matter of developing new political configurations transcending both."

Mouffe spricht sich dagegen aus, die Links-Rechts-Unterscheidung durch eine Politik des *dritten Weges* zu transzendieren (Mouffe 2007, 2008). Für sie stellt sich die Frage nach der politischen Relevanz des Richtungsschemas nicht in erster Linie aus einer empirischen Sichtweise, sondern aus einer normativen, demokratietheoretischen Perspektive heraus. Zwar würden in der politischen Praxis „die Kategorien von Links und Rechts zunehmend verschwimmen", doch sei dies eine andere Sache, als „aus diesem empirischen Faktum die These der Irrelevanz einer solchen Unterscheidung abzuleiten oder gar ein Werturteil bezüglich der Wünschbarkeit ihres Verschwindens" (Mouffe 2008: 115–116). Im Gegensatz zu Beck und Giddens stellt die Links-Rechts-Unterscheidung für Mouffe auch in postindustriellen Dienstleistungs- und Informationsgesellschaften noch immer einen wichtigen Mechanismus der gesellschaftlichen Politisierung dar, der „die politische Mobilisierung von Leidenschaften innerhalb des Spektrums des demokratischen Prozesses zuläßt" (Mouffe 2007: 35).

Aus heutiger Perspektive erscheint die *giddens*sche Intervention auf kurze Sicht realpolitisch erfolgreich. Die Strategie, linke und rechte Politikentwürfe zu synthetisieren, half einigen sozialdemokratischen Parteien in Europa Ende der 1990er-Jahre die Regierungsverantwortung zu übernehmen, allen voran der britischen *Labour Party* und der deutschen *SPD* (Walter 2008: 48–49).[8] Auf lange Sicht hat die Politik der „Neuen Mitte" (Hombach 1998) die deutsche Sozialdemokratie jedoch in eine tiefe Identitätskrise gestürzt, so dass die ewig junge Frage „[w]as ist heute links?" (Drohsel 2009) spätestens mit Ende des rot-grünen Projektes im Herbst 2005 wieder Eingang in den deutschen Politikdiskurs gefunden hat (siehe auch Brie und Spehr 2006; Gabriel 2008; Rickens 2008).[9]

---

8 Es ist allerdings unklar, ob der Wahlsieg der *SPD* bei der Bundestagswahl 1998 tatsächlich dadurch zu Stande kam, dass die Partei mit ihrem Kurs der *Neuen Mitte* neue Wähler*innen*schichten gewinnen konnte (Elff 2000: 86–87). Elff und Roßteutscher (2011) weisen darauf hin, dass die *SPD* auch bei der Bundestagswahl 1998 „a party of people in lower-level dependent occupations" geblieben sei (ebenda: 115).

9 Ihren empirischen Ausdruck findet diese ideologische Entkernung der *SPD* darin, dass sich kaum noch gemeinsame Positionen zu politischen Sachfragen unter ihren Wähler*innen* ermitteln lassen (Bieber, Roßteutscher und Scherer 2015: 70–71): „Evidently, this should not mean that SPD voters have no opinions on core political issues; however, it signals that issue positions are hardly relevant for explaining a SPD vote decision" (ebenda: 70).

1.2. Erkenntnisinteresse und Fallauswahl

Tatsächlich deutet aus empirischer Perspektive wenig darauf hin, dass die Links-Rechts-Unterscheidung ihre hervorgehobene Stellung als zentrales Richtungsparadigma innerhalb des politischen Raumes verloren hätte. Die Ergebnisse von Umfragen zeigen, wie selbst der Links-Rechts-Kritiker Ulrich Beck (1993: 231) betont, dass es den Bürger*innen* der westlichen Demokratien nicht schwer fällt, auf dem Links-Rechts-Kontinuum die eigene Position zu bestimmen (Dalton 2010: 145–146; Freire und Kivistik 2013b: 64–65; Fuchs und Klingemann 1990: 207–210; Gibowski 1977: 610–613; Inglehart und Klingemann 1976: 247–252; Noël und Thérien 2008: 33–42; Scherer 2011: 27): Bei einer Befragung zur Bundestagswahl 2017 gelang dies über 90 Prozent der Teilnehmer*innen* (Scherer und Stövsand 2019: 220–221).

Seit den 1960er-Jahren konnte zudem im Rahmen einer Vielzahl von Untersuchungen ein deutlicher Zusammenhang zwischen der Links-Rechts-Selbsteinstufung und politischen Einstellungen oder politischem Verhalten gezeigt werden. Die Präferenzen der Wähler*innen* bei der Stimmabgabe lassen sich bis heute auch durch ihre Positionierung auf der Links-Rechts-Skala erklären (Barnes 1971; Brug 2010; Dalton 2010; van der Eijk, Schmitt und Binder 2005; Klingemann 1972; Klingemann und Pappi 1972; Laponce 1970; Gunther und Montero 2001: 126–129; Roßteutscher und Scherer 2014; Sani 1974; Scherer 2011; Scherer und Stövsand 2019).

Darüber hinaus werden die beiden Richtungsbegriffe in vielen europäischen Demokratien von einer Bevölkerungsmehrheit nicht nur als solche erkannt, sondern auch inhaltlich verstanden. Wird in Umfragen danach gefragt, was die politischen Begriffe *links* und *rechts* bedeuten, kann nur eine Minderheit diese Frage nicht beantworten (für Deutschland siehe: Bauer-Kaase 2001; Fuchs und Klingemann 1990; Gibowski 1977: 605–607; Klingemann 1982; Trüdinger und Bollow 2011; Wilamowitz-Moellendorff 1993; Züll, Scholz und Schmitt 2010).

Allerdings sind, wie Fuchs und Klingemann (1990: 207–210) zeigen konnten, mit Blick auf das Ausmaß der Vertrautheit mit dem Links-Rechts-Schema, kulturelle Unterschiede auszumachen. So waren die beiden Richtungsvokabeln während der 1970er-Jahre in Deutschland und den Niederlanden sowie mit Abstrichen auch in Großbritannien und Österreich (deutlich) stärker im Bewusstsein der Bürger*innen* verankert als in den Vereinigten Staaten (siehe auch Klingemann 1979: 229–230). Auch die Ergebnisse des *World Values Survey* (1999–2001) weisen auf kulturelle Differenzen bezüglich der Vertrautheit mit der Links-Rechts-Unterscheidung hin. Insbesondere in post-sowjetischen und muslimisch geprägten Ländern konnten/wollten sich überproportional viele Befragte nicht auf der Links-Rechts-Skala verorten (Noël und Thérien 2008: 33–42). Auch Freire und Kivistik (2013b) können zeigen, dass es länderspezifische Unterschiede hinsichtlich der Vertrautheit mit der Links-Rechts-Unterscheidung gibt. Sie führen diese Varianzen insbesondere auf zwei Faktoren zurück – der Länge demokratischer Traditionen eines Landes und dem Ausmaß der Pressefreiheit:

> „Overall, however, we found that LR recognition (for self and parties) is more socially and politically determined (at the individual level) in long consolidated democracies and in systems with more freedom of press than in new democracies and in systems with not so free media systems. Thus, both the age of the democratic regime and freedom of press explain cross country variation in the individual level determination of LR recognition across countries“ (ebenda: 85).

Neben länderspezifischen Differenzen zeigt sich in empirischen Untersuchungen zudem der Einfluss sozialer Prädispositionen (zum Beispiel Bildungsniveau oder politischem Interesse) auf das Verständnis und die Wahrnehmung der beiden Vokabeln durch die Befragten (Freire und Kivistik 2013b; Fuchs und Klingemann 1990: 207–210; Gibowski 1977: 610–613; Wilamowitz-Moellendorff 1993: 51–52).

Schon dieser kurze Blick auf einzelne Aspekte des wissenschaftlichen Diskurses um die Links-Rechts-Unterscheidung verdeutlicht deren Popularität als Untersuchungsgegenstand der empirisch ausgerichteten Politikwissenschaft. Dennoch wird die Stellung des Richtungsgegensatzes als Instrument zur Messung ideologischer Einstellungsmuster in der Politikwissenschaft durchaus kontrovers diskutiert. Im Zuge dieses Kapitels wird nun die Entwicklung der wissenschaftlichen Debatten über die Relevanz der Links-Rechts-Unterscheidung noch etwas ausführlicher dargelegt und die Fragestellungen der Arbeit näher erläutert.

1.2.1. Links und rechts im wissenschaftlichen Diskurs

In der empirisch orientierten politischen Soziologie hat sich die Links-Rechts-Skala seit den 1960er-Jahren, als Standardinstrument zur Messung ideologischer Einstellungsmuster etabliert (Mavrogordatos 1987: 334).[10] Dabei

10 Die Links-Rechts-Skala wurde erstmals Mitte der 1960er-Jahre durch das französischen Meinungsforschungsinstitutes SOFRES als Befragungsinstrument in

werden *links* und *rechts* nicht in erster Linie mit klassischen „Hochideologien“ (Lenk 1994: 27) – „formal systems of political thought“ (Feldman 2013: 591) – in Verbindung gebracht, sondern mit einem auf das Individuum ausgerichteten Ideologiebegriff verknüpft, der die Organisation politischer Grundüberzeugungen und Einstellungsmuster eines Menschen beschreibt (Arzheimer 2009: 91–92; Feldman 2013: 591). Die theoretische Fundierung dieses *behavioralistisch*[11] ausgerichteten Ideologiebegriffes wird dabei gewöhnlich mit den Arbeiten von Robert Lane (1968: 15–16) und Philip Converse (1964: 206–214; siehe auch Campbell u. a. 1964: 192-194) verbunden (Arzheimer 2009: 91–92; Freeden 2003: 39–40; Fuchs und Klingemann 1990: 204): Ideologien werden im Sinne dieser Arbeiten als eher lose verknüpfte und bisweilen emotional aufgeladene politische Überzeugungen eines Menschen betrachtet (Arzheimer 2009: 91; Freeden 2003: 39–40). Diesen „‚latent‘ ideologies“ (Lane 1968: 16)[12] fehlt häufig eine innere Kohärenz,

einer Umfrage verwendet (Mavrogordatos 1987: 334). Die Erstnutzung fällt damit paradoxerweise genau in die Zeit, in der im Zuge der *End of Ideology*-Debatte die Zukunftsfähigkeit der beiden Vokabeln diskutiert wurde.

11 Der Behavioralismus stellt eine Strömung in der Politikwissenschaft dar, die sich nach Ende des Zweiten Weltkrieges zunächst in den Vereinigten Staaten, später auch in Deutschland, etablierte und eine nachhaltige Öffnung der politikwissenschaftlichen Forschung für quantitative Methoden nach sich zog. Anstelle klassischer, ideengeschichtlicher und institutionenzentrierter Fragestellungen, richtet sich das Augenmerk der behavioralistischen Politikwissenschaft ganz wesentlich auf die Erklärung und Analyse von individuellen, politischen Einstellungs- und Verhaltensmustern von Bürger*innen*, politischen Eliten, als auch kollektiven Akteuren (Arzheimer 2009: 83 und 91–92; Falter 2010: 76; Römmele und Kaina 2009: 11). Dies schließt die Untersuchung von „Voraussetzungen und Folgen“ politischen Handelns „für demokratische Politik- und Interessenvermittlung sowie für allgemeinverbindliche Entscheidungsfindung“ (Römmele und Kaina 2009: 11) mit ein. Diese Form der empirischen Forschung setzt sich besonders stark in der politischen Soziologie, insbesondere der Wahlforschung, durch, „deren schulenbildende Publikationen, wie etwa der American Voter, geradezu als paradigmatische Anwendungen b[ehavioralistischer] Forschung angesehen werden können“ (Falter 2010: 74).

12 Lane (1968: 16) unterscheidet zwischen *latenten* und *forensischen* Ideologien. Letztere stellen, im Gegensatz zu erstgenannten, ein klar strukturiertes und kohärentes Überzeugungssystem dar und werden von gut informierten Unterstützer*innen* klassischer Hochideologien – Marxismus, Faschismus, Liberalismus oder auch Konservatismus – bewusst vertreten. Eine ähnliche Unterscheidung findet sich implizit auch in den Ausführungen von Converse (1964: 210), der davon ausgeht, dass deutliche Unterschiede in der Wahrnehmung und im Verständnis von Weltanschauungen zwischen den Eliten und der Bevölkerung eines Landes vorherrschen: „Yet we know that many historical observations rest directly upon the assumption that constraint among idea-elements visible at an elite level is mirrored by the same lines of constraint in the belief systems of their less visible ‚supporters‘. It is our argument that this assumption not only can be, but is very likely to be, fallacious“ (ebenda).

sie sind in sich nicht widerspruchsfrei und werden gewöhnlich kaum reflektiert (Arzheimer 2009: 91; Arzheimer und Rudi 2007: 169). In theoretischen Modellen nehmen sie eine Scharnierfunktion zwischen den langfristig stabilen Werthaltungen eines Menschen und dessen Einstellungen zu politischen Sachfragen ein (Arzheimer 2009: 86).

Neben der methodologischen Individualisierung des Ideologiebegriffes verdankt die Links-Rechts-Unterscheidung ihre Etablierung als ein zentrales Konstrukt politikwissenschaftlicher Forschung noch einer weiteren Entwicklung: der Übernahme ökonomischer Erklärungsmodelle in die politische Wahl- und Einstellungsforschung (Mavrogordatos 1987: 334). Den entscheidenden Impuls dazu lieferte der amerikanische Sozialwissenschaftler Anthony Downs (1957) mit der Konzeption einer „Economic Theory of Democracy". In diesem auch unter dem Begriff *Rational-Choice* bekannten Ansatz werden ökonomische Axiome (Grundsätze) zu Erklärung politischen Verhaltens herangezogen (zusammenfassend Arzheimer und Schmitt 2014: 339–352).

Für die Etablierung der Links-Rechts-Unterscheidung innerhalb der politischen Soziologie spielte insbesondere die von Downs (1957: 96–163, insbesondere 114–141) vorgenommene räumliche Modellierung des demokratischen Parteienraumes eine entscheidende Rolle (Arzheimer und Schmitt 2014: 347–350; Mavrogordatos 1987: 334). Auf deren Basisannahmen wird bis heute häufig bei der Erklärung von Wahlverhalten zurückgegriffen (Arzheimer und Schmitt 2014: 396–397). Die Richtungsunterscheidung nimmt dabei die Stellung eines Gelenks zwischen politischem Angebot und Nachfrage ein. Sie ermöglicht den Wähler*innen* die eigenen politischen Grundüberzeugungen schnell und ohne größeren Aufwand mit den von Parteien und politischen Eliten vertretenen Grundsätzen zu vergleichen, ohne dabei auf die Positionen der Parteien zu Sachfragen im Einzelnen eingehen zu müssen. Dementsprechend sind Parteien bestrebt, die Ideologie zu vertreten, die ihnen bei Wahlen die meisten Stimmen erbringt. Gleichzeitig entfällt damit auch für Parteien die Notwendigkeit, jede einzelne Position zu einer politischen Sachfrage mit denen in der Wählerschaft vertretenen Standpunkten abzugleichen und gegebenenfalls anzupassen (Downs 1957: 96–103; zusammenfassend Arzheimer 2009: 97):

> „Each party designs its ideology to appeal to that combination of social groups which it feels will produce the most support. If its design is accurate, policies chosen for their consistency with the ideology will automatically please the citizens being courted by the party" (Downs 1957: 101).

Die Links-Rechts-Unterscheidung in der Extremismusforschung

Doch nicht nur in der empirischen Wahlforschung nimmt die Links-Rechts-Unterscheidung eine zentrale Position ein, sondern auch in der Extremismusforschung – einem deutlich stärker ideengeschichtlich geprägten und theoretisch ausgerichteten Bereich der Politikwissenschaft. Einen einflussreichen Ansatz bei dem die Links-Rechts-Unterscheidung miteinbezogen wird, stellt die These von der „Geistesverwandtschaft der Extreme“ (Backes und Jesse 1997: 23) dar. Im Sinne dieser These wird das Kontinuum zwischen *links* und *rechts* in Form eines *Hufeisens* dargestellt. Diese Darstellung legt nahe, dass sich der linke und rechte Extremismus in ihrer grundlegenden Opposition gegenüber der freiheitlichen Demokratie ähneln, jedoch mit Blick auf ihre ideologische Ausrichtung unterscheiden. „Die Extreme erscheinen als miteinander befreundet und verfeindet zugleich“ (Backes und Jesse 1997: 24; siehe auch Arzheimer 2009: 93–94).

Die damit verbundene Gleichsetzung von linkem und rechtem Radikalismus wird dabei durchaus kritisch hinterfragt. So betont Helga Grebing (1971b), dass sich ein linker und ein rechter Radikalismus ganz wesentlich in ihren philosophischen Wurzeln und politischen Zielen unterscheiden. Auch Mathias Brodkorb (2003: 14–24) kommt zu dem Schluss, dass sich „Links- und Rechtsextremismus [...] nicht in gleicher Entfernung zum Wertehorizont der bürgerlichen Gesellschaft“ (ebenda: 24) befinden. Vielmehr stehe „der Linksextremismus [...] in deutlicherer Nähe zum Projekt der Aufklärung“ (ebenda).

Die Logik des *Hufeisen-Modells* ähnelt dabei Überlegungen von Hans Jürgen Eysenck (1963: 107–113), der in den frühen 1950er-Jahren ein Modell entwickelte, in dem die klassischen Hochideologien Kommunismus, Sozialismus, Liberalismus, Konservatismus und Faschismus in einem zweidimensionalen ideologischen Raum verortet werden. Dabei stellt die Links-Rechts-Unterscheidung die X-Achse dar, während auf der Y-Achse das Kontinuum zwischen Demokratie und Autoritarismus erfasst wird (siehe auch Backes 1989: 254–257, 2006: 210–211; Backes und Jesse 1997: 22–23; Klingemann und Pappi 1972: 30–31, 54–55). Eysencks Ausführungen basieren dabei auf einem vierstufigen Modell zur hierarchischen Strukturierung politischer Orientierungen. Ideologien stellen darin kohärente Bündel politischer Einstellungen dar, die von den Anhängern einer klassischen Weltanschauung weitgehend geteilt werden. Diese „super-attitudes“ (Eysenck 1963: 113) spiegeln sich dabei sowohl in nachhaltigen, habituellen als auch in kurzfristigen, instabilen

Meinungen über die politische und soziale Welt wider. Zwar wird der Ideologiebegriff auch im *eysenck*schen Modell mit individuellen Einstellungen von Menschen in Verbindung gebracht, doch werden im Unterschied zu der *downs*schen Konzeptualisierung von Ideologie als einer generalisierten politischen Streitfrage (*Superissue*) ideologische Einstellungsmuster bei Eysenck viel stärker mit klassischen Hochideologien, wie dem Konservatismus oder dem Sozialismus, verknüpft (ebenda: 112–113).

Die Komponenten der Links-Rechts-Selbsteinstufung

Ob die Links-Rechts-Selbsteinstufung jedoch tatsächlich ein angemessenes Instrument zur Messung der ideologischen Orientierungen von Menschen darstellt, ist umstritten. In den Augen Pappis (1983: 439) ist dies nicht der Fall, „solange die inhaltliche Bedeutung der Skala [ungeklärt] ist". Ähnlich argumentieren auch Fuchs und Klingemann (1990: 203–207, 232–234), die davon ausgehen, dass die Selbsteinstufung auf der Links-Rechts-Skala nur bei einem kleinen Teil der Bevölkerung auch tatsächlich ideologisch fundierte Werthaltungen und politische Positionen widerspiegelt. Vielmehr verstünde der überwiegende Teil der Bürger*innen* in den westlichen Demokratien die beiden Vokabeln auf einem „non-ideological level" (ebenda: 204) und bestimme die eigene Position auf dem Richtungskontinuum über alternative Kriterien.

Inglehart und Klingemann (1976) gehen davon aus, dass die Links-Rechts-Selbstidentifikation anstelle konkreter ideologiebasierter Positionen zu politischen Streitfragen viel eher die Bindung der Bürger*innen* an Parteien widerspiegelt, also in erster Linie ein „Surrogat der Parteiidentifikation" (Milic 2008b: 247, siehe auch Milic 2008a) darstellt. Die Links-Rechts-Selbsteinstufung lässt sich zudem als Abbild der sozialen Herkunft der Befragten verstehen, die deren Zugehörigkeit zu oder die Identifikation mit einer sozialen Gruppe reflektiert (Freire 2006; Inglehart und Klingemann 1976: 264–269; Jagodzinski und Kühnel 1994: 324–328; Roßteutscher und Scherer 2013).

Schließlich sei noch darauf hingewiesen, dass die ideologische Selbsteinstufung in der jüngeren Vergangenheit zunehmend mit sozial-psychologischen Faktoren in Verbindung gebracht worden ist (Jost, Federico und Napier 2009: 311). Demnach vertreten sicherheitsliebende und vorsichtige Menschen eher den gesellschaftlichen Status quo sowie ökonomische und soziale Ungleichheit akzeptierende – rechte – Positionen, während offenere und tolerantere Menschen eher liberalen – linken – Positionen anhängen (ebenda: 312; Jost u. a.

2007: 990). Dazu passen auch die Ergebnisse einer Studie von Hatemi und Fazekas (2018), die untersuchen wie narzisstische Persönlichkeitsmerkmale und ideologische Orientierungen miteinander verknüpft sind. Ihre Analysen zeigen, dass es zwar zwischen der ideologische Selbsteinstufung[13] und dem Ausmaß narzisstischer Persönlichkeitseigenschaften keinen Zusammenhang gibt – „the left and the right are equally narcissistic" (Hatemi und Fazekas 2018: 873) – sich Liberale und Konservative jedoch in der Form ihrer narzisstischen Ausprägungen unterscheiden. Während Personen, die sich als liberal einstufen eher zur *Angeberei* (im Originalinstrument: *Exhibitionism*) tendieren, weisen Menschen, die sich als konservativ verorten eher einen Narzissmus auf, der auf einem ausgeprägten Anspruchsdenken (im Originalinstrument: *Entitlement*) basiert (ebenda: 881–886).

Trotz der Differenzen über ihre theoretische Fundierung wird die Links-Rechts-Unterscheidung häufig als eine „generalisierte Superstruktur" (Niedermayer 2008: 34) angesehen, die Individuen bei der Strukturierung des politischen Raumes hilft und eine einfache Möglichkeit bietet, sich in der Welt der Parteien und Politiker*innen* zurechtzufinden (Does 1978: 92–94; Freire 2015: 64; Fuchs und Klingemann 1990: 203–205; Fuhse 2004: 210–213; Gibowski 1977: 601).

1.2.2. Fragestellung

An eben diesem Punkt setzt die Kritik an der Zukunftsfähigkeit der Links-Rechts-Unterscheidung an. Dies gilt ganz unabhängig davon, ob sie im Zusammenhang mit der These von einem Ende der Ideologien, dem Wandel der Wertstrukturen oder den Folgen *reflexiver Modernisierungsprozesse* geäußert wird oder wurde. Von den Kritikern wird mal mehr und mal weniger explizit hervorgehoben, dass durch soziale Wandlungsprozesse die zentralen Konfliktstrukturen in den liberalen Demokratien des Westens zunehmend undeutlicher werden und es dadurch erschwert wird, eine bestimmte politische Position eindeutig mit einer der beiden Richtungsvokabeln zu verknüpfen (siehe Kapitel 1.1).

13 Bei Hatemi und Fazekas (2018) wird die ideologische Selbsteinstufung über eine 5-stufige Liberal-Konservativ-Skala gemessen, die von Fuchs und Klingemann (485) als das vermutliche „funktionale Äquivalent" (ebenda) der Links-Rechts-Skala in den Vereinigten Staaten beschrieben wird. Es bleibt dennoch offen, ob sich die Studienergebnisse auch dann zeigen, wenn die ideologische Selbsteinstufung der Befragten über eine Links-Rechts-Skala gemessen würde.

Die Anhänger*innen* der These von einem Ende der Ideologie argumentieren, dass die grundlegenden Gesellschaftskonflikte erloschen und die sozialstrukturellen Unterschiede weitgehend nivelliert worden seien (zusammenfassen Waxman 1968). Im Zuge der Debatten über einen Wertewandel wird hingegen vornehmlich darauf verwiesen, dass es zu einer Ausbildung neuer Konfliktstrukturen gekommen sei und dadurch die Semantik der Richtungsunterscheidung überdehnt und die Begriffe *links* und *rechts* beliebig werden könnten (sie etwa Kitschelt und Hellemans 1990: 234; Murphy u. a. 1981; Roßteutscher und Scherer 2013: 382).[14] Eine dritte Gruppe von Kritikern argumentiert, dass die sich neu herausgebildeten politischen Konflikte nicht mehr in das alte politische Richtungsschema integriert werden könnten und eine solche Absorption auch überhaupt nicht wünschenswert sei (siehe etwa Beck 1993; Giddens 2001; Nassehi 2015).[15]

In allen Argumentationsmustern wird gleichermaßen die zentrale Stärke der Links-Rechts-Unterscheidung in Frage gestellt: ihre Fähigkeit der semantischen Anpassung. Erst diese ermöglicht es ihr, zu verschiedenen Zeiten und in verschiedenen politischen und sozialen Kontexten unterschiedliche Inhalte zu transportieren. Karl-Josef Does (1978: 93) hebt diesbezüglich hervor, dass doch gerade „[d]ie semantische Unschärfe des Begriffspaares" die „Voraussetzung seiner instrumentellen Funktion und Vielseitigkeit" darstelle:

> „Es suggeriert gegenseitige Ausschließlichkeit und Symmetrie zugleich. Es polarisiert, da eines das andere auszuschließen scheint, es differenziert, da es als räumliche Projektion das Mehr oder Weniger bzw. Näher oder Weiter erlaubt, es systematisiert, indem es das eine auf das andere bezieht: es vereinfacht, indem es das negative ‚Eine' als das positive ‚Andere' erscheinen läßt. Nicht zuletzt abstrahiert und relativiert es, indem es – als

14 Die These der Beliebigkeit von *links* und *rechts* ist allerdings nicht erst im Zuge der Wertewandeldebatte aufgekommen. Vielmehr schreibt Armin Mohler (1958: 15) mit Blick auf den gesellschaftspolitischen Diskurs in Frankreich davon, „daß die Bestimmung, was in der Politik ‚rechts' und ‚links' sei, in Frankreich seit langem schon ein beliebtes intellektuelles Gesellschaftsspiel ist. Und dieses Gesellschaftsspiel endet immer gleich: es wird ironisch festgestellt, daß die beiden Begriffe nichts mehr fassen, weil sie zu viel fassen sollten".

15 Giddens (1999: 57) betont im Zuge der Konzeptualisierung einer Politik des *dritten Weges*, dass der Konflikt zwischen einer ökologisch nachhaltigen Lebensweise und dem Streben nach Wachstum ganz offensichtlich nicht mehr in das Schema zwischen *links* und *rechts* zu integrieren sei: „[Es] sind eine ganze Reihe von Problemen und Möglichkeiten in den Vordergrund getreten, bei denen das Links-Rechts-Schema bedeutungslos geworden ist. Dazu zählen unter anderem ökologische Fragen, aber auch der Wandel von Familien und Lohnarbeit, von persönlicher und kultureller Identität" (ebenda).

> Ordnungsprinzip, Maßstab, Raumprinzip eigentlich wertneutral – ein Syndrom verschiedener politischer Werte repräsentiert und kontextspezifische Eigenvalenzen entwickeln kann, indem es sich von den Werten verabsolutiert, deren Appendix es eigentlich darstellt“ (Does 1978: 93).

Vor dem Hintergrund dieser Überlegungen und den Kontroversen über die Zukunftsfähigkeit der Links-Rechts-Unterscheidung als zentrale Strukturdimension in liberal demokratischen Gesellschaften, wird in dieser Arbeit die (semantische) Anpassungsfähigkeit der Richtungsvokabeln am Beispiel der Bundesrepublik Deutschland untersucht. Es soll nachvollzogen werden, inwieweit soziale, politische, ökonomische und kulturelle Wandlungsprozesse den politischen Gebrauch und die semantische Bedeutung der Richtungsbegriffe *links* und *rechts* geprägt haben. Das Forschungsinteresse lässt sich in vier grundlegende Fragen übersetzen:

1. Wie hat sich die Nutzung der Vokabeln *links* und *rechts* im politischen Sprachgebrauch in Deutschland zwischen 1949 und 2013 verändert?
2. Wie haben sich die Semantiken von *links* und *rechts* innerhalb des politischen Sprachgebrauchs zwischen 1949 und 2013 gewandelt?
3. Auf welche gesellschaftspolitischen Anpassungsprozesse sind diese Veränderungen zurückzuführen?
4. Welche Auswirkungen haben diese Wandlungsprozesse auf die Funktionalität der Links-Rechts-Unterscheidung als politisches Kommunikationsmedium?

1.2.3. Fallauswahl

Da die Links-Rechts-Unterscheidung nicht nur in Deutschland eine zentrale Stellung innerhalb des politischen Diskurses einnimmt, sondern in vielen demokratisch verfassten Systemen eine wichtige Rolle als politische Strukturkategorie spielt, stellt sich die Frage, warum nur der deutsche Fall betrachtet und keine vergleichende Analyse durchgeführt wurde. Maßgeblich für diese Entscheidung war, dass sich die semantischen Analysen in Kapitel 6 auf ein im politikwissenschaftlichen Kontext wenig verbreitetes methodisches Verfahren – die Kollokationsanalyse – stützen, wodurch der Aufwand und die Güte der Datenerhebung im Vorhinein nur schwer zu kalkulieren waren. Es schien daher ratsam, die Analysetechniken zunächst einmal an einem beispielhaften Fall zu testen. Doch warum fiel nun gerade die Wahl auf die Bundesrepublik?

Deutschland bietet sich als Modellfall an, da die sozialen und ökonomischen Wandlungsprozesse, von denen die europäischen Demokratien seit Ende des Zweiten Weltkrieges erfasst wurden, in der Bundesrepublik besonders tiefe und nachhaltige Spuren hinterlassen haben. Dies gilt sowohl innerhalb des politischen Raumes als auch mit Blick auf die sozialstrukturelle Basis:

1) In der jungen Bundesrepublik entstand ein breiter sozialstaatlicher Konsens, der über Ideologiegrenzen hinweg Unterstützung fand (Lenk 2009: 19–20). Ihren unmittelbaren Ausdruck fand diese Entwicklung in dem von Helmut Schelsky (1967: 218–242) konzipierten Leitbild einer „nivellierten Mittelstandsgesellschaft“[16] und der von Otto Kirchheimer (1965) konstatierten Entwicklung von *SPD* und *CDU* zu „Allerweltsparteien“. Demnach würden sich *SPD* und *CDU* immer stärker von ihrer traditionellen Wählerschaft „auf Klassen- oder Konfessionsbasis“ (ebenda: 32) entfernen und „eine tiefere ideologische Durchdringung für eine weitere Ausstrahlung und einen raschen Wahlerfolg“ (ebenda: 27) opfern. Die Entwicklung der *SPD* zur Volkspartei ist dabei aufs Engste mit dem Godesberger Parteitag von 1959 verbunden, auf dem sich die Partei mit der Verabschiedung eines neuen Programms von ihren revolutionär-kämpferischen Wurzeln trennte. Das *Godesberger Programm* machte den Weg für eine Repräsentation breiterer gesellschaftli-

16 Nach Schelsky (1967: 218–242) ist die „nivellierten Mittelstandsgesellschaft“ das Ergebnis zweier gegensätzlicher Prozesse sozialer Mobilität, die in der Bundesrepublik nach Ende des Zweiten Weltkrieges zu beobachten gewesen seien. Die für wohlfahrtsstaatlich ausgerichtete Industriegesellschaften typischen Prozesse einer Aufwärtsmobilität seien in Westdeutschland nach Kriegsende durch massive soziale Abstiegsprozesse ergänzt worden. Infolgedessen hätten sich soziale Statusunterschiede weitgehend abgeschliffen, so dass sich eine Gesellschaft herausgebildet habe, die „*ebenso wenig proletarisch wie bürgerlich*“ sei und demzufolge „*durch den Verlust der Klassenspaltung und sozialen Hierarchie gekennzeichnet*“ (Schelsky 1967: 218, Hervorhebungen im Original) werde. Schelsky vermutete allerdings, dass sich diese Entwicklung nicht im politischen Bewusstsein der Bürger*innen* widerspiegele und die „nivellierte Mittelstandsgesellschaft“ „in ihren politischen Ideologien immer an Vergangenheitsfronten und -gegnerschaften gespalten bleibe“ (ebenda: 234). Unter Wissenschaftler*innen* gibt es gegensätzliche Ansichten darüber, ob sich in Deutschland eine solche Gesellschaft jemals formiert hat. Während Andreas Reckwitz (2019: 73) betont, dass die Gesellschaft der Bundesrepublik während der *industriellen Moderne* eine „nivellierte Mittelstandsgesellschaft“ gewesen sei, schreibt Ralf Hanselle (2009), dass sich in der *schelsky*schen Gesellschaftsvision nur „der westdeutsche Traum von Gerechtigkeit“ (Hanselle 2009) widerspiegele, der aber niemals Realität geworden sei.

cher Interessen innerhalb der deutschen Sozialdemokratie frei (Bouvier 1990: 44–45; Brinkmann 2009: 115–116; Grebing 2005: 443):

> Die SPD war nun auch ihrem Selbstverständnis nach die ‚Partei der dauernden Reform'. Sie hatte sich damit endgültig vom revolutionären marxistischen Radikalismus verabschiedet und den Reformismus zum politischen Grundprinzip erklärt. Der Marxismus fand als geistiges Erbe in diesem Programm keine Erwähnung mehr. [...] Der Konflikt zwischen verschiedenen Interessen wurde somit als legitime Grundlage politischer Entscheidungsfindung anerkannt – die Pluralismustheorie hielt offiziell Einzug in die deutsche Sozialdemokratie" (Angster 2003: 419–420).

CDU/CSU waren hingegen – auf Grund ihrer späten Gründung nach Ende des Zweiten Weltkrieges – nie klassische Massenintegrationsparteien wie die *SPD*. Allerdings waren die Christdemokraten in der jungen Bundesrepublik besonders stark in katholischen Milieus verwurzelt und hatten durchaus eine starke sozialstrukturelle Wählerbasis (Elff und Roßteutscher 2020: 6, 18–21; Roßteutscher 2012: 113). Der Anspruch der Union, eine Volkspartei zu sein, manifestierte sich in den frühen Jahren der Bundesrepublik besonders deutlich in dem Bestreben, eine soziale Marktwirtschaft zu gestalten, die einen „‚goldene[n] Mittelweg' zwischen einem reinen Wirtschaftsliberalismus und einem umfassenden Wohlfahrtsstaat" (Lenk 2009: 19) darstellen sollte.

2) In den späten 1960er-Jahren zeigte sich dann mit dem Ausbruch der studentischen Proteste eine erste Manifestation eines Wandels der Wertestrukturen in der westdeutschen Gesellschaft. Die Veränderungen des Werteraumes fanden während der 1970er- und 1980er-Jahre einen verstärkten Ausdruck durch das Entstehen der *Neuen Sozialen Bewegungen*, die sich beispielsweise für Frauenrechte, die Umwelt, den Frieden und gegen Atomkraft engagierten (Doering-Manteuffel und Raphael 2012: 50–52; Raschke 1985: 411–436). Bis heute wird dieser Pol des gesellschaftspolitischen Konfliktes durch *Bündnis 90/Die Grünen* auch parteipolitisch vertreten.

3) Zudem hatte das vermeintliche *Ende der Geschichte* nach dem Verschwinden des Eisernen Vorhangs in keinem anderen (west-)europäischen Land einen ähnlichen prägenden Einfluss auf die politische Landschaft wie in Deutschland. Mit der *PDS/Die Linke* konnte sich insbesondere im östlichen Teil der Bundesrepublik eine Partei etablieren, die neben *SPD* und *Grünen* eine weitere Alternative im linken Parteienspektrum darstellt und sozioökonomische Gerechtigkeitsfragen wieder stärker in den gesellschaftspolitischen Diskurs einbringt. Darüber hinaus fiel in Deutschland die programmatische Neuausrichtung der Sozialdemokratie im Zuge der Debatten um die Etablierung

einer Politik des *dritten Weges* und der Annahme, dass eine moderne sozialdemokratische Politik sich auf die Wähler*innen* der gesellschaftlichen Mitte konzentrieren müsse, besonders einschneidend aus. Ähnlich tiefgreifende Veränderungen waren nur noch in Großbritannien unter der *New Labour-Regierung* Tony Blairs und in den Vereinigten Staaten von Amerika während der Administration Bill Clintons zu beobachten (Mouffe 2008: 111–114).

Einzig der erfolgreiche und nachhaltige Aufstieg einer rechtspopulistischen Partei, der von einigen Autoren als Ausdruck einer „stillen Konterrevolution" (Ignazi 2003: 197–218; Minkenberg 1998: 362) zum Wertewandel interpretiert und in der neueren Forschung im Zusammenhang mit der Herausbildung einer neuen auf Werthaltungen basierenden Konfliktlinie diskutiert wird (zusammenfassend Kriesi 2010), kann für Deutschland während des Betrachtungszeitraumes nur bedingt beobachtet werden. Zwar konnten etwa die *Republikaner* in den 1980er- und 1990er-Jahren mit rechtspopulistischer Rhetorik bei europa-, Landtags- und Kommunalwahlen durchaus Erfolge erzielen doch blieben diese zeitlich und räumlich begrenzt (Dörner 1995: 375–376). Mit dem Aufstieg der *Alternative für Deutschland* (*AfD*) hat sich dies verändert. Allerdings gewann diese Entwicklung erst nach Ende des Untersuchungszeitraumes ihre vollständige Dynamik und hat daher keinen nachhaltigen Niederschlag in den Daten gefunden.

1.3. Methodische und theoretische Grundüberlegungen

Welche Semantiken mit den beiden Richtungsvokabeln *links* und *rechts* in einer Gesellschaft verbunden werden, lässt sich auf verschiedenen Wegen und Ebenen analysieren. Dabei kann die inhaltliche Bedeutung der beiden Begriffe aus zwei grundsätzlich unterschiedlichen Perspektiven betrachtet werden: 1) Aus einem *essentialistischen* Betrachtungswinkel und 2) einer Sichtweise, bei der in erster Linie die *Variabilität der Semantiken* von *links* und *rechts* betont wird (Ignazi 2003: 8–12).

Essentialistischen Betrachtungen liegt die Vorstellung zu Grunde, dass sich ein stabiler Bedeutungskern der Unterscheidung zwischen *links* und *rechts* identifizieren lässt (Ignazi 2003: 10–12). Eine solche Lesart verfolgt etwa Norberto Bobbio (2006). Bobbio sieht den Bedeutungskern der Links-Rechts-Unterscheidung in den Einstellungen gegenüber dem Wert der Gleichheit. Während von den Anhängern der politischen Linken die Gleichheit aller

Menschen betont werde, hebe die politische Rechte die Ungleichheit zwischen Individuen hervor (Bobbio 2006: 76–86). Auf ähnliche Weise argumentiert auch Mathias Brodkorb (2003: 23), der den essentiellen Unterschied zwischen einer linken und einer rechten Sichtweise auf die Welt jedoch „an den politischen Projekten der jeweiligen Lager und damit an dem Begriffspaar Beteiligung (Inklusion) contra Ausschluss (Exklusion)“ (ebenda) festmacht.

Im Unterschied dazu wird der Bedeutungsgehalt der beiden Richtungsbegriffe in der empirisch orientierten Politikwissenschaft vornehmlich im Sinne der zweiten Betrachtungsweise, als Ausdruck zentraler politischer Konflikte innerhalb einer Gesellschaft, interpretiert. Demnach sind *links* und *rechts* in ihren Semantiken flexibel und passen sich den jeweils dominierenden gesellschaftlichen Großkonflikten an (Ignazi 2003: 9–10). Die politischen Entwicklungen innerhalb demokratisch verfasster Gesellschaften lassen sich daher auch, in Anlehnung an die Überlegungen von Bröckling (1992: 72), „als Geschichte der Umbesetzung und Verschiebung innerhalb des Rechts-Links-Schemas“ lesen. Die Links-Rechts-Unterscheidung fungiert somit als ein politischer Seismograph, der die Änderungen der gesellschaftlichen Konfliktkonstellationen aufzeichnet.

Dieser Arbeit liegt die zweite Perspektive zu Grunde: Entsprechend der Fragestellung wird angenommen, dass die mit *links* und *rechts* verbundenen Bedeutungsinhalte innerhalb des politischen Diskurses fortlaufend neu ausgehandelt und definiert werden, ohne jemals einer endgültigen Fixierung zu unterliegen. Doch wie lassen sich diese Bedeutungsdynamiken überhaupt messen?

In der empirischen Sozialwissenschaft wird gewöhnlich die semantische Bedeutung der Richtungsvokabeln im Verständnis der Bevölkerung oder Eliten eines Landes untersucht. Dabei haben sich insbesondere zwei – konzeptionell unterschiedliche – Verfahren etabliert (Converse 1975: 67–80; Jagodzinski und Kühnel 1994: 318, 349; Wilamowitz-Moellendorff 1993: 44): Beim ersten Verfahren wird die Bedeutung der beiden Richtungsvokabeln als Ausdruck der politischen Positionen, Werthaltungen, Parteibindungen und sozialen Gruppenzugehörigkeiten interpretiert, die der Selbsteinstufung auf der Links-Rechts-Dimension zu Grunde liegen. Die empirisch messbaren Zusammenhänge zwischen der Selbsteinstufung auf der Links-Rechts-Skala und ideologischen Einstellungen, Werthaltungen und Gruppenzugehörigkeiten werden dabei häufig im Zuge von regressionsanalytischen Betrachtungen evaluiert (Freire 2006, 2008, 2013; Geser 1992; Huber 1989; Inglehart und Klingemann 1976; Jagodzinski und Kühnel 1994; Knutsen 1997; Milic 2008a,

Milic 2008b; Roßteutscher und Scherer 2013; Vries, Hakhverdian und Lancee 2013).

Das zweite Verfahren misst hingegen das assoziative Begriffsverständnis innerhalb der Bevölkerung. Dazu wird in Surveys erfragt, was unter den politischen Vokabeln *links* und *rechts* zu verstehen ist. Die so gewonnenen Daten werden dann mit Hilfe von Techniken der quantitativen Inhaltsanalyse untersucht und nach Bedeutungsgruppen kategorisiert (Bauer-Kaase 2001; Butler und Stokes 1971: 258–261, 569[17]; Fuchs und Klingemann 1989; 1990; Gibowski 1977: 605–607, Klingemann 1982; Trüdinger und Bollow 2011; Wilamowitz-Moellendorff 1993; Züll, Scholz und Schmitt 2010).

Im Zuge dieser Untersuchung fällt die Wahl hingegen auf einen alternativen Ansatz: Die inhaltliche Bedeutungsentwicklung der beiden politischen Orientierungsmarken *links* und *rechts* wird auf Ebene des Mediendiskurses untersucht. Mit der Fokussierung auf die Printmedien wird eine bislang noch nicht systematisch untersuchte Ebene betrachtet. Gleichzeitig ermöglicht dieses Verfahren, die in der politischen Öffentlichkeit vorherrschenden semantischen Bedeutungen von *links* und *rechts* bis in die späten 1940er-Jahre zurückzuverfolgen, was im Zuge einer Analyse von Individualdaten nicht möglich wäre. Es sei daran erinnert, dass sich die Links-Rechts-Skala erst im Laufe der 1960er-Jahre als ein Instrument der Einstellungsforschung etablieren konnte. In Deutschland wurde 1971 die erste Studie durchgeführt, in der das in der bundesdeutschen Bevölkerung vorherrschende Verständnis der beiden Richtungsvokabeln offen abgefragt wurde. Erschwerend kommt hinzu, dass eine solche Frage in Surveys nur sehr unregelmäßig und in wechselndem Wortlaut gestellt wird (siehe Anhang A).

Während sich die Datenlage auf der Individualebene rückwirkend nicht korrigieren lässt, können aus den Archiven von Zeitungen und Zeitschriften mehr (bei einer digitalen) oder weniger (bei einer analogen Speicherung) einfach neue Daten generiert werden. Auf dieser Basis ist es möglich, die Semantik der (politischen) Sprache im Allgemeinen und der Richtungsvokabeln *links* und *rechts* im Besonderen, diachronisch zu analysieren. Die Archive von Zeitungen und Zeitschriften stellen in gewisser Weise ein Gedächtnis der politischen Sprache dar, mit dessen Hilfe sich die politische Wirklichkeit

17 Bei Butler und Stokes (1971: 569 – Frage 54f) wird im Gegensatz zur gängigen Fragestellung nicht danach gefragt, was mit den politischen Begriffen *links* oder *rechts* assoziiert wird, sondern was mit der konkreten Bezeichnung einer Partei als *links* oder *rechts* verbunden wird: „What do you have in mind when you say that a party is to the left or to the right?“.

ebenso wie die Semantiken einzelner Begriffe zu verschiedenen Perioden der bundesrepublikanischen Geschichte konstruieren lassen.

Die dargelegten Überlegungen basieren implizit auf der Annahme, dass die Medien eine Vermittlungsinstanz zwischen den politischen Eliten und der Bevölkerung einnehmen und sich die innerhalb der bundesdeutschen Gesellschaft geteilten Bedeutungsinhalte von *links* und *rechts* im journalistischen Sprachgebrauch widerspiegeln. Ableiten lässt sich diese Annahme aus einer Untersuchung von Fuchs und Klingemann (1990). Fuchs und Klingemann (1990: 203–205) zeigen darin, dass innerhalb der deutschen Bevölkerung eine semantische Kongruenz im Verständnis der beiden Richtungsvokabeln vorherrscht und der Links-Rechts-Unterscheidung die Funktion eines generalisierten Kommunikationsmediums zukommt. Wenn die Links-Rechts-Unterscheidung tatsächlich die Funktion eines zentralen Kommunikationsmediums im bundesdeutschen Politikdiskurs besetzt, dann sollten sich die spezifischen Eigenschaften eines solchen Mediums auch auf Ebene des Mediendiskurses zeigen. Wird im Zuge der empirischen Analysen hingegen festgestellt, dass dies nicht (mehr) der Fall ist, müsste die Kommunikationsfunktion des Links-Rechts-Schemas nachhaltig in Frage gestellt und die gesellschaftspolitische Relevanz der Links-Rechts-Unterscheidung (neu) diskutiert werden. In Abwandlung der Feststellung von Fuchs und Klingemann (1990: 207), die das „individual left-right schemata [...] as incomplete reflections of the collective schema of left and right“ betrachten, lassen sich die mit *links* und *rechts* innerhalb des Mediendiskurses verbundenen Inhalte als Teilmenge der Gesamtbedeutung der beiden politischen Vokabeln verstehen.

1.4. Untersuchungsaufbau

Die Arbeit gliedert sich in zwei größere Teile. In Teil I wird zunächst ein theoretischer Blick auf die Links-Rechts-Unterscheidung als zentraler Strukturkategorie in demokratisch verfassten Gesellschaften geworfen. Beginnend mit einer Darstellung der kulturellen Wurzeln der Links-Rechts-Unterscheidung (Kapitel 2.1) wird in Kapitel 2 dargelegt, wie und warum sich der Gegensatz zwischen *links* und *rechts* als universelles politisches Richtungsschema etablieren konnte. Dabei wird insbesondere auf die Genese der Links-Rechts-Unterscheidung im Zuge der Französischen Revolution (Kapitel 2.2) und ihrer Diffusion nach Deutschland (Kapitel 2.3) eingegangen.

Nach dieser historischen Einordnung des Links-Rechts-Gegensatzes wird in Kapitel 3 näher betrachtet, wie sich die Semantiken von *links* und *rechts* verändert haben. Es wird diskutiert, wie dieser Bedeutungswandel sprachtheoretisch zu erklären ist. Dabei wird insbesondere der Einfluss gesellschaftlicher Wandlungsprozesse auf die Veränderung von Sprache im Allgemeinen und Wortbedeutung im Besonderen hervorgehoben (Kapitel 3.1). Auf Grundlage dieser theoretischen Vorüberlegungen werden anschließend drei zentrale Prozesse sozialen Wandels herausgearbeitet, die eine nachhaltige Wirkung auf die Bedeutungsinhalte von *links* und *rechts* entfaltet haben (Kapitel 3.2): Der Aufstieg der Arbeiterbewegung (Kapitel 3.2.1), der Wandel des Nationalismus (Kapitel 3.2.2) und der Wandel von Werthaltungen im Zuge der *stillen Revolution* (Kapitel 3.2.3).

Den theoretischen Betrachtungen zur Links-Rechts-Unterscheidung schließt sich im zweiten Teil der Arbeit die Analyse der Nutzung von *links* und *rechts* im Sprachgebrauch der *FAZ*-Kommentator*innen* an. Zunächst wird dazu in Kapitel 4 der Untersuchungsgegenstand beschrieben. Im Zuge dessen wird die Auswahl des Textkorpus begründet (Kapitel 4.1) und die Vorbereitung des Materials für die Analysen beschrieben (Kapitel 4.2–4.4). Anschließend werden in den Kapiteln 5 und 6 die durchgeführten Analysen methodisch vorgestellt und die Ergebnisse diskutiert.

In Kapitel 5.1 wird die Richtungsbegriffsnutzung im Sprachgebrauch der *FAZ*-Journalist*innen* beschrieben. Die Nutzung von *links* und *rechts* wird dabei sowohl miteinander verglichen als auch im gesellschaftspolitischen Kontext der jeweiligen Zeit diskutiert, so dass es möglich ist zwischen verschiedenen Phasen der Begriffsnutzung zu differenzieren. In Kapitel 5.2 wird dann mittels zeitreihenanalytischer Methoden getestet, inwieweit die Nutzung der Wortstämme *links* und *rechts* durch ausgewählte Kontextfaktoren bedingt wurde.

Nach einem ersten Zwischenfazit (Kapitel 5.3) folgt eine detaillierte Untersuchung der Bedeutungsinhalte von *links* und *rechts* in den Kommentaren der *FAZ* (Kapitel 6). Dabei werden zunächst die theoretischen und methodischen Grundlagen der semantischen Analysen dargestellt: Dazu zählt die Darlegung des Konzepts der empirischen Kollokation (Kapitel 6.1.1) und dessen Operationalisierung (Kapitel 6.1.2) sowie die Vorstellung eines Schemas zur Kategorisierung der Semantiken von *links* und *rechts* (Kapitel 6.1.3). Anschließend erfolgt die Ergebnisvorstellung. In Kapitel 6.2 wird die Semantik von *links* und *rechts* zunächst im Aggregat der Jahre 1949 bis 2013 betrachtet, bevor dann in Kapitel 6.3 die semantischen Veränderungen der

Richtungsvokabeln im Zeitverlauf analysiert werden. Die Ergebnisse werden dabei jeweils vor dem Hintergrund gesellschaftspolitischer Entwicklungstendenzen diskutiert und auf Befunde aus den anderen Kapiteln bezogen. Zum Ende der semantischen Analysen werden die zentralen Befunde in Kapitel 6.4 noch einmal kurz zusammengefasst.

Im Schlusskapitel wird eine Bewertung der empirischen Befunde zur semantischen Entwicklung von *links* und *rechts* vorgenommen. Nach einer kurzen Zusammenfassung der Analyseergebnisse (Kapitel 7.1) wird insbesondere die Frage nach der gesellschaftlichen Relevanz der Richtungsbegriffe diskutiert und zwar aus drei unterschiedlichen Perspektiven: einer *sprachwissenschaftlichen*, einer *empirischen* und einer *normative-theoretischen* (Kapitel 7.2).

Teil I.

Theoretische Betrachtungen

2. Die Links-Rechts-Unterscheidung aus historischer Perspektive

Im Wortschatz vieler Sprachen stellen die Vokabeln *links* und *rechts* Chiffren zur Charakterisierung politischer Akteur*innen* und gesellschaftlicher Interessengruppen dar.[18] Dies war jedoch nicht immer so. Erst im Zuge der *demokratischen Revolutionen* des 18. und 19. Jahrhunderts entwickelte sich die Links-Rechts-Unterscheidung zu einer der zentralen Scheidelinien innerhalb des politischen Raumes (Noël und Thérien 2008: 83–89). Daran anknüpfend wird in diesem Kapitel der Aufstieg und die Etablierung von *links* und *rechts* „zu quasi transzendentalen Kategorien" (Dörner 1995: 372) der Sphären des Politischen nachgezeichnet.

Mit Blick auf die Ziele dieser Arbeit richtet sich der Fokus auf die Etablierung und Weiterentwicklung des Schemas in Deutschland. Zwar gleichen sich die grundlegenden Ausbreitungs- und Institutionalisierungsprozesse der Richtungsunterscheidung in den westlichen Demokratien weitgehend, dennoch sind einige länderspezifischen Unterschiede auszumachen. Diese Differenzen sind das Ergebnis divergierender kultureller, ökonomischer, politischer und sozialer Entwicklungspfade, auf denen sich die westlichen Gesellschaften im 18. und 19. Jahrhundert befanden. Die im Zuge der Aufklärung und industriellen Revolution freigesetzten Prozesse gesellschaftlichen Wandels erfassten Deutschland deutlich später als England oder Frankreich: Während die industrielle Revolution in England schon seit Mitte des 18. Jahrhunderts ihre Kraft zu entfalten begann, wurden die Staaten des Deutschen Bundes erst ein Jahrhundert später richtig davon ergriffen (Bauer 2010: 77–78).

Auch der revolutionäre Kampf um bürgerliche und politische Rechte, mit dem die Entstehung und Institutionalisierung des Links-Rechts-Schemas eng

18 Zur Etablierung der Links-Rechts-Unterscheidung als globaler Strukturkategorie des Politischen siehe etwa Noël und Thérien (2008, insbesondere 32–55).

P. Scherer, Links *und* rechts *im Wandel*,
https://doi.org/10.1007/978-3-658-30496-6_2

verbunden war, setzte in Deutschland erst spät ein (Kuhn 2004: 25). Im Sinne Sperbers (1998: 29–32) lässt sich der Freiheitskampf des deutschen Bürgertums zwischen 1848 und 1851 als „Nachkömmling" (Sperber: 29) der Französischen Revolution beschreiben. Diese bürgerlichen Freiheitsbestrebungen scheiterten zwar und mündeten in einer Dekade „systematischer Reaktionspolitik" (Siemann 1985: 7, siehe auch 218–222), doch war die Diffusion der beiden politischen Richtungsbegriffe ins Deutsche, nach ihrer parlamentarischen Feuertaufe in der *Frankfurter Nationalversammlung* von 1848/49, nicht mehr zu stoppen: „Seit 1848 bestimmt die Rechts-Links-Unterscheidung die Sitzordnung deutscher Parlamente. Das ist bis in die Gegenwart so geblieben" (Backes und Jesse 1997: 17).

Doch bevor in den Kapitel 2.2 und 2.3 die Entwicklung der politischen Links-Rechts-Unterscheidung näher vorgestellt wird, soll in Kapitel 2.1 zunächst ein Blick auf die kulturellen und religiösen Wurzeln der beiden Vokabeln geworfen werden. Dies ist insofern sinnvoll, da die Links-Rechts-Unterscheidung schon lange vor ihrer Etablierung als politisches Richtungsparadigma eine zentrale Ordnungsfunktion in Religion und Gesellschaft erfüllt hat.

2.1. Die kulturellen & religiösen Wurzeln des Links-Rechts-Gegensatzes

„Right & Left. Essays on Dual Symbolic Classification" – unter diesem Titel erschien 1973 eine von Rodney Needham herausgegebene Sammlung von Aufsätzen über die Relevanz der Unterscheidung zwischen *links* und *rechts* in verschiedenen Kulturkreisen. Die in dem Band versammelten Beiträge verdeutlichen, dass die Unterscheidung zwischen *links* und *rechts* einen universellen Charakter besitzt. In verschiedenen Kulturen und zu unterschiedlichen Zeiten haben die beiden Termini eine – über die einfache räumliche Bedeutung hinausgehende – ordnende Funktion für das gesellschaftliche Zusammenleben erfüllt.

Auf die Relevanz der Links-Rechts-Unterscheidung als kulturelles Symbol verwies der französische Antropologe Robert Hertz schon zu Beginn des 20. Jahrhunderts. In dem Aufsatz „The Pre-eminence of the Right Hand: A Study in Religious Polarity" setzt sich Hertz (1973[1909])[19] mit der

19 Bei dem hier zitierten Text handelt es sich um eine Neuübersetzung des ursprünglich schon 1909 in der Zeitschrift „Revue Philosophique de la France et de l'Étranger"

Frage auseinander, inwieweit kulturelle und soziobiologische Traditionen und Normen das Verständnis der räumlichen Unterscheidung zwischen *links* und *rechts* prägen. Er behandelt diese Frage vor dem Hintergrund der Dominanz der rechten gegenüber der linken menschlichen Hand. Warum, fragt Hertz (1973[1909]), übernimmt die rechte Hand beim überwiegenden Teil der Menschen den aktiven und ordnenden Part, während die linke Hand nur ein untergeordnetes Hilfsmittel darstellt (ebenda: 3).

Neben biologischen Erklärungsmustern führt Hertz die Dominanz der rechten Hand auf kulturelle Aspekte zurück. Kulturelle, insbesondere religiöse Traditionen haben demnach dazu geführt, dass die Fähigkeiten der rechten Hand gefördert und die der linken Hand beschränkt wurden. Die Frage nach der Dominanz der rechten gegenüber der linken Hand ist für ihn daher nicht nur eine Frage biologischer Prädisposition, sondern das Ergebnis kultureller Evolutionsprozesse (ebenda: 6–7). In diesem Zusammenhang hebt Hertz zudem hervor, dass *links* und *rechts* jeweils die *Antithese* des anderen Begriffes darstellen und entweder eine positive oder eine negative Bedeutung tragen.[20] Dabei werde *rechts* in vielen Kulturkreisen mit positiven Eigenschaften in Verbindung gebracht, stehe u. a. für Stärke und Macht, während *links* das Negative, Schwache und Böse symbolisiere. *Rechts* repräsentiere die von Gott gegebene Ordnung und gesellschaftliche Strukturen, *links* dagegen das Chaos und den ursprünglichen Naturzustand (Hertz 1973: 6–14; siehe auch Lloyd 1973: 168–169).[21]

Schon im antiken Griechenland existierte eine mythologische Aufladung der Links-Rechts-Unterscheidung in Religion und Gesellschaft (Lloyd 1973; Laponce 1981: 30–33). Lloyd (1973: 170) betont, dass die Griechen *rechts* mit Glück und *links* mit Unglück verbunden hätten:

> „The fact that the right is the lucky, the left the unlucky, side for the Greeks, is well known: omens on the right are auspicious, those on the left inauspicious [...]. But then the lucky direction, from left to right,

unter dem Titel „La Prééminence de la main droite: Étude sur la polarité religieuse“ erschienen Artikels von Robert Hertz.

20 Im Zusammenhang mit den politischen Begriffen *links* und *rechts* weist auch Norberto Bobbio (2006: 11–13) auf deren antithetischen Charakter hin und grenzt sie funktional von komplementären Dyaden ab.

21 Die dargelegten Zusammenhänge gelten nicht in allen Kulturen. Beispielsweise wurde in der alten chinesischen Kultur *links* positiver konnotiert als *rechts*, wie Lloyd (1973: 168) hervorhebt: „[A]mong the ancient Chinese, the left was *yang* and therefore superior, the right *yin* and inferior“ (ebenda, Hervorhebungen im Original). Auch Laponce (1981: 33–35) beschreibt die Kultur des alten China als „weakly lateralized to the left“ (ebenda: 33).

> was observed in many different activities, such as in the serving of wine round a group of guests, and in the drawing of lots [...]. The right hand is used to greet people [...], to pour a libation [...] and to give a solemn pledge [...]. Conversely the left hand is unlucky. Two of the words for left (*euōnumos* and *aristeros*) are euphemisms, and a third (*skaios*) comes to mean ‚ill omened' [...] and ‚akward' [...], like the French ‚gauche,' [sic] the opposite of *dexios* meaning ‚clever' or ‚skillful' (literally ‚right-handed')" (ebenda, Hervorhebungen im Original).

Dementsprechend wurde auch in der griechischen Philosophie auf den Gegensatz zwischen *links* und *rechts* als Unterscheidungskriterium zurückgegriffen. In der *pythagore*ischen Tabelle der Gegensätze ist *links* etwa mit Begriffen wie *Weiblichkeit* oder *Dunkelheit* auf der schlechten und *rechts* zusammen mit *Männlichkeit* und *Helligkeit* auf der guten Seite eingruppiert (Laponce 1981: 30–31; Lloyd 1973: 170–171). Dieser antithetischen Logik folgend, galt im antiken Griechenland zeitweise die Annahme, dass „the sex of the child is determined by its position on the right or on the left side of the mother's womb (males are on the right, females on the left)" (Lloyd 1973: 172; siehe auch Laponce 1981: 32–33).[22]

Für die Prägung der beiden Begriffe in der westlichen Welt spielt ferner ihre Verwendung im christlichen Glauben eine zentrale Rolle, wie etwa Marianne Regensburger (1963: 30–31) hervorhebt. So wird Jesus Christus im Glaubensbekenntnis der christlichen Kirchen der Platz „zur Rechten Gottes; des allmächtigen Vaters" (Evangelische Kirche in Hessen und Nassau 2001: 804) zugewiesen. Das Glaubensbekenntnis stellt dabei nur ein Beispiel für die Dominanz von *rechts* gegenüber *links* in der christlichen Lehre dar: Laponce (1981: 40) weist darauf hin, dass *rechts* in der Bibel deutlich häufiger und meist auch in deutlich positiveren Zusammenhängen auftaucht als *links*. Marianne Regensburger (1963: 30–31) führt eine Reihe von Bibelstellen an, in denen *rechts* das Gute verkörpert und *links* mit dem Bösen assoziiert wird:

> „Da ist schließlich der bekannte Vers bei Matthäus vom Jüngsten Gericht, wo die rechte eindeutig als die gute und die linke ebenso eindeutig als die böse Seite benannt wird: Die Völker sind versammelt und werden in Schafe und Böcke geschieden: ‚und wird die Schafe zu seiner Rechten stellen und die Böcke zu seiner Linken'. [...] (Matth. 25, 31)."

---

22 Auf diese beiden *philosophischen* Konzeptualisierung sei nur exemplarisch verwiesen. In den Arbeiten von Lloyd (1973) und Laponce (1981: 30–33) finden sich noch weitere deutlich elaboriertere Ansätze der Nutzung von *links* und *rechts* in der griechischen Philosophie.

Durch den christlichen Glauben geprägte Semantiken finden sich in vielen modernen Sprachen wieder. In diesen Sprachen ist der Wortstamm *rechts* zumeist mit einer positiv Bedeutung verbunden, während der Wortstamm *links* vornehmlich mit negativen Bedeutungen aufgeladen ist (Kaltenbrunner 1975: 54; Laponce 1981: 38–41; Merten 1984: 34; Regensburger 1963: 29–31).

In der deutschen Sprache widerfährt einem Menschen im positiven Fall *Gerechtigkeit*, im negativen Fall wird er *gelinkt*. Der Mürrische steigt mit dem linken Fuß zuerst aus dem Bett und eine unbeholfene, ungeschickte Bewegung wird auch als linkisch bezeichnet (Duden 2014: 523–524; Regensburger 1963: 31). Die Wörter *„linke, linker, linkes"*, wie sie in der deutschen Gegenwartssprache verwendet werden, leiten sich nach der Onlineausgabe des Dudens aus dem Mittelhochdeutschen von *„linc, lenc"* ab und werden auch mit *„linkisch, unwissend, ursprünglich = schlaff, matt"* (Duden 2020b) beschrieben. Demgegenüber stammen die Begriffe *„rechte, rechter, rechtes"* von dem mittelhochdeutschen Wort *„reht"* ab, dessen Bedeutung im Duden mit *„ursprünglich = richtig (vom Gebrauch der rechten Hand gesagt)"* (Duden 2020c) angegeben wird.

Marianne Regensburger (1963: 29–30) macht zudem darauf aufmerksam, dass die beiden lateinischen Begriffe für *links* „laevus und sinister" (ebenda: 29) sowohl eine positive als auch eine negative Nebenbedeutung haben. Sie können einerseits „mit: ungünstig, unheilbringend, verkehrt, ungeschickt, unglücklich, böse" (ebenda: 30) ins Deutsche übersetzt werden, andererseits aber auch „glücklich und günstig" (ebenda) bedeuten. Das in vielen modernen Sprachen bekannte *sinister* werde, so Regensburger (1963: 30) weiter, in der Gegenwart allerdings nur noch mit negativen Bedeutungen verbunden. Dies bestätigt ein Blick ins Fremdwörterbuch: In der deutschen Gegenwartssprache bedeutet *„sinister"* vornehmlich a) *„unheilvoll, böse, Unheil verkündend"* und b) *„widerwärtig, finster"* (Langenscheidt 2020) und nur im medizinischen Sprachgebrauch ist seine ursprüngliche Semantik „links, linker" (Langenscheidt 2020) noch bekannt.

Die vorgestellten Verwendungen der beiden Vokabeln in verschiedenen gesellschaftlichen Kontexten zeigt, dass die politischen Richtungsbegriffe *links* und *rechts nicht* von einem auf den anderen Moment *erfunden* wurden, sondern sich aus *kulturellen* und *religiösen Normen* heraus *entwickelt* haben. Allerdings hat sich die vorgeprägte Dominanz von *rechts* gegenüber *links*, wie sie in Gesellschaft und Religion vorherrscht, innerhalb des politischen Raumes deutlich verringert. Nach Laponce (1981: 41–46) sei *links* im politischen Sprachgebrauch merklich positiver konnotiert als rechts:

> „The term *left* appears in France, and as far as I can tell in all democracies, as the anchor term of political polarity, the one that gives meaning to its opposite. Right is, in politics, the unlucky semantic side“ (Laponce 1981: 43, Hervorhebungen im Original).

Auch Nullmeier (2006) hebt hervor, dass „[d]ie Rechte [...] seit Entstehung des politischen Orientierungsschemas als Position geringerer Legitimität“ (ebenda: 315) gelte. Im Gegensatz dazu habe die Linke seitdem einen dauerhaften Imagevorsprung erhalten (ebenda). Die entgegengesetzte Position nimmt Norberto Bobbio (2006: 54) ein, der auch in der modernen Politik *rechts* als die dominante und besser konnotierte Vokabel ansieht.

Soweit zu den religiös-kulturellen Vorprägungen der Begriffe *links* und *rechts*. Nun wird sich der Betrachtungsfokus auf die Genese der politischen Links-Rechts-Unterscheidung selbst richten.

2.2. Die Genese der Links-Rechts-Unterscheidung im politischen Raum

Über den genauen Zeitpunkt der Etablierung von *links* und *rechts* als zentrale Richtungsbegriffe innerhalb des politischen Raumes herrscht keine abschließende Einigkeit. Gewöhnlich wird der Beginn des Aufstiegs der Links-Rechts-Unterscheidung mit der Konstitution der französischen Nationalversammlung im Zuge der revolutionären Umwälzungen von 1789 verbunden. Ihre endgültige „parlamentarische Institutionalisierung“ (Raschke 1998: 185) wird allerdings auf die Zeit nach der Herrschaft Napoleons datiert (ebenda; siehe auch Backes 2006: 100–102, 109; Backes und Jesse 1997: 14–16; Laponce 1981: 47; Murphy u. a. 1981: 399). Die neue parlamentarische Sitzordnung nach dem Links-Rechts-Muster setzte sich dabei zunächst nur in Frankreich durch. Erst Mitte des 19. Jahrhunderts wurde sie vermehrt auch in den Parlamentskammern anderer europäischer Staaten angewandt (Backes 2006: 111; Laponce 1981: 54).

In Deutschland waren es die revolutionären Bestrebungen im Zuge des Kampfes um bürgerliche Freiheiten Mitte des 19. Jahrhunderts, die aus der Links-Rechts-Unterscheidung die zentrale Ordnungskategorie des politischen

Raumes machten. Während der Sitzungsperiode der deutschen Nationalversammlung in der Frankfurter Paulskirche (1848–1849) entwickelten sich die beiden Richtungsbegriffe zu zentralen parlamentarischen Strukturkategorien (Backes 2006: 111; Gerhard 1991). Demzufolge ist auch in Deutschland der Aufstieg der Links-Rechts-Unterscheidung eng mit dem Kampf um demokratische Verfahren und deren Durchsetzung verbunden. Dies gilt insbesondere mit Blick auf die Ausbildung eines pluralistischen Parteiensystems, das sich zwischen einem linken – liberalen oder auch radikal-demokratischen – und einem rechten – konservativen – Pol aufzuspannen begann (zur frühen deutschen Parlamentsgeschichte siehe Botzenhart 1977; Kramer 1968). Doch bevor die Entwicklungen in Deutschland dargelegt werden, erfolgt zunächst noch ein detaillierterer Blick auf die Erfindung und Etablierung der politischen Richtungsunterscheidung zwischen *links* und *rechts* im Frankreich des späten 18. und frühen 19. Jahrhunderts. Denn gerade hinsichtlich des Entstehungskontext der Links-Rechts-Unterscheidung zeigt sich ihre besondere Relevanz für den politischen Diskurs in Demokratien.[23]

23 Die folgenden Ausführungen konzentrieren sich auf die Darstellung der für den deutschen Diskurs zentralen Entwicklungen bei der Genese und Etablierung der politischen Orientierungsmarken *links* und *rechts*. Allerdings sei an dieser Stelle, mit Rückgriff auf Ausführungen von Noël und Thérien (2008: 83–89), darauf hingewiesen, dass sich die politischen Positionen des amerikanischen Verfassungsdiskurses Ende der 1780er-Jahre auch schon auf einer (imaginären) Links-Rechts-Dimension verorten lassen.

In dieser Debatte wurde nicht zuletzt auch darüber gestritten, welche Form demokratischer Herrschaft in der amerikanischen Verfassung verankert werden sollte. In einem in erster Linie publizistischen Schlagabtausch stand dabei die Gruppe der *Federalists* den *Anti-Federalists* gegenüber (Oppen-Rundstedt 1970: 29–32). Die *Federalists* plädierten für die Verankerung repräsentativ-demokratischer Strukturen in der Verfassung und sprachen sich gegen jegliche Formen direkter Demokratie aus. Die *Anti-Federalists* sahen hingegen in einer Überbetonung repräsentativ-demokratischer Verfassungselemente die Volkssouveränität eingeschränkt. Sie forderten daher eine bestmögliche Rückbindung der Abgeordneten an den Willen und die Interessen der Wählerschaft (Oppen-Rundstedt 1970: 90–91; Saage 2005: 105): „Die Delegierten sollten sich [...] ausschließlich an die Instruktion der Wähler halten und nicht etwa ihrem eigenen Ermessen und ihrer besseren Einsicht während ihrer Tätigkeit folgen: Sie sollten denken, fühlen und handeln wie ihre Wähler und im Grunde nichts als eine Miniaturausgabe ihrer Wählerschaft sein“ (Oppen-Rundstedt 1970: 90). Zudem, so hebt Jörke (2011: 171) hervor, sahen die Verfassungsgegner*innen* die Gefahr, dass sich bei Wahlen „mehrheitlich die Kandidaten durchsetzen, die über das größte Ansehen oder über die größten finanziellen Mittel verfügten“ (ebenda). Dies ließ sie befürchten, dass die Interessen der finanziell benachteiligten Gesellschaftsschichten im Gesetzgebungsprozess nicht ausreichend repräsentiert sein könnten und dadurch der Gleichheitsanspruch demokratischer Politik verletzt würde.

Während für die *Anti-Federalists* der Gleichheitsaspekt und eine möglichst starke Rückbindung des Regierungshandels an den Volkswillen im Vordergrund stand und

2.2.1. Die Voraussetzung: Die demokratische Revolution[24]

Entscheidender als die Suche nach dem genauen Zeitpunkt der Erfindung der politischen Links-Rechts-Unterscheidung ist die Tatsache, dass die Genese der Richtungsunterscheidung immer vor dem Hintergrund der „demokratische[n] Revolution“ (Laclau und Mouffe 2006: 192) des ausgehenden 18. Jahrhunderts betrachtet werden muss. Dies gilt sowohl für die revolutionären Entwicklungen in Frankreich als auch für den Demokratisierungsprozess in der neuen Welt (Noël und Thérien 2008: 83–89). Beide Ereignisse stellen Prototypen demokratischer Freiheitskämpfe dar, die sowohl ein neues Verständnis politischer Herrschaft etabliert, als auch eine Neuordnung des politischen Raumes katalysiert haben. Wenngleich sie sich im Hinblick auf die Ausgangsbedingungen und die Intensität des Kampfes ganz wesentlich voneinander unterschieden (Noël und Thérien 2008: 84–89; Saage 2005: 113).[25] Nach Noël und Thérien brachte die Französische Revolution „a more dramatic, sharper division over equality and democracy“ (ebenda: 87) hervor, die im Vergleich zu den Entwicklungen in Amerika „an even more radical break with the past“ (ebenda; siehe auch Laclau und Mouffe 2006: 196) notwendig machte.

Eben dieser radikale Bruch mit der Vergangenheit ermöglichte schließlich eine grundlegende Neuordnung des politischen Raumes, die sich in der Ge-

sie damit im klassischen Sinne eine linke Position vertraten, dominierten funktionale Aspekte die Argumentation der *Federalists*. David Salomon schreibt etwa, dass „insbesondere der ‚rechte Flügel‘ derer, die an der Ausarbeitung der Verfassung beteiligt waren“ (Salomon 2012: 41), den entscheidenden Punkt darin sah, durch die Verankerung repräsentativ-demokratischer Verfahren „den effektiven Einfluss mittelloser Volksmassen nach Möglichkeit“ (ebenda) zu beschränken. Diesem elitären Denken der *Federalists* lag das Bild des Menschen als einer schwachen und leicht verführbaren „creature of rapacious self-interest“ (Hofstadter 1977: 16) zugrunde, die es notwendig macht, den Schutz der individuellen Freiheit der Bürger*innen* als grundlegendes Ziel politischen Handels zu definieren (Schmidt 2010: 107).

24 Zum Begriff „demokratische Revolution“ siehe Laclau und Mouffe 2006: 192–199.

25 Nach Saage (2005: 113–114) sind drei grundlegende Unterschiede zwischen der Revolution in Amerika und der in Frankreich zu benennen: In Amerika habe im Vergleich zum französischen Fall a) die „absolutistische Monarchie“ (ebenda: 113) und b) „die Polarisierung der Bevölkerung in Privilegierte und Nichtprivilegierte“ (ebenda: 114) gefehlt. Zudem sei c) „die Hauptstoßrichtung der Aufstandsbewegung [in der Amerikanischen Revolution, Anmerkung des Verfassers] außenpolitischer Art gewesen“ (ebenda). Während sich die amerikanischen Kolonien gegen ihr Mutterland – einen Feind von außen – aufgelehnt hätten, sei der revolutionäre Impuls in Frankreich aus der Mitte der Gesellschaft gekommen und „war auf eine grundlegende Neuordnung der politischen und sozialen Verhältnisse“ (ebenda) ausgerichtet (siehe auch Grebing 1971a: 54–55).

nese der Links-Rechts-Unterscheidung symbolisch manifestiert. Anstelle der für absolutistisch regierte Gemeinwesen typischen Unterscheidung zwischen einem *Oben* und einem *Unten* trat im Zuge der revolutionären Kämpfe in Frankreich eine horizontale Differenzierung zwischen formal gleichwertigen Akteur*innen* (Laponce 1981: 47, 90–92). Das „demokratisch-egalitäre [Links-Rechts-]Schema“ entspricht, wie Raschke (1998: 198) es formuliert, der „Erwartung der Enthierarchisierung in der nach-traditionalen Ordnung“ (ebenda).[26] Die Mitglieder der Gesellschaft sollten nicht mehr aufgrund ihrer sozialen Herkunft, sondern wegen ihrer politischen Ideale unterschieden werden. Demgemäß manifestierte sich in diesem symbolischen Kippen der Herrschaftsbeziehungen die Wertetrias der Französischen Revolution: Freiheit, Gleichheit und Brüderlichkeit lassen sich nur in einem primär horizontal ausgerichteten Politikraum entfalten. Wobei, wie in Abbildung 2.1 dargestellt ist, der politische Raum sich im Uhrzeigersinn neigte und *links* entsprechend religiöser und sozialer Normierungen mit *unten* und *rechts* mit *oben* verbunden wurde (Dyrberg 2003: 334; Laponce 1981: 92):

> „One can more easily say ‚left and right are alike‘ than one can say ‚there is no difference between high and low‘; but left and right could not remain equal. The existing religious and social symbolism prevented them from being mere mirror images of each other or mere neutral dimensions for the locating of political actors. [...] God and king – concepts that were up and right religiously – naturally became right politically; and an inverse rotation led the enemies of the king – many of whom were also enemies of the clergy – to move from low to left“ (Laponce 1981: 92).

Die Restrukturierung des politischen Raumes steht dabei symbolisch für die sozialen und politischen Wandlungsprozesse, die zur *demokratischen Revolution* geführt haben: Dem „Ende einer Gesellschaft hierarchischen und nicht egalitären Typs, die von einer theologisch-politischen Logik regiert wurde, in der die soziale Ordnung ihre Begründung im göttlichen Willen hatte“ (Laclau und Mouffe (2006: 195). In diesen vordemokratischen Gesellschaften wurde „[d]er Gesellschaftskörper [...] als Ganzes begriffen, in dem die Individuen in differentielle Positionen fixiert erschienen“ (ebenda).

26 Allerdings ist die Strukturierung des politischen Raumes in ein *Oben* und ein *Unten* damit nicht vollständig obsolet geworden, sondern spielt – neben weiteren Unterscheidungskriterien – auch in der Gegenwart noch eine Rolle als räumliche Orientierungsmarken (Bobbio 2006: 54–55; Dyrberg 2003; Laponce 1975; Raschke 1998: 200–201.)

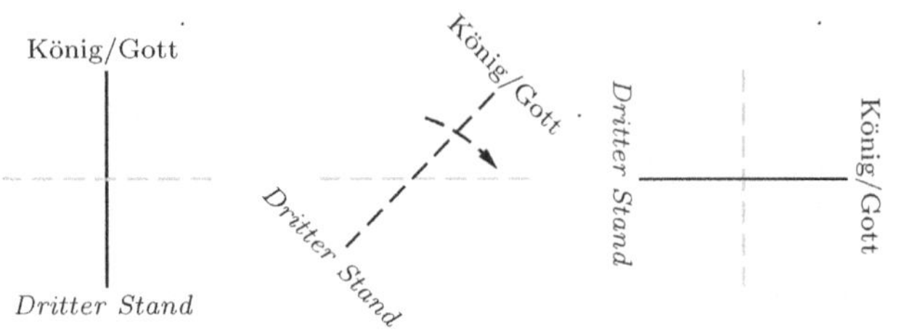

Anmerkungen: Eigene Darstellung in Anlehnung an Laponce (1981: 90–92).

Abbildung 2.1.: Schematische Darstellung der Restrukturierung des politischen Raumes

2.2.2. Der Ausgangspunkt: Die Gründung der Nationalversammlung in Frankreich

Den Ausgangspunkt der Transformation des politischen Raumes stellt der Übergang von der Stände- zur Nationalversammlung im Sommer des Jahres 1789 dar (Raschke 1998: 187–189). Die Ursachen der revolutionären Erhebung in Frankreich sind in einem Bündel verschiedener sozialer und ökonomischer Entwicklungen zu sehen, die nachhaltige gesellschaftliche Wandlungsprozesse auslösten. Seit Mitte des 18. Jahrhunderts hatte Frankreich mit finanziellen Problemen zu kämpfen und wurde in den Jahren 1787 bis 1791 zudem von einer tiefgreifenden Wirtschaftskrise erschüttert (Erbe 1982: 25; Stollberg-Rilinger 2011: 252). Der finanzielle Druck war eine unmittelbare Folge der Niederlage im Siebenjährigen Krieg gegen England und verschärfte sich aufgrund der französischen Unterstützung des amerikanischen Freiheitskampfs. Die Wirtschaftskrise drückte sich in steigenden Lebenshaltungskosten aus und führte in unregelmäßigen Abständen zu Bauernaufständen, die vornehmlich im Zuge von Missernten auftraten und die existenziellen Nöte der Landbevölkerung widerspiegelten (Kuhn 2013: 23–28, 34–36).

Zudem wurde die französische Gesellschaft von sozialen Wandlungsprozessen erfasst. Die Basis der französischen Ständegesellschaft begann schrittweise zu erodieren, nachdem die innere Zusammensetzung der Stände immer heterogener wurde (Kuhn 2013: 24–28). Die Aristokratie teilte sich in zwei Gruppen: den am königlichen Hof lebenden Schwertadel und den armen Landadel, der „fast zu einer adligen ‚Plebs' abgesunken" (ebenda: 25) war. Die Spaltung in eine Gruppe wohlhabender und eine Gruppe in prekären

Verhältnissen lebender Personen charakterisierte auch den Klerus und den *Dritten Stand*. Aus dem *Dritten Stand* stieg ein Besitzbürgertum auf, das immer selbstbewusster seine Interessen gegenüber Adel, Klerus und König vertrat und nicht mehr die Sorgen und Nöte von Bauern und Angehörigen der städtischen Unterschicht teilte (ebenda: 25–28). Ganz augenscheinlich wurde durch diese Entwicklungen „die alte Ständeordnung [...] durch einen neuen Gegensatz von Arm und Reich gekreuzt“ (ebenda: 28).

Den eigentlichen Anstoß für die revolutionären Entwicklungen gab jedoch ein Streit zwischen Adel und König über die steuerlichen Privilegien der Aristokratie. Nachdem der Versuch des Königs, die staatlichen Finanzprobleme durch eine Reform des traditionellen Steuersystems in den Griff zu bekommen, scheiterte, erwuchs ein Machtkampf zwischen der Krone und den drei Ständen, die größere politische Rechte einforderten. Die Stände strebten faktisch eine Rückkehr zu vorabsolutistischen Verhältnissen an, unter denen die königlichen Befugnisse einer stärkeren Kontrolle ständischer Institutionen unterlagen (Kuhn 2013: 37–38; Stollberg-Rilinger 2011: 252–255). Schließlich wurde im Sommer 1788 die Einberufung der Generalstände angekündigt, die erstmals seit Anfang des 17. Jahrhunderts tagen sollten (Kuhn 2013: 61; Stollberg-Rilinger 2011: 251–253). Neben den sozioökonomischen Problemen war es nach Kuhn (2013: 39–42) daher auch in erster Linie die „Unfähigkeit des absolutistischen Staates zu Reformen“ (ebenda: 42), die zwangsläufig zu einer revolutionären Erhebung der Volksmassen führen musste.

Die Konstituierung der Ständeversammlung erfolgte Anfang Mai 1789. Den etwa 1200 Abgeordneten – genauer: 291 vom *Ersten*, 270 vom *Zweiten* und 584 vom *Dritten Stand* – wurden Sitzplätze nach dem bewährten Muster der französischen Generalstände zugewiesen (Raschke 1998: 187–188).[27] Das zentrale räumliche Ordnungskriterium im Tagungsaal stellte die Unterscheidung zwischen einem *Oben* – in Form des absolut herrschenden Monarchen von Gottes Gnaden – und einem *Unten* – in Form der Ständevertreter – dar (ebenda). Um eine deutliche Unterscheidung der einzelnen Stände zu gewährleisten wurde noch auf zwei weitere Dichotomien zurückgegriffen: *nah versus fern* und *links versus rechts* (Laponce 1981: 47). Die Zuweisung der Plätze für die drei Stände folgt der Maßgabe: „The higher, the closer to the king and the more clearly to his right, the greater the distinction“ (Laponce 1981: 47).

27 Erbe (1982: 78) schreibt von 595 Abgeordneten des *Dritten Standes*, die 270 Adligen und 300 Kirchenvertretern gegenüber saßen.

(a) Die Eröffnung der Generalstände am 5. Mai 1789

(b) Sitzung der Französischen Nationalversammlung vom 4. auf den 5. August 1789

Quelle: Helman und Monnet (1789); Helman, Duclos und Monnet (1790).

Abbildung 2.2.: Parlamentarische Sitzordnung in Stände- und Nationalversammlung während des Revolutionsjahres 1789

Aus Abbildung 2.2a wird ersichtlich, dass der zentrale und höchste Platz in der Versammlung dem König – damals Ludwig XVI – vorbehalten war. Neben seinem Thron, aber noch immer erhöht auf dem Podest, war die königliche Familie platziert. In Analogie zur kulturell-religiösen Verwendung des Links-Rechts-Gegensatzes befanden sich die männlichen Nachkommen und möglichen Thronfolger rechts des Throns, der weibliche Nachwuchs und die Königin links davon. Das Kabinett des Königs saß an einem Tisch zu den Füßen des Herrschers. Die beiden ersten Stände Adel und Klerus hatten ihre Sitze unterdessen am linken und rechten Rand der Versammlung. Die kirchlichen Würdenträger saßen vom König aus gesehen – ebenfalls in Entsprechung des religiösen Links-Rechts-Paradigmas – auf der rechten, die Aristokratie auf der linken Seite des Vierecks. Damit blieb für die Repräsentanten des *Dritten Standes* nur noch der Platz am unteren Ende des Raumes, direkt gegenüber der königlichen Familie und der Minister des Kabinetts (Laponce 1981: 47; Raschke 1998: 185–187). Die Eröffnungszeremonie der Generalstände sollte das letzte Mal sein, dass die Delegierten in der klassischen Form eines absolutistischen Parlaments zusammentraten. Die revolutionären Entwicklungen des Jahres 1789 brachten schon bald eine völlig neue parlamentarische Architektur und Sitzordnung hervor.

Das Rechteck – bis in den Sommer 1789 „dominantes Muster parlamentarischer Repräsentation“ (Manow 2004: 321–322) – wurde durch die Form eines Halbkreises ersetzt (ebenda). Die Entwicklungen, die zur Neugliederung des parlamentarischen Raumes führten, wurden durch zwei zentrale Wegmarken gekennzeichnet: a) die Gründung einer verfassungsgebenden Nationalversammlung und b) die Einführung der freien Sitzplatzwahl im neugeschaffenen Parlament. Die Sitzplatzverteilung im Parlament war damit nicht mehr durch die soziale Herkunft eines Abgeordneten determiniert. (Raschke 1998: 185–193).[28]

Die Initiative zur Gründung einer Nationalversammlung ging dabei auf Abbé de Sieyès (1789) zurück, der schon im Januar 1789 in dem Flugblatt „Was ist der Dritte Stand?“ dessen soziale, politische und ökonomische Lage innerhalb der französischen Gesellschaft diskutiert und eine repräsentativ-demokratische Alternative zur Adelsgesellschaft formuliert hatte (Kuhn 2013: 64–65; Noël und Thérien 2008: 87; Saage 2005: 115–120).[29] Die Forderung von

28 Die freie Wahl des Sitzplatzes ist zu dieser Zeit, europaweit betrachtet, allerdings kein gänzlich neues Phänomen mehr. Die Abgeordneten des englischen Parlaments konnten sich ihren Sitzplatz schon vor 1789 frei wählen (Raschke 1998: 186).

29 Sieyès, der mit bürgerlichem Namen Emmanuel Joseph Graf hieß, skizzierte in seiner Flugschrift ein vergleichsweise exklusives Demokratiemodell, das „großbürgerlichen

Sieyès, „die Generalstände in eine Nationalversammlung umzuwandeln, in der nach Köpfen“ (Kuhn 2013: 65) und nicht, wie bei früheren Versammlungen, getrennt nach Ständen[30] abgestimmt werden sollte, wurde zunächst von Adel und Klerus mehrheitlich abgelehnt (ebenda). Daraufhin erklärten sich die Deputierten des *Dritten Standes* Mitte Juni 1789 zur alleinigen Vertretung des Volkes – zur Nationalversammlung (ebenda; Saage 2005: 118). Die „vor sich hin dümpelnde Revolution“ (Raschke 1998: 188) hatte neuen Schwung bekommen.

Während sich kurze Zeit später auch ein Großteil des Klerus dafür entschied, der revolutionären Nationalversammlung beizutreten, gab es unter den Vertretern der Aristokratie kaum Überläufer. Dies änderte sich jedoch, nachdem „der lange zögernde König“ (ebenda) die Nationalversammlung anerkannte und die ständischen Vertreter des Adels aufforderte, sich ihr anzuschließen (Erbe 1982: 78–79; Kuhn 2013: 64–66; Laponce 1981: 48; Raschke 1998: 188). Die Revolution hatte einen wichtigen Sieg errungen, die Macht des Königs war nachhaltig gebrochen. Unter diesen Voraussetzungen war es den Abgeordneten nun auch möglich, gegen den Willen des Monarchen eine neue Sitzordnung durchzusetzen, bei der sich die Delegierten nicht mehr nach Ständen sortierten, sondern sich links oder rechts neben dem Parlamentspräsidenten gruppierten, in Einklang mit ihren politischen Einstellungen. Die bislang dominante vertikale Ordnungsstruktur wurde durch eine horizontale Logik ersetzt (Raschke 1998: 188–189):

> „Sichtbar an der Sitzordnung zerbrach hier das alte ständische System. Einige Adlige und die Delegierten des niederen Klerus setzten sich zusammen mit dem *Dritten Stand* auf die linke Seite. Der Rest des Klerus und der größere Teil des Adels nahmen auf der rechten Seite Platz. Das Links-Rechts-Schema ist [sic] geboren. Geburtsort: Versailles, Geburtsjahr: 1789, nur der Monat ist nicht ganz gesichert“ (Raschke 1998: 188–189).

Die unmittelbare Restrukturierung der Sitzordnung nach dem Fall des ständischen Ordnungssystems ist ganz wesentlich praktischen Gründen geschuldet. Die Sammlung gleichgesinnter Abgeordneter auf einer Seite des

---

Interessen“ (Saage 2005: 117) entsprach und eine Vielzahl sozialer Gruppen, Frauen, Landstreicher, aber auch abhängig beschäftigte Handwerker, von einer politischen Partizipation ausschloss (Kuhn 2013: 64–65; Saage 2005: 115–119).

30 Jeder Stand hatte in diesem System, unabhängig von der Zahl an Vertretern in der Versammlung, jeweils nur eine Stimme, so dass es Adel und Klerus ohne viele Mühen möglich war, durch gegenseitige Absprachen ihre Privilegien gegenüber dem *Dritten Stand* zu verteidigen (Kuhn 2013: 64).

Plenums ermöglichte eine schnellere Abstimmung und bessere Kommunikation untereinander. Sie dynamisierte zudem die Gruppenbildungsprozesse innerhalb der Versammlung (Laponce 1981: 48–49; Rosas und Ferreira 2013: 3).

Ferner wurde auch die parlamentarische Architektur den neuen Verhältnissen angepasst. Das Podest mit dem Thron, als Symbol der absoluten Herrschaft des Königs, wurde entfernt und die quadratisch angeordneten Sitzreihen der Ständeversammlung durch ein Oval mit aufsteigenden Sitzreihen ersetzt. Rednerpult und Präsidium des Parlaments befanden sich dabei zunächst einander gegenüberliegend an den beiden Längsseiten des Sitzungsbereiches (Raschke 1998: 189, siehe auch Abbildung 2.2b auf Seite 40).

2.2.3. Die Etablierung: Die Nationalversammlung im postrevolutionären Frankreich

Zwar konnte das Links-Rechts-Schema im Spätsommer des Jahres 1789 in Frankreich als zentrales Richtungsparadigma des politischen Raumes durchgesetzt werden, doch galt dies zunächst nur für einen begrenzten Zeitraum. Die Unterscheidung zwischen *links* und *rechts* wurde zwar von der politischen Publizistik schnell aufgegriffen und fand vielfach Verwendung in Zeitungsartikeln, doch wurde eine weitreichende Diffusion in die französische Gesellschaft durch institutionelle Arrangements und die politische Entwicklung im postrevolutionären Frankreich gebremst (Backes 2006: 101–102; Backes und Jesse 1997: 15–16; Laponce 1981: 49–51; Raschke 1998: 190–193):

Erstens stellte sich das parlamentarische System während der Revolution als sehr instabil dar. Zum einen, da die zunächst noch im Parlament vertretenen Anhänger der alten Ordnung schon bald das Parlament verließen (Raschke 1998: 190). Zum anderen dadurch, dass sich das Lager der Revolution mehrmals in einen radikalen linken und gemäßigten rechten Teil spaltete. Wobei der gemäßigte Teil auf die freigewordenen Plätze der „substantiellen Rechten" (Raschke 1998: 195) rückte (ebenda). Mit dem Ergebnis, dass sich mit den Jakobinern und den Girondisten schließlich zwei eindeutig links stehende Gruppierungen im Nationalkonvent[31] gegenüberstanden:

31 Die Bezeichnungen des Parlaments änderten sich während der Revolution mehrmals: *Nationalversammlung/verfassungsgebende Nationalversammlung* (17.06.1789–30.09.1791), *Gesetzgebende Versammlung* (01.10.1791–20.09.1792), *Nationalkonvent* (21.09.1792–26.10.1795) (Kuhn 2013: 98–99).

> „Das aus der Revolution hervorgegangene Personal beherrschte die Versammlung. ‚Rechts' war jetzt schon die Position der von den Jakobinern herkommenden Girondisten, die Linke [...] radikalisierte sich weiter und brachte (‚rechte') Opposition nur noch aus sich hervor" (ebenda).

Das (legitime) politische Spektrum war dabei besonders während der (Schreckens-)Herrschaft der Jakobiner, die vom Sommer 1793 bis zum Sommer 1794 dauerte, deutlich eingeschränkt (Backes 2006: 102; Backes und Jesse 1997: 15; Erbe 1982: 96–99; Kuhn 2013: 109–129).[32]

Zweitens waren es die Abgeordneten selbst, die eine schnelle Etablierung des Links-Rechts-Schemas im gesellschaftlichen Diskurs bewusst verhinderten, indem sie nach einem Umbau des Plenarsaals eine Reorganisation der Sitzverteilung vornahmen (Manow 2004: 329–330; Raschke 1998: 190–191).Von den gemäßigten Fraktionen wurde mit der Neuverteilung der Sitzplätze das Ziel verfolgt, der Stigmatisierung rechts sitzender Abgeordneter vorzubeugen, da diese verstärkt „in den Geruch der Systemfeindschaft" (Raschke 1998: 191) gerieten – ganz unabhängig von ihren tatsächlichen politischen Überzeugungen. Daher verwundert es nicht, dass sich nach Rückzug der Verteidiger des absolutistischen Herrschaftssystems zunächst kein Delegierter auf die rechte Seite des Parlaments setzen wollte (ebenda). *Rechts* wurde zunehmend „zum Schimpfwort und Kampfbegriff" (ebenda: 193).[33] Schließlich kam es, auch aufgrund der normativen Aufladung der beiden Richtungsbegriffe, zur völligen Abschaffung der festen Sitzplatzverteilung. Die Plätze in der Versammlung wurden stattdessen monatlich neu ausgelost (Manow 2004: 330; Raschke 1998: 193).[34]

Drittens wird ein endgültiges Einsickern der beiden Richtungsbegriffe in die französische Gesellschaft durch ein alternatives Orientierungsmuster

---

32 Hieran wird deutlich, dass *links* und *rechts* relative Begriffe sind, deren Bedeutung wesentlich vom Standpunkt des Betrachters abhängt. So kann die Position politischer Parteien und Akteure innerhalb des politischen Raumes ganz unterschiedlich wahrgenommen werden.

33 Unter den Stenograph*innen* und politischen Kommentator*innen* der Plenarsitzungen sorgte der Bruch mit der schon akzeptierten parlamentarischen Ordnung für erhebliche Verwirrung: Wer sitzt jetzt eigentlich auf der rechten Seite? „Sind das die Leute der vormaligen linken Seite, die sich nun woanders hingesetzt haben, oder solche, die jetzt zufällig auf diesen Plätzen sitzen?" (Raschke 1998: 190).

34 Der Zeitpunkt des Übergangs zum Verlosen der Sitzplätze wird unterschiedlich datiert. Manow (2004: 330) schreibt, „dass nach 1800 die Abgeordneten keine festen Sitzplätze mehr inne hatten, sondern dass diese ausgelost wurden", während Raschke (1998: 193) anmerkt, dass schon 1795 beschlossen wurde, „die Plätze in der Nationalversammlung monatlich neu auszulosen".

empfindlich gestört: der Unterscheidung zwischen Berg (*Montange*) und Ebene (*Plaine*), die sich wie die Links-Rechts-Unterscheidung am Sitzplatz der Abgeordneten innerhalb des Konvents orientierte und wieder stärker eine vertikale Gliederung des politischen Raumes betonte (Raschke 1998: 191–192). Die „‚autoritäre Linke'" (Erbe 1982: 174) wurde auch als Bergpartei bezeichnet, da sich ihre Vertreter in den oberen Rängen des Plenums sammelten. Die meist auf der rechten Seite in den unteren Reihen sitzenden gemäßigteren linken Girondisten wurden dagegen häufig zur *Ebene* – oder abwertend: zum *Sumpf* – gerechnet, der vornehmlich Abgeordnete der Mitte angehörten (Hoffmann 2006: 6; Kuhn 2013: 111; Raschke 1998: 191–192).

Viertens wurde die Institutionalisierung des Schemas durch die Machtergreifung Napoleons gebremst. Dies lag zum einen daran, dass sich dessen Politik zunächst als die „einer außerordentlich integrationsfähigen ‚Mitte'" (Erbe 1982: 172) darstellte. Zum anderen wurden unter napoleonischer Herrschaft keine oppositionellen Gruppierungen geduldet, so dass der Unterscheidung von *links* und *rechts* die unmittelbare Relevanz verloren ging (Backes und Jesse 1997: 15; Mönch 1960: 55).

Die sich in der Spätphase der Französischen Revolution ausbreitende „Erlahmung" (Backes und Jesse 1997: 15) der beiden Richtungsbegriffe wurde schließlich in postnapoleonischer Zeit wieder durchbrochen. Auch in den Anfangstagen der Restaurationsphase spielten *links* und *rechts* im politischen Diskurs zunächst keine maßgebliche Rolle. Erst als die Abgeordneten ihre Meinung wieder frei zu äußern vermochten und es ihnen dadurch möglich war, „Gleichgesinnte durch ihr Verhalten beim Abstimmen zu erkennen und sich ihnen beizugesellen" (Mönch 1960: 54), konnte sich die Links-Rechts-Unterscheidung als zentrales politisches Orientierungsmuster durchsetzen (Backes 2006: 109; Backes und Jesse 1997: 15–16; Manow 2004: 330; Mönch 1960: 54–55).

Neben der grundlegenden Rekultivierung des Links-Rechts-Schemas in der französischen Politik gewannen die beiden Termini während der Restaurationszeit zudem deutlich an semantischer Stabilität. Im Unterschied zu den Jahren der Revolution wurden die verschiedenen parlamentarischen Gruppierungen nun dauerhaft als *links* oder *rechts* etikettiert (Backes 2006: 109–110; Backes und Jesse 1997: 15–16). Seit den 1820er-Jahren setzte zudem eine grundlegende Ausdifferenzierung des Schemas ein: Im gesellschaftspolitischen Diskurs wurde nun nicht mehr nur von „droite" und „gauche" gesprochen, sondern zudem noch zwischen „extrême droite" und „extrême gauche" sowie

„centre droite“ und „centre gauche“ unterschieden (Mönch 1960: 56, 58).[35] Diese Erweiterungen der Links-Rechts-Semantik waren einerseits Ausdruck der Ausweitung des legitimen politischen Spektrums um die Gruppe der Ultraroyalisten. Andererseits spiegelte sich darin auch eine Verschiebung der mit *links* und *rechts* verbundenen Bedeutungsinhalte wider (ebenda: 55–56):

> „Sobald sich die Gegensätze [...] an der Frage der positiven Errungenschaften der Revolution und durch das Verhalten der Royalisten entzündet hatten, standen sich die Rechte mit ihren extremen Restaurationsforderungen und die Linke, die das Gewonnene nicht wieder verlieren wollte, auch in der Kammer als unversöhnliche Feinde gegenüber. ‚La droite‘, während der Revolution gleich ‚gemäßigt‘ und ‚konservativ‘, wird in der Restauration zur Bezeichnung der reaktionären Tendenzen des Ancien Régime, für die gemäßigte Linie bildet sich ein neuer Name, ‚le centre‘, heraus, ‚le côte gauche‘ verkörpert weiterhin die ‚opinions avancées‘“ (ebenda).

Nachdem die Richtungsunterscheidung schon einige Zeit einen festen Bestandteil des politischen Diskurses dargestellt hatte, wurden die Vokabeln *links* und *rechts* Mitte der 1830er-Jahre in verschiedene französische Wörterbücher aufgenommen. Die beiden Begriffe waren damit innerhalb von vier Jahrzehnten tief in die französische Sprache diffundiert und hatten sich innerhalb des gesellschaftspolitischen Diskurses etabliert (ebenda: 57).

Nichtsdestotrotz gab es seitdem einzelne Zeitspannen in denen die beiden Richtungsbegriffe keine oder nur eine untergeordnete Rolle bei der Charakterisierung von politischen Akteuren gespielt haben und zeitweise wieder aus dem politischen Wortschatz verdrängt wurden. Dies galt für die Gruppe der Orléanisten ebenso wie in der Zeit des Kaiserreichs Napoleons des Dritten (Erbe 1982: 171; Laponce 1981: 52):

> „At mid-century, following the coup d'état that transformed the second French Republic into the empire of Napoléon III, the terms left and right disappeared temporarily from the vocabulary of French politics for lack of parliamentary life“ (Laponce 1981: 52).

Nachdem der Aufstieg der politischen Unterscheidung zwischen *links* und *rechts* in Frankreich dargelegt wurde, stellt sich nun die Frage wann sich der Richtungsgegensatz in Deutschland etablieren konnte.

35 Eine leicht abweichende Darstellung findet sich bei Backes (2006: 109), der davon schreibt, dass schon vor 1820 zwischen insgesamt sechs Gruppierungen unterschieden wurde: „extrême droite“, „droite modérée“ und „centre droite“ sowie „centre gauche“, „gauche modérée“ und „extrême gauche“ (siehe auch Backes und Jesse 1997: 16).

2.3. Die Diffusion der Links-Rechts-Unterscheidung nach Deutschland

Im Zuge der Ausbreitung konstitutioneller Regierungssysteme etablierte sich die Links-Rechts-Unterscheidung in vielen europäischen Ländern innerhalb des politischen Raums (Backes 2006: 111; Ignazi 2003: 5; Laponce 1981: 52–54). Das Schema fand Aufnahme in den politischen Sprachgebrauch und bestimmte zudem die architektonische Struktur vieler europäischer Parlamente. Die Plenarsäle sowie die Sitzordnungen wurden nach dem Vorbild der französischen Nationalversammlung ausgerichtet. Eine Ausnahme bilden dabei Großbritannien und einige weitere Commonwealth-Staaten. In den dortigen Parlamenten erinnert die Sitzordnung bis in die Gegenwart „an mittelalterliche Formen ständischer Repräsentation, die in den europäischen Parlamenten vor der französischen Revolution dominant war" (Manow 2004: 321). Gleiches galt lange Zeit auch für die Niederlande, in denen die Anordnung der Sitzreihen des Plenarsaals noch bis in die 1970er-Jahre der viereckigen Form ständischer Versammlungen glich und „die parlamentarische Sitzordnung nicht dem links/rechts-Schema [sic] folgte" (ebenda: 322 – Fußnote 4). Vielmehr hatten die „religiösen katholischen und calvinistischen Parteien einen Platz rechterhand des Parlamentspräsidenten inne, [nahmen] also die alte Stelle des Klerus" (ebenda; siehe auch Döring 1995: 286) ein. Im Folgenden wird nun die Diffusion und Etablierung der beiden Richtungsbegriffe in den politischen Raum der deutschen Staaten betrachtet.

2.3.1. Die Entwicklungen im Vormärz

Im Vergleich zum Mutterland der politischen Links-Rechts-Unterscheidung hat sich das Richtungsschema in Deutschland erst um das Jahr 1850 etabliert. Zwar sickerten die beiden Richtungsbegriffe schon gegen Ende der zweiten Dekade des 19. Jahrhunderts langsam in den deutschen Wortschatz ein, doch fanden sie zunächst keinen Eingang in die sich entwickelnde(n) Parlamentskultur(en) auf dem Gebiet des Deutschen Bundes.[36] Ein Abgeordneter des badischen Landtages hebt noch in den 1820-Jahren die fehlenden politischen

36 Nach Backes (2006: 114–115) wurden die Leser*innen* der Augsburger Allgemeinen Zeitung vom 28. November 1818 schon „eingehend über die politischen Richtungen der Pariser Deputiertenkammer, die der ‚rechten Seite (der Ultra's)' wie der ‚linken Seite', informiert".

Bindungen innerhalb des Parlamentes hervor (Kramer 1968: 42; siehe auch Backes und Jesse 1997: 16 und Backes 2006: 112):

> „Wir haben keine rechte und keine linke Seite. Heute spricht dieser Abgeordnete für die Regierung, morgen jener, je nachdem er ihre Meinung in diesem Punkte theilt. Ein andermal spricht der Freund gegen den besten Freund, weil seine Ansicht nicht die seinige ist“ (Badischer Landtag, Zweite Kammer 2012: 145[161]–146[162]).

In Bayern, so Kramer (1968: 26–27), sei von „der radikalen Presse“ (ebenda: 26) zwar schon während der frühen 1830er-Jahre „nach dem Vorbild der Pariser Deputiertenkammer über ein ganzes System von Parteien siegessicher“ (ebenda) berichtet worden.[37] Die beiden Richtungsvokabeln hätten die politische Wirklichkeit der damaligen Zeit allerdings noch nicht angemessen abgebildet. Vielmehr seinen „die Namen der politischen Richtungen, die förmlich von außen in den Landtag hineingerufen wurden – ‚äußerste‘ und ‚gemäßigte Linke‘, ‚juste milieu‘, ‚gemäßigte‘ und ‚äußerste Rechte‘ – [...] deutlich der politischen Begriffswelt des zeitgenössischen Frankreich entlehnt“ (ebenda: 27) worden, ohne mit den tatsächlichen Verhältnissen im Parlament in Einklang gebracht werden zu können. „Ihre Übertragung auf die deutschen Verhältnisse“ sei, so konstatiert Kramer, „der tatsächlichen Entwicklung weit“ (ebenda: 27) vorausgeeilt.

Backes und Jesse (1997: 16) führen die verspätete Etablierung der Links-Rechts-Unterscheidung vor allem auf einen Mangel an institutionellen Voraussetzungen zurück:

> „Erst nach den napoleonischen Kriegen entstanden Verfassungsstaaten mit ‚Volksrepräsentation‘. In den frühen Parlamenten [...] bildeten sich wegen vielfältiger technischer Restriktionen, des Mangels an praktischer Erfahrung, des ausgeprägten Individualismus und der Vereinigungsscheue der Abgeordneten sowie es Fehlens organisierter politischer Strömungen erst im Laufe vieler Jahre fraktionsähnliche Zusammenschlüsse heraus“ (ebenda).

Im Vergleich zu Frankreich gab es in den deutschen Fürstentümern bis in die 1840er-Jahre kaum Entwicklungen in Richtung konstitutioneller Monarchien mit parlamentarischen Institutionen. Auch in den beiden größten und bedeutendsten deutschen Staaten – Österreich und Preußen – herrschten lange Zeit noch absolutistische oder semi-absolutistische Verhältnisse

37 Ein Eindruck über die politische Presselandschaft und das journalistische Vokabular in Bayern in den frühen 1830-Jahre lässt sich bei Lempfrid (1961) gewinnen.

(Sperber 1998: 14–15). Nur in einigen Gebieten Südwestdeutschlands – Baden, mit Abstrichen auch Bayern und Württemberg – entwickelte sich vergleichsweise früh ein fortschrittliches von Gruppenbildungsprozessen gekennzeichnetes parlamentarisches Leben (Kramer 1968: 21). Nichtsdestotrotz waren auch in progressiven deutschen Staaten die Vorbehalte der Obrigkeit gegenüber dem modernen Parlamentarismus erheblich (ebenda: 16–21). Solche „Vorbehalte [...] äußerten sich auf vielfältige Weise“ (ebenda: 16) und führten zu weitgehenden Einschränkungen politischer Gruppenbildungsprozesse:[38] Beschränkungen im Wahlrecht – es gab weder allgemeine noch gleiche Wahlen – und die partielle Übernahme ständischer Repräsentationsverfahren „mußten sich hemmend auf die Ausbildung organisierter parteipolitischer Strömungen in der Wählerschaft und deren Übergreifen auf das Parlament auswirken“ (ebenda: 17). Zudem störten stark reglementierende Passagen der Geschäftsordnungen eine frühzeitigere Etablierung des Links-Rechts-Schemas als Ordnungsprinzip parlamentarischer Versammlungen. In vielen deutschen Parlamenten war es den Abgeordneten lange Zeit nicht erlaubt, sich den Sitzplatz frei zu wählen. Stattdessen wurden die Plätze entweder per Los oder nach ständischen Zugehörigkeiten vergeben (ebenda: 18). Da sich die Abgeordneten nicht nach ihren politischen Einstellungen gruppieren konnten, wurde die Etablierung einer parlamentarischen Sitzordnung nach dem Links-Rechts-Schema faktisch unmöglich.

Eine Ausnahme bildeten die beiden Kammern des badischen Landtags, wie Kramer (1968: 18 – Fußnote 10) hervorhebt: Sowohl in der ersten als auch in der zweiten Kammer einigten sich die Abgeordneten schon 1819 darauf, „‚daß jeder ohne alle Unterscheidung dorthin sitzen möchte, wo es ihm beliebe oder wo es der Zufall wolle‘“ (Müller 1900: 53). Konsequenterweise waren es daher 1843 auch die badischen Parlamentarier, die sich als erste in Deutschland – dem Vorbild der Pariser Deputiertenversammlung folgend – nach dem Links-Rechts-Schema anordneten (Backes 2006: 111; Kramer 1968: 50–51). In dem Sitzungsprotokoll der entsprechenden Legislaturperiode ist „bei Zwischenrufen [...] von Einwürfen aus der *‚Rechten‘* – womit die regierungsfreundliche Gruppe gemeint war – oder von der *‚Linken‘*, der liberal-radikalen Opposition“ (Kramer 1968: 51, Hervorhebungen im Original; siehe auch Backes: 111) zu lesen.

---

38 Das Entstehen fester Bindungen wurde zudem dadurch verhindert, dass sich das freie Mandat als Ideal parlamentarischer Arbeit durchgesetzt hatte. Ein Abgeordneter sollte seine Entscheidungen „frei von Bindungen durch die Mehrheitsbeschlüsse seiner ‚Partei‘ alleine nach seinem Gewissen entscheiden“ (Botzenhart 1977: 415).

Der Auslöser für die Neugruppierung des badischen Landtages lag in einem Streit zwischen liberalen Abgeordneten begründet, der in einer Spaltung der parlamentarischen Opposition mündete: Durch einen „demonstrative[n] Platzwechsel" rückten „die Radikalen von ihren gemäßigten Gesinnungsgenossen" (Kramer 1968: 51) ab. Infolge dieser räumlichen Abgrenzung „gesinnungsverwandte[r] Abgeordnete[r]" von „heterogenen Elementen" (ebenda: 50) kam es zu einer Verfestigung der Gruppenidentitäten (ebenda: 50–51). Es stellten sich zunehmend Mechanismen der sozialen Kontrolle ein und der Druck auf die einzelnen Abgeordneten, sich einer (imaginären) Gruppendisziplin zu unterwerfen, nahm zu. Ein von den eigenen Gesinnungsgenossen abweichendes Verhalten bei Abstimmungen war ab sofort für jedermann sichtbar (ebenda: 51–52). Durch die Einführung einer Sitzordnung im Parlament etablierte sich damit in Deutschland ein neuer „*Stil der parlamentarischen Willensbildung*" (ebenda: 51, Hervorhebung im Original). Das Ideal des freien Mandates wurde mit Einsetzen erster parlamentarischer Gruppenbildungsprozesse langsam durch eine freiwillige Bindung der Abgeordneten an die gemeinsamen Ziele einer Gruppe von Gesinnungsgenossen relativiert.

2.3.2. Die Revolution von 1848/49

Trotz dieser weitgehenden Entwicklungen in der badischen zweiten Kammer, geht der entscheidende Impuls für die Institutionalisierung der Links-Rechts-Unterscheidung als zentralem Richtungsparadigma in Deutschland von der revolutionären Dynamik der Jahre 1848 und 1849 aus: Mit dem Sturz des französischen Bürgerkönigs Louis Philipp im Februar 1848 erhob sich in vielen europäischen Ländern das Volk gegen die herrschenden Monarchen, so auch auf dem Gebiet des Deutschen Bundes (Haupt und Langewiesche 1998: 12–14; Mick 1997: 32–33). Die deutschen Revolutionäre fochten für eine verfassungsmäßige Ordnung, die ihnen bürgerliche Rechte und politische Teilhabe sichern sollte. Ferner strebten sie die Errichtung eines deutschen Nationalstaates an (Botzenhart 1977: 91; Haupt und Langewiesche 1998: 14–25; Siemann 1985: 58–64). Die Idee der nationalen Selbstbestimmung stand jedoch in Opposition zu den Interessen der deutschen Fürstenhäuser, allen voran Preußens und Österreichs. Nicht zuletzt an der Weigerung der Monarchen in Berlin und Wien „zu Unterlandsherren herabgestuft zu werden" (Haupt und Langewiesche 1998: 23), scheiterte 1848/49 schließlich auch die Idee der nationalen Einigung (ebenda).

Links und rechts in der Frankfurter Nationalversammlung

Dennoch setzten sich die Revolutionäre im Frühjahr 1848 mit ihrer Forderung durch, eine verfassungsgebende Nationalversammlung einzuberufen. Schon bevor sich die Nationalversammlung in der Paulskirche in Frankfurt am Main am 19. Mai 1848 konstituierte, kam es unter den Kräften der Revolution zu einem Streit über die in der Verfassung zu verankernde Staatsform. Die radikalen Demokraten strebten ein republikanisches Staatswesen an, die gemäßigten Liberalen hingegen eine konstitutionelle Monarchie (Haupt und Langewiesche 1998: 14–15; Wettengel 1998: 705–706). Die Heterogenität der revolutionären Bewegung zeige sich, wie Wettengel (1998: 704–706) hervorhebt, auch an einer Ausdifferenzierung des noch jungen politischen Vereinswesens, insbesondere an „der Spaltung des liberal-demokratischen Spektrums“ (Wettengel 1998: 704).

Zudem spiegelte sie sich in der Fraktionsbildung und Sitzplatzverteilung des *Paulskirchen-Parlaments* wider: Die sich „größtenteils einander fremden Abgeordneten“ (Vossler 1981: 90) gruppierten sich schon wenige Tage nach Parlamentseröffnung entsprechend ihrer politischen Anschauungen zu Fraktionen. Somit war schon „[z]u Anfang des Juni [...] der Proceß der Parteibildung so weit vollendet, daß von fertigen, constituierten und organisierten Parteien die Rede sein konnte“ (Biedermann 1849: 11; siehe auch Best 1990: 322; Botzenhart 1977: 418). Allerdings hatte die Fraktionsbildung zunächst kaum Einfluss auf die Platzwahl der Abgeordneten. Erst mit der Zeit richtete sich die Sitzplatzverteilung an der Fraktionszugehörigkeit aus (Kramer 1968: 78). Dabei sortierten sich die die Fraktionen nach dem Links-Rechts-Schema (Speck 1998: 204–205): Auf der linken Seite in der Paulskirche saßen die radikalen Demokraten, die Verfechter „der Volkssouveränität und der parlamentarischen Demokratie“ (ebenda: 205), im Zentrum und auf der rechten Seite die Anhänger „von konstitutioneller Monarchie, Vereinbarung mit den Fürsten[39] und einer föderalistischen Gliederung Deutschlands“ (ebenda, Fußnote vom Verfasser ergänzt). [40]

39 Hierunter ist zu verstehen, dass die Nationalversammlung nicht die alleinige Verfassungshoheit inne hat, sondern die Verfassung im Kompromiss mit den deutschen Fürsten vereinbart werden sollte (Jansen 2000: 35).

40 Auch empirisch lässt sich zeigen, dass es innerhalb der Paulskirche eine Polarisierung entlang des Links-Rechts-Schemas gab. Auf Basis einer quantitativen Analyse namentlicher Abstimmungen zeigt Best (1990), dass die Fraktionszugehörigkeit der Parlamentarier auch tatsächlich mit ihren politischen Orientierungen zusammenhing. Was ihn zu dem Schluss kommen lässt, dass in der Nationalversammlung eine deutliche Polarisierung zwischen einem linken und einem rechten Lager vorherrschte und

Einwände gegen diese neuartige Organisation der parlamentarischen Sitzplatzverteilung nach französischem Vorbild gab es nur von einzelnen, vornehmlich konservativen Abgeordneten. Ute Gerhard (1991: 30) verweist in diesem Zusammenhang auf die Erinnerungen des Abgeordneten Wichmann: Während eine kleinere Gruppe demokratisch gesinnter Abgeordneter sich schon zur konstituierenden Sitzung Plätze auf der Linken gesucht habe, hätte der konservative Abgeordnete von Vincke noch in der achten Sitzung Ende Mai davon gesprochen, dass es innerhalb des Parlaments keine *„förmlichen Partei-Unterschiede nach den Plätzen zwischen einer Rechten und einer Linken“* (Wichmann, zitiert nach Gerhard 1991: 30, Hervorhebung im Original) gäbe. Sein Stimmverhalten entspräche schließlich nicht dem der Abgeordneten in seiner Nähe (Gerhard 1991: 30). Und Helmut Kramer (1968: 78) merkt an, dass der konservative Dichter Ernst Moritz Arndt trotz gegenteiliger politischer Ansichten auf der linken Parlamentsseite blieb, „weil er den Vorteil, nahe am Rednerpult zu sitzen, nicht missen wollte“ (ebenda).

Den Ausgangspunkt der Gruppenbildungsprozesse stellte die Gründung politischer Klubs dar (Kramer 1968: 74–76). Schon einige Tage vor der eigentlichen Eröffnung des Parlaments versuchten die Abgeordneten sich untereinander zu verständigen und trafen sich zu „Versammlungen in den zahlreichen Hotels und Gasthöfen Frankfurts“ (ebenda: 75). „Da viele Abgeordnete auf der Suche nach Gleichgesinnten von einem dieser Lokale zum anderen zogen, bildete sich zunächst nirgendwo ein fester Kern heraus“ (ebenda). Erst im Laufe der Zeit entwickelten sich aus diesen zunächst politisch sehr heterogenen Versammlungen erste festere Zusammenschlüsse gleichgesinnter Parlamentarier. Aus diesen politischen Klubs gingen schließlich die Fraktionen der Nationalversammlung hervor, die sich nach dem Lokal benannten in dem sie tagten: Die radikalen Demokraten versammelten sich zunächst im *Deutschen Hof*, die Verfechter einer parlamentarischen Demokratie im *Württemberger Hof*, die Anhänger einer konstitutionellen Monarchie im *Casino* und die Konservativen im *Steinernen Haus/Café Milani* (ebenda: 74–80; Botzenhart 1977: 415–427; zur Ausbildung der parlamentarischen

nicht, wie häufig dargelegt worden sei, die politische Mitte das Parlament dominiert habe (ebenda: 332–350, insbesondere 336–337; zusammenfassend Best 1998: 646–654). Ferner kommt Grünert (1974) bei einer Untersuchung des Sprachgebrauchs der Paulskirchen-Abgeordneten u. a. zu dem Ergebnis, dass sich vom verwendeten Vokabular eines Redners auf dessen Lagerzugehörigkeit schließen lässt. Ein Kernbegriff der Abgeordneten des Zentrums und der Rechten sei etwa der Wortstamm *organisch* gewesen. Mit dem Terminus hätte die Rechte Gesellschaft und Staat als eine natürliche Einheit beschrieben, deren Struktur sie „als beständig und unveränderlich“ (ebenda) betrachteten. Im Gegensatz dazu habe bei Rednern der Linken das Bild der organischen Einheit von Staat und Gesellschaft keine Rolle gespielt (ebenda: 209).

Fraktionen in der Paulskirche siehe auch Koch 2000: 305; Mick 1997: 66–73; Siemann 1985: 127–131; Speck 1998: 203–205; Wentzcke 1959: 69–70).[41]

Der Organisationsgrad in der *Frankfurter Nationalversammlung* war, verglichen mit dem in modernen deutschen Parlamenten, insgesamt niedrig. Etwa ein Drittel der Abgeordneten sah sich keiner Fraktion zugehörig und agierte „als ‚Wilde' oder ‚Stehgreifritter'" (Siemann 1985: 129).[42] Auch hinsichtlich der inneren Stabilität unterschied sich das erste gesamtdeutsche Parlament von modernen Bundes- und Landtagen. Die Fraktionen waren instabile und fluide Gebilde.[43] Während der gesamten Parlamentszeit kam es immer wieder zu Abspaltungen und Neugruppierungen. Relativ schnell trennte sich von der linken Einheitsfraktion *Deutscher Hof* eine radikale Gruppe, die fortan unter dem Namen *Donnersberg* auf den Sitzen ganz linksaußen Platz nahm (Kramer 1968: 76).

Ein halbes Jahr nach ihrer Konstitution setzte sich die Nationalversammlung aus insgesamt acht Fraktionen zusammen, die zu den vier bekannten Blöcken zusammengefasst werden konnten (siehe Abbildung 2.3 auf Seite 56): Die konservative Rechte (*Steinernes Haus/Café Milani*), das konstitutionell-liberale rechte Zentrum (*Casino*, *Landsberg*, *Augsburger Hof*), das parlamentarisch-liberale linke Zentrum (*Württemberger Hof*, *Westendhall*) und schließlich die republikanisch orientierte demokratische Linke (*Deutscher Hof*, *Donnersberg*) (Siemann 1985: 127–131; Speck 1998: 204).

Die Fraktionen waren jedoch nicht nur mit Blick auf die von ihnen vertretenen Positionen zu unterscheiden, sondern wiesen auch „in ihrer sozialen Zusammensetzung gewisse Regelmäßigkeiten auf" (Siemann 1985: 130):

---

41 Die Benennung der parlamentarischen Gruppierungen folgte, wie die Einführung der Links-Rechts-Unterscheidung, französischen Vorbildern. Schon die Revolutionäre von 1789 nannten sich bisweilen nach den Orten ihrer Treffen. Die Jakobiner trafen sich in einem ehemaligen Kloster der Jakobinermönche (Kuhn 2013: 109).

42 Die relativ hohe Zahl an fraktionslosen Abgeordneten ist wohl auch darauf zurückzuführen, dass es zu einem stetigen Austausch von Parlamentariern kam: „Von den 565 Abgeordneten, die ihren Sitz in der Paulskirche eingenommen hatten, waren bis zum Februar 1849 180 ausgeschieden, das Parlament hatte sich also um etwa ein Drittel erneuert" (Mick 1997: 68).

43 In seinen „Erinnerungen aus der Paulskirche" beschreibt Karl Biedermann das Parteiwesen als ein zunächst noch „äußerst unbefangenes und harmloses" (Biedermann 1849: 7). Die in Frankfurt „neuangekommenen Abgeordneten liefen schaarenweise [sic] von einem Club zum anderen, um sich zu orientieren und die ihren politischen Meinungen und Ansichten entsprechende Stelle auszufinden, wobei denn Mancher durch puren Zufall, landsmannschaftliche Verbindung und gesellige Sympathien hier oder dort haften blieb und weit mehr seine Ansichten der unbedacht gewählten Parteistellung anbequemte, als diese jenen" (ebenda).

> „Auf der Rechten und im rechten Zentrum – bei den Mehrheitsfraktionen – häuften sich höhere Staatsbeamte, Richter und Hochschullehrer; hinzu kamen adelige Grundbesitzer und Großkaufleute; freie Berufe fanden sich hier seltener, im ‚Casino' etwa nur zu 10%. Im linken Zentrum (‚Württemberger Hof' bis ‚Westendhall') hielten sich freie Berufe und Angehörige der Mittelschichten einerseits, Grundbesitzer, Großkaufleute und höhere Beamte andererseits die Waage. Auf der Linken dominierte mit 40% im ‚Deutschen Hof' und 50% im ‚Donnersberg' die freiberufliche Intelligenz; zudem fand sich hier mit 30% ein beträchtlicher Anteil von Abgeordneten der unteren Mittelklasse" (ebenda).[44]

Schon in der Paulskirche deutet sich somit an, dass die beiden Richtungsbegriffe nicht nur für unterschiedliche Werthaltungen und politische Einstellungen stehen, sondern auch von unterschiedlichen sozialen Gruppen getragen werden.[45]

Links und rechts in der preußischen Nationalversammlung

Neben der Nationalversammlung in Frankfurt nahmen im Frühjahr und Sommer 1848 auch in den verschiedenen deutschen Staaten verfassungsgebende Parlamente ihre Arbeit auf (zusammenfassend Siemann 1985: 140–146). In Berlin konstituierte sich die 400 Parlamentarier starke preußische Nationalversammlung, deren Volksvertreter sich schon während der ersten Sitzungstage nach Fraktionen organisierten. Auch im Berliner Schloss bildeten sich die bekannten vier Blöcke entlang der Links-Rechts-Unterscheidung heraus. Allerdings war die Linke in der preußischen Nationalversammlung stärker vertreten als im *Paulskirchen-Parlament*. Nichtsdestotrotz war die Polarisierung zwischen den Fraktionen im Berliner Schloss schwächer ausgeprägt als in der Paulskirche (Siemann 1985: 140–141, ausführlich Botzenhart 1977: 441–453). Dies lässt sich wohl darauf zurückführen, dass die *preußische Rechte*, die sich im August 1848 spaltete[46], weniger konservativ war als die Mitglieder der radikalen Rechten (Café Milani) in der Paulskirche (Botzenhart 1977: 443). Die Ziele der preußischen Rechten entsprachen eher

44 Für eine nähere Beschreibung der einzelnen Fraktionen in der Paulskirche siehe Botzenhart (1977: 415–441) und Engehausen (2007: 82–89).

45 Eine differenzierte und kritische Auseinandersetzung mit dem Einfluss sozialer Lagen auf die politischen Orientierungen der Paulskirchen-Parlamentarier findet sich bei Best (1990: 373–447).

46 Die sich von der Rechten abspaltende *Fraktion Harkort* verstand sich als *Zentrum* (Botzenhart 1977: 446), war inhaltlich jedoch kaum von ihrer parlamentarischen Mutterfraktion zu unterscheiden „und entwickelte nur wenig eigenes Profil" (Siemann 1985: 141).

der rechts-liberalen *Casino-Fraktion* des Frankfurter Parlaments (ebenda). Sie galt sowohl der Linken als auch der außerparlamentarischen Rechten „als Partei der Bourgeoisie“ (ebenda: 445).[47] Das Zentrum teilte sich in eine linke und eine rechte Fraktion. Das zahlenmäßig kleine rechte Zentrum setzte sich aus „demokratische[n] Liberale[n]“ (Siemann 1985: 141) zusammen, die ähnlich wie die links-zentristische Paulskirchen-Fraktion des Württemberger Hofs für eine parlamentarisches System eintraten (ebenda). Das preußische linke Zentrum bestand aus etwa 90 linksliberalen und demokratischen Parlamentariern und verfolgte eine ähnliche politische Agenda wie die Fraktion *Westendhall* in Frankfurt (ebenda; Botzenhart 1977: 448). Die äußere Linke „stand auf dem Boden der Volkssouveränität“ (Botzenhart 1977: 449), teilte sich „in einen parlamentarischen und einen republikanisch-aktionistischen Flügel“ (Siemann 1985: 141) und war weniger radikal als die demokratische Linke in Frankfurt (ebenda).

Ferner bildeten sich auch in den „Landtagen des ‚Dritten Deutschland‘“ (Siemann 1985: 145)[48] verstärkt Parlamentsfraktionen, die sich entlang der Links-Rechts-Unterscheidung gruppierten. Zum Zusammenschluss der einzelnen Abgeordneten zu Fraktionen kam es etwa im badischen und bayerischen Landtag (ausführlich Botzenhart 1977: 454–462). Die Links-Rechts-Unterscheidung hatte sich damit seit dem Frühjahr 1848 schnell zum wichtigsten Strukturmuster der parlamentarischen Sitzordnung in Deutschland entwickelt. Doch auf welchem Weg diffundierten die beiden Vokabeln in den gesellschaftlichen Sprachgebrauch?

2.3.3. Das Einsickern der Richtungsvokabeln in den gesellschaftlichen Sprachgebrauch

Ein Blick in die Protokolle der Parlamentssitzungen in Frankfurt zeigt, dass die beiden Richtungsbegriffe tatsächlich unmittelbar Anwendung fanden und nicht erst Jahre später in den Erinnerungen von Zeitgenossen

47 Entgegen der Darstellung Botzenharts (1977: 444) spricht Kramer (1968: 233–236) von einer „konservative[n] Rechte[n]“ (ebenda: 234), von der sich im August 1848 ein rechtes Zentrum (*Fraktion Harkort*) abgespalten habe. Botzenhart hebt jedoch hervor, dass sich unter der liberalen Rechten durchaus konservative Kräfte befunden hätten, die zumeist „aus pietistischen Wahlkreisen Westfalens“ stammten, oder „dem preußischen Adel der ehemals polnischen Gebiete“ (Botzenhart 1977: 444) angehört hätten.

48 Der Terminus *Drittes Deutschland* bezeichnet die von Preußen und Österreich unabhängigen klein bis mittelgroßen deutschen Fürstentümer und Freien Städte zur Zeit des Deutschen Bundes. (Doering-Manteuffel 2010: 6; Münkler 2013: 164).

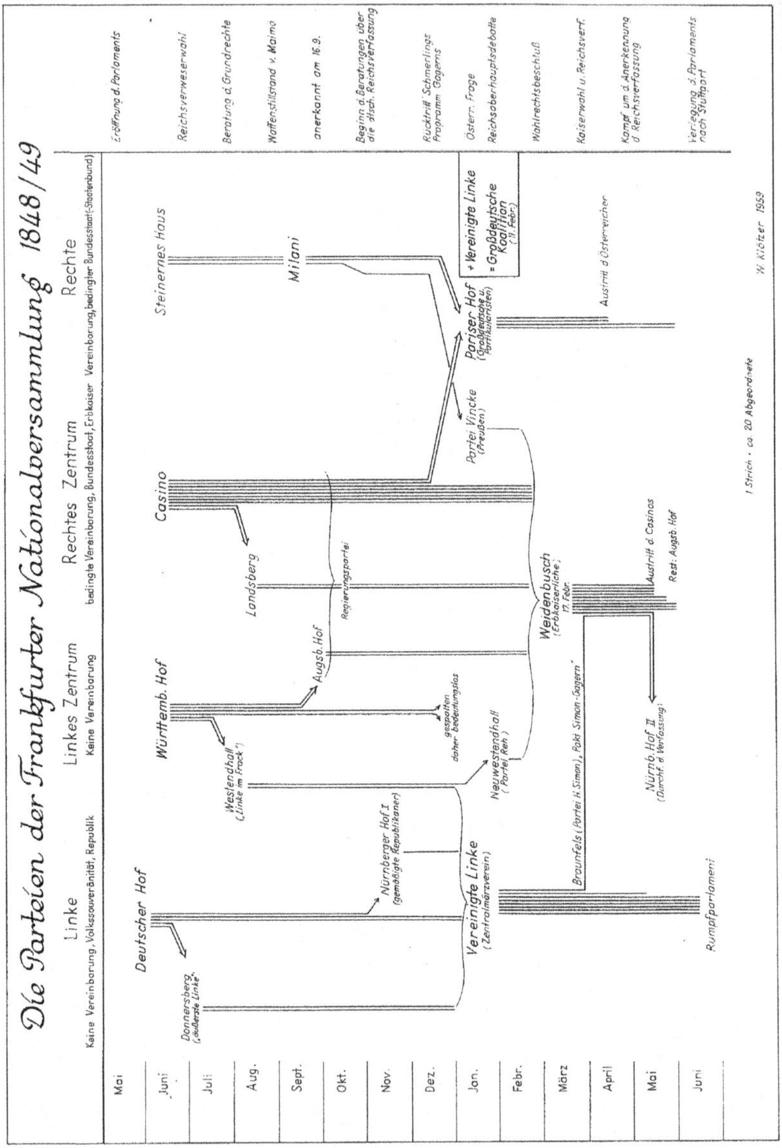

Quelle: Wentzcke (1959).

Abbildung 2.3.: Die Fraktionen der *Frankfurter Nationalversammlung* 1848/49 nach W. Klötzer zur Beschreibung der politischen Landschaft herangezogen wurden. In den stenographischen Parlamentsberichten ist von „‚Beifall von der Linken! Verneinende Zeichen auf der Rechten.‘ Oder ‚Beifall im Centrum‘“ (Gerhard 1991: 30)[49] zu lesen.

Auch in Berichten und den Memoiren von Parlamentsmitgliedern werden die beiden Richtungsbegriffe zur Beschreibung der politischen Überzeugungen von Abgeordneten oder zur Charakterisierung der verschiedenen Fraktionen verwendet. In einem 1848 erschienen Kompendium über „Die Parteyen der teutschen Reichsversammlung“ greift Gottfried Eisenmann (1848) wie selbstverständlich auf die beiden Richtungsbegriffe *links* und *rechts* zurück – so auch bei der Analyse der parlamentarischen Stellung der *Casino-Fraktion*:

> „Diese Partey trat Ende Juni zusammen und beabsichtigte, das Centrum der teutschen Reichsversammlung zu bilden; da aber in jener Zeit die Gesellschaft des Württemberger Hofs auftrat und sich als linkes Centrum darstellte, so konnte die Casinogesellschaft nur als rechtes Centrum erkannt werden. Die ursprüngliche Casino-Gesellschaft [sic] erlitt aber Ende August eine Veränderung: 30 – 40 Mitglieder traten aus derselben aus, weil ihnen die genannte Gesellschaft zu weit rechts stand, und bildeten die Partey, welche wir sofort als Partey Landsberg vorführen werden. Da diese Partey immer noch auf der rechten Seite verblieb, sich aber nach ihrer ausführlichen Erklärung mehr nach links stellt, so mußte sie als das rechte Centrum anerkannt werden, während die Casino-Gesellschaft zur Rechten im engeren Sinne wurde“ (Eisenmann 1848: 13–14).

Vergleichbare Beschreibungen der Fraktionslandschaft in der Paulskirche findet sich auch in den Erinnerungen des Abgeordneten Wichmann (siehe Gerhard 1991) sowie in einem von Karl Wippermann (1864: 366) für das *Rotteck-Welkersche Staatslexikon* verfassten Eintrag über die „Nationalpolitische Bewegung in Deutschland“[50] und in Bruno Gebhardts (1898:

49 Hinsichtlich der zeitgenössischen Quellen stützen sich die Ausführungen in diesem Abschnitt in Teilen auf einen Artikel Ute Gerhards (1991), der in der Zeitschrift *KultuRRevolution* erschienen ist. Gerhard analysiert darin die Verwendung der beiden Richtungsbegriffe in der *Frankfurter Nationalversammlung* und greift bei ihren Darstellungen auf schriftliche Überlieferungen von Zeitzeugen, wie auch auf Sitzungsprotokolle zurück.

50 Einen eigenen Lexikoneintrag, der sich mit *links* und/oder *rechts* als politischen Richtungsbegriffen beschäftigte, gab es darin allerdings nicht. Da die beiden Begriffe auch in Bluntschli und Braters (1861, 1864) *Deutschem Staats-Wörterbuch* keine Aufnahme fanden, scheint die Links-Rechts-Unterscheidung zunächst einmal keine lexikalische Geltung erhalten zu haben.

135–136, 141–142) Werk über die „Deutsche Geschichte im neunzehnten Jahrhundert“.

Auch Carl Vogt (2005), selbst Mitglied der Nationalversammlung und überzeugter Demokrat, verwendet den Begriff *Linke* in seinem Tagebuch als Bezeichnung einer politischen Strömung:

> „[W]as hat dann die Linke verdorben und was wollten die politisch schaffenden Central-Genies. Sie wollten einen Bundesstaat mit Monarchien und einem constitutionellen Monarchen an der Spitze. Der Monarch sollte Preußen sein. Sie wollten diesen Bundesstaat von sich aus machen, durch die Wucht des Parlamentes einsetzen und die Monarchen zwingen, sich ihrem Ausspruch zu unterwerfen. Das war der Grundsatz der Nichtvereinbarung, an der sie eben so starr festhielten, als die Linke“ (ebenda: 103).

Zudem nutzte der Rechtsphilosoph und konservative Politiker Friedrich Julius Stahl (1863) die Links-Rechts-Unterscheidung schon vergleichsweise früh auch konzeptionell. Im Rahmen einer Vorlesungsreihe über „[d]ie gegenwärtigen Parteien in Staat und Kirche“ nimmt er eine theoretische Klassifizierung des sich herausbildenden Parteiensystems in Deutschland vor. Darin ordnet er alle politischen Parteien zwei grundlegenden Familien zu: Den Parteien der Revolution stellt er die Parteien der Legitimität gegenüber.[51] „Zu den Parteien der Revolution“ seien „ebensowohl die liberale und die liberal-konstitutionelle Partei, als die demokratische und die sozialistische Partei“ (ebenda: 3) zu zählen. Zu „den Parteien der Legitimität“ würden hingegen „alle geschichtlich-konservativ Gesinnten unter jeder Verfassung, insbesondere aber alle monarchischen Parteien, die Partei der absoluten Monarchie, ständischen Monarchie und auch die Konstitutionellen, welche das monarchische Princip festhalten“ gehören (ebenda).[52]

Auf dieser basalen Unterscheidung zwischen Revolution und Legitimität beruht nach Stahl „die Scheidung der Parteien in eine Linke und eine Rechte“ (ebenda). Die beiden Richtungsvokabeln stellen in Stahls Parteienklassifizierung somit politische Metabegriffe dar, die sich unversöhnlich gegenüberstehende politische Strömungen kennzeichnen. Stahl konzeptualisiert das Richtungsschema damit als eine Dyade und nicht als ein Kontinuum.

---

51 Auch die kirchlichen Parteien unterscheidet Stahl (1863: 4) „nach ihrem fundamentalen Gegensatz in die Parteien des Glaubens und des Unglaubens, also namentlich der Christen einerseits und der Nationalisten, Deisthen, Panteisthen, Atheisten andererseits“.

52 Nähere Ausführungen zu der Unterscheidung zwischen Parteien der Revolution und den Parteien der Legitimität finden sich bei Stahl (1863) insbesondere auf den Seiten zwei und drei.

Für ihn lässt sich der fundamentale Gegensatz zwischen der revolutionären Linken und der legitimistischen Rechten demzufolge auch nicht zu einer dritten, mittleren Position transzendieren, da die gegensätzlichen „Principien selbst [...] kaum eine Ermäßigung, jedenfalls niemals eine Einigung" (ebenda: 4) zulassen. Allerdings könnten sich die Parteien „in den praktischen Resultaten, in den Fragen über konkrete Zustände [...] sehr nahe kommen" (ebenda: 3–4).

Doch weniger infolge der nachträglichen Beschreibung und Klassifizierung des parlamentarischen Betriebs hat sich die Links-Rechts-Unterscheidung im Bewusstsein der deutschen Bevölkerung verankert, sondern vielmehr wegen des Erblühens einer vielfältigen Presselandschaft im Zuge der Revolution. Diese Entwicklung reduzierte die Kosten zur Beschaffung politischer Informationen deutlich, wodurch die *Zugangsschwelle* zu politischen Nachrichten für die breite Masse der Deutschen merklich sank (Siemann 1998: 303–306). Die Mitte des 19. Jahrhunderts einsetzende „Kommunikationsrevolution" (Siemann 1998: 301) sorgte ganz allgemein dafür, dass Politik „nicht mehr nur eine Sache der Honoratioren [war], sondern auch der sogenannten kleinen Leute" (ebenda: 306).[53] Auf Grund dieser Entwicklungen konnte neues politisches Vokabular vermutlich deutlich rascher in den umgangssprachlichen Wortschatz einsickern, als dies zu Beginn des 19. Jahrhunderts noch der Fall gewesen wäre. Die „kleinen Leute", von denen Siemann schreibt, kamen plötzlich mit politischem Vokabular in Tageszeitungen, Flugblättern, Zeitschriften und Publikationen politischer Akteure in Berührung.[54]

53 Eine allgemeine Übersicht zum Thema „Kommunikationsrevolution" bietet der Artikel „Revolution und Kommunikation" von Wolfram Siemann (1998).

54 Allerdings scheinen einige Berichterstatter etwas Zeit benötigt zu haben, um mit den neuen Begriffen angemessen umgehen zu können. So hebt der Paulskirchen-Abgeordnete Gottfried Eisenmann hervor, dass einzelne Journalisten aufgrund eines falschen Verständnisses der beiden Richtungsbezeichnungen die Nationalversammlung dafür getadelt hätten, dass „gleich Anfangs auch die Parteystellungen nach rechts und links unterschieden" (Eisenmann 1848: 6) wurden. Entgegen der Verwendung von *links* und *rechts* als Etikettierungen politischer Positionen, hätten diese damit die Unterscheidung zwischen Unterstützern und Gegnern der Regierung verbunden (ebenda). Diese Differenzierung zwischen regierungsnahen und regierungsfernen Parlamentariern, so schreibt Eisenmann einleitend, sei auch die ursprüngliche Bedeutung der Unterscheidung zwischen *links* und *rechts* im post-napoleonischen Frankreich gewesen. Erst nachdem sich die Fronten im Zuge der Juli-Revolution von 1830 verkehrt hätten und die Linke als Unterstützerin der Regierung nicht die Seiten des Parlaments gewechselt habe, sei es zu einer Neudefinition des Begriffsinhalts gekommen. Seitdem würden darunter „nicht mehr die Beziehungen der Partey zur bestehenden Regierung [verstanden], sondern das Verhältnis derselben zur Idee der politischen Freiheit" (ebenda: 5).

Gustav Rümelin war als Mitglied der Nationalversammlung neben seiner Parlamentarier-Tätigkeit auch Paulskirchen-Korrespondent des *Schwäbischen Merkur*, einer Stuttgarter Tageszeitung (Rümelin 1892). Schon Ende Mai 1848, also etwa zwei Wochen nach Eröffnung der Nationalversammlung, berichtete er seinen Leser*innen*, dass sich in der Paulskirche Parteien gebildet hätten: eine „äußerste Linke", die schon deutlich wisse, „was sie will" und über „alle Hauptfragen" ein „fertiges Programm" habe (ebenda: 4). Eine „äußerste Rechte" die im „feindlichen Gegensatz" zur Linken stünde und „das revolutionäre Prinzip, auf dessen Boden die Versammlung" stehe, vollständig leugne „und mit allen seinen Folgerungen bekämpft" (ebenda). Und schließlich stehe „zwischen diesen beiden äußersten Richtungen" ein „in sich mannigfach verschiedenes Centrum, das darin einig ist, die Revolution weder zu schüren noch zu ignorieren" (ebenda: 5). In der Ausgabe des *Schwäbischen Merkur* vom 11. November 1848 analysiert er die sich ausdifferenzierende Nationalversammlung noch einmal im Detail. Dabei ordnet er die „acht Klubs", auf die sich fast alle Abgeordneten der Nationalversammlung verteilt hätten, entlang des schon bekannten Musters (siehe Abbildung 2.3 auf Seite 56) von „der linken Seite", der Fraktion des *Donnersberg* über die Parteien im Zentrum nach ganz rechts, dem *Café Milani*, an (ebenda: 119–120).

Auch der Jenenser Gottlieb Christian Schüler vertrat in der Paulskirchen-Zeit nicht nur ein Abgeordnetenmandat, sondern unterrichtete zugleich seine „lieben Mitbürger" (Schüler und Möller 2007: 207) oder auch „Mitbürger und Wähler" (ebenda: 296) in den *Privilegierten Jenaischen Wochenblättern* über die Verläufe der Debatten und die inhaltlichen Standpunkte politischer Akteure. Dabei nutzte er, ähnlich wie Rümelin, die beiden neuartigen Richtungsvokabeln *links* und *rechts* ganz selbstverständlich zur Charakterisierung der parlamentarischen Fraktionen.[55]

Doch waren es nicht nur die Abgeordneten selbst die in ihren Zeitungsberichten *links* und *rechts* verwendeten, vielmehr fanden sich die beiden Richtungskategorien auch im Sprachgebrauch von unabhängigen Berichterstattern wieder: In der *Neuen Rheinischen Zeitung* aus Köln werden am 07. Juni 1848 die „Programme der radikal-demokratischen Partei und der Linken zu Frankfurt" miteinander verglichen (Marx und Engels 1969: 39). Und Friedrich Engels setzt sich Anfang September 1848 in mehreren Artikeln mit

55 Eine Sammlung von Artikeln Gottlieb Christian Schülers in den *Privilegierten Jenaischen Wochenblättern* findet sich bei Schüler und Möller (2007) im Anhang.

den Positionen der Parlamentarier in der Polenfrage[56] auseinander. Dabei stellt er ironisch fest:

> „Es spricht sehr für die Frankfurter Linke, daß sie mit wenig Ausnahmen von der Polenrede des Bürgers Ruge vollkommen entzückt war [. . . .] Und wir sollen uns für eine Linke begeistern, die davon hingerissen wird, wenn man sagt, sie wolle im ‚ganzen dasselbe' wie die Rechte, wie Herr Radowitz, Herr Lichnowski, Herr Vinck und die übrige fette oder magere Ritterschaft? für [sic] eine Linke, die sich selbst vor Entzücken nicht mehr kennt, die alles vergißt, sobald sie so ein paar hohle Schlagwörter hört wie ‚Volksfreiheit' und ‚Herrschaft des Volkes'?" (Engels 1969: 358; siehe auch Kämper 2013: 626).

Auch in weiteren Artikeln in der *Neuen Rheinischen Zeitung* wird immer wieder auf die beiden Richtungsbegriffe zur Differenzierung politischer Akteure zurückgegriffen. Allerdings finden dabei noch keine stabile Verknüpfung von *links* und *rechts* mit sozialen Gruppen statt. Die beiden Vokabeln stellen für Marx und Engels zunächst lediglich parlamentarische Etiketten dar. Sie selbst schreiben zudem im Spätsommer 1848 davon „nie nach der Ehre gegeizt" zu haben „ein Organ irgendeiner parlamentarischen Linken zu sein" (Marx und Engels 1969: 347; siehe auch Solty 2015: 1156).

Neben Zeitungen stellten auch Flugschriften ein wichtiges Medium der unmittelbaren Verbreitung der Richtungsvokabeln dar. In einer Schrift über „[d]ie Zustände Berlins seit dem 18ten März 1848" (O.V. 1848: 4–5) werden die politischen Gruppierungen des preußischen Parlaments als Linke und Rechte bezeichnet:

> „Bei ihrem Austritt aus dem Sitzungssaale wurden Minister und Mitglieder der Rechten körperlich gemißhandelt [sic]; sie mußten durch Reihen aufgeregten Volkes gehen, das ihnen Stricke zeigte, mit Fäusten drohte, während es die Mitglieder der Linken jubelnd empfing, im Triumphzug auf seinen Schultern davon trug, und oft nur auf Führsprache dieser jene Mitglieder der Rechten ungefährdet gehen ließ" (ebenda).

In Ergänzung zu rein schriftlichen Darlegungen über die politischen Verhältnisse in der Paulskirche wurden vielfach auch politische Karikaturen zur Informationsvermittlung über die Arbeit der Nationalversammlung genutzt (Siemann 1985: 122). Auch die Karikaturisten griffen bei ihrer Arbeit auf die

---

56 Unter dem Label *Polenfrage* oder auch *„posensche Frage"* (Siemann 1985: 149) wird die Debatte über die „Wiederherstellung eines selbständigen Polen" (ebenda) bezeichnet. Wobei hier eine progressive polenfreundliche Position, deren Vertreter die Aufteilung Polens unter Preußen, Österreich und Russland als Unrecht auffassten, einer aggressiv-nationalistischen Sichtweise entgegenstand (ebenda: 149–150).

beiden Richtungsbegriffe zurück. Über die Karikatur fand damit gleichzeitig eine erste visuelle Verknüpfung zwischen den neuartigen Vokabeln und den damit assoziierten politischen Gruppen und gesellschaftlichen Milieus statt. Nach Ute Gerhard (1991) fungierte die politische Karikatur daher auch als „wichtiger Träger" (ebenda: 32) zur Reproduktion der Links-Rechts-Topik in der Öffentlichkeit. In Abbildung 2.4 auf Seite 63 ist beispielhaft eine Karikatur aus der Satirezeitschrift *Fliegende Blätter* abgebildet (Fliegende Blätter 1848). Dabei findet eine eindeutige Verknüpfung zwischen den beiden Richtungsvokabeln mit einzelnen Parlamentsabgeordneten statt. In der oberen Hälfte der Karikatur sind einige Abgeordnete des rechten, in der unteren Hälfte des linken Spektrums abgebildet.

Gisela Schwiers (1992) weist in diesem Zusammenhang darauf hin, dass in zeitgenössischen Karikaturen und Texten die Mitglieder des linken und des rechten Lagers hinsichtlich ihrer Kleidung und ihres Auftretens deutlich unterschieden wurden (Schwiers 1992: 83–92). Wobei die Beschreibungen der Abgeordneten durchaus mit einer Überzeichnung einherging. Bei Robert Wilhelm Heller (1849) werden die zur Rechten zählenden Abgeordneten etwa als Männer mit „strenge[n] Soldatengesichter[n], aristokratisch feine[n] Mienen aus wohlgestutzten Bärten und [herausschauenden] Atlasbinden" (ebenda: 6; siehe auch Schwiers 1992: 83) beschrieben. Unter der „gemischten Gesellschaft der Allerlinkesten" sei hingegen „manche struppige, manche ungeschlachte und selbst verwilderte Gestalt" (Heller 1849: 7) mit einem wenig geistreichen Gesicht. Die Unterschiede zwischen den Abgeordneten der radikalen Rechten und der radikalen Linken ließen Heller (1849: 7) schließlich zu dem Schluss kommen, „daß man verführt wird zu glauben, der Unterschied der Parteien sei hauptsächlich nur ein Unterschied der Fähigkeit und der Bildung" (ebenda).

Diese Beispiele legen nahe, dass die Links-Rechts-Unterscheidung während der zweiten Hälfte des 19. Jahrhunderts nachhaltig auf das Gebiet des Deutschen Bundes einsickerte. Die beiden Vokabeln hatten ihren festen Platz innerhalb der parlamentarischen Politikdiskurse erobert und fanden Eingang in den gesellschaftspolitischen Sprachgebrauch. Doch was macht die Links-Rechts-Unterscheidung so attraktiv, dass sie sich seitdem bis in die unmittelbare Gegenwart als zentrale Strukturdimension des politischen Raumes etablieren konnte – trotz vielfacher Ankündigungen ihres baldigen Niederganges? Dieser Frage wird im kommenden Kapitel nachgegangen.

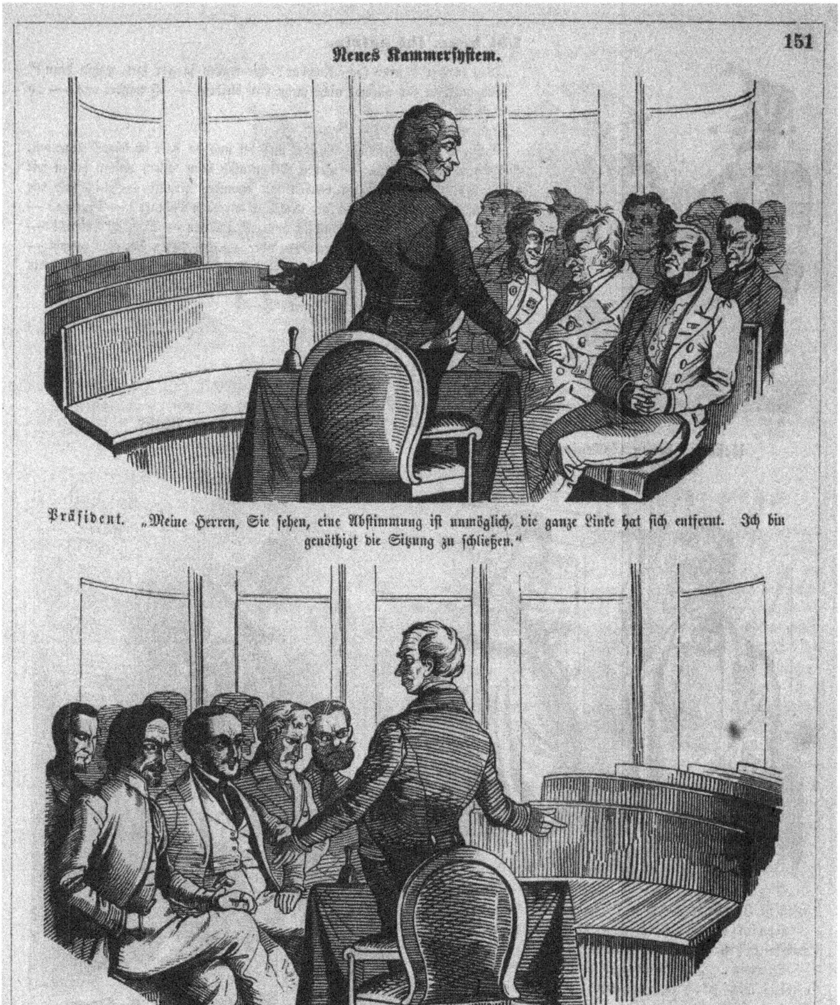

Quelle: Fliegende Blätter (1848).

Abbildung 2.4.: Karikatur aus der Satirezeitschrift *Fliegende Blätter*: „Neues Kammersystem“

3. Der semantische Wandel von links und rechts aus theoretischer Perspektive

In Kapitel 2.2.1 wurde dargelegt, dass mit der Genese der Links-Rechts-Unterscheidung eine symbolische Demokratisierung des politischen Raums einherging. Doch diese Symbolik allein hat nicht dazu geführt, dass sich der Richtungsgegensatz zwischen *links* und *rechts* nachhaltig etablieren konnte. Die Attraktivität des Links-Rechts-Schemas als politischer Strukturkategorie ist vielmehr der Eigenschaft geschuldet, die Komplexität des politischen Raumes zu vermindern (Fuchs und Klingemann 1989: 484–485; Fuchs und Klingemann 1990: 205; Fuhse 2004: 212). Allein dadurch, dass die Links-Rechts-Unterscheidung „Politik [. . .] auf ein Kontinuum zwischen zwei Extremwerten reduziert“ (Fuhse 2004: 212), verringert sie dessen Unübersichtlichkeit enorm. Innerhalb dieses Kontinuums können Individuen die grundlegenden Konfliktstrukturen einer Gesellschaft weitgehend mühelos verinnerlichen und reproduzieren. Mit anderen Worten gesprochen: Die Links-Rechts-Unterscheidung stellt „einen Mechanismus [zur] Reduktion von Komplexität“ (Fuchs und Klingemann 1989: 484–485) dar.

Die komplexitätsreduzierenden und strukturierenden Funktionen der Links-Rechts-Unterscheidung sind jedoch nicht nur als zentrale Erfolgskriterien ihrer Etablierung im politischen Raum zu sehen, sondern müssen vielmehr auch als *Triebkräfte* des semantischen Wandels der beiden Richtungsvokabeln verstanden werden. Welche grundlegenden theoretischen Überlegungen hinter dieser Annahme stehen, wird im ersten Teil dieses Kapitels diskutiert. Darauf aufbauend werden im zweiten Teil die zentralen Bedeutungstransformationen der Richtungsunterscheidung seit ihrer Etablierung im politischen Raum analysiert und die gesellschaftspolitischen Gründe für diese Wandlungsprozesse herausgearbeitet.

P. Scherer, Links *und* rechts *im Wandel*,
https://doi.org/10.1007/978-3-658-30496-6_3

3.1. Funktionen, Eigenschaften & Semantiken der Richtungsunterscheidung

Um nachzuvollziehen, warum sich die Semantiken der Richtungsvokabeln seit ihrer Genese verändert haben, wird dargelegt wie *Funktionen*, *Eigenschaften* und *Semantiken* der Links-Rechts-Unterscheidung miteinander verbunden sind. Dabei wird insbesondere herausgearbeitet, welche Funktionen die Links-Rechts-Unterscheidung innerhalb des politischen Raumes ausfüllt und in welcher Beziehung diese mit der semantischen Entwicklung der beiden Richtungsbegriffe stehen (siehe Kapitel 3.1.1 und Kapitel 3.1.2). Anschließend werden die spezifischen Überlegungen zum Wandel der mit *links* und *rechts* verbundenen Bedeutungsinhalte in einen allgemeineren theoretischen Rahmen gebracht. Im Rückgriff auf theoretische Überlegungen aus der Linguistik wird aufgezeigt, dass Prozessen gesellschaftlichen Wandels die Funktion eines *Katalysators* semantischen Wandels übernehmen können (siehe Kapitel 3.1.3).

3.1.1. Die Funktionen der Links-Rechts-Unterscheidung

Im Allgemeinen werden der Links-Rechts-Unterscheidung zwei zentrale Funktionen[57] im politischen Raum zugeschrieben: Eine *Orientierungs-* und eine *Kommunikationsfunktion* (Does 1978: 86–99; Fuchs und Klingemann 1989: 484–485, 1990: 204–207; Fuchs und Kühnel 1990: 217–218; Fuhse 2004: 210–213; Mavrogordatos 1987: 336; Piurko, Schwartz und Davidov 2011 540–541).

Die *Orientierungsfunktion* wird dabei innerhalb des wissenschaftlichen Diskurses insbesondere mit dem räumlichen Modell des rationalen Wählens von Anthony Downs (1957) und dessen Konzeption von Ideologie (ebenda: 96–141) verbunden. Demnach hilft die Links-Rechts-Unterscheidung Wähler*innen* ebenso wie Parteien und deren Entscheidungsträger*innen* sich

57 Der Links-Rechts-Unterscheidung werden durchaus noch weitere Funktionen innerhalb des politischen Raumes zugeschrieben. Diese werden allerdings deutlich seltener rezipiert. Sie spielen zudem für die in dieser Arbeit vorgenommenen Betrachtungen keine zentrale Rolle. Beispielhaft sei nur kurz auf die Konzeptualisierung der Links-Rechts-Unterscheidung als Katalysator politischer Mobilisierung und Identitätsbildung hingewiesen, wie sie von Chantal Mouffe (2007: 42–47) ausgearbeitet wurde. Mouffe sieht die Relevanz einer klaren Unterscheidung zwischen linken und rechten Politikentwürfen darin, demokratische Identitäten zu formen, „die stark genug sind, politische Leidenschaften zu mobilisieren“ (ebenda: 42).

im politischen Raum zurechtzufinden. Sie bietet ihnen die Möglichkeit, die eigenen Positionen mit den Positionen anderer Individuen und/oder Parteien abzugleichen und das eigene Verhalten darauf abzustimmen, sei es bei der Wahlentscheidung oder der inhaltlichen Ausrichtung des politischen Kurses (zusammenfassend Arzheimer 2009: 97 und Kapitel 1.2.1).

Die Überlegungen zur *Kommunikationsfunktion* gehen vornehmlich auf Arbeiten von Dieter Fuchs und Hans Dieter Klingemann (1989, 1990) zurück. Sie schreiben der Links-Rechts-Unterscheidung die Bedeutung eines „generalized medium of communication" (Fuchs und Klingemann 1990: 206) zu und gehen davon aus, dass der Richtungsgegensatz hilft, politische Kommunikationsprozesse zwischen gesellschaftlichen Akteur*innen* – Bürger*innen*, Medien und politischen Eliten – zu vereinfachen, zu beschleunigen und zu stabilisieren (siehe auch Bauer-Kaase 2001: 209–210; Fuchs und Klingemann 1989: 484). Demnach lassen sich die Grundüberzeugungen politischer Akteur*innen*, ohne im Detail auf einzelne inhaltliche Positionen eingehen zu müssen, schnell und mühelos durch die beiden Richtungsbegriffe allgemeinverständlich kommunizieren. Die Eigenschaft, komplexe Zusammenhänge und politische Einstellungsmuster zu verallgemeinern und zu einem Symbol (*links* oder *rechts*) zu verdichten, beschreiben Fuchs und Klingemann (1989: 485, 1990: 205–206) in Anlehnung an Arbeiten der Systemtheoretiker Talcott Parsons (u. a. 1969: 352–404) und Niklas Luhmann (1981, 1984) als Prozess der *symbolischen Generalisierung* von Bedeutungen (siehe auch Bauer-Kaase 2001: 209–210; kritisch Fuhse 2004: 210–211).[58]

Die Eigenschaft der Links-Rechts-Unterscheidung, verschiedenste politikrelevante Inhalte und/oder Akteur*innen* zu einem Metasymbol zu verdichten, stellt eine „instrumentelle Notwendigkeit" (Does 1978: 92) dar, die an einen zentralen Kommunikationsträger des politischen Raums gestellt wird (ebenda: 92–94). Damit die Links-Rechts-Unterscheidung eine Kommunikationsfunktion ausfüllt, muss der Bedeutungspool beider Richtungsvokabeln

58 Fuchs und Klingemann (1989: 484–485, 1990: 204–207) konzeptualisieren die Links-Rechts-Unterscheidung als einen politischen Code, im Sinne der *luhmann*schen Theorie generalisierter Kommunikationsmedien. Nach Jan A. Fuhse (2004: 210–211) erscheint es jedoch mithin fraglich, ob die Links-Rechts-Unterscheidung alle strukturellen Eigenschaften eines politischen Codes aufweist. Fuhse geht davon aus, dass dem Links-Rechts-Schema „drei entscheidende Eigenschaften eines Codes" (ebenda: 210) fehlen: Erstens erlaube das Links-Rechts-Schema „Zwischentöne" (ebenda), sei demnach nicht binär codiert. Zweitens weise es im Gegensatz zu einem politischen Code „keine seiner zwei Seiten als Präferenzwert oder Reflexionswert aus" (ebenda: 211). Schließlich fehle es ihm, drittens, „an den flexiblen Anschlussmöglichkeiten, die Codes aufweisen" (ebenda).

zudem *limitiert* sein: *Links* und *rechts* dürfen nicht mit allem und jedem assoziiert werden (Fuchs und Klingemann 1989: 485, 1990: 206). Die Kernbedeutungen der beiden Begriffe sollten ferner von den verschiedenen sozialen Gruppen einer Gesellschaft geteilt werden (Fuchs und Klingemann 1990: 207): Gesellschaftliche Eliten sollten kein völlig anderes Verständnis der beiden Richtungsvokabeln aufweisen als Bürger*innen* der Mittelschicht oder des Arbeitermilieus. Schließlich ist es notwendig, dass die mit *links* und *rechts* verbundenen Semantiken von den Kommunikationsteilnehmer*innen* überwiegend *eindeutig* mit einem, nicht jedoch mit beiden Begriffen gleichzeitig verbunden werden (Fuchs und Klingemann 1989: 495–497; Fuchs und Klingemann 1990: 206). Dies gilt insbesondere mit Blick auf ihre Assoziation mit Ideologien, Werthaltungen, sozialen Gruppen, Parteien sowie Politiker*innen*. Allerdings ist es theoretisch denkbar und empirisch auch tatsächlich zu beobachten, das ausgewählte Bedeutungsinhalte, wie etwa *Protest* oder *Extremismus*, mit beiden Vokabeln verbunden werden, ohne größere Verwirrung zwischen Kommunikationspartner*innen* zu stiften.[59]

Doch was haben die Funktionen der Links-Rechts-Unterscheidung eigentlich mit dem Wandel der Semantiken von *links* und *rechts* zu tun?

3.1.2. Die Eigenschaften der Links-Rechts-Unterscheidung

Die langfristig erfolgreiche Etablierung der Links-Rechts-Unterscheidung im politischen Raum ist neben den beschriebenen „instrumentellen Notwendigkeiten“ (Does 1978: 92) auf die Fähigkeit der beiden Richtungsvokabeln zurückzuführen, die eigene semantische Aufladung an die gesellschaftlichen

59 Fuchs und Klingemann (1989) wenden dagegen, mit Blick auf die Eindeutigkeit der Bedeutungszuweisung, engere Kriterien an. Sie betonen die Notwendigkeit einer binären Codierung. Demnach sollte es aus theoretischer Perspektive „für jeden inhaltlichen Aspekt zwei Versionen [geben], die eindeutig entweder dem Symbol ‚Links‘ oder dem Symbol ‚Rechts‘ zugeordnet werden“ (ebenda). Beispielhaft führen sie die Unterscheidungen zwischen *progressiv* und *konservativ* sowie *Arbeit* und *Kapital* an. Diese starke Beschränkung erscheint jedoch sowohl theoretisch überflüssig als auch empirisch nicht haltbar. Fuchs und Klingemann selbst konstatieren, dass der semantische Raum, den die Richtungsvokabeln *links* und *rechts* in Deutschland und den Niederlanden abdecken, zwar weitgehend – jedoch nicht vollständig – binär codiert sei. Die Bedeutungsinhalte *radikal* sowie *Demokratie* und *Diktatur* würden „sowohl mit Links als auch mit Rechts“ (ebenda: 495) assoziiert werden (ebenda: 495–497, 1990: 219–221, 233).

Wirklichkeiten der jeweiligen Zeit oder auch Kultur anzupassen (Does 1978: 93):[60]

> „Die inhaltliche Definition dessen, was ‚links' oder ‚rechts' ist, der semantische Gehalt der Dichotomie also, ist nicht eindeutig, variiert je nach historischem, kulturellem und politischem Kontext beträchtlich" (ebenda).

Folglich unterliegen die mit den beiden Richtungsvokabeln verbundenen Bedeutungsinhalte fortlaufend Austausch- und Anpassungsprozessen: Neue politische Inhalte und Akteur*innen* tauchen auf, andere rücken in den Hintergrund oder werden vollständig aus dem Bedeutungspool verdrängt. Der semantische Raum der Links-Rechts-Unterscheidung lässt sich demnach als ein Abbild der zeitgenössischen gesellschaftspolitischen Landschaft betrachten. Dabei ist es unbedeutend, ob diese Wandlungsprozesse langfristige gesellschaftliche Entwicklungen oder nur kurz- und mittelfristige Veränderungen politischer Rahmenbedingungen – beispielsweise durch das Auftauchen neuer politischer Akteur*innen*[61] – darstellen. Die damit einhergehenden Veränderungsprozesse wirken sich gleichermaßen auf die mit *links* wie die mit *rechts* verbundenen Semantiken aus. Mit anderen Worten: Die Bedeutungsinhalte der beiden Vokabeln müssen ständig aktualisiert werden, damit ein Gleichgewichtszustand zwischen der räumlichen Gliederung des Politikraumes und der Links-Rechts-Unterscheidung als sprachlicher Strukturkategorie erhalten bleibt. Geschieht dieser Anpassungsvorgang nicht, oder in einem unzureichenden Ausmaß, so muss zwangsläufig hinterfragt werden, ob die Links-Rechts-Unterscheidung noch eine individuelle Orientierungshilfe innerhalb des politischen Raumes darstellt und politische Kommunikationsprozesse erleichtern und stabilisieren kann.

60 In Bezugnahme auf die Ausführungen Laponces (1981: 27) sieht Mavrogordatos (1987: 335–336) die Selektionsvorteile der Links-Rechts-Unterscheidung gegenüber alternativen räumlichen Metaphern darin, dass sie a) gleichermaßen eine Dichotomie als auch ein Kontinuum darstellen könne, b) ein drittes Element – eine Mitte oder ein Zentrum – umfasse, so dass die beiden Extreme mit sich selbst oder dem Zentrum kontrastiert werden können und c) sowohl visuell als auch räumlich wahrnehmbar und damit komplikationslos auf andere Kulturen übertragbar sei.

61 Bei Auftauchen neuer politischer Akteur*innen* muss es sich allerdings nicht zwangsläufig um ein kurzfristiges Phänomen handeln, vielmehr kann sich darin auch eine längerfristige Veränderung sozialer und politischer Strukturen und Einstellungsmuster in der Bevölkerung ausdrücken. So war der politische Aufstieg der *Grünen* in Deutschland kein zufälliges Phänomen, sondern Ausdruck eines tiefgreifenden gesellschaftlichen Wandels (siehe Kapitel 3.2.3). Demgegenüber sind Landtagswahlerfolge von Kleinstparteien, wie der Partei *Bürger in Wut* in Bremen und der *Partei Rechtsstaatliche Offensive* in Hamburg häufig das Ergebnis eines sich kurzfristig öffnenden Gelegenheitsfensters, das sich ebenso schnell wieder schließt.

Doch auch in entgegengesetzter Richtung kann sich die Anpassungsfähigkeit der Links-Rechts-Unterscheidung als eine Herausforderung für ihr politisches Überleben erweisen: Die Absorptionskraft selbst entwickelt sich zu einem Problem, wenn sich Gesellschaften und ihre politischen und sozialen Strukturen zunehmend ausdifferenzieren. Es ergibt sich dann ein Konflikt zwischen der „instrumentellen Notwendigkeit" (Does 1978: 92) der *Limitation* von Bedeutung und dem Erfordernis der semantischen Anpassung an die zunehmend vielfältiger werdenden Strukturen einer Gesellschaft. Je mehr Bedeutungsinhalte mit den beiden Richtungsbegriffen verbunden werden, desto beliebiger und in letzter Konsequenz inhaltlich uneindeutiger werden sie (siehe auch Kapitel 1.1). In diesem Sinn sind die Veränderungen der Semantiken von *links* und *rechts* sowohl das *Produkt* als auch die *notwendige Bedingung* für den Fortbestand der Links-Rechts-Unterscheidung als zentralem Kommunikationsmedium des politischen Raumes einer Gesellschaft.

3.1.3. Gesellschaftliche Veränderungsprozesse: Die Triebfedern semantischen Wandels

Die gedankliche Basis dieser Annahmen stellen theoretische Überlegungen aus der Linguistik dar, in denen gesellschaftliche Wandlungsprozesse als ein möglicher Katalysator für den Wandel von Sprache im Allgemeinen und Wortbedeutungen im Besonderen verstanden werden (Bitawy 2004: 115–142; Cherubim 1979, 2012: 41–44; Deumert 2006; Kämper 2007; Mattheier 1988; Scharloth, Eugster und Bubenhofer 2013; Schippan 1991). Sprache und die Bedeutung sprachlicher Symbole lassen sich demnach als ein *Gesellschaftsprodukt* verstehen, „das im gesellschaftlichen Prozeß verändert wird und gleichzeitig am Prozeß der gesellschaftlichen Veränderung aktiv teilhat" (Straßner 1987: 17, siehe auch Bitawy 2004: 115). Oder anders ausgedrückt: Sprache konstituiert Gesellschaft und wird gleichzeitig auch durch die gesellschaftlichen Verhältnisse geprägt und verändert:

> „Insofern ist der Wandel von Sprachen weder eine bloße Akzidenz ihrer Systematik, noch eine pathologische Abweichung ihres Funktionierens, sondern konstitutives Moment, das ihren sinnvollen Gebrauch fortlaufend gewährleist [sic]" (Cherubim 2012: 31).

In welche Richtung sich Sprache und die Bedeutung sprachlicher Symbole wandeln, richtet sich nach Mattheier (1988) ganz wesentlich am Kommunikationsbedarf einer Gesellschaft aus, der sich im Zuge sozialer Wandlungsprozesse fortlaufend verändert.[62] In diesem Sinne kann der Kommunikationsbedarf als eine Vermittlungsinstanz, als ein Scharnier zwischen den sozialen, politischen, wirtschaftlichen und kulturellen Entwicklungen einer Gesellschaft sowie dem strukturellen und semantischen Wandel von Sprache betrachtet werden (Bitawy 2004: 116; Mattheier 1988: 1435–1437):

> „Zugleich ist jede Sprache eine Widerspiegelung des Kommunikationsbedarfs einer Gesellschaft. Wenn sich der Kommunikationsbedarf im Rahmen sozialer Veränderungen wandelt, dann wird Sprache mit entsprechender Adaptionsverzögerung darauf reagieren und ihre Kommunikationskapazität verändern. Prinzipiell ist nach dieser Auffassung jede Sprache fähig, jeden Kommunikationsbedarf zu erfüllen, wenn ihr im Rahmen eines Gesellschaftswandelprozesses Zeit genug geblieben ist, sich diesem neuen Bedarf anzupassen“ (Mattheier 1988: 1436).

Ähnlich argumentiert Jenő Kiss (2012: 54–56), der allerdings noch stärker den prozesshaften Charakter sprachlichen Wandels betont. Er beschreibt Sprachwandel, in Anlehnung an evolutionsbiologische Erkenntnisse, als einen „dynamischen Anpassungsprozess“ der „inneren Selbstregulierung“ (ebenda: 59, siehe auch 56–58) eines Sprachsystems:

> „Wann geschieht mit der Sprache etwas? Die Antwort ist: Wenn sie gebraucht wird. Das bedeutet, wenn Sprecher die Sprache in einer konkreten Situation zur Befriedigung aktueller sprachlicher Ausdrucksbedürfnisse benutzen. Aber die Sprache verändert sich nicht deshalb, *um* ihre sprachliche Kommunikations-, Mitteilungs- und Benennungsfunktion zu erfüllen, sondern *weil* sie diese erfüllt. Diese Funktionen resultieren aber nicht aus dem Sprachsystem, sondern aus den Bedürfnissen und Notwendigkeiten menschlicher Gemeinschaften“ (Kiss 2012: 55, Hervorhebungen im Original).

Kiss geht also davon aus, dass die Ursache sprachlichen Wandels auf die Kommunikationstätigkeiten des Menschen zurückgehen. Die menschlichen Kommunikationstätigkeiten seien dabei ganz wesentlich von dem „Streben nach Sicherung des kommunikatives Erfolgs“ (ebenda: 57) geprägt. Dabei seien es nicht zuletzt außersprachliche Faktoren, wie etwa gesellschaftliche Wandlungsprozesse, die den Sprachgebrauch von Individuen maßgeblich steuerten. Sollten Prozesse sprachlichen Wandels untersucht werden, dürften daher „die außersprachlichen Faktoren, die den Menschen in der Art und

62 Nach Cherubim (2012: 42, 44) lässt sich zwischen exogenen, außersprachlichen, und endogenen, innersprachlichen, Faktoren unterscheiden, die Sprachwandel antreiben. Zudem sei darauf hingewiesen, dass der Wandel von Wortbedeutungen nur einen Teilaspekt sprachlichen Wandels darstellt. Für ein differenziertes Modell zur Erklärung von Sprachwandel siehe Cherubim (2012: 41–44).

Weise, wie er Sprache gebraucht, direkt oder indirekt beeinflussen, nicht unberücksichtigt bleiben" (ebenda: 60).

Es lässt sich demnach konstatieren, dass durch Prozesse gesellschaftlichen Wandels zunächst die Strukturen innerhalb des politischen Raumes verändert werden, beispielsweise durch das Auftreten neuer Parteien und/oder die Verschiebung gesellschaftlicher Konfliktstrukturen. Woraufhin sich die (semantischen) Anforderungen an die Links-Rechts-Unterscheidung als politischem Orientierungs- und Kommunikationsmedium verändern. Ein solcher Wandel des Kommunikationsbedarfs führt letztendlich dazu, dass *links* und *rechts* einem semantischen Anpassungsdruck ausgesetzt werden, der entweder zu einer Reformulierung ihrer Bedeutungsinhalte führt oder, falls dies nicht geschieht, auf lange Sicht die Fähigkeit der Links-Rechts-Unterscheidung, Komplexität zu reduzieren, nachhaltig einschränkt.

Die Veränderung der Bedeutungsinhalte von *links* und *rechts* unterliegen dabei gesellschaftlichen Aushandlungsprozessen. Solche Prozesse lassen sich exemplarisch beobachten, wenn eine neu gründete Partei die politische Arena betritt und/oder erstmals von einer breiteren Öffentlichkeit wahrgenommen wird. Spätestens nach den ersten Erfolgen bei Land- oder Bundestagswahlen beginnt im medialen Diskurs eine Debatte um die Verortung der Partei innerhalb des Links-Rechts-Schemas. Eine solche Debatte fällt besonders kontrovers aus, wenn die neue Partei programmatisch schwer zu greifen ist, im gesellschaftlichen Diskurs bislang kaum diskutierte Themen besetzt und/oder eine ideologisch heterogene Basis an Anhänger*innen* aufweist. Ein klassisches Beispiel stellt der Diskurs über die ideologische Verortung der *Grünen* in den 1980er-Jahren dar.[63] Unter dem Dach der *Grünen* sammelten sich in deren Anfangstagen neben links-gerichteten Vertretern der Studentenbewegung auch eine Reihe von rechts-konservativen Natur- und Umweltschützern, so dass innerhalb der Partei gesellschaftspolitisch bisweilen klassische *linke* wie auch *rechte* Positionen vertreten wurden (Mende 2011: 2):

> „Das Spektrum [der Akteur*innen*] reichte vom konservativen Naturschutz über verschiedene Konzepte eines ‚dritten Weges' bis hin zu unterschiedlichen Gruppen der undogmatischen Linken und Teilen kommunistischer Kadergruppen. [...] Der frühere CDU-Abgeordnete Herbert Gruhl agierte neben der Ikone der Studentenbewegung, Rudi Dutschke, der Anthroposoph und Happening-Künstler Joseph Beuys neben der feministischen Umweltschützerin Petra Kelly, der Dissident und ehemalige DDR-Marxist

63 In diesem Zusammenhang sei auf einen Kommentar in der *FAZ* hingewiesen, in dem sich der Journalist Friedrich Karl Fromme mit der Frage auseinandersetzt, „[w]er [...] diese Grünen" (Fromme 1982) eigentlich sind (siehe auch Fromme 1984).

> Rudolf Bahro neben dem Ökobauern Baldur Springmann, der völkischen Ideen nicht fern stand. Bei den Grünen ebenso wie bei ihren Vorläufern fanden nach traditionellem Rechts-Links-Denken sehr heterogene, teilweise einander antagonistisch gegenüberstehende Gruppen und Personen zusammen" (ebenda).

Aktuellere Fälle stellen das plötzliche Aufkommen der *AfD* sowie der kometenhafte Auf- und Abstieg der *Piratenpartei* dar. Wobei die gesellschaftliche Suche nach der ideologischen Position im Fall der *Piratenpartei* deutlich kontroverser ausfiel als im Fall der *AfD*, die schnell als rechts charakterisiert wurde. Allerdings herrscht bis heute keine Einigkeit, ob die *AfD* als *konservative*, *rechts-bürgerliche* Partei bezeichnet werden kann, dem *rechtspopulistischen* Lager zugerechnet werden muss oder als *rechtsradikal* eingestuft werden sollte (Ceyhan 2016: 52–55; Lewandowsky 2018: 166–167).[64] Auf der Suche nach der Position der *Piratenpartei* wurde hingegen durchaus die Frage aufgeworfen, ob die Partei links stehe oder bisweilen auch rechte Positionen vertrete (Ippolito 2011a).[65]

Wie nachhaltig die semantischen Entwicklungsprozesse ausfallen und ob sich die Inhalte der beiden Begriffe auf lange Sicht überhaupt verändern, hängt in letzter Konsequenz davon ab, welche Stabilität die strukturellen Veränderungen innerhalb des politischen Raumes aufweisen. Während *Die Grünen* sich nach ihrer Gründung augenscheinlich zu einem stabilen Element der Semantik des Begriffes *links* entwickelt haben (siehe Kapitel 6.3.1), ist

64 Die Auftritte von *AfD*-Politiker*innen* bei Vernetzungstreffen europäischer Rechtspopulisten, etwa bei der Veranstaltung *Freiheit für Europa* zu Beginn des Jahres 2017 (Müller 2017), deuten darauf hin, dass sich die Partei selbst zunehmend stärker als eine rechtspopulistische Kraft versteht. Ein Hinweis auf eine Selbstverortung der *AfD* als *rechtspopulistisch* stellt zudem der Beitritt ihrer EU-Parlamentarier zur Fraktion „Identität und Demokratie" dar, in der sich europäische Rechtspopulisten nach der Europawahl 2019 zusammengeschlossen haben (Bonse 2019). Im wissenschaftlichen Diskurs kommt es ebenfalls zunehmend häufiger zu einer Einstufung der *AfD* unter dem Stichwort *rechtspopulistisch*: In der aktuellen Auflage des „Handbuch[s] der deutsche Parteien" (Decker und Neu 2018) wird das Profil der *AfD* etwa als „eindeutig rechtspopulistisch[]" (Lewandowsky 2018: 163) beschrieben. Die zunehmend populistisch-radikale Ausrichtung der *AfD* spiegelt sich auch unter ihren Wähler*innen* wider. Im Aggregat stufen sich die *AfD*-Anhänger*innen* auf der Links-Rechts-Skala seit Gründung der Partei im Frühjahr 2013 immer weiter rechts ein (Arzheimer und Berning 2019; Bieber, Roßteutscher und Scherer 2018: 446–447; Kroh und Fetz 2016: 718). Die *AfD*-Unterstützer*innen* haben bei der Bundestagswahl 2017 überdies starke populistische Einstellungsmuster gezeigt (Giebler und Wagner 2019: 304–308).

65 Siehe auch die Wochenendausgabe der *Tageszeitung* (*TAZ*) vom 24.09.2011. Unter der Rubrik *Streit der Woche* wurde darin die Frage diskutiert, ob „die Piraten links" (Höfinghoff u. a. 2011: 18; Ippolito 2011b) sind.

die *Piratenpartei* nach anfänglichen Erfolgen schnell wieder in der politischen Bedeutungslosigkeit verschwunden.

Die Veränderungen innerhalb der gesellschaftspolitischen Strukturen können dabei schleichend erfolgen, beispielsweise im Zuge eines Wertewandels, oder plötzlich und abrupt ausgelöst werden. Besonders deutlich zeigen sich die Zusammenhänge zwischen sprachlichem und gesellschaftlichem Wandel dabei nach epochalen gesellschaftlichen Umbrüchen (Bitawy 2004: 120; Dittmar 2000: 199–204, 212; Kämper 2007), wie sie das Ende der Nazi-Diktatur und die Vereinigung der beiden deutschen Staaten nach der Implosion des DDR-Sozialismus darstellen.[66]

Mit Blick auf die Geschichte der Bundesrepublik lassen sich nach Heidrun Kämper (2007: 432 433) neben der Umbruchzeit von 1989/90 zudem die Jahre 1968 und 2000 als Zäsuren „einer sprachlichen Umbruchgeschichte“ (ebenda: 431) beschreiben, die einen Sprachgebrauchswandel katalysiert haben.[67] Kämper (2007: 429) legt ihren Überlegungen zur Konzeptualisierung einer Geschichte der sprachlichen Umbrüche in Deutschland die Annahmen zu Grunde, dass a) „sprachhistorische Veränderungen durch politische, kulturelle, wissenschaftliche, gesellschaftliche Ereignisgeschichte verursacht werden“ (ebenda), b) Sprache damit gleichzeitig einen „Spiegel der Ereignisgeschichte“ (ebenda) darstellt und c) in Umbruchszeiten innerhalb einer Gesellschaft „spezifische Deutungsmuster“ (ebenda) von der Vergangenheit, der Gegenwart und der Zukunft realisiert werden (ebenda). „Sprache ist“, im *kämper*schen Sinne, „der Ort, wo Geschichte stattfindet“ (ebenda: 430): die DNA der historischen Entwicklung einer Gesellschaft.[68]

Nachdem im ersten Teil dieses Kapitels allgemeine Erklärungen für den Wandel der Bedeutungsinhalte von *links* und *rechts* diskutiert wurden, wird im zweiten Teil des Kapitels betrachtet, welche zentralen gesellschaftlichen Wandlungsprozesse die langfristige Entwicklung der mit *links* und

66 Dittmar (2000) hat beispielsweise gezeigt, dass die gesellschaftlichen Transformationsprozesse nach dem Ende der DDR zu einer unmittelbaren Veränderung des Sprachgebrauchs in Ost-Berlin geführt haben. Er konnte feststellen, dass sich der bis zum Mauerfall kaum genutzte Modalpartikel *halt* nach der deutschen Wiedervereinigung *blitzartig* in der ostberliner Kommunikationsgemeinschaft verbreitet hat.

67 An dieser Stelle sei die Unterscheidung zwischen *Sprachwandel* und *Sprachumbruch* hervorgehoben. Nach Kämper (2007: 431) stellt „[e]in sprachlicher Umbruch [...] [den] Beginn von sprachlichen Veränderungen [dar], die [...] Sprachwandel zur Folge haben können. Umbruch setzt also Entwicklungen in Gang, ist als Beginn von Entwicklungen, als Anstoß, als Motiv von Sprachwandel zu verstehen“ (ebenda).

68 Die theoretischen Überlegungen Kämpers konnten durch Scharloth, Eugster und Bubenhofer (2013) auch weitgehend empirisch bestätigt werden.

rechts verbundenen Semantiken im Speziellen determiniert haben. Dabei wird argumentiert, dass die grundlegenden semantischen Transformationen insbesondere durch drei langfristige gesellschaftliche Veränderungsprozesse angetrieben wurden: a) dem Aufstieg der Arbeiterbewegung seit Mitte des 19. Jahrhunderts, b) dem Wandel des Nationalismus und seiner Trägergruppen nach der Gründung des Deutschen Reiches 1871 und c) dem Wandel der gesellschaftlichen Wertestrukturen seit Mitte der 1960er Jahre.

3.2. Die zentralen Wandlungen der Semantik von links & rechts

In Kapitel 2 wurde aufgezeigt, dass sich die Links-Rechts-Unterscheidung trotz des weitgehenden Scheiterns[69] der *bürgerlichen Revolution* von 1848/49 auf mittlere Sicht als zentrales Richtungsparadigma der politischen Auseinandersetzungen in Deutschland etablieren konnte. Daran änderten auch die *reaktionären* Entwicklungen in den 50er- und zu Beginn der 60er-Jahre des 19. Jahrhunderts nichts.[70] Allerdings veränderte sich während der postrevolutionären Jahre allmählich die semantischen Bedeutung von *links* und *rechts*. Die Links-Rechts-Unterscheidung spiegelte seitdem nicht mehr nur den Gegensatz zwischen der Forderung nach einer politischen Inklusion breiter Bevölkerungsgruppen (*links*) und dem Erhalt des traditionellen, hierarchisch organisierten Gesellschaftssystems (*rechts*) wider, sondern wurde vermehrt mit dem sich zunehmend ausbreitenden Konflikt zwischen Arbeit und Kapital in Verbindung gebracht (siehe Kapitel 3.2.1). Ohne, dass die ursprüngliche Bedeutung der Richtungsbegriffe vollständig verschwunden wäre, wurde *links* vermehrt mit den Ideen des Sozialismus und den politischen Anliegen des Proletariats assoziiert, während die Interessen des Kapitals und der Industrie als *rechts* galten (Roßteutscher und Scherer 2013: 381–382).

Diese Bedeutungspluralisierung blieb bis heute nicht die einzige Veränderung der Semantiken von *links* und *rechts*. Im letzten Drittel des 19. Jahrhunderts

69 Haupt und Langewiesche (1998) betonen, dass zwar aus kurzfristiger Perspektive durchaus von einem Scheitern der Revolution gesprochen werden könne, doch sei dieses Scheitern nicht absolut gewesen. Die Revolutionäre hätten durchaus Teilerfolge verzeichnet, wie die Abschaffung des ländlichen Feudalismus oder Fortschritte bei der rechtlichen Gleichstellung benachteiligter gesellschaftlicher Gruppen (ebenda: 28–33).

70 Zu den Entwicklungen nach dem Scheitern der Revolution siehe beispielsweise Siemann (1985: 223–228).

folgte die Wandlung des Nationalismus von einer *links-* zu einer *rechts-liberalen* beziehungsweise *rechts-konservativen* Leitideologie (siehe Kapitel 3.2.2). In der jüngeren Vergangenheit wirkte sich zudem die „stille Revolution" (Inglehart 1971, 1977) – die Veränderung der gesellschaftlichen Werthaltungen – auf die Semantik der Links-Rechts-Unterscheidung aus (siehe Kapitel 3.2.3). Diese drei zentralen Bedeutungstransformationen der Links-Rechts-Unterscheidung werden nun näher erläutert: zunächst der Aufstieg der Arbeiterbewegung.

3.2.1. Der Aufstieg der Arbeiterbewegung

Eine erste nachhaltige Transformation der Bedeutungsinhalte von *links* und *rechts* erfolgte im Zuge der *industriellen Revolution*, dem wohl prägendsten Prozess der menschlichen Entwicklung im Zuge des „langen 19. Jahrhunderts" (Bauer 2010). Zusammen mit der demokratischen Revolution katalysierte die Industrialisierung weitreichende Modernisierungsprozesse in weiten Teilen Europas und Nordamerikas, die einen tiefgreifend gesellschaftliche Wandel antrieben. Die traditionellen, hierarchisch strukturierten vormodernen Ständegesellschaften entwickelten sich zu funktional differenzierten Industriegesellschaften, die bislang unbekannte soziale und ökonomische Abhängigkeitsverhältnisse hervorbrachten (Bauer 2010: 74–82; Noël und Thérien 2008: 95–101; Parsons 2003: 96–109).

Mit dem Industrieproletariat erwuchs eine soziale Gruppe weitgehend in Armut lebender, wirtschaftlich Abhängiger und politisch Benachteiligter, die in der zweiten Hälfte des 19. Jahrhunderts ein immer stärkeres Klassenbewusstsein ausbildete (Kuhn 2004: 59–72, insbesondere 72). Die schnell wachsende Arbeiterschaft stellte jedoch gleichzeitig die tragende Säule der sich industrialisierenden Gesellschaften dar (siehe Abbildung 3.1 auf Seite 78). Am gegenüberliegenden Ende der sozialen Leiter gewann das Besitzbürgertum zunehmend an gesellschaftlichem Prestige und nahm die Position einer gesellschaftlich privilegierten Gruppe ein (Bauer 2010: 56–57):

> „Während einige Gruppen des Bürgertums in der zweiten Hälfte des 19. Jahrhunderts bereits vergessen zu haben schienen, daß sie einst mit der Emanzipationsparole groß geworden waren, und nun ihrerseits, wie zwei oder drei Generationen zuvor noch der Adel, nach unten exklusiv und oppressiv auftraten, verlangten die wachsenden unterbürgerlichen Schichten ihre Beteiligung am Staatsleben, eben ihre Partizipation" (Bauer 2010: 57, siehe auch Best 1990: 40).

Mit ihren (in Teilen) gewandelten Interessen stand die klassische, bürgerliche Linke damit fortan der neuen sozialistisch-proletarischen Linken entgegen.

Die Arbeiterbewegung sah jedoch in der bürgerlichen Linken nicht zwangsläufig einen Gegner, den es zu bekämpfen galt (Kuhn 2004: 42; Hobsbawm 2004: 119). Vielmehr, so Kuhn (2004: 42), hätten Marx und Engels (1974: 462–474) im *Kommunistischen Manifest* das Bürgertum als revolutionärer Klasse besonders hervorgehoben und zunächst als Verbündeten angesehen, im Kampf gegen die Herrschaft der Aristokratie. Nach den theoretischen Überlegungen von Marx und Engels wäre die Bourgeoisie erst nach dem Sieg über die Aristokratie für das Proletariat zum Gegner im Klassenkampf geworden (Kuhn 2004: 42). Der Links-Rechts-Konflikt transformierte sich dementsprechend während der zweiten Hälfte des 19. Jahrhunderts zu einer Auseinandersetzung zwischen unterschiedlichen gesellschaftlichen Klassen. Zur entscheidenden Trägerin linker Politik wurde die Masse lohnabhängig Beschäftigter, die sich in Gewerkschaften und sozialistischen/sozialdemokratischen Parteien organisierte und gegen die „herrschenden Klassen“ (Hobsbawm 2004: 119) – zunächst Adel, später auch das Bürgertum – opponierte (ebenda: 119–120).

Die soziale Gliederung der industriellen Gesellschaften des ausgehenden 19. und frühen 20. Jahrhunderts folgte demnach weiterhin, wie in der *Pyramide des kapitalistischen Systems* aus Abbildung 3.1 auf Seite 78 symbolisch dargestellt ist, einer vertikalen Strukturierungslogik. *Links* ist mit *unten* und *rechts* mit *oben* verbunden. Wird die Pyramide im Uhrzeigersinn gekippt, stehen konservativer Adel und Kirche auf der rechten, das liberale Bürgertum in der Mitte und die lohnabhängig beschäftigten Arbeitermassen auf der linken Seite des Bildes, entsprechend der Gliederung des politischen Raumes in jener Zeit.

Der Aufstieg einer *sozialistischen* Linken kam nicht überraschend. Schon im Vormärz und während des Revolutionsjahres 1848/49 deutete sich an, dass sich ein neuer *Vierter Stand*[71], eine neue mächtige politische Kraft, entwickeln sollte. Erste Zusammenschlüsse von Arbeiter*innen* in den 1830er- und 1840er-Jahren waren jedoch nicht ausreichend organisiert, um eine entscheidende Rolle während der Revolution und innerhalb des ersten deutschen Parlamentes zu spielen. Die revolutionäre Rolle der Arbeiterschaft beschränkte sich vornehmlich auf militante Aktionen oder die Teilnahme an Barrikadenkämpfen und Streiks (Conze und Groh 1966: 32–40; Kuhn 2004:

71 Der Begriff *Vierter Stand* wird von Conze und Groh (1966: 121, 123) zur Bezeichnung des Proletariats herangezogen.

Quelle: Wikimedia Commons contributors (2018).
Anmerkungen: Die *Pyramide des kapitalistischen Systems* ist 1911 in der Zeitschrift *Industrial Worker* erschienen und wirbt für die Arbeitervereinigung der *Industrial Workers of the World* (*IWW*). In der Karikatur sind die Herrschaftsverhältnisse im Kapitalismus aus Perspektive der Arbeiterklasse abgebildet (Labor Arts 2020).

Abbildung 3.1.: Pyramide des kapitalistischen Systems

30–32, 43–46). Unter den Abgeordneten des Paulskirchen-Parlaments befanden sich keine Arbeiter und nur eine unbedeutende Zahl an Handwerkern (Botzenhart 1977: 161; Dann 1978: 111; Kuhn 2004: 43–44; Siemann 1985: 126):[72]

> „Die unteren Volksschichten hatten überhaupt keine direkte Vertretung in ihr [der Nationalversammlung, Anmerkung des Verfassers]. Nur in Breslau war ein Sozialist als Ersatzmann durchgekommen" (Quarck 1970: 242).[73]

Sowohl im Vorparlament als auch in der Nationalversammlung wurden die Forderungen der Arbeiterschaft noch am ehesten von den *radikalen Demokraten*, also der *äußersten Linken*, vertreten (Kuhn 2004: 43–44; Quarck 1970: 65–66). Eine Verbindung zwischen der Arbeiterbewegung und der Richtungsbezeichnung *links* wurde in der Paulskirche lediglich in Ansätzen evident. Nichtsdestotrotz war „[d]ie Beschäftigung mit der ‚sozialen Frage' und mit der noch marginalen gewerkschaftlichen und politische Arbeiterbewegung [...] innerhalb der Paulskirchenlinken jedoch immer die Sache einer Minderheit" (Jansen 2000: 494).

Auch während der durch die Reaktion dominierten 1850er-Jahre (Kuhn 2004: 73; Siemann 1985: 228, 1998: 312) war die Arbeiterbewegung in Deutschland (noch) nicht stark genug, um politische Führungsverantwortung zu übernehmen und ein einflussreiches und nachhaltiges links-sozialistisches Projekt zu artikulieren. Dies änderte sich erst im Zuge der Gründung des *Allgemeinen Deutschen Arbeitervereins (ADAV)* – im Mai 1863 – und der *Sozialdemokratischen Arbeiterpartei (SDAP)* – im August 1869 – (Kuhn 2004: 73–74, 78–81).

72 Hinsichtlich der Handwerker gehen die Angaben bisweilen auseinander. Kuhn (2004: 43–44) spricht davon, dass sich „unter den Abgeordneten [...] keine Arbeiter und Handwerker" befanden und auch Dann (1978: 111) schreibt, dass „[i]n den 1848er Parlamenten [...] Arbeiter nicht vertreten" waren. Nach Siemann (1985: 126) und Botzenhart (1977: 161) waren hingegen 0,7 Prozent der Abgeordneten – in absoluten Zahlen vier Personen – Handwerker.

73 Auch hinsichtlich der Zahl der im Parlament vertretenen Sozialisten finden sich unterschiedliche Angaben. Kuhn (2004: 44) schreibt im Unterschied zu Quarck (1970: 242) nicht von einem sondern von zwei sozialistisch gesinnten Abgeordneten in der Frankfurter Nationalversammlung: „Von den Sozialisten wurden Arnold Ruge in Breslau und Wilhelm Wolff in seinem schlesischen Heimatwahlkreis Neumarkt gewählt, Letzterer nur zum stellvertretenden Abgeordneten. Während Ruge sein Mandat aus Enttäuschung über die Parlamentsarbeit schon im November 1848 abgab, zog Wolff erst im Mai 1849 in die Frankfurter Paulskirche ein, blieb aber auch im Stuttgarter Rumpfparlament" (Kuhn 2004: 44).

Von diesem Zeitpunkt an ging es schnell: Die Arbeiterbewegung löste sich vom bürgerlichen Liberalismus und wurde von der staatlichen Obrigkeit unnachgiebig verfolgt und bekämpft (Nullmeier 2006: 316). Trotz ihres Kampfes gegen die Bourgeoisie gab die sozialistische Linke die Forderungen und politische Errungenschaften der bürgerlichen Emanzipationsbewegung nicht auf, sondern verknüpfte sie mit ihren eigenen Ideen zu *drei Kernzielen*: dem Kampf um a) *bürgerliche*, b) *politische* und c) *soziale Rechte* (Hobsbawm 2004: 119–120). Den Kampf um Grundrechte und eine verfassungsmäßige Ordnung habe die Arbeiterbewegung, wie Hobsbawm (2004: 119–120) erläutert, von der bürgerlichen Linken aus der ersten Hälfte des 19. Jahrhunderts übernommen. Auch der Kampf um politische Rechte und demokratische Teilhabe sei schon von der alten Linken geführt worden. Forderungen nach einem „Recht auf Arbeit für alle, [...] wirtschaftlichen Wohlstand und soziale Rechte" (Hobsbawm 2004: 120), wie sie eine staatliche Absicherungen im Alter oder bei Arbeitslosigkeit darstellen, seinen jedoch neu hinzugekommen.

Dieser Dreiklang an Forderungen spiegelte sich insbesondere in der deutschen Situation wider. Nach Kuhn (2004: 12–13) hatte „die deutsche Arbeiterbewegung neben ihrem klassenspezifischen Ziel, die Arbeiter aus Verelendung und Unterdrückung zu befreien, noch zusätzlich die Aufgaben zu übernehmen [...], an denen das deutsche Bürgertum gescheitert war: nämlich eine demokratische Republik aufzubauen und zu sichern" (ebenda: 13). Nichtsdestotrotz entwickelte sich der Kampf um eine angemessene soziale Teilhabe zum zentralen Antagonismus in Deutschland und begann zunehmend die Semantik der beiden Richtungsbegriffe zu dominieren.[74] Die geschilderten Entwicklungen determinierten nicht nur in Deutschland die Transformation des Bedeutungsgehalts von *links* und *rechts*. Vielmehr trieb der Konflikt zwischen den Anhänger*innen* eines ökonomischen Liberalismus, in der Tradition des schottischen Ökonomen *Adam Smith*, und den Verfechtern einer stärker (staatlich) regulierten, die ökonomischen Unterschiede zwischen den gesellschaftlichen Klassen abmildernden, Wirtschaftsordnung die Bedeutungsentwicklung der

74 Während die Sozialdemokratie die Interessen der Arbeiterbewegung vertrat, wurden die Interessen der Anhänger*innen* einer weitgehend unbeschränkten Wirtschaftsordnung von der Nationalliberalen Partei artikuliert. Anstelle staatlicher Eingriffe in die Wirtschaft setzten sie auf das „Rezept der Selbsthilfe" (Pohl 1991: 97) und die Annahme, dass ein ungestörtes Wirken der Kräfte des freien Marktes zu einem Wohlstandsgewinn für alle Bevölkerungsschichten führen wird (ebenda).

Richtungsvokabeln auch in anderen sich industrialisierenden Gesellschaften der westlichen Hemisphäre an (Noël und Thérien 2008: 95–101).[75]

Zu einer weiteren Verfestigung des Konfliktes zwischen Arbeit und Kapital als dem zentralen Bestimmungsfaktor der Links-Rechts-Unterscheidung kam es gegen Ende des Ersten Weltkrieges im Zuge der *Spaltung der Linken* in einen *reformorientierten* und einen *revolutionären Flügel* (Hobsbawm 2004: 122). Auch in Deutschland wurde der Alleinvertretungsanspruch der Sozialdemokratie gebrochen. Die Arbeiterbewegung zerbrach in zwei Teile, „einen sozialdemokratischen, der faktisch zu einer staatstragenden Reformpartei wurde, und einen kommunistischen“ (Hobsbawm 2004: 122, siehe auch Grebing 1993: 27–31). Aus dieser Spaltung keimte eine universelle/globale Konfliktlinie, die sowohl die Weltpolitik als auch die Bedeutung der beiden Richtungsbegriffe in den kommenden Jahrzehnten nachhaltig bestimmen sollte. Der Sieg der bolschewistischen Revolution in Russland legte die Basis für den politischen Systemwettbewerb, der die Welt nach Ende des Zweiten Weltkrieges lange Zeit prägte. In der Sowjetunion konnte erstmals eine komplette Volkswirtschaft zu einer zentralistisch organisierten Planwirtschaft umgebaut werden. Die planwirtschaftliche Logik sozialistischer Ökonomien stand (und steht bis heute) der kapitalistischen Idee des freien Handels und Warenverkehrs diametral entgegen (Hobsbawm 2004: 120–124; Roßteutscher und Scherer 2013: 381).

Diese Entwicklungen führten im Zuge des Aufstiegs der Sowjetunion und der Vereinigten Staaten zu Weltmächten zu einer Zweiteilung der Welt in eine kommunistischen und einen kapitalistischen Einflussbereich. In Europa manifestierte sich dies seit Ende der 1940er-Jahre in der Teilung des Kontinents. Mit Blick auf die Links-Rechts-Unterscheidung hatte dies zur Folge, dass *links* zwar immer noch mit der Arbeiterbewegung und *rechts* mit wirtschaftlichem Liberalismus in Verbindung gebracht wurde, doch fand eine systembedingte Überformung diese Konfliktes statt. Die entscheidende Auseinandersetzung zwischen linken und rechten Politikentwürfen spielte sich nicht mehr ausschließlich innerhalb einer Gesellschaft ab, sondern zunehmend zwischen den beiden antagonistischen Blöcken unter Führung der UdSSR auf der einen und der Vereinigten Staaten auf der anderen Seite (Hobsbawm

75 Ausnahme bildeten die Vereinigten Staaten, in denen sich keine starke Arbeiterbewegung gegen Ende des 19. Jahrhunderts etablieren konnte. Erst im Zuge der Weltwirtschaftskrise und des New Deals kam es zu einer partiellen Bedeutungsverschiebung innerhalb der amerikanischen Politik. Die Konservativen/die Rechten sollten von nun an eher für einen schlanken, die Liberalen/die Linken für einen eher starken Staat eintreten (Rosas und Ferreira 2013: 14–15).

2004: 120–124; Noël und Thérien 2008: 107–109, 122–127; Nullmeier 2006: 316; Roßteutscher und Scherer 2013: 381).

Innerhalb der westlichen Gesellschaften herrschte ein marktwirtschaftlicher Konsens. In Deutschland avancierte die Sozialdemokratie schon gegen Ende des Kaiserreiches beziehungsweise mit der Übernahme von Regierungsverantwortung in der Weimarer Republik „zu einer staatstragenden Reformpartei" (Hobsbawm 2004: 122). In der Bundesrepublik löste sie sich mit dem *Godesberger Programm* (1959) dann endgültig von ihren radikal-ideologischen Traditionen und wurde zu einer *gewöhnlichen* Partei innerhalb eines kapitalistischen Landes (siehe etwa Bouvier: 44–45; Brinkmann 2009: 115–116). Es fand – so weit dies ging – ein Ausgleich zwischen den Interessen der Arbeiterschaft und der Kapitaleigner statt. Diese Entwicklungen innerhalb der westlichen Gesellschaften, die aufs Engste mit dem wirtschaftlichen Aufschwung der Nachkriegszeit, dem Ausbau der Sozial- zu Wohlfahrtsstaaten sowie der Transformation zu Konsumgesellschaften verbunden waren, ließen seit Mitte der 1950er-Jahre die These vom „Ende der Ideologie" (Shils 1955; Bell 1961; Dahrendorf 1963b; Waxman 1968) populär werden (Doering-Manteuffel und Raphael 2012: 80–81; Freeden 2003: 35–39; Noël und Thérien 2008: 107–122; Nullmeier 2006: 316–317).

3.2.2. Der Wandel des Nationalismus

Die soziale Frage und der Konflikt zwischen Kapital und Arbeit wurden zwar in der zweiten Hälfte des 19. Jahrhunderts zur zentralen Bestimmungsgröße der Links-Rechts-Unterscheidung, doch war es nicht nur der Aufstieg einer sozialistischen Linken, der eine Reformulierung der beiden Richtungsbegriffe nach sich zog. Eine zweite ähnlich nachhaltige, wenn auch seltener thematisierte, Bedeutungsverschiebung hat ihre Ursache in einer umfassenden Vereinnahmung von *Nationalismus* und *Nationen*-Begriff durch die (radikale) politische Rechte (Hoffmann 2006: 53–54). So hat sich in Deutschland erst seit den 1870er-Jahren ein Dualismus zwischen einer in ihren Grundzügen eher internationalistischen Linken und einer nationalen Rechten herausgebildet (Conze 1964: 11–12; Jansen und Borggräfe 2007: 66–68, 79; Vogel 1992: 99–102; Winkler 1979).[76]

76 Eine zusammenfassende Betrachtung zu den Konzepten *Nation* und *Nationalismus* findet sich unter anderem bei Hobsbawm (2005). Nach Hobsbawm (2005: 122) ist der „Begriff ‚Nationalismus' Ende des 19. Jahrhunderts überhaupt erst erfunden" worden.

In der ersten Hälfte des 19. Jahrhunderts wurden die nationalen Bewegungen in Europa hauptsächlich mit der antifeudalen Freiheitsbewegung, die um die Ausweitung bürgerlicher und politischer Rechte kämpfte, in Verbindung gebracht. Dieser alte „democratic mass political nationalism“ (Smith 2013: 11) wurzelte auf dem Boden der bürgerschaftlichen Ideale der Französischen Revolution (ebenda). Im deutschen Fall ist der alte Nationalismus vielfach auch als „Vehikel gesellschaftlicher Modernisierung betrachtet und dementsprechend zu den fortschrittlichen Kräften der historischen Entwicklung gezählt“ (Vogel 1992: 99) worden. In diesem Sinne verkörperte der Nationalismus ein oppositionelles, von der politischen Linken getragenes (Integrations- und Emanzipations-)Projekt (ebenda: 100; Winkler 1979: 36).[77]

In der zweiten Jahrhunderthälfte wandelte sich die „Modernisierungsideologie“ (Winkler 1979: 36) des demokratischen Nationalismus dann jedoch langsam zu einer „Legitimationsideologie“ (Jansen und Borggräfe 2007: 66) des Großmachtstrebens der europäischen Staaten (ebenda). Die nationalen Bewegungen verloren jeglichen emanzipatorisch-inklusiven Charakter und betonten stattdessen die Exklusivität der eigenen Nation oder auch

77 In diesem Zusammenhang sei auf eine Anmerkung Barbara Vogels (1992: 109) verwiesen, die hervorhebt, dass der deutsche Nationalismus immer schon eine ausgrenzende Komponente besaß, die sich von Beginn an vornehmlich auf Frankreich richtete (Erbfeindschaft). Damit sei „von Anfang an die Funktion des Nationalismus als Vehikel gesellschaftlicher Modernisierung“ (ebenda) beeinträchtigt worden. Auch Christian Jansen und Hennig Borggräfe (2007) heben die „Janusköpfigkeit“ (ebenda: 8) des Nationalismus hervor. So strebe „[j]eder Nationalismus [...] neben politischer Emanzipation Machtzuwachs auf Kosten anderer Völker und Nationen an. Nationalistisches Denken geht immer von der Höherwertigkeit der eigenen Nation aus. Also war bereits die frühe deutsche Einigungsbewegung nationalistisch“ (ebenda: 35) und zwar auch in einem radikalnationalistischen Sinne. Daher plädieren die beiden dafür, „sich von dem Konstrukt einer Entwicklung vom ‚progressiven‘ zum ‚reaktionären‘ oder vom ‚linken‘ zum ‚rechten‘ Nationalismus zu lösen und von der politischen Ambivalenz *allen* nationalistischen Denkens auszugehen (ebenda: 80–81, Hervorhebungen im Original). Ähnlich argumentiert auch Breuer (2005: 37), der im Rückgriff auf eine Argumentation Dieter Langewiesches (1995: 192, 209) betont, dass sich „‚Partizipationsverheißung‘ und ‚Gewaltbereitschaft‘ [...] in der Tat nicht [...] auf verschiedene Phasen des Nationalismus verteilen“ ließen. „Demokratisierung und Aggression (und zwar nach außen wie innen), Weltverbrüderungsrhetorik und Xenophobie“ (Breuer 2005: 37), seien schon immer Phänomene gewesen die zusammen aufgetreten sind. Diesem Argumentationsmuster ist durchaus zuzustimmen, allerdings ist dies für die Frage des semantischen Wandels der beiden Richtungsbegriffe nicht von Bedeutung, da es diesbezüglich nicht um eine *normativ-theoretische* Verortung geht. Der Betrachtungsfokus liegt vielmehr auf der Analyse des *empirisch messbaren* semantischen Wandels der beiden Vokabeln. Es geht also um die Frage, mit welchen Trägergruppen nationalistische Einstellungen vornehmlich in Verbindung gebracht wurden und werden.

die Überlegenheit der eigenen Rasse (ebenda: 79–80). Zu den wichtigsten Trägern dieses „ethnischen Nationalismus“ (ebenda: 58, siehe auch 56-57, 59) zählt Eric Hobsbawm (2005) die Angehörigen der (unteren) Mittelschicht:

> „Bei der unteren Mittelschicht mutierte der Nationalismus somit von einem Begriff, der mit dem Liberalismus und der Linken in Verbindung gebracht wurde, zu einer chauvinistischen, imperialistischen und fremdenfeindlichen Bewegung der Rechten oder genauer der radikalen Rechten“ (Hobsbawm 2005: 143).

Im Sinne der Überlegungen Hobsbawms hat der Nationalismus der unteren Mittelschicht als Klassen-Surrogat gedient und ihr „jene gesellschaftliche Identität [verliehen], die die Proletarier aus ihrer Klassenbewegung bezogen“ (ebenda: 145). Ferner könne behauptet werden, „daß sich die unteren Mittelschichten – sowohl die Schicht der hilflosen kleinen Handwerker und Geschäftsleute als auch neue soziale Schichten, wenn man etwa an das beispiellose Wachstum von Arbeitsplätzen für Personen mit höherer Schulbildung und Universitätsabschluß denkt – nicht so sehr als eine Klasse verstanden, sondern als die Gruppe der eifrigsten, loyalsten und ‚achtbarsten‘ Söhne und Töchter des Vaterlandes“ (ebenda). Demnach wirkte der Aufstieg der Arbeiterbewegung nicht nur direkt über den Klassenkonflikt, sondern auch indirekt, durch die Ausprägung einer nationalistischen Identität in den bürgerlichen Mittelschichten, als Agent des Bedeutungswandels von *links* und *rechts*.[78]

In Deutschland erwuchs die nationale Bewegung Anfang des 19. Jahrhunderts aus dem Kampf gegen die Herrschaft Napoleons (Dann 1978: 96). Dabei handelte es sich um eine von bürgerlichen Eliten dominierte, aber dennoch heterogene Bewegung. Die Anhänger*innen* eines unitarischen deutschen Nationalstaates standen den Verfechtern eines partikularen, föderalen Deutschlands gegenüber (Dann 1978: 98–99, 112–113; Langewiesche 1992: 345–346). Den größeren Einfluss hatten dabei zunächst die Partikularisten, deren nationale Vorstellungen sich stark am untergegangenen *Heiligen*

78 Im Zuge dieser Überlegungen sei auch auf einen Text von Seymour Martin Lipset (1972) verwiesen. In *Der „Faschismus“, die Linke, die Rechte und die Mitte* überprüft er die These vom „Faschismus [als] Bewegung der Mittelklasse“ (ebenda: 452). Dabei kommt er zu dem Schluss, dass diese Gleichung durchaus, wie im Falle des *Nationalsozialismus* in Deutschland, zutreffen kann, jedoch nicht zwangsläufig zutreffen muss. Ein Gegenbeispiel stelle der argentinische *Perónismus* dar, den Lipset als „‚Faschismus‘ der Unterklasse“ bezeichnet (ebenda: 479).

Römischen Reich Deutscher Nationen orientierten (Langewiesche 1992: 346–347). Nach Langewiesche ist in dieser „Reichsmetaphorik [...] die fortlebende Idee einer deutschen Kulturnation" (ebenda: 346) ebenso zum Ausdruck gekommen wie der Wunsch nach „föderative[r] Vielfalt der deutschen Staatenwelt" (ebenda).

Obwohl der überwiegende Teil der nationalen Bewegung damit zunächst keinen deutschen Zentralstaat anstrebte und auch die Autonomie der Einzelstaaten nicht unmittelbar in Frage stellte, zeigten sich die deutschen Fürsten reformunwillig und waren bestrebt, die nationale Bewegung durch politische Verfolgung und die Zerschlagung organisatorischer Strukturen – die Turnbewegung wurde ebenso verboten wie die Burschenschaften – zu marginalisieren. Diese durchaus erfolgreichen Marginalisierungsversuche führten jedoch auch dazu, dass sich die nationale Bewegung zunehmend gegen den einzelstaatlichen Partikularismus in Deutschland stellte und sich in Teilen auch radikalisierte (Dann 1978: 99–100; Jansen und Borggräfe 2007: 51; Langewiesche 1992: 351–353). So entwickelte sich der Nationalismus im Zuge der restriktiven Verfolgungspolitik der deutschen Fürsten während der 1830er- und 1840er- Jahre zu einer inhaltlichen Klammer der liberalen Opposition. Im Zuge der Rheinkrise[79] Anfang der 1840er-Jahre, durch die alte antifranzösische Ressentiments wiederbelebt wurden, formierte sich schließlich eine national orientierte „Sammlungsbewegung aller bürgerliche[r] Schichten" (Dann 1978: 102, siehe auch Botzenhart 1985: 140–141), die sich, so der Historiker Otto Dann, wenig später zu einer „breiten bürgerlichen Volksbewegung" (Dann 1978: 102), mit zunehmend stabileren organisatorischen Strukturen, auswuchs.

Trotz der gemeinsamen Feindbilder zeigten sich immer wieder Zielkonflikte zwischen den einzelnen Gruppen der nationalen Opposition (Dann 1978: 115–116): Während der überwiegende Teil der Liberalen im Vormärz und auch noch 1848/49 in der Nationalversammlung „auf eine Reformallianz mit den Landesfürsten und auf den Erhalt der bestehenden Länder innerhalb des künftigen Nationalstaats" (Langewiesche 1992: 351) gesetzt habe, hätten sich „die entschiedenen Demokraten und vor allem die Republikaner" (ebenda: 350) für eine „unitarische Nation" (ebenda) ausgesprochen, so Dieter Langewiesche (1992: 350–351; siehe auch Dann 1978: 101). Für die radikal-demokratische Linken war Nationalismus „ein systemveränderndes, revolutionierendes Prinzip" (Dann 1978: 111).

79 Die Rheinkrise entwickelte sich aus der Forderung Frankreichs, den Rhein als Grenzfluss zu Deutschland zu etablieren (Botzenhart 1985: 140).

Jedoch dürfen diese konzeptionellen Unterschiede innerhalb der bürgerlichen Freiheitsbewegung nicht darüber hinwegtäuschen, dass die Bildung eines deutschen Nationalstaates die Möglichkeit bot, die (semi-)absolutistischen Regimes innerhalb Deutschland zu beseitigen und durch eine neue Ordnung zu ersetzen (Langewiesche 1992: 344–345) . Während die Radikalen eine Republik anstrebten, präferierten die Gemäßigten eine konstitutionelle Monarchie (siehe auch Kapitel 2.3.2):

> „Wer sich zur modernen Idee der Nation bekannte, richtete eine Kampfansage an die überlieferte Ständegesellschaft mit ihrem dichten Geflecht an Privilegien und Ausgrenzungen. Auch wo ein gemeinsamer Staat bereits bestand, wie in Frankreich, wirkte die Idee der Nation als ein egalitärer Zukunftsentwurf. Er versprach jedermann – Frauen wurden noch nicht in das Egalitätsversprechen einbezogen – politische und rechtliche Gleichberechtigung. Und er säkularisierte den Glücksanspruch des Individuums" (Langewiesche 1992: 344–345).

Der deutsche Nationalismus, in welcher Form auch immer er im Vormärz und der Nationalversammlung vertreten wurde, war demnach Ausdruck einer oppositionellen, gegen die alte Ordnung gerichteten, antikonservativen Orientierung (Jansen und Borggräfe 2007: 66; Siemann 1985: 147). Die Gegner*innen* der nationalen Bewegung waren wichtige Unterstützer*innen* der alten, vormodernen Herrschaftsstrukturen. Sie kamen vornehmlich „aus dem Adel, aber auch aus der konservativ orientierten Intelligenz in Bürokratie, Militär, hoher Geistlichkeit und Universität" (Dann 1978: 107). Nach Otto Dann waren diese radikal-konservativen Kräfte in der Nationalversammlung in Frankfurt „demonstrativ" (ebenda) nicht vertreten.[80]

Nachdem es 1848/49 den Abgeordneten in der Paulskirche nicht gelang, sich frühzeitig auf einen gemeinsamen Verfassungsentwurf zu einigen und die Nationalversammlung im Sommer 1849 aufgelöst wurde[81], behielt die

80 Von dieser Gruppe Altkonservativer unterscheidet Dann (1978: 107–108) die Abgeordneten der Paulskirchen-Fraktion *Café Milani*, die er als Nationalkonservative tituliert.

81 Im Zuge der Revolution von 1848/49 scheiterte die Gründung eines deutschen Nationalstaates nicht nur am Widerstand von Preußen und Österreich, sondern auch an der fehlenden Geschlossenheit innerhalb der Nationalversammlung. So standen sich zwei konkurrierende Nationsentwürfe in der Paulskirche gegenüber (Siemann 1985: 195–197): Die Abgeordneten der linken wie auch rechten Zentrumsfraktionen traten überwiegend für eine „kleindeutsche Lösung" ein – ein Erbkaisertum unter preußischer Vormacht. Die Abgeordneten der Linken und der äußeren – nationalkonservativen – Rechten favorisierten hingegen überwiegend eine „großdeutsche Lösung" (ebenda). Nach dieser sollten die zum deutschen Reich zugehörigen Gebiete der kaiserlich und königlichen (k. u. k.) Doppelmonarchie Österreich-Ungarn in ein zu gründendes

nationale Bewegung auch während der kommenden etwa zwei Jahrzehnte ihren oppositionellen Charakter bei (Jansen und Borggräfe 2007: 59–66). Erst im Zuge der *bismarck*schen Einigungspolitik habe sich der Nationalismus in Deutschland zu einer staatstragenden „Legitimationsideologie" (ebenda: 66) entwickelt, betonen Jansen und Borggräfe (2007: 66–74, insbesondere 66).[82] Eine wesentliche Funktion dieses von den Eliten gebilligten Nationalismus bestand darin, das neu gegründete Kaiserreich nach *innen* zu einen (ebenda: 66–67, 79; Langewiesche 1992: 371–373). Nationalismus wurde zunehmend zu einer staatlich verordneten Ideologie, die „in der Öffentlichkeit, im Militär, in der Schule propagiert wurde und auch in der Kirche, vor allem in der evangelischen, Rückhalt fand" (Langewiesche 1992: 372). Der Nationalismus entwickelte sich gewissermaßen zu einem gesellschaftlichen Kitt, der die sich misstrauisch beäugenden Anhänger*innen* eines nationalen Liberalismus und die Verfechter*innen* eines preußischen Konservatismus zusammenband und im Kampf gegen die vermeintlichen Feinde des Kaiserreichs einte (ebenda: 370; Jansen und Borggräfe 2007: 66–67, 79; Winkler 1979: 40–41, 44–45). Unter dem Label der *Reichsfeinde* wurden jene gesellschaftlichen Gruppen zusammengefasst, die „der preußisch-protestantischen Form des Nationalstaates nicht bedingungslos zustimmte[n]" (Langewiesche 1992: 370). Dazu gehörten die Anhänger*innen* des radikal-politischen Katholizismus ebenso wie Sozialdemokraten, Juden und ethnische Minderheiten (Jansen und Borggräfe 2007: 67; Langewiesche 1992: 370–371; Vogel 1992: 99–102; Winkler 1979: 40–41).

Den *Ultramontanen*[83] wurde vorgeworfen, aufgrund ihres religiösen Universalismus und ihrer Orientierung an einer überstaatlichen Autorität – dem Papst – gegen den jungen deutschen Nationalstaat eingestellt zu sein (Breuer 2010: 34–35; Roßteutscher 2009: 167–171):

Deutsches Reich aufgenommen werden. Die reichsfremden Gebiete sollten hingegen „lediglich in Personalunion mit dem deutsch-österreichischen Kernland stehen" (Siemann 1985: 193).

82 Ähnlich argumentiert Dann (1978: 120), der den Nationalismus im „[b]ismarcksche[n] Nationalstaat" als „Machtstaatsideologie der sozial konservativ orientierten Bevölkerungsschichten" bezeichnet.

83 *Ultramontanismus* war eine im deutschen Kaiserreich gängige Bezeichnung für einen radikalen Katholizismus, dessen politischen Arm in Deutschland die *Zentrumspartei* verkörperte (Breuer 2010: 34–35; Langewiesche 1992: 40–41). Der Begriff selbst leitet sich, wie Halder (2003: 41) erläutert, aus dem Lateinischen ab. *Ultra montes* heißt „wörtlich übersetzt ‚jenseits der Berge'". Dies ist ein Verweis darauf, dass sich der politische Katholizismus ausschließlich am Papst orientiert, der bekanntermaßen „‚jenseits der Alpen' in Rom residiert" (ebenda).

> „Der Ultramontanismus war in Zeiten der Nationalstaatsbildung somit ein Nährboden für den bereits in vielen europäischen Ländern weit verbreiteten Antiklerikalismus und wurde von nationalen Parteien bewusst als patriotisches Element eingesetzt, um Wähler für ‚moderne' Regierungen zu mobilisieren" (Roßteutscher 2009: 167).

Der deutschen Sozialdemokratie brachte ihre internationalistische Ausrichtung das Etikett ein, Partei der „‚vaterlandslose[n] Gesellen'" (Jansen und Borggräfe 2007: 67) zu sein. Die Arbeiterbewegung, die nicht per se in Opposition zur Nationalstaatsidee stand und bis zur Reichsgründung den „linken Flügel" (Langewiesche 1992: 371) der nationalen Bewegung bildete, ging daraufhin zunehmend auf Distanz zur nationalen Bewegung (Conze und Groh 1966: 114–126; Jansen und Borggräfe 2007: 67).

Trotz der voranschreitenden Radikalisierung während der 1870er-Jahre seien, nach Heinrich August Winkler (1979), dem deutschen Nationalismus erst in den Krisenjahren 1878/79 endgültig alle liberal-emanzipatorischen Züge genommen worden. Der Nationalismus habe sich, so Winkler weiter, gegen Ende der 1870er-Jahre „von einer ‚linken' in eine ‚rechte' Integrationsideologie" (Winkler 1979: 36, siehe auch 43–44) verwandelt. Er ist zu einer radikalen „Legitimationsideologie" (Jansen und Borggräfe 2007: 66), „einem fundamentalen Staatsziel" (Stöss 2001: 103) geworden (Langewiesche 1992: 370–373; Winkler 1979):

> „Die Usurpation der nationalen Parole durch die konservativen Kräfte war mithin nur *ein* Aspekt des Funktionswandels des Nationalismus. Auch im bürgerlichen Liberalismus selbst änderte sich die Stoßrichtung der nationalen Ideologie. Für die Mehrheit der Nationalliberalen verlor der Nationalismus nach 1878/79 vollends seine emanzipatorischen Impulse. Ihre Identifikation mit der Nation schloß das grundsätzliche Ja zu einer Herrschaftsordnung in sich, die dem Bürgertum die politische Verantwortung vorenthielt" (Winkler 1979: 51, Hervorhebung im Original).

Obwohl diese These in der jüngeren Vergangenheit kritisiert wurde (vergleiche hierzu Fußnote 77 auf Seite 83), steht außer Frage, dass es zu einem Gestaltwandel der nationalen Bewegung gekommen ist und anti-emanzipatorische Ziele an Bedeutung gewannen (Langewiesche 1992: 371–372; Vogel 1992: 99–102).

Die skizzierten Entwicklungen waren gleichzeitig mit einer Neuordnung und Ausdifferenzierung des (rechten) politischen Spektrums verbunden. Einerseits verlor der „historisch[e] Konservatismus [...], der als Adelsopposition gegen den Absolutismus entstand und sich anschließend im Kampf gegen die bürgerliche Revolution aufrieb“ (Breuer 2010: 11), seine Radikalität und versuchte, die Interessen seiner Milieus durch politischen Lobbyismus innerhalb der parlamentarischen Ordnung durchzusetzen (ebenda: 26–28).[84] Andererseits erwuchsen in der „protestantisch-städtisch-bürgerlichen Sphäre“ (ebenda: 30) des Kaiserreichs zahlreiche, dem nationalen Liberalismus nahestehende, nationalistische Agitationsverbände, wie der in der ersten Hälfte der 1890er-Jahre gegründete *Alldeutsche Verband (ADV)*, die zu einem wesentlichen Teil imperiale Zielsetzungen verfolgten und „in denen sich die Keime einer radikalen Rechten bildeten“ (ebenda; siehe auch Jansen und Borggräfe 2007: 68–69).[85]

Spätestens Ende der 1870er-Jahre war damit die assoziative Verbindung zwischen den Begriffen *links* und *Nationalismus* weitgehend gekappt.[86] Nationalismus wird seit diesem Zeitpunkt vornehmlich mit rechten politischen Einstellungsmustern und Trägergruppen verbunden (Stöss 2001: 103).

Dabei wird seit Ende des 19. Jahrhunderts die nationalistische Ideologie zunehmend stärker mit rassistischem Gedankengut und völkischen Theorien verknüpft. Diese Entwicklung führte sich nach dem Ersten Weltkrieg in der Weimarer Republik fort und erfuhr während der nationalsozialistischen Herrschaft zwischen 1933 und 1945 ihren Höhepunkt (Breuer 2010: 18–25; Stöss 2001: 104–105). In Folge dessen wird auch nach Ende des Zweiten Weltkrieges die Überhöhung der deutschen Nation sowohl in der Bundesrepublik als auch in der DDR im politischen Diskurs nahezu ausschließlich mit rechtsextremistischen Einstellungsmustern verknüpft. Dementsprechend besteht in der Extremismusforschung auch weitgehende Einigkeit darüber, dass bis heute „im Nationalismus ein Kernelement der rechtsextremen Ideo-

84 Nach Breuer (2010) ging das (geistige) Erbe des klassischen Konservatismus an eine „vornehmlich von bürgerlichen Intellektuellen und Künstlern getragene ästhetische Opposition gegen die Moderne“ (ebenda: 11). Die Anhänger*innen* dieses „ästhetische[n] Fudamentalismus“ (ebenda: 21, 24) lehnten die gesellschaftliche Modernisierungen des 19. Jahrhunderts ab und strebten nach einer „Wiederverzauberung der Welt“ (ebenda: 15). Der Mensch sollte aus der rational-wissenschaftlichen Unterjochung der Moderne befreit werden (ebenda: 14–15). In Teilen verbanden sich diese rückwärtsgewandten Einstellungen mit der Erhöhung der deutschen Nation zu einem „nationalreligiösen Fundamentalismus“ (ebenda: 22; 89–94).

85 Eine umfassende Betrachtung der radikalen Rechten in Deutschland zwischen 1871 und 1945 findet sich bei Stefan Breuer (2010). Die Entwicklung der national-liberalen Rechten wird dort auf den Seiten 39–56 detailliert dargestellt.

86 Es gibt zwar bis heute auch noch links-nationalistische Strömungen, doch spielen diese im gesellschaftlichen Diskurs in Deutschland keine Rolle. Zum Konzept der Nation im Denken der Linken siehe etwa Bollinger (2009) oder Ludwig (1994, 1995), die im Speziellen das Verhältnis der *neuen Linken* zur deutschen Nation untersucht.

logie zu sehen“ (Winkler 2001: 46) ist.[87] Dies gilt sowohl für den alten, nationalsozialistisch ausgerichteten Rechtsextremismus, als auch für die *neue Rechte*, deren weltanschauliches Fundament ganz wesentlich durch die Theorie des *Ethnopluralismus*[88] und die Ideen der konservativen Revolution in der Weimarer Republik geprägt werden (Worm 1995: 47–51, 55–58).

Die assoziative Verknüpfung innerhalb des allgemeinen bundesrepublikanischen Gesellschaftsdiskurses zwischen einem übersteigertem Nationalismus und fremdenfeindlichen, rassistischen sowie antisemitischen Einstellungsmustern mit den Begriffen *Rechtsextremismus* und *Rechtsradikalismus* verfestigte sich nach der Wiedervereinigung im Zuge der ausländerfeindlichen Gewaltexzesse in Solingen, Mölln, Hoyerswerda oder auch Rostock-Lichtenhagen noch weiter (Nullmeier 2006: 318; Schubarth und Stöss 2001: 7). Mit Blick auf die öffentliche Wahrnehmung der beiden Richtungsbegriffe hatten gerade diese Ereignisse einen tiefgreifenden und nachhaltigen Einfluss: So betont Nullmeier, dass sich „die Bedeutung des Wortes ‚rechts‘ (Nullmeier 2006: 318) aufgrund der „gewaltsamen rechtsradikalen Ausschreitungen kurz nach der Wiedervereinigung im Gefolge der Asyldebatte 1992/93“ verschoben habe.[89] „Gerade in der Jugend“ werde „‚rechts‘ weitgehend mit dem Inhalt ‚rechtsextremistisch, ausländerfeindlich‘ belegt“ (ebenda). Dies habe, so Nullmeier weiter, „die Rechte aus dem legitimen politischen Raum der bundesdeutschen Demokratie ausgegliedert“ und letztlich dazu geführt, dass „alles legitime ‚rechte‘ Verhalten in die ohnehin umkämpfte politische Mitte“ gerückt sei oder „mit Begriffen wie ‚konservativ‘ oder ‚liberal‘ näher beschrieben werden“ (ebenda) müsse.

Dabei ist die Assoziation des Begriffes *rechts* mit Extremismus und Radikalismus in den östlichen Bundesländern vermutlich bis heute stärker ausgeprägt als im Westen der Republik. Darauf lassen zumindest empirische Untersuchungen der Assoziationsmuster in der bundesdeutschen Bevölkerung

87 Weitere Kernelemente rechtsextremen Denkens in der Gegenwart sind nach Winkler in der Negation der „universellen Freiheits- und Gleichheitsrechte der Menschen“ (Winkler 2001: 47) sowie in einem ausgeprägten „völkisch-ethnozentrischen“ aufgeladenen Antipluralismus zu sehen, der sich „gegen die pluralistische Demokratie und gegen das Mehrheitsprinzip“ (ebenda) richtet.

88 Zum Konzept des Ethnopluralismus im Denken der *neuen Rechten* siehe Eckert (2010: 27).

89 Eine empirische Bestätigung dieser These auf Individualebene findet sich bei Bauer-Kaase (2001: 225). Auch sie führt den Anstieg des Anteils von Befragten, die *rechts* mit Extremismus verbinden „auf die seit der Wiedervereinigung auftretenden rechtsextremen Übergriffe auf Ausländer“ (ebenda: 226) zurück.

aus den Jahren 1991, 1997/98 und 2007 schließen (Bauer-Kaase 2001: 225, Trüdinger und Bollow 2011: 412).

Dieser Unterschied ist vermutlich ein Erbe der deutschen und europäischen Teilung. Im Gegensatz zu den liberalen Demokratien des Westens waren *links* und *rechts* in den Ländern der sozialistischen Welt nicht über den parlamentarischen Diskurs im Wortschatz verankert. Sie wurden stattdessen entweder zur Etikettierung von Akteur*innen*, die ideologisch von der offiziellen Staatslinie abwichen[90], oder zur Charakterisierung des „neofaschistischen“ bürgerlich-kapitalistischen Establishments der westlichen Welt genutzt (Backes 2006 177–188, insbesondere 181–182; Laponce 1981: 55; Mavrogordatos 1987: 335; Trüdinger und Bollow 2011: 406; siehe auch Lenin 1970).[91]

Backes (2006: 186) stellt in diesem Zusammenhang fest, dass Rechtsradikalismus in der Deutschen Demokratischen Republik bis weit in die 1970er-Jahre hinein „eine zentrale Kategorie bei der propagandistischen Auseinandersetzung mit den tragenden politischen Kräften der ‚BRD‘, vor allem der CDU/CSU“ gewesen sei. „Zwischen den Unionsparteien und dem ‚Neonazismus‘ und ‚Neofaschismus‘ der NPD gab es nur graduelle Differenzen“ (ebenda) in der offiziellen Sprache der DDR-Eliten.

Im Sinne dieser Überlegungen ist *rechts* im Laufe des 20. Jahrhunderts innerhalb des gesellschaftlichen Diskurses zu einem vorwiegend negativ konnotierten Begriff geworden, dessen zentraler Bedeutungskern sich dabei weniger aus klassisch konservativen und/oder wirtschaftsliberalen Vorstellungen speist, sondern vielmehr fast ausschließlich auf extremistische und radikale Ideologien reduziert wird. Politische Akteur*innen* mit ernsthaften Ambitionen vermeiden es tunlichst, das Etikett *rechts* angeheftet zu bekommen. Dies

90 Im marxistisch-leninistischen Sinne waren „left deviationists“ Personen oder politische Gruppen, „who – like the communists opposed to the NEP – refused ‚necessary‘ tactical compromises that might undermine the ideology. Right-wing deviationists, on the contrary, engaged in compromises and alliances with bourgeois parties and abandoned the ideology at a time when they should have stood firm on their principles even if they could not translate them into action“ (Laponce 1981: 55; vergleiche auch Backes 2006: 183–186, differenzierter Solty 2015: 1159–1162)

91 Laponce (1981: 55) geht davon aus, dass die beiden Richtungsbegriffe seit den 1920er-Jahren auch innerhalb der Terminologie des real existierenden Sozialismus Anwendung fanden und somit auch den Menschen in der UdSSR – später auch in China und anderen kommunistisch regierten Staaten – überwiegend ein Begriff waren. Die Diffusion der beiden Begriffe in den politischen Wortschatz ist nach Laponce demnach nicht nur über „the language of parliamentary democracy“ erfolgt, sondern auch durch „the language of socialism“ (Laponce 1981: 35, siehe auch Mavrogordatos 1987: 335).

gilt auch für die Verbindung von *rechts* mit anderen politischen Richtungsbegriffen – wie *konservativ* oder *liberal*. Zwar gibt es in der Bundesrepublik eine Partei *Die Rechte*, doch reicht deren Bekanntheit und Mobilisierungskraft nicht über rechtsradikale Zirkel hinaus. Bezeichnenderweise wurde die Partei zur Europawahl 2014 nicht zugelassen, da sie nicht ausreichend Unterstützer*innen*unterschriften sammeln konnte (Litschko 2014a, 2014b).

3.2.3. Der Wandel von Werthaltungen: die stille Revolution

Neben dem Aufstieg der Arbeiterschaft im Zuge der industriellen Revolution und dem Gestaltwandel des Nationalismus ist die Bedeutungsentwicklung der Richtungsbegriffe eng mit dem Wandel der gesellschaftlichen Werthaltungen verbunden, der die Länder der westlichen Hemisphäre in den 1960er-Jahren erfasste. Angetrieben wurde die Transformation der Semantiken von *links* und *rechts* dabei ganz wesentlich von dem *Entstehen* einer *neu-linken* oder, besser, vieler verschiedener *neu-linker Bewegungen* in den studentischen Milieus Westeuropas und der Vereinigten Staaten (Hobsbawm 2004: 125; Nullmeier 2006: 317).

Nachdem in den ersten beiden Nachkriegsdekaden das Bestreben der gesellschaftlichen Eliten in den liberalen Demokratien des Westens geglückt schien, den „ideological enthusiasm" (Shils 1955: 53) und mit diesem alle „politischen Konzeptionen mit weltanschaulichem Tiefgang" (Dahrendorf 1963a) aus den Köpfen der Menschen zu bekommen, folgte seit Mitte der 1960er-Jahre ein expressives Comeback der Ideologie (Freeden 2003: 37; Nullmeier 2006: 317). Das sich anbahnende „rote Jahrzehnt" (Koenen 2001)[92] war neuerlich von ideologisch motivierten Kämpfen durchzogen. Schon während der 1950er-Jahre hatte sich, weitgehend unbemerkt in Großbritannien und den Vereinigten Staaten ein neu-linkes Denken herausgebildet, das sowohl den sowjetischen Staatssozialismus als auch die westliche Sozialdemokratie und deren Hinwendung zur Idee eines sozial gezähmten, wohlfahrtsstaatlichen/sozialstaatlichen Kapitalismus ablehnte (Thompson 2007: 1–2).[93]

92 Hoeres hebt hervor, dass die 1970er-Jahre von einigen Autor*innen* nicht als „rotes", sondern als „schwarzes" Jahrzehnt betrachtet werden, da sich der links-liberale Zeitgeist, den die Ära Willy Brandts umwehte, 1974/75 langsam abzuschwächen begann und insbesondere von den konservativen Eliten eine gesellschaftspolitische Wende propagiert wurde (Hoeres 2013: 93–101, 117–119).

93 Nach Kämper (2012: 58) wurde der Terminus *neue Linke* aus dem englischsprachigen Politikdiskurs Anfang der 1960er-Jahre in den deutschen Wortschatz übernommen. Der Ausdruck sei dabei erstmals von Gerhard Brandt (1961) in einem Artikel über

Im Gegensatz zur *alten Linken*, die kommunistisch oder sozialdemokratisch orientiert war, hatte diese *neue Linke* Vorbehalte gegenüber Parteien, als den Trägerinnen der verschiedenen gesellschaftlichen Interessen, und dem Staat. Sie verfolgte kein größeres und umfassendes Projekt, war dezentral organisiert und setzte sich aus unterschiedlichsten, wenngleich zum Teil untereinander vernetzten, Gruppen mit ganz spezifischen Zielen zusammen: der Frauenbewegung, der Anti-Atom-Bewegung, der Friedensbewegung oder der Ökobewegung, um nur einige zu nennen. Diese *Neuen Sozialen Bewegungen* (*NSB*) standen klassischen Ideologien, sowohl der liberal-demokratischen als auch der sozialistischen zumeist ablehnend gegenüber und wiesen auch keine Verwurzelung in einer einzelnen gesellschaftlichen Klasse auf (Doering-Manteuffel und Raphael 2012: 50–51; Hobsbawm 2004: 125; Marcuse 1980: 44–45; Weichold 1991: 132–135).[94] Die von ihren Zielstellungen aus betrachtet sehr unterschiedlichen neu-linken Gruppierungen verband jedoch ihre Entstehungsgeschichte. Sie waren alle gleichermaßen das Produkt einer „stillen Revolution" (Inglehart 1971, 1977) – eines Wandels der gesellschaftlichen Wertstrukturen in den westlichen Industriegesellschaften (Inglehart 1989: 342–357).

Zu Beginn der 1970er-Jahre diagnostizierte der amerikanische Sozialwissenschaftler Ronald Inglehart (1971, 1977, 1989), dass die liberalen Demokratien des Westens von einem Wandel des gesellschaftlichen Wertehorizonts erfasst worden seien.[95] Er vertritt die Annahme, dass die „materiellen Auswirkungen" (Doering-Manteuffel und Raphael 2012: 81) des wirtschaftlichen Booms der 1950er- und 1960er- Jahre zu einem tiefgreifenden Wandel des Wertesys-

DIE NEUE LINKE IN ENGLAND verwendet worden. Zudem weist Kämper in diesem Zusammenhang auf den 1960 in der Zeitschrift *New Left Review* – dem Zentralorgan der britischen *neuen Linken* – erschienenen Artikel *Letter to the New Left* des amerikanischen Soziologen C. Wright Mills (2008[1960]) hin, der als einer der zentralen Aufsätze zur Programmatik der *neuen Linken* gilt. Mills greift darin insbesondere die These vom *Ende der Ideologie* an.

94 Zur Einordnung der Begriffe *links* und *neue Linke* in den politischen Diskurs der damaligen Zeit sei auf zwei Arbeiten von Heidrun Kämper verwiesen: Zum einen auf *Aspekte des Demokratiediskurses der späten 1960er Jahre* (Kämper 2012, siehe insbesondere 55–61) und zum anderen auf das *Wörterbuch zum Demokratiediskurs 1967/68* (Kämper 2013: 621–646).

95 Zur zeithistorischen Einordnung der Theorie Ingleharts ist auf den Band *Nach dem Boom. Perspektiven auf die Zeitgeschichte seit 1970* von Anselm Doering-Manteuffel und Lutz Raphael (2012) hinzuweisen. Die beiden Historiker diskutieren darin sozialwissenschaftliche Diagnosen und Erklärungsmuster der gesellschaftlichen Wandlungsprozesse nach Ende des „goldenen Zeitalters" (Hobsbawm 2004) der westlichen Industriegesellschaften (ebenda: 75–107, zum Konzept des Wertewandels insbesondere die Seiten 79–84).

tem der westlichen Industrienationen geführt haben: *Postmaterialistische*, die individuelle Freiheit und Selbstverwirklichung betonende Werthaltungen hätten gegenüber *materialistischen* Werthaltungen, die durch ein Streben nach ökonomischer und gesellschaftlicher Ordnung und Sicherheit gekennzeichnet seien, deutlich an Bedeutung gewonnen (Inglehart 1989: 90–92).

Dies habe in den vom Wertewandel erfassten Gesellschaften zu einer Veränderung der politischen Einstellungs- und Verhaltensmuster geführt. Alternative, bewegungsorientierte Formen politischer Partizipation hätten ebenso wie bis dahin eher randständige politische Themen und Streitfragen an gesellschaftlicher Aufmerksamkeit gewonnen. Die unmittelbare Folge dieser Wandlungsprozesse manifestiere sich zudem darin, dass eine neue Konfliktlinie den politischen Raum durchschneide, die quer zur traditionellen Spaltungslinie zwischen Arbeit und Kapital stehe. Die linke Seite dieses neuartigen Cleavage würde dabei von Personen vertreten, die für eine nachhaltige gesellschaftliche Entwicklung, Umweltschutz, alternative Formen politischer Partizipation und eine liberale Gesellschaftspolitik eintreten, während sich auf der rechten Seite die deutlich stärker durch autoritäre Werthaltungen geprägten Anhänger*innen* eines klassischen, auf Wachstum und technischen Fortschritt ausgerichteten Wirtschafts- und Gesellschaftssystems sammeln würden (Inglehart 1971, 1977, 1984, 1989; siehe auch Doering-Manteuffel und Raphael 2012: 79–84; Inglehart und Flanagan 1987; Nullmeier 2006: 317; Roßteutscher und Scherer 2013: 381–382; Scherer und Roßteutscher 2020: 213–214; Schumann 2012: 134–146).

Trotz der weitreichenden Würdigung der *inglehart*schen Beobachtungen gibt es grundlegende Kritikpunkte an dessen spezifischer Konzeptualisierung des Wertewandels (zusammenfassend Doering-Manteuffel und Raphael 2012: 82; Roßteutscher 2004: 408; Scherer und Roßteutscher 2020: 213–214).[96] Klages (1985, 1988, 2001, 2005) kritisiert beispielsweise, dass es sich beim Wertewandel um ein Phänomen handele, dass nicht „mit der Beobachtung gewisser Rangplatzverschiebungen zwischen materiellen und immateriellen Bedürfnissen“ (Klages 1988: 50) erfasst werden könne. Zudem bestreitet er die der Theorie Ingleharts zu Grunde liegende Eindimensionalität (Materialismus vs. Postmaterialismus) des Werteraumes und unterscheidet stattdessen zwischen zunächst zwei, später drei Wertegruppen. Der Werteraum in der Bundesrepublik ließe sich demnach in die Dimensionen „Pflicht und Akzeptanz; hedonistisch-materialistische Selbstentfaltung; idealistische

96 Eine ausführliche Zusammenfassung der einzelnen Kritikpunkte findet sich bei Schumann (2012: 140–146).

Selbstentfaltung“ (Klages 2001: 734) unterteilen. Diese dreidimensionale Konzeptualisierung des Werteraums lässt Klages und Gensicke (2005) schließlich zwischen insgesamt fünf Wertetypen unterscheiden: Konventionalisten, Perspektivlose Resignierte, Aktive Realisten, Hedonistische Materialisten und Nonkonforme Idealisten (zusammenfassend Schumann 2012: 146–158).

Nach Roßteutscher (2004) liegt „der Unterschied zwischen den beiden Ansätzen vor allem in der moralisch-normativen Bewertung des beobachteten Wandels“ (ebenda: 408). Während „Ingleharts Wertewandel-Szenario [...] von Modernisierungstheorien und Fortschrittsglaube geprägt“ (ebenda) sei und alte, das heißt materialistische Werthaltungen, darin als „ein Relikt der Vormoderne und Moderne“ (ebenda) verstanden würden, sehe Klages „das Überleben der ‚alten‘ Werte als unverzichtbar [an], um das Gemeinwohl und den gesellschaftlichen Zusammenhalt vor den Ausuferungen der egozentrischen Spaßgesellschaft zu retten“ (ebenda). Klages wehre sich vielmehr „gegen die positive Konnotation des Wertewandels“ (Roßteutscher 2013: 940), teile aber auch keine kulturpessimistischen Interpretationen, „die den Wertewandel ausschließlich als Wertzerfall“ (ebenda) geißeln würden.

Eine alternative Deutung der Auswirkungen von Prozessen eines Wertewandels auf die gesellschaftlichen Konfliktstrukturen in den postfordistischen Gesellschaften des Westens bietet auch Scott C. Flanagan an. Flanagan geht davon aus, dass es im Zuge des Wertewandels zu einer Spaltung des politischen Raumes entlang einer Materialismus-Postmaterialismus-Achse gekommen sei (Inglehart und Flanagan 1987: 1303–1309). Im Unterschied zu Inglehart (ebenda: 1289–1303) verbindet er mit dem Begriff des Materialismus allerdings ausschließlich ökonomische Aspekte und keine autoritären Pflicht- und Akzeptanzwerte. Letztere stellen für ihn vielmehr eine eigenständige Gruppe von Werthaltungen dar, die sowohl in Opposition zu einem ökonomischen Materialismus als auch zu einem libertären Postmaterialismus stehen: Wobei er Postmaterialismus und Liberalismus mit *links*, Autoritarismus mit *rechts* und Materialismus sowohl mit *links* als auch mit *rechts* verbindet (ebenda). Dadurch lassen sich nicht nur Parteien der *neuen Linken* innerhalb des politischen Raumes verorten, sondern auch die populistisch orientierten Parteien der *neuen Rechten*, wie dem *Front National* in Frankreich, der *FPÖ* in Österreich, der *PS* (*Wahre Finnen*) in Finnland oder der *AfD* in Deutschland, die ein exklusives (nationalistisch-xenophobes) und autoritäres Politikmodell verkörpern und auf dem Gebiet der Gesellschaftspolitik regressive Ziele verfolgen.

Für die *inglehart*sche Interpretation des neuartigen Konfliktes konnte sich in den Sozialwissenschaften noch keine einheitliche Bezeichnung durchsetzen. Es wird häufig von dem Gegensatz zwischen *alter* und *neuer* Politik gesprochen (Kriesi und van Praag Jr. 1987; Minkenberg 1992; Murphy u. a. 1981: 400; Offe 1985). Während der rechte Pol durch den Begriff der *alten* Politik beschrieben wird, bezeichnet der Terminus *neue Politik* den linken Pol und damit die Ziele und Interessen der verschiedenen *Neuen Sozialen Bewegungen*. Alternativen zu dieser Terminologie stellen etwa die Unterscheidungen zwischen „Industrialism und Enviromentalism" oder „Establishment vs. Anti-Establishment" (Murphy u. a. 1981: 401) dar.

Verdeutlichen lässt sich der Wandel linken Denkens auch daran, dass die Überzeugungen und Ziele der *neuen* Politik mit einem zentralen Element klassischer linker Utopien kollidieren: dem Zukunftsoptimismus und dem Glauben an wissenschaftlich-technischen Fortschritt (Eppler 1975: 28–37). So stellten sich die *Neuen Sozialen Bewegungen* nicht zuletzt auch gegen den Anspruch der Politik, die gesellschaftlichen Entwicklungsprozesse global zu steuern, wie es seit den 1960er-Jahren von vielen Regierungen im westlichen Teil Europas propagiert wurde. Die Entwicklung der Gesellschaft wurde als etwas großflächig Steuerbares betrachtet und erschien als eine dauerhafte Aufgabe der politischen Gestaltungsarbeit (Doering-Manteuffel und Raphael 2012: 41–42, 50–52; Eppler 1981: 34–35). Diese „Planungseuphorie", so Doering-Manteuffel und Raphael, „galt dem Fortschritt und der Modernisierung in einem Verständnis, welches die Protagonisten des liberalen Konsenses vorgedacht und zu verwirklichen gehofft hatten – klassen- und schichtübergreifend, ideologiefrei, pragmatisch" (Doering-Manteuffel und Raphael 2012: 43). Für die alternativen Kräfte hingegen war nicht jeder gesellschaftliche Fortschritt per se begrüßenswert und nützlich – insbesondere mit Blick auf die Ökologie. Sie artikulierten ihre Bedenken gegenüber technischen Innovationen – wie die zivile Nutzung der Atomkraft – und den damit häufig verbundenen nicht intendierten Risikolagen (ebenda: 50–52).[97]

Für die *neue Linke* hatte damit die Metapher des Fortschritts an sinnstiftender Bedeutung verloren, stattdessen trat langsam – insbesondere mit Blick auf die Umwelt- und Anti-Atomkraftbewegung – ein dem konservativen Diskurs entlehnter Topos ins Zentrum neu-linken Denkens: die Ideen des Bewahrens – von Frieden, Leben, Natur und auch kultureller Vielfalt (Fetscher 1990: 169–181; Lindenau 1991: 17). Mit den Diskursen um das Bewahren

97 Zum Zusammenhang zwischen gesellschaftlicher Modernisierung und der Produktion von Gefährdungen aller Art sei an dieser Stelle auf Ulrich Becks (2003) Theorie der Risikogesellschaft verwiesen.

und die Nachhaltigkeit kam es zu einer *inhaltlichen Akzentverschiebung* der Bedeutung des Gleichheits- und des Gerechtigkeitsbegriffes. Gerechtigkeit sollte nicht mehr nur innerhalb einer Generation geschaffen werden, sondern auch über Generationen hinweg (Decker 1998: 45). Der Aspekt der *Generationengerechtigkeit* rückt damit auch verstärkt in den politischen Diskurs. Der aus dem Bundestagswahlkampf 1983 stammende Slogan der Grünen *„Wir haben die Erde von unseren Kindern nur geborgt“* (Grau 2016) steht beispielhaft für diese diachrone Erweiterung des Begriffsverständnisses von Gleichheit und Gerechtigkeit.

Die semantische Erweiterung der Links-Rechts-Unterscheidung um eine alternative Bedeutungsebene lässt sich mit Blick auf die Bundesrepublik auch an der Neubewertung des Begriffes *konservativ* zeigen. Während der 1970er-Jahre versuchten nicht nur bundesdeutsche Intellektuelle und Politiker*innen* aus dem rechten Lager den ehemals „verrufenen“ (Storz 1971, siehe auch Schildt 2004: 461) Terminus neu zu definieren, sondern auch Anhänger*innen* der politischen Linken „reklamierten [...] den Begriff ‚konservativ‘ für ihre jeweilige Ideenwelt“ (Schildt 2004: 461). So hebt der *SPD*-Politiker Erhard Eppler (1975) in dem Buch *Wende oder Ende* die Doppelbödigkeit des Begriffes hervor und unterscheidet zwischen Struktur- und Wertkonservatismus. Während Strukturkonservatismus in erster Linie darauf ausgerichtet sei, die gegebenen wirtschaftlichen und politischen Machtstrukturen zu erhalten und damit die eigene gesellschaftliche Position gegenüber egalitären Tendenzen zu verteidigen, strebe Wertkonservatismus nicht den Erhalt politischer und ökonomischer Machtstrukturen an, sondern stelle den „unaufhebbaren Wert des einzelnen Menschen“ (ebenda: 28) und die Bewahrung seiner natürlichen Lebensgrundlage in den Vordergrund politischen Handels (ebenda: 298–29). Die von Eppler definierten zwei antagonistischen Formen konservativen Denkens können gleichzeitig als die beiden Pole der Links-Rechts-Unterscheidung verstanden werden. Die (ökologische) Linke verfolgt wertkonservative Ziele, während die Rechte den Idealen strukturkonservativen Denkens verhaftet ist, also im Zweifelsfall die auf ökonomisches Wachstum ausgerichtete Gesellschaftsordnung gegenüber einem ökologisch nachhaltigen Wirtschaften verteidigen würde.[98]

Doch stellten die Entwicklungen auf der linken Seite des politischen Spektrums keine einseitige Veränderung der politischen Landkarte dar, sondern provozierten eine Reaktion der konservativen Rechten in Deutschland. Zum

98 Eine der Unterscheidung zwischen Struktur- und Wertkonservatismus entsprechende Differenzierung nimmt auch Iring Fetscher (1980, 1990, siehe auch Eppler 1981: 103–106) vor.

Tabelle 3.1.: Die Transformation der Semantiken von *links* und *rechts* in zeitlicher Abfolge der zentralen gesellschaftlichen Konflikte

Ereignis	Zeitpunkt	zentraler Konflikt	primäre Trägergruppen
Demokratische Revolution	ab 1789	Inklusion vs. Exklusion	Bürgertum vs. Adel/Monarchie
Industrielle Revolution	um 1850	Arbeit vs. Kapital	Proletariat vs. Besitzbürgertum
Gründung Kaiserreich	um 1871	Internationalismus vs. Nationalismus	Sozialdemokraten vs. Nationallib./Konservative
Russische Revolution	um 1917	Revolution vs. Reformismus	Kommunisten vs. Sozialdemokraten
Kalter Krieg	ab 1945	Sozialismus vs. Kapitalismus	UdSSR vs. USA
Stille Revolution	ab 1960	Nachhaltigkeit vs. Wachstum	*Neue Soziale Bewegungen* vs. Establishment

einen versuchten führende Köpfe der Unionsparteien, den Fortschrittsbegriff für das rechte Parteienspektrum umzudeuten. So gab der langjährige *CSU*-Chef Franz-Josef Strauß 1972 in einem Interview mit der Zeitschrift *Wirtschaftswoche.Der Volkswirt* zu Protokoll: „Für mich heißt konservativ auf dem Boden dessen, was sich bewährt hat, an der Spitze des Fortschritts zu marschieren" (Wirtschaftswoche. Der Volkswirt 1972: 22, siehe auch Fetscher 1990: 174; Ihme 1981: 76; Schildt 2004: 451). Zum anderen entfaltete sich in den 1970er-Jahre, zu Hochzeiten des sozialen Liberalismus in der Bundesrepublik, unter dem Stichwort der *Tendenzwende* eine gesellschaftliche Debatte, die in den 1980er-Jahren von *CDU* und *CSU* aufgegriffen und zu einem Leitbild konservativer Erneuerungspolitik erhoben wurde. Helmut Kohl strebte nach seiner Regierungsübernahme 1982 danach, eine *geistig-moralische Wende*[99] zu initiieren, die sich gegen den links-liberalen Zeitgeist der späten 1960er- und 1970er-Jahre richten sollte. Viele konservative Politiker*innen* verfolgten das Ziel, die partizipatorischen und sozialen Reformen der sozialliberalen Koalition rückgängig zu machen und die emanzipatorischen Erfolge

99 Hoeres (2013: 107) hebt in diesem Zusammenhang hervor, dass „der heute so selbstverständliche Begriff ‚geistig-moralische Wende' [...] weder in den Wahlprogrammen der Unionsparteien von 1980 und 1983 noch auf den CDU-Bundesparteitagen zwischen 1980 und 1984 noch in den Wahlslogans verwendet" wurde.

der Studentenbewegung zu desavouieren. Dabei wurde die Rückkehr der *alten Werte* – Ordnung und Autorität – von der Linken befürchtet und von der Rechten herbeigesehnt (zusammenfassend Hoeres 2013; Schildt 2004; Schmidt 2010; Wehrs 2010; zeitgenössische Quellen: u. a. Fetscher 1980; Greiffenhagen 1975; Kaltenbrunner 1974; Mohler 1978; Podewils 1975; Rogge 1975; Der Spiegel 1982).

Zum Ende dieses Kapitels lässt sich konstatieren, dass sich die Semantiken der Links-Rechts-Unterscheidung seit der Etablierung des Richtungsgegensatzes im politischen Raum deutlich verändert haben. Bei diesen Veränderungen handelt es sich vornehmlich um Pluralisierungsprozesse: *Links* und *rechts* wurden mit *neuen* Bedeutungsinhalten aufgeladen, ohne ihre *klassischen* Semantiken vollständig zu verlieren (siehe Tabelle 3.1).

Inwieweit dies theoretisch Überlegungen tatsächlich auch empirisch zutreffen, wird im zweiten Teil der Arbeit untersucht. Im Zuge einer Analyse der Verwendung der Wortstämme *links* und *rechts* im Sprachgebrauch der *FAZ*-Kommentator*innen* wird dargelegt wie sich die Semantiken der beiden Richtungsvokabeln zwischen 1949 und 2013 verändert haben und welche Auswirkungen sich dadurch für die Relevanz der Links-Rechts-Unterscheidung als zentralem Ordnungskriterium innerhalb des politischen Raumes ergeben.

Teil II.

Empirische Betrachtungen

4. Der Untersuchungsgegenstand: Links und rechts in der FAZ

Nachdem die Prozesse des semantischen Wandels von *links* und *rechts* im ersten Teil der Arbeit zunächst aus theoretischer Perspektive analysiert wurden, richtet sich der Betrachtungsfokus nun auf die Untersuchung der tatsächlich messbaren Bedeutungsveränderungen. Um zu erfassen wie sich die Semantiken von *links* und *rechts* zwischen 1949 und 2013 innerhalb des politischen Diskurses in Deutschland gewandelt haben, wurde die Verwendung der beiden Richtungsvokabeln exemplarisch im Sprachgebrauch der Kommentator*innen* der *Frankfurter Allgemeinen Zeitung* (*FAZ*) untersucht. Bevor in den Kapiteln 5 und 6 die Ergebnisse dieser Analyse dargestellt und diskutiert werden, wird in diesem Kapitel zunächst die Beschreibung des Untersuchungsgegenstandes vorgenommen. Es werden die Gründe für die Auswahl der *FAZ* ebenso diskutiert wie auch die Kriterien dargelegt, nach denen die Selektion der zu analysierenden Texte erfolgte und wie die darin befindlichen politischen Richtungsvokabeln *links* und *rechts* identifiziert und codiert wurden. Spezifischere Methoden, die bei der Datenerhebung und -analyse Anwendung fanden, werden hingegen erst im Rahmen der Ergebnisdarstellung in den Kapiteln 5 und 6 vorgestellt. Dies gilt insbesondere für das Verfahren der Kollokationsanalyse mit dem die Entwicklungen der Semantiken von *links* und *rechts* untersucht wurden. Doch nun zunächst zu den Gründen für die Auswahl des Mediums.

4.1. Die Medienauswahl

Die Analysen der medialen Verwendung der Richtungsbegriffe *links* und *rechts* basiert auf einem Korpus von Artikeln aus der *FAZ*. Die Wahl der *FAZ* erfolgte auf Grund ihrer exponierten Stellung auf dem deutschen Zeitungsmarkt. Zusammen mit der *Süddeutschen Zeitung* (*SZ*) gilt die *FAZ* gegenwärtig

P. Scherer, Links *und* rechts *im Wandel*,
https://doi.org/10.1007/978-3-658-30496-6_4

als Leitmedium auf dem überregionalen Qualitätszeitungsmarkt[100] in der Bundesrepublik. Dabei gilt die *SZ* gemeinhin als links-liberal während die *FAZ* rechts der Mitte platziert wird (Dohrendorf 1990: 16–19; Eilders 2004: 144–145; Neidhardt, Eilders und Pfetsch 2004: 18; Schönbach 1977: 62).

Die Stellung der *FAZ* wird bei einer Betrachtung der durchschnittlichen Reichweite einzelner Ausgaben deutlich. Zusammen mit der *SZ* stellt die *FAZ* in der jüngeren Vergangenheit die reichweitenstärkste überregionale Qualitätszeitung in Deutschland dar. Die Reichweite einer Tageszeitung bemisst sich dabei an der absoluten Zahl der Leser*innen* pro Ausgabe. Wie aus Tabelle 4.1 auf Seite 105 zu entnehmen ist, schwankte die Zahl der Leser*innen* einer *FAZ*-Ausgabe im Zeitraum von 2003 bis 2014 zwischen 760.000 (2014) und einer knappen Million (2010 und 2012). Doch gehört die *FAZ* nicht nur zu den meistgelesenen Qualitätsblättern in Deutschland, sie stellt zudem ein sehr häufig in anderen Tageszeitungen zitiertes Printmedium dar. Nach dem PMG Presse-Monitor (2014) belegt die *FAZ* für den Zeitraum von Juli 2009 bis Dezember 2013 hinter der *BILD* und der *SZ* den dritten Platz im Ranking zitierter Tageszeitungen.

Für die Auswahl der *FAZ* sprach auch, dass alle Inhalte der Zeitung, die seit dem Tag ihres erstmaligen Erscheinens am 01. November 1949 veröffentlicht wurden, vollständig digitalisiert vorliegen. Im Gegensatz dazu reicht das digitale Archiv der *SZ* nur bis ins Jahr 1992 zurück. Auch die übrigen, zum Kanon der Qualitätspresse zählenden Blätter, wie die *Frankfurter Rundschau* (*FR*), das *Handelsblatt* und *Die Welt* sowie die *BILD* als größte deutsche Boulevardzeitung, verfügen über keine umfassende digitale Aufbereitung der älteren Auflagen. Einzig das digitale Archiv der *tageszeitung.taz* (*TAZ*)

100 Nach Schulze (2001: 65) gehören zur überregionalen Tagespresse alle Zeitungen, die „mindestens 20 Prozent ihrer Auflage ständig außerhalb ihres Kernverbreitungsgebietes“ (ebenda) absetzen. Im Jahr 2001 zählte Schulze acht Zeitungen zu dieser Kategorie: Die *Deutsche Tagespost*, die *FAZ*, die *Frankfurter Rundschau* (*FR*), das *Handelsblatt*, das *Neue Deutschland* (*ND*), die *SZ*, *die tageszeitung.taz* (*TAZ*) sowie die *Die Welt* (ebenda) – wobei es sich beim *Handelsblatt* um eine Wirtschaftszeitung handelt und bei der in Würzburg ansässigen *Deutschen Tagespost* Themen des katholischen Glaubens eine herausgehobene Stellung zukommen. Zudem erscheint die *Deutsche Tagespost* gegenwärtig nur drei Mal die Woche. Wenngleich sich das Set der überregionalen Zeitungen im Zeitverlauf durchaus geändert hat – die *TAZ* wurde erst Ende der 1970er-Jahre gegründet und das *Neue Deutschland* war bis zum Zusammenbruch der DDR Parteiorgan der *SED* – und bei anderen Autoren abweichende Kategorisierungen vorgenommen werden (Böddeker 1967: 85–86; Flach 1967: 143–144; Ossorio-Capella 1972) – die *SZ* und die *FR* werden bisweilen als „Regional-Zeitungen mit überregionaler Bedeutung“ (Flach 1967: 144) charakterisiert – wird die *FAZ* zusammen mit der *Welt* durchgängig als überregionale Zeitung eingestuft.

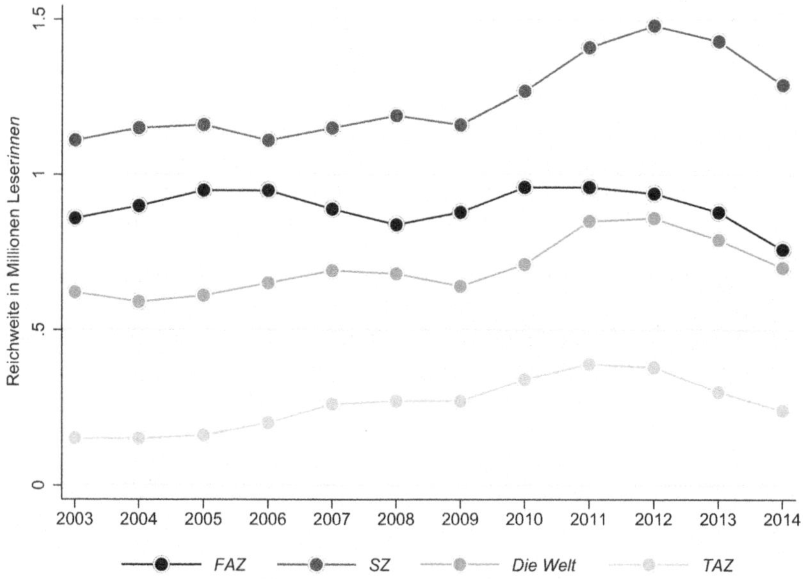

Anmerkungen: Eigene Darstellung auf Basis von Statista-Daten (2019: 30–34).

Abbildung 4.1.: Die Reichweitenentwicklung überregionaler Qualitätszeitungen 2003–2014

reicht etwas weiter – bis Mitte des Jahres 1986 – zurück. Eine weitere erwähnenswerte Ausnahme bildet die ehemalige Staatszeitung der DDR – *Neues Deutschland* (*ND*). Die Inhalte des *ND* sind komplett digitalisiert über das Zeitungsinformationssystem der *Staatsbibliothek zu Berlin* (*SBB*)[101] zu erhalten. Allerdings gestaltet sich die Analyse des Untersuchungsmaterials vergleichsweise schwierig, da keine Suche nach Ressorts möglich ist und die Digitalisierungsqualität einzelner Zeitungsseiten unzureichend ausfällt. Einzelne Texte oder Textabschnitte sind daher nicht oder nur sehr schlecht lesbar und können im Rahmen einer computerunterstützten Inhaltsanalyse nicht ohne erheblichen Mehraufwand genutzt werden.

101 Das Zeitungsinformationssystem der *SBB* ist über nachstehende url zu erreichen: `http://zefys.staatsbibliothek-berlin.de/ddr-presse/suchergebnisse/` (besucht am 05.04.2020).

Gegen eine einseitige Ausrichtung der Untersuchung auf die *FAZ* spricht, dass dadurch die Presselandschaft der Bundesrepublik nicht adäquat abgebildet wird und somit eine Generalisierung der Befunde nur unter Vorbehalten möglich ist. Bei der Ergebnisinterpretation sollte dieser Aspekt immer mitgedacht werden. Wenn die Richtungsunterscheidung allerdings die Funktion eines generalisierten Kommunikationsmediums übernimmt, ist davon auszugehen, dass die zentralen Semantiken von *links* und *rechts* über die politischen Ausrichtungen der Zeitungen hinweg von allen Blättern geteilt werden.

Nach Abwägung der dargestellten Argumente und vor dem Hintergrund der zur Verfügung stehenden zeitlichen und personellen Ressourcen, erschien es sinnvoll und praktikabel, eine Beschränkung der Analysen auf die Verwendung der politischen Richtungsbegriffe *links* und *rechts* im Sprachgebrauch der *FAZ*-Journalist*innen* vorzunehmen. Genauer: Der Untersuchungskorpus setzt sich aus allen dem Ressort *Politik* zuzurechnenden *Kommentaren* zusammen, die während des Untersuchungszeitraumes von 1949 bis 2013 in der *FAZ* erschienen sind.

Die Begründung der Rubrik- und Ressortauswahl

Die Eingrenzung der Untersuchung auf die Rubrik der Kommentare erschien aus einem inhaltlichen wie auch einem forschungsökonomischen Grund sinnvoll: Zum einen umfasst der Analysekorpus dadurch eine zeitlich bearbeitbare Zahl an Artikel. Zum anderen bietet sich die Beschränkung auf Kommentare an, da sich in den redaktionell ausgewählten Kommentarthemen die zentralen politischen Diskursstränge der jeweiligen Zeit widerspiegeln sollten. Es ist anzunehmen, dass in Kommentaren Ereignisse und Themen diskutiert werden, die einen besonders hohen Nachrichtenwert besitzen. Nach Neidhardt, Eilders und Pfetsch (2004: 14) besteht zwischen der redaktionellen Selektion von Nachrichten und der Auswahl von zu kommentierenden Themen ein Zusammenhang. In diesem Sinne stellt „die Selektion von Kommentarthemen überwiegend eine irgendwie gesteigerte Anschlussselektion von Nachrichten" (ebenda) dar. Dieser Zusammenhang sei daran erkennbar, „dass die Themen der Kommentare in der Regel auch im Nachrichtenteil, etwa durch Titelgröße, Platzierung und Artikelumfang, herausgehoben erscheinen" (ebenda).[102] Allerdings determiniere, so heißt es bei Neidhardt, Eilders und Pfetsch weiter, „der Nachrichtenwert den Kommentarwert eines Themas nicht gänzlich"

102 Auf die *FAZ* trifft diese Beobachtung zu. Die ausgewählten Leitartikel erscheinen täglich auf der ersten Zeitungsseite.

(ebenda). Es werden durchaus auch Kommentare ohne einen direkt erkennbaren tagesaktuellen Nachrichtenbezug verfasst, in denen stattdessen ein schon längere Zeit virulentes politisches Phänomen diskutiert wird (ebenda: 15). Die Verwendung der Begriffe *links* und *rechts* im medialen Sprachgebrauch sollte sich demzufolge in der Begriffsverwendung innerhalb der Kommentare widerspiegeln – sowohl hinsichtlich der Quantität ihrer Nutzung als auch mit Blick auf ihre semantische Bedeutung.

Schließlich sei noch auf einen Punkt hingewiesen, der gegen eine Untersuchung von Kommentaren eingewendet werden könnte: die Funktion des Kommentars als Meinungsmedium (siehe Dohrendorf 1990: 125–129). Es ist davon auszugehen, dass die gesellschaftliche und politische Ausrichtung eines Blattes auf den Kommentarseiten einen stärkeren Ausdruck findet als im Nachrichtenteil – sowohl was die Auswahl der Themen betrifft als auch den Argumentationsgang der Kommentator*innen*. Dagegen ist einzuwenden, dass diese medienbedingte Themenselektion zwar möglicherweise Einfluss auf die Quantität des Vorkommens der beiden Richtungsvokabeln haben mag, nicht jedoch auf die mit *links* und *rechts* verbundenen Semantiken an sich.

4.2. Textselektion und Codierung

Nachdem Zeitung und Zeitungsressort ausgewählt wurden, mussten aus allen Kommentaren des *FAZ*-Politik-Ressorts die Texte identifiziert werden, in denen die Richtungsbegriffe *links* und *rechts* vorkommen. Dazu wurde eine zweistufige Suche durchgeführt:

1) Zunächst wurden über *Biblionet*, dem Online-Archiv der *FAZ*, alle Kommentare aus dem Politikressort gesucht, in denen die Zeichenfolgen *links* oder *linke* und *rechts* oder *rechte* vorkommen. Dazu wurde der String *$links$* or *$linke$* or *$rechts$* or *$rechte$* or *$linken* or *$linker* or *$linkes* or *$linke* or *$links* or *$linkere* or *$linkest* or *$rechten* or *$rechter* or *$rechtes* or *$rechte* or *$rechts* or *$rechtere* or *$rechtest* or *$rechteste* ins Suchfeld eingegeben. Die Dollar-Zeichen stellen Platzhalter (Wildcards) dar. Durch die Nutzung der Wildcards konnten auch Begriffe erfasst werden, bei denen die Wortstämme der beiden Richtungsvokabeln Teil eines Kompositums sind.[103] Dies gilt

103 Ein kurzer Hinweis zur Definition des Suchbegriffes: Die Suche im *FAZ*-Archiv unterliegt einigen Restriktionen, die es nötig gemacht haben, auf diesen vergleichsweise komplexen Suchausdruck zurückzugreifen. So ist es zwar möglich, mit Platzhaltern

ganz unabhängig davon, ob sie zu Beginn (*Rechts*radikalismus), am Ende (Neu*linke*) oder in der Mitte (Alt*linken*) des Wortes auftauchen. Ferner wurde bei der Suche nicht zwischen Groß- und Kleinschreibung unterschieden.[104]

2) Da die Buchstabenfolgen *l-i-n-k-s* – *l-i-n-k-e* und *r-e-c-h-t-s* – *r-e-c-h-t-e* in der deutschen Sprache nicht nur als politische Richtungsvokabeln verwendet werden, sondern auch in völlig anderen Zusammenhängen auftreten (z. B. *Rechtsanwalt*, *Menschenrechte*, *links abbiegen*, *auf der linken Seite des Bildes*), mussten die einzelnen Treffer in einem nachfolgenden Schritt auf ihre kontextuelle Verwendung hin untersucht werden. Je nachdem, ob die Suchergebnisse einen politischen Richtungsbezug aufweisen, wurden die entsprechenden Begriffe innerhalb der Texte hervorgehoben und als *LINKS* oder *RECHTS* codiert.[105] Auf Basis dieser Vorarbeiten wurden alle Kommentare, in denen mindestens eine Richtungsvokabel identifiziert werden konnte, als Text-Datei gespeichert. In einer separaten Tabelle wurden zudem Überschrift, Autor*innen*name, Seitenzahl und Datum der Kommentare erfasst. Von den insgesamt 92.288 Kommentaren, die zwischen dem ersten November 1949 und dem 31. Dezember 2013, in der *FAZ* erschienen sind, konnten 23.660 Texte identifiziert werden, in denen die Wortstämme *links* und/oder *rechts* genutzt wurden. In 9.311 Kommentaren wurden *links* und *rechts* dabei im Sinne eines politischen Richtungsbegriffes verwendet, wie etwa in den folgenden beiden Beispielen:

zu arbeiten, doch dürfen diese (eigentlich) nicht auf beiden Seiten des Suchwortes stehen. Suchbegriffe mit Platzhaltern auf beiden Seiten werden normalerweise wie rechts-trunkierte Wörter behandelt und in den durchsuchten Texten nicht markiert. Es sei denn, in einem Kommentar kommen die Suchworte *links* oder *rechts* mindestens einmal vor und sind nicht links-trunkiert.

104 Da in Artikeln, die vor dem 1. Januar 1993 erschienen sind, der Digitalisierung geschuldete Rechtschreibfehler auftreten können, wurden alle Kommentare zudem noch nach folgenden Ausdrücken durchsucht: *$Redits$* or *$iechts$* or *$reellts$* or *$unken$* or *$îinks$* or *$Rechion$* or *$lihks$* or *$flinkes$* *$rehts$*. Diese Suchbegriffe stellen typische Fehler in der Schreibweise von *links* und *rechts* innerhalb des Untersuchungskorpus dar.

105 Maßgeblich für die vorgenommenen Codierungen war die folgende Anweisung: „Zu codieren sind alle Wörter und Wortverbindungen in denen die Wortstämme ‚links'/‚linke' und ‚rechts'/‚rechte' im Sinne politischer Richtungsbegriffe genutzt werden. Beispiele: ‚ein politisch links stehender Politiker', ‚Rechtsextremismus', ‚Linkspartei' oder ‚Parteien rechts der Mitte'. Darüber hinaus sollen auch Begriffe codiert werden, bei denen die beiden Richtungsvokabeln metaphorisch genutzt werden und auf eine politische Position/Richtung verweisen. Ein Beispiel hierfür ist der Ausspruch, dass eine Person ‚auf dem rechten Auge blind ist', wenn es um rechtsextremistische Gewalttaten geht."

„Die französischen Kommunisten auf der anderen Seite nehmen den Antiamerikanismus auf, die prorussischen Gefühle und vor allem das Souveränitätsdenken, die in ihrem Land auf der RECHTEN wie auf der LINKEN stark sind" (Reißmüller 1974: 1).

„Der Rest war Schröders Wahlkampf: Stillosigkeit, vielleicht Verrat einer politischen Freundschaft, durchschaubares Anbiedern an den Antiamerikanismus bei Deutschlands LINKEN (und vielen auf der RECHTEN Seite)" (Carstens 2006: 1).

4.3. Reliabilitätstest

Es stellt sich nun noch die Frage, wie verlässlich die Selektion der Richtungsvokabeln *links* und *rechts* aus den untersuchten Kommentaren erfolgte, oder anders formuliert, wie gut das Ergebnis der Textselektion beziehungsweise der Auswahl der zu untersuchenden Richtungsvokabeln reproduziert werden kann. Im Allgemeinen lässt sich die Reliabilität einer Inhaltsanalyse auf zwei Ebenen dokumentieren: auf Ebene der Textauswahl und auf Ebene der Codierungen (Rössler 2010: 201).

Während durch die Prüfung der *Identifikationsreliabilität* eine Aussage über die Verlässlichkeit der Textauswahl getroffen wird, beschreibt die *Codierreliabilität* die Zuverlässigkeit der vorgenommenen Codierungen. Zusammengenommen lassen sich drei Formen der Codierreliabilität unterscheiden: a) die *Interkoderreliabilität*, b) die *Intrakoderreliabilität* und c) die *instrumentelle Reliabilität* (Lauf 2001: 58–59; Rössler 2010: 197–205). Wobei die Interkoderreliabilität die Übereinstimmung der Codierungen unterschiedlicher Codierer*innen* misst, die Intrakoderreliabilität die Konsistenz der Codierungen eines Codierers zu unterschiedlichen Zeitpunkten – beispielsweise zu Beginn und am Ende des Vercodungsprozesses – prüft und die instrumentelle Reliabilität eine Aussage darüber macht, „wie gut der vom Forscher gemeinte Bedeutungsgehalt durch die Codierer getroffen wurde" (Rössler 2010: 206).[106]

Auf einen Test der Identifikationsreliabilität konnte dabei im Rahmen dieser Arbeit verzichtet werden, da keine Vorabselektion von Texten erfolgt ist. Vielmehr basieren die vorgenommenen Analysen auf einer Vollerhebung: Es wurden alle zwischen 1949 und 2013 im politischen Teil der *Frankfurter*

106 Die instrumentelle Reliabilität wird dementsprechend auch als Forscher-Codierer-Reliabilität bezeichnet (Rössler 2010: 197).

Allgemeinen Zeitung erschienenen Kommentare gleichermaßen erfasst und auf die Nennung der Richtungsvokabeln *links* und *rechts* hin untersucht.

Auch mit Blick auf die Codiererreliabilität war es nicht notwendig, alle drei vorgestellten Formen zu prüfen: Da die Codierung der untersuchten Kommentare von nur einer Person – dem Forscher selbst – vorgenommen wurde, gab es von vornherein keine Übereinstimmungen zwischen den Codierungen verschiedener Codierer*innen* zu testen. Auf Grund der Kongruenz zwischen Forscher und Codierer gilt dies prinzipiell auch für die Prüfung der instrumentellen Reliabilität. Allerdings empfiehlt Lauf (2001: 59), auch in einem solchen Fall eine Messung der instrumentellen Reliabilität vorzunehmen, „da diese auch die operationale Definition der Kategorien prüft und somit u. a. Wiederholungsstudien und Vergleiche ermöglicht“ (ebenda; siehe auch Sehl 2013: 236). Zudem lässt sich durch die Prüfung der instrumentellen Reliabilität die Validität des Klassifikationsverständnisses eines Forschers bewerten (Rössler 2010: 206).[107] Im Rahmen dieser Untersuchung wurde zudem auch die Intrakoderreliabilität geprüft und damit getestet, wie stabil die Codierungen des Forschers im Zeitverlauf ausfielen.

Die Durchführung der Reliabilitätstests erfolgte mehrere Monate nach dem Ende der Basiscodierungen und wurde für die Wortstämme *links* und *rechts* unabhängig voneinander durchgeführt. Dazu wurden zwei Zufallsstichproben von jeweils 200 Kommentaren gezogen. Die eine Stichprobe basiert auf allen Kommentaren, in denen der Wortstamm *links* mindestens einmal vorkommt, die andere dementsprechend auf allen Kommentaren, in denen der Wortstamm *rechts* auftaucht.[108] Die so identifizierten Begriffe wurden anschließend durch den Forscher und eine weitere Person erneut codiert und anschließend mit den ursprünglichen Codierungen verglichen.

Die Ergebnisse dieses Vergleichs sind in Tabelle 4.1 auf Seite 112 zusammengefasst und in Form des klassischen Überschneidungsmaßes nach Holsti sowie Scotts Pi dargestellt. Die Betrachtung dieser beiden unterschiedlichen Reliabilitätskoeffﬁzienten empfiehlt sich, da ihre Berechnungen unterschiedlichen

107 Diesen Überlegungen entsprechend wird die instrumentelle Reliabiliät von Rössler (2010: 206) auch als Analysevalidität bezeichnet. Sie lässt demnach eine Aussage darüber zu, welche externe Gültigkeit das Klassifikationsverständnis des Forschers hat.

108 Die Suchausdrücke entsprechen denen zu Beginn des Kapitels vorgestellten. Für den Wortstamm *links* wurde nach: *$links$* or *$linke$* or *$linken* or *$linker* or *$linkes* or *$linke* or *$links* or *$linkere* or *$linkest* gesucht. Für den Wortstamm *rechts* nach: *$rechts$* or *$rechte$* or *$rechten* or *$rechter* or *$rechtes* or *$rechte* or *$rechts* or *$rechtere* or *$rechtest* or *$rechteste*.

Logiken folgen und ihre Ergebnisse bisweilen deutlich voneinander abweichen können. Während bei Holsti die übereinstimmenden Codierungen mit der Gesamtzahl aller Codierungen in Beziehung gesetzt werden, berücksichtigt das Maß von Scott auch die Möglichkeit der zufälligen Übereinstimmung, in dem die Zahl der Ausprägungen einer Kategorie in die Berechnungen miteinfließt (Früh 2007: 194–195; Lauf 2001: 59–60; Merten 1995: 303–310; Rössler 2010: 202–203).[109]

Beide Reliabilitätsmaße, sowohl der Holsti-Koeffizient als auch Scotts Pi können jeweils Werte zwischen 0 „überhaupt keine Übereinstimmung" und 1 „vollständige Übereinstimmung" annehmen. Ein allgemeiner Richtwert zur Beurteilung der Reliabilitäten einer Codierung existiert dabei nicht (Lauf 2001: 60; Rössler 2010: 204). Nach Merten (1995: 330) sollte die Bewertung der Reliabilitätskoeffizienten von der Komplexität der Codierungen und den damit verbundenen Anforderungen an die Codierer*innen* abhängen: Es macht einen Unterschied, nach welchen semiotischen – zeichentheoretischen – Gesichtspunkten die Codierung erfolgt, ob bestimmte Zeichenfolgen ausschließlich erkannt werden müssen oder darüber hinaus auch ihre inhaltliche Bedeutung zu interpretieren ist (ebenda; siehe auch Lauf 2001: 60). Das Codieren von exakt betitelten Zeitungsrubriken, sollte dementsprechend deutlich unkomplizierter sein als die Codierung eines Zeitungsartikels nach inhaltlichen Aspekten.

Die Reliabilitäten wurden für zwei Zähleinheiten berechnet: *Suchbegriffe* (*links* oder *rechts*) und *Kommentare*. Bei der Zähleinheit *Suchbegriff* wird jede Codierung gezählt. Das heißt die Zähleinheit entspricht der Codiereinheit.[110] Bilden hingegen *Kommentare* die Zähleinheit, ist entscheidend, ob die Wortstämme *links* oder *rechts* mindestens einmal darin vorkommen. Alle Kommentare, bei denen dies der Fall ist, werden gezählt. Eine differenzierte Berechnung der Reliabilitäten ist notwendig, da sich die Analysen in den Kapiteln 5 und 6 auf beide Zähleinheiten stützen, also sowohl die Zahl der verwendeten Richtungsvokabeln als auch die Zahl der Kommentare mit

109 Allerdings weist Früh (2007: 195) in diesem Zusammenhang darauf hin, dass es für die Bewertung der Reliabilität einer Codierung nicht relevant ist, ob die Codierungen zufällig erfolgten oder nicht: „Das Problem der Zufallstreffer ist nicht so gravierend und lässt sich auch mit dem Holsti-Koeffizienten in den Griff bekommen. Denn erstens ist auch der Zufallstreffer eine richtige Codierung, zweitens werden Zufälle relativiert, wenn für den Reliabilitätstest eine hinreichend große Textmenge gewählt wird und drittens sollte man Koeffizienten, die in der Nähe von CR = .50 kommen, nicht mehr akzeptieren".

110 Zum Unterschied zwischen Zähl- und Codiereinheit siehe Schönbach 1977: 39–40.

Tabelle 4.1.: Ergebnisse des Reliabilitätstests bei der Codierung der Richtungsvokabeln in den untersuchten *FAZ*-Kommentaren

	N	Konvergenz	Holsti	Scotts Pi
Zähleinheit: *Suchbegriffe*				
Intrakoderreliabilität – *links*	418	414	.99	.74
Intrakoderreliabilität – *rechts*	359	358	1.00	.99
Instrumentelle Reliabilität – *links*	418	410	.98	.41
Instrumentelle Reliabilität – *rechts*	359	352	.98	.90
Zähleinheit: *Kommentare*				
Intrakoderreliabilität – *links*	200	196	.98	.77
Intrakoderreliabilität – *rechts*	200	199	1.00	.98
Instrumentelle Reliabilität – *links*	200	192	.96	.40
Instrumentelle Reliabilität – *rechts*	200	194	.97	.90

Anmerkungen: Angeben sind die Reliabilitätsmaße Holsti und Scotts Pi für die Zähleinheiten *Suchbegriffe* und *Kommentare*.

mindestens einer Erwähnung von *links* und *rechts* als Untersuchungsbasis dienen.

Mit Blick auf die angesprochene Tabelle 4.1 zeigt sich, dass die beiden Reliabilitätskoeffizienten abweichende Ergebnisse ausweisen: Die Werte für die einfachen Überschneidungskoeffizienten nach Holsti erreichen in allen acht vorgenommenen Überprüfungen sehr gute Reliabilitätswerte von jeweils deutlich über .95. Ähnlich hohe Werte von jeweils über .90 ergibt auch die Berechnung von Scotts Pi für die Codierungen von *rechts*, während die Ergebnisse der Codierungen von *links* deutlich schlechter ausfallen. Dies gilt sowohl für die Intrakoderreliabilitäten, die um .75 liegen als auch für die Überprüfung der instrumentellen Reliabilitäten, die unter .50 liegen und damit eigentlich unbefriedigende Werte erreichen.

Im Zuge dieser Überprüfung stellen die vergleichsweise niedrigen Koeffizienten von Scotts Pi jedoch kein so gravierendes Problem dar, dass die Verlässlichkeit der vorgenommenen Codierungen grundsätzlich in Frage gestellt werden müsste. Vielmehr sind die Werte ganz wesentlich auf die sehr schiefe Verteilung der Merkmalsausprägung bei der Codierung von *links* zurückzuführen. Da die gesuchten Wortstämme *links/linke* in nahezu allen

Fällen als politische Richtungsvokabel genutzt werden, schlagen abweichende Codierungen bei der Berechnung von Scotts Pi besonders stark durch. Mit Blick auf die durchgeführten Analysen ist der Einfluss der abweichenden Codierungen hingegen als gering zu bewerten. Die Reliabilitätswerte lassen damit insgesamt auf eine verlässliche Identifikation der für die weiteren Analysen relevanten Begriffe schließen.

4.4. Textaufbereitung

Nach der abgeschlossenen Textselektion und Codierung der Richtungsbegriffe wurde der Rohkorpus für die Durchführung der semantischen Analysen (siehe Kapitel 6) vorbereitet. Zum Abschluss dieses Kapitels wird nun die Vorbereitung der Texte für die Analyse beschrieben. Die vorgenommene Textbereinigung orientiert sich dabei in Teilen an einer Arbeit von Eisner (1992: 197–199) über die Wortbedeutung des Begriffes *Freiheit* in schweizer Tageszeitungen. Die Bearbeitung des Textkorpus umfasste sechs besonders hervorzuhebende Punkte:[111]

Entfernen nicht sinntragender Textelemente: Aus dem Rohkorpus wurden alle Metadaten (Zeitungsname, Datum, Seitenzahl und Ausgabennummer) und journalistischen Formalien (Autor*innen*name oder -kürzel und Ortsspitzmarke[112]) entfernt und die Satzzeichen (Anführungszeichen, Ausrufezeichen, Doppelpunkte, Fragezeichen, Hochkommata, Kommata, Punkte und Semikolon) gelöscht.

Trennung von *links* und *rechts* aus Wortverbindungen: Wörter, die sich aus einem Richtungsbegriff und einem weiteren Wort zusammensetzen, wurden in einzelne Worte zerlegt. *Rechtsextremismus* wurde beispielsweise in die Worte *RECHTS* und *Extremismus* aufgespalten und *linksradikal* dementsprechend in *LINKS* und *radikal* getrennt.

Großschreibung der Wortstämme *links* und *rechts*: Die Wortstämme *links* und *rechts* wurden in Großbuchstaben (*LINKS*, *RECHTS*) geschrieben, wenn sie als Richtungsvokabeln identifiziert und codiert wurden (siehe auch Kapitel 4.2).

111 Die Darstellung der Schritte der Textaufbereitung sind willkürlich aufgeführt und können durchaus auch in einer anderen Reihenfolge vorgenommen werden.
112 Die Ortsangabe zu Beginn eines Textes, die in Kommentaren häufig wegfällt.

Morphosyntaktische Annotation: *Annotation* bedeutet, dass der Korpus mit (grammatikalischen) Informationen angereichert wurde (Baker, Hardie und McEnery 2006: 13). In einem morphosyntaktisch annotierten Korpus ist jedem Token seine grammatikalische Bedeutung im Satz (Wortart) zugeordnet, so dass es in einem annotierten Korpus möglich ist, auf einfache Weise zwischen Substantiven, Artikeln, Adjektiven, Adverbien usw. zu unterscheiden. Dieser Vorgang wird auch als *Part-Of-Speech Tagging* (*POS*) bezeichnet (ebenda: 128). Der vorliegende Korpus wurde dabei mit Hilfe des von Helmut Schmid (1994, 1995) entwickelten *TreeTagger* morphosyntaktisch annotiert. Die Annotation der einzelnen Token erfolgte dabei nach dem *Stuttgart-Tübingen-Tagset* (*STTS*) (Schiller u. a. 1999). Ein Beispiel für einen annotierten Satz ist in Tabelle 4.2 auf Seite 115 zu finden. Jedem Token (Spalte 2) ist die Wortart (Spalte 3) zugeordnet. Wobei im *STTS-Tagset NN* etwa ein *Nomen* und *ART* einen *Artikel* bezeichnet.[113]

Lemmatisierung: Die im Korpus befindlichen Token wurden zudem lemmatisiert. Der Prozess der Lemmatisierung bezeichnet die Rückführung eines Wortes auf seine Grundform (Baker, Hardie und McEnery 2006: 104). Die Lemmatisierung ermöglicht eine schnelle und sparsame Identifikation aller Token ein und desselben *Lexems*[114]. Das *Lemma* des Verbes *brauchte* ist beispielsweise *brauchen* und die Grundform von *langjährige* ist *langjährig* (siehe Tabelle 4.2 auf Seite 115). Auch die Lemmatisierung der Token wurde mit dem *TreeTagger* von Schmid (1994, 1995) vorgenommen.

Entfernen nicht sinntragender Worteinheiten: Schließlich wurden im Korpus alle Token durch *xxxx* ersetzt, die keine Substantive, Adjektive oder Adverbien darstellen. Dies ist insofern sinnvoll, da die semantische Analyse in Kapitel 6 ausschließlich auf der Untersuchung von Token basiert, die auch tatsächlich Bedeutungsinhalte der Wortstämme *links* und *rechts* tragen. Dies ist etwa bei Präpositionen, Artikel, Pronomen oder Konjugationen nicht der Fall, so dass diese ersetzt werden können. Dadurch, dass die nicht sinntragende Worteinheiten durch einen Platzhalter (*xxxx*) ersetzt wurden, ist der (räumliche) Abstand zwischen den Richtungsvokabeln und den sinntragenden Token erhalten geblieben und konnte weiterhin in die Untersuchung miteinbezogen werden. Warum dies relevant ist, wird in Kapitel 6.1.1 näher erläutert.

113 Eine genaue Beschreibung der einzelnen Tags des *STTS* findet sich bei Schiller u. a. (1999).

114 Ein *Lexem* stellt die „Einheit des Wortschatzes [dar], die die begriffliche Bedeutung trägt" (Duden 2020a).

Tabelle 4.2.: Beispiel für die Annotation und Vorbereitung des Textkorpus

lfd. Nr.	Originaltext	*STTS-Tag*	Lemma	aufbereiteter Text
1	Die	ART	die	xxxx
2	Union	NN	Union	Union
3	brauchte	VVFIN	brauchen	xxxx
4	nur	ADV	nur	xxxx
5	ihre	PPOSAT	ihr	xxxx
6	langjährige	ADJA	langjährig	langjährig
7	Politik	NN	Politik	Politik
8	fortzuführen	VVIZU	fortführen	xxxx

Anmerkungen: Die verwendeten *STTS-Tags* bedeuten: ADJA=attributives Adjektiv; ADV=Adverb; ART=bestimmter oder unbestimmter Artikel; NN=Nomen; PPOSAT=Possesivpronomen; VVFIN & VVIZU=Verb (Infinitiv). Für eine genauere Beschreibung der *STTS-TAGS* siehe Schiller u. a. (1999). Der verwendete Textausschnitt wurde einem *FAZ*-Kommentar entnommen (siehe G. H. 1998).

Nachdem in diesem Kapitel das Untersuchungsmaterial beschrieben und der Untersuchungsgegenstand definiert wurde, wird nachfolgend die Nutzung der Richtungsvokabeln *links* und *rechts* im Sprachgebrauch der *FAZ*-Kommentator*innen* analysiert. In Kapitel 5 wird betrachtet, wie sich die Quantität der Richtungsbegriffsnutzung zwischen 1949 und 2013 verändert hat und welche Ursachen diese Veränderungen bedingt haben könnten. Anschließend folgt in Kapitel 6 eine detaillierte Analyse der Semantiken von *links* und *rechts*. Das Hauptaugenmerk liegt dabei auf einer diachronischen Betrachtung des Wandels der Bedeutungsinhalte der beiden Richtungsbegriffe.

5. Der Gebrauch von links und rechts in FAZ-Kommentaren

Ausgehend von den theoretischen (siehe Kapitel 2 und Kapitel 3) und methodischen (siehe Kapitel 4) Vorüberlegungen wird in diesem Kapitel zu Beginn der empirischen Analysen zunächst ein allgemeiner Blick auf die Verwendung der beiden Richtungsbegriffe im Sprachgebrauch der *FAZ*-Kommentator*innen* geworfen: Wie haben sich die sprachlichen Gebrauchsmuster von *links* und *rechts* in den Kommentaren der *FAZ* zwischen 1949 und 2013 gewandelt? Welche Veränderungen sind festzustellen, und betreffen diese Veränderungen beide Richtungsbegriffe gleichermaßen? Auf diesem Weg sollen erste Rückschlüsse auf die Relevanz der Links-Rechts-Unterscheidung als Strukturkategorie des politischen Raumes gezogen werden. Eine geringe Relevanz des Richtungsgegensatzes in den politischen Diskursen der Bundesrepublik sollte sich darin widerspiegeln, dass die Wortstämme *links* und *rechts* eher selten in den Kommentaren der *FAZ* auftauchen. Wird bei der Kommentierung des aktuellen gesellschaftspolitischen Geschehens hingegen häufig auf *links* oder *rechts* zurückgegriffen, deutet dies auf eine zentrale Stellung der beiden Richtungsvokabeln im bundesdeutschen Politikdiskurs hin.

Nachdem die Richtungsbegriffsnutzung im Zeitverlauf dargestellt wurde, werden anschließend mögliche Ursachen für die Veränderung der Sprachgebrauchsmuster untersucht. Dabei wird zuerst in Kapitel 5.1.2 erläutert, welche gesellschaftlichen Entwicklungen in der Bundesrepublik die Nutzung der Richtungsbegriffe beeinflusst haben, bevor dann in Kapitel 5.2 der Einfluss einzelner Faktoren (z. B. Wahlen und politische Proteste) auf die Nutzung der Richtungsvokabeln im multiplen Zeitreihenmodell getestet wird.

Doch zunächst zur Ausgangsfrage: Wie hat sich die Verwendung der Wortstämme *links* und *rechts* in den *FAZ*-Kommentaren zwischen 1949 und 2013 entwickelt?

P. Scherer, Links *und* rechts *im Wandel*,
https://doi.org/10.1007/978-3-658-30496-6_5

5.1. Die Entwicklung der Begriffsnutzung

Um ein erstes Bild zu erlangen, wie sich die Nutzung der Richtungsbegriffe in den Kommentarspalten des *FAZ*-Politikteils entwickelt hat, ist in Abbildung 5.1 auf Seite 119 für die Jahre 1949 bis 2013 der relative Anteil an Kommentaren abgetragen, in denen entweder der Wortstamm *links* oder der Wortstamm *rechts* mindestens einmal erwähnt wurden.[115]

Es ist zu erkennen, dass die Nutzung der beiden Vokabeln im Sprachgebrauch der *FAZ*-Journalist*innen* deutlichen Schwankungen unterlag. Während der ersten beiden Dekaden nach Gründung der Bundesrepublik wurde in der *FAZ* bei der Kommentierung politischer Ereignisse vergleichsweise selten auf die Begriffe *links* und *rechts* zurückgegriffen. Der Anteil der Kommentare, in denen die Richtungsbegriffe verwendet wurden, lag bis 1968 jeweils deutlich unter dem jährlichen Mittel (horizontale Linie in Abbildung 5.1) des gesamten Betrachtungszeitraumes. Bis ins Jahr 1968 kamen die Termini in weniger als sieben Prozent (6,64%) und damit nicht einmal in jedem 14. Kommentar des Politikteils der *FAZ* vor. 1953 nutzten die Journalist*innen* gar nur in etwa jedem 23. politischen Kommentar den Wortstamm *links* oder den Wortstamm *rechts*. Insgesamt ist in den ersten zwanzig Jahren des Bestehens der *FAZ* eine leicht rückläufige Verwendung der Richtungsbegriffe auszumachen.

Die beschriebene Entwicklung kehrte sich Ende der 1960er-Jahre um. 1969 wurden erstmals seit Beginn des Analysezeitraums in mehr als zehn Prozent aller Kommentare der Wortstamm *links* oder der Wortstamm *rechts* mindestens einmal genutzt. Wobei schon 1968 der relative Anteil der Kommentare, in denen eine Richtungsvokabel erwähnt wurde, deutlich anstieg. In den 1970er-Jahren setzte sich dieser jährliche Wachstumstrend – mit Ausnahme von 1970 und 1974 – zunächst fort, bis schließlich 1976 ein Maximum an Erwähnungen erreicht wurde.

Im Bundestagswahljahr 1976 wurde von den *FAZ*-Journalist*innen* in jedem sechsten Kommentar mindestens einmal auf ein Wort oder eine Wortverbindung mit *links* oder *rechts* zurückgegriffen. Damit verdreifachte sich der Anteil an Kommentaren mit Richtungsbegriffsnennung zwischen 1967 und 1976 um elf Prozentpunkte – von 5,7 auf 16,7 Prozent. Dieser quantitative Anstieg der Bedeutung von *links* und *rechts* fällt in die von Gerd Koenen (2001) als „rote[s] Jahrzehnt" beschriebene Dekade zwischen 1967 und 1977

115 Die Berechnungen und die Erstellung des überwiegenden Teils der Abbildungen in diesem und im kommenden Kapitel wurden mit *Stata* – `https://www.stata.com/` (besucht am: 05.03.2020) – vorgenommen.

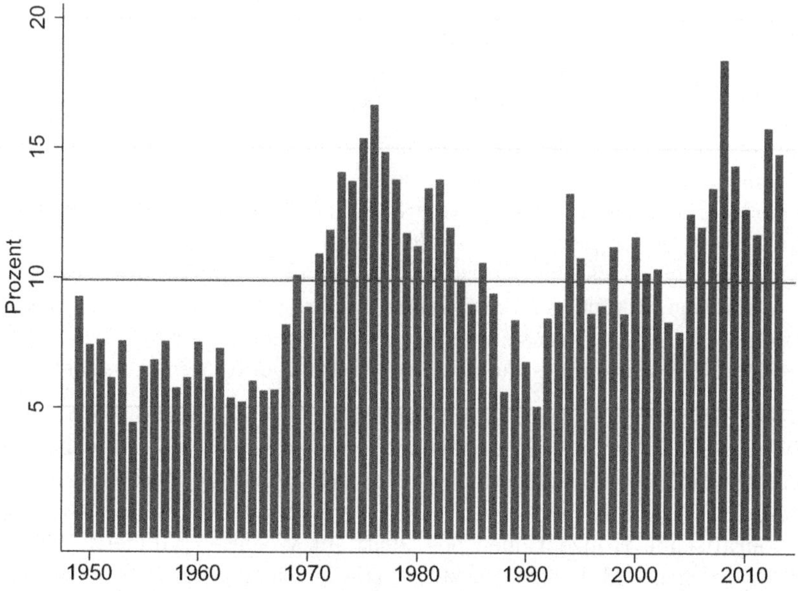

Anmerkungen: Angegeben ist der prozentuale Anteil der Kommentare eines Jahres, in denen der Wortstamm *links* oder *rechts* mindestens einmal verwendet wurde. Die horizontale Linie markiert das arithmetische Mittel.

Abbildung 5.1.: Die Nutzung der Wortstämme *links* und *rechts* in den Kommentaren der *FAZ* (1949–2013)

und damit eine Zeit in der sich, allen voran durch die politischen Aktivitäten der *neuen Linken*, eine bis dato in Deutschland unbekannte außerparlamentarische Protestkultur etablierte (Doering-Manteuffel und Raphael 2012: 50–52; Gilcher-Holtey 2001: 61–94). Darüber hinaus erreichte in den 1970er-Jahren auch das Ausmaß der konventionellen politischen Beteiligung in der Bundesrepublik einen Höhepunkt. Die Beteiligung an den Bundestagswahlen 1972 und 1976 lag bei mehr als 90 Prozent – Werte, die bis heute unübertroffenen sind (Egeler 2014: 3).

Nach den politisch besonders hoch emotionalisierten Jahren 1975 und 1976, mit insgesamt sieben Landtagswahlen und einer Bundestagswahl, sank die Verwendung der Richtungsbegriffe bis zum Ende der 1980er-Jahre deutlich ab. Auch die kurzzeitige Unterbrechung dieses Trends während der Wendejahre

1982 und 1983, in denen Helmut Schmidt als Kanzler gestürzt wurde und Helmut Kohls 16-jährige Amtszeit begann, konnte nicht verhindern, dass 1988 – noch vor der Öffnung des Eisernen Vorhangs – mit rund fünfeinhalb Prozent wieder das Ausgangsniveau des Jahres 1967 erreicht wurde.

Wird das Ausmaß der Verwendung von *links* und *rechts* im medialen Sprachgebrauch als Indikator der ideologischen Polarisierung betrachtet, kann konstatiert werden, dass die Thesen vom *Ende der Ideologie* die gesellschaftliche Wirklichkeit widerspiegeln. Zumindest dann, wenn die These als Beschreibung der zeitgenössischen politischen Landschaft verstanden wird und nicht als Vorhersage zukünftiger Entwicklungen. Dies gilt sowohl für die Debatten in den 1950er-Jahren (zusammenfassend Waxman 1968) als auch für die Ausführungen von Francis Fukuyama (1989) in den späten 1980er-Jahren.

Die Rückentwicklung der Nutzung von *links* und *rechts* stellt sich jedoch schon wenig später als ein zeitlich begrenztes Phänomen heraus. Entgegen aller Entideologisierungstheorien und den Wünschen nach einer Politik „[j]enseits von Links und Rechts“ (Giddens 1997), wie sie in den sozialdemokratischen Konzeptionen des „dritte[n] Weg[es]“ (Giddens 1999) in Großbritannien und der „Neuen Mitte“ (Hombach 1998) in Deutschland propagiert wurden, gewannen die beiden Richtungstermini während der 1990er-Jahre wieder an Bedeutung im Sprachgebrauch der *FAZ*-Journalist*innen*. Nach dem Ende der Ost-West-Konfrontation unterlag die Verwendung der beiden Richtungsvokabeln zunehmend Schwankungen und folgte keinem einheitlichen Muster mehr. Diese unstete Entwicklung hielt bis zum Ende des Untersuchungszeitraumes an. Seit Mitte der 00er-Jahre allerdings auf einem deutlich höheren Niveau.

Im Zeitraum von 1990 bis 2004 lag die Nutzungsrate in einzelnen Jahren – insbesondere 1994 mit einem Anteil von etwas über 13 Prozent – überdurchschnittlich hoch, während sie 2003 und 2004 mit etwa neun Prozent sogar unter den Durchschnitt des gesamten Betrachtungszeitraumes fiel. Für diese zeitliche Periode kann demnach nicht von einer kontinuierlichen, durch längerfristige gesellschaftliche Wandlungsprozesse hervorgerufenen nachhaltigen Entwicklung der Begriffsnutzung von *links* und *rechts* in den *FAZ*-Kommentarspalten gesprochen werden. Vielmehr lässt der Verlauf darauf schließen, dass zwischen 1990 und 2004 einzelne politische (Groß-)Ereignisse einen zeitlich begrenzten Anstieg des Gebrauchs der Richtungsvokabeln *links* und *rechts* bedingt haben. Neben dem klumpenden Auftreten von Bundes- und Landtagswahlen in einem Jahr, wie etwa im „Superwahljahr 1994“ (Roberts 1996; Stöss 1997), ist mit Blick auf die gesellschaftspolitischen

Entwicklungen in besagtem Zeitraum in erster Linie an das Erstarken eines rechten, ausländerfeindlichen Extremismus in Deutschland zu denken. Diese Entwicklungen zeigten sich sowohl auf parlamentarischer Ebene, durch den Einzug von Parteien der radikalen Rechten in diverse Landtage (Stöss 2013: 596), als auch außerparlamentarisch durch Aktionen militanter Rechtsextremisten (Kraske und Werner 2007; Nullmeier 2006: 327–330; Stöss 2013: 597–601).

Tabelle 5.1.: Kennzahlen zur Nutzung von *links* und *rechts* in der Kommentaren der *FAZ* (1949–2013)

Zeitraum	Minimum	Maximum	Varianz	Mittelwert ($\bar{x}$)	N
1949–1958	4,4	9,3	1,7	6,9	10
1959–1967	5,2	7,5	0,6	6,1	9
1968–1976	8,2	16,7	8,6	12,2	9
1977–1989	5,7	14,9	6,8	11,1	13
1990–2004	5,1	13,3	4,1	9,3	15
2005–2013	11,7	18,4	4,6	14,0	9
1949–2013	4,4	18,4	11,0	9,9	65

Anmerkungen: Die Angaben basieren auf dem relativen Anteil der Kommentare eines Jahres, in denen mindestens einmal der Wortstamm *links* oder der Wortstamm *rechts* verwendet wurde.

Im Jahr 2005 kam es dann zu einem sehr deutlichen quantitativen Sprung in der Nutzung der beiden Richtungsvokabeln auf den Meinungsseiten der *FAZ*. So lag der Anteil an Kommentaren mit mindestens einer Nennung von *links* oder *rechts* 2005 um mehr als vier Prozentpunkte höher als noch im Jahr zuvor. Bei diesem Anstieg handelte es sich nicht um ein zeitlich begrenztes, ereignisgetriebenes Phänomen, sondern um eine nachhaltige Bedeutungszunahme. Dies wird deutlich, wenn die mittlere Begriffsnutzung ($\bar{x}$) des Zeitraumes 2005 bis 2013 mit der des Zeitraumes 1990 bis 2004 verglichen wird (siehe Tabelle 5.1). Wurde zwischen 1990 und 2004 durchschnittlich in etwas mehr als neun Prozent aller Artikel (Min.: 5,1 Max.: 13,3) mindestens ein Richtungsbegriff verwendet, war dies zwischen 2005 und 2013 im Mittel bei 14 Prozent aller Kommentare der Fall (Min.: 11,7, Max.: 18,4). Überdies wurde 2008 mit 18,4 Prozent sogar ein absolutes Maximum für den gesamten Betrachtungszeitraum (1949–2013) erreicht. Gleichzeitig hat sich die Varianz innerhalb der beiden Betrachtungszeiträume kaum verändert und ist nur leicht von 4,1 (1990 bis 2004) auf 4,6 (2005 bis 2013) gestiegen.

Diese Ergebnisse sprechen dafür, dass es 2005 zu einer langfristig stabilen Sockelbildung gekommen ist. Diese Sockelbildung ist vermutlich das Ergebnis eines längerfristigen Wandlungsprozesses innerhalb des bundesdeutschen Parteiensystems. Es ist anzunehmen, dass die deutliche Zunahme an Kommentaren mit *Links*- oder *Rechts*-Nennung unmittelbar mit der Etablierung der Partei *Die Linke* in Verbindung steht. Zwar erfolgte die eigentliche Parteigründung erst 2007, doch trug die *PDS* schon seit 2005 den Zusatz *Linkspartei* in ihrem Namen (Neu 2018: 389). An diese Beobachtungen schließt sich die Frage an, ob die Schwankungen in der Richtungsbegriffsnutzung auf beide Wortstämme zurückzuführen sind oder sich durch den veränderten Gebrauch eines der beiden Begriffe erklären lassen.

5.1.1. Der Gebrauch der Wortstämme links und rechts im Vergleich

Zur Beantwortung dieser Frage ist in Abbildung 5.2 die Nutzung der Richtungsbegriffe von *links* und *rechts* separat voneinander abgebildet. Die rote Linie gibt den Anteil der Kommentare an, in denen das Wort oder der Wortstamm *links*, die grüne Linie den Anteil der Texte, in denen das Wort oder der Wortstamm *rechts* mindestens einmal vorkommt. Zur Orientierung (blaue Linie) ist zudem der Anteil an Texten abgebildet, in denen mindestens einer der beiden Begriffe auftaucht. Um feinere Kurvenverläufe abbilden zu können, liegen dieser Darstellung – im Gegensatz zu den bisherigen Analysen – keine Jahres-, sondern Quartalsaggregate zu Grunde. Damit längerfristige Trends der Begriffsnutzung besser von zeitlich begrenzten, ereignisbasierten Ausschlägen zu unterscheiden sind, ist die Zeitreihe zudem sowohl ungeglättet (oberer Teil) als auch geglättetet (unterer Teil) abgebildet. Die Glättung der Zeitreihe basiert auf der Berechnung gleitender Mittelwerte. Ein gleitender Mittelwert (y_{tm}) umfasst jeweils neun Quartale und errechnet sich aus den Anteilen der Kommentare mit Richtungsbegriffsnennung zum Zeitpunkt t, t-1 (...) t-4 und t+1 (...) t+4:[116]

$$y_{tm} = \frac{1}{9} * (y_t + y_{t-1} + \cdots + y_{t-4} + y_{t+1} + \cdots + y_{t+4})$$

116 Da jeweils neun Quartale zusammengefasst wurden, konnte sowohl für die ersten vier als auch die letzten vier Betrachtungszeitpunkte kein gleitender Mittelwert berechnet werden. Die Quartale 1949/4, 1950/1, 1950/2 und 1950/3 fallen damit ebenso wie die Quartale 2013/1, 2013/2, 2013/3 und 2013/4 aus der Betrachtung heraus.

Die Trendverläufe in Abbildung 5.2 zeigen nun, dass die Veränderungen im Gebrauch der Richtungsbegriffe nahezu über den gesamten Betrachtungszeitraum hinweg auf eine variierende Nutzungsfrequenz des Begriffes *links* zurückzuführen sind. Während sich der relative Anteil an Kommentaren mit mindestens einem *Links*-Code (rote Linie) über die betrachteten 257 Quartale hinweg fast parallel und auf einem nahezu identischen Niveau zu dem relativen Anteil an Kommentaren mit mindestens einem *Links*- oder *Rechts*-Code (blau Linie, Varianz: 14,96, Mittelwert: 9,94) entwickelt – insbesondere zwischen 1970 und 1990 entsprechen sich die Kurvenverläufe sogar weitgehend – weicht der Anteil der *Rechts*-Codes (grüne Linie) deutlich davon ab und bewegt sich auf wesentlich niedrigerem Niveau. Auf den gesamten Analysezeitraum gesehen wurde in 8,24 Prozent aller Artikel der Wortstamm *links* verwendet, *rechts* kam hingegen nur in 4,47 Prozent aller Artikel vor.

Somit überrascht nicht, dass *nur* in 34 von 257 Quartalen der Wortstamm *rechts* in mehr Kommentaren auftaucht als der Wortstamm *links*. Die Quartale *rechter* Dominanz liegen dabei, wie aus Abbildung 5.3 auf Seite 125 zu erkennen ist, entweder vor 1959 oder nach 1988. Bis 1959 taucht *rechts* in 15 und seit 1989 in weiteren 19 Quartalen in mehr Kommentaren auf als *links*. Zwischen 1959 und 1988 dominierte dagegen die Nutzung des Begriffes *links* ganz eindeutig den Sprachgebrauch der Kommentator*innen*. Während die Überhänge an *Rechts*-Nennungen in den 1950er-Jahren nicht unmittelbar mit gesellschaftlichen Entwicklungen in Verbindung gebracht werden können, fallen die Quartale *rechter Dominanz* seit 1989 zeitlich zusammen mit gesellschaftspolitischen Debatten über den Umgang mit Populismus und gewalttätigem Rechtsextremismus (Nullmeier 2006: 328–329).

Dementsprechend fällt der erstmalige Überhang an Kommentaren mit einer Erwähnung des Wortstammes *rechts*, nach zuvor 30 Jahre *linker Dominanz*, im zweiten und dritten Quartal des Jahres 1989 in zeitlicher Nähe zu Wahlerfolgen der rechtspopulistischen Partei *Die Republikaner* (*REP*), die bei den Landtagswahlen in Berlin im Januar 1989 ins Abgeordnetenhaus einziehen und auch bei den Europawahlen im Juni desselben Jahres die Sperrklausel von fünf Prozent überwinden konnten. Die *REP* waren damit die erste Partei der radikalen Rechten seit den späten 1960er-Jahren, die bei einer Landtagswahl den Parlamentseinzug schaffte. Bei einer bundesweiten Wahl sind radikale Rechtsparteien schon seit den späten 1940er-Jahren/frühen 1950er-Jahren[117] nicht mehr erfolgreich gewesen (Ignazi 2003: 72; Stöss 2013:

117 In diesem Fall kommt es darauf an, ob der *Gesamtdeutsche Block/Block der Heimatvertriebenen und Entrechteten* (*GB/BHE*) zur radikalen Rechten gezählt wird

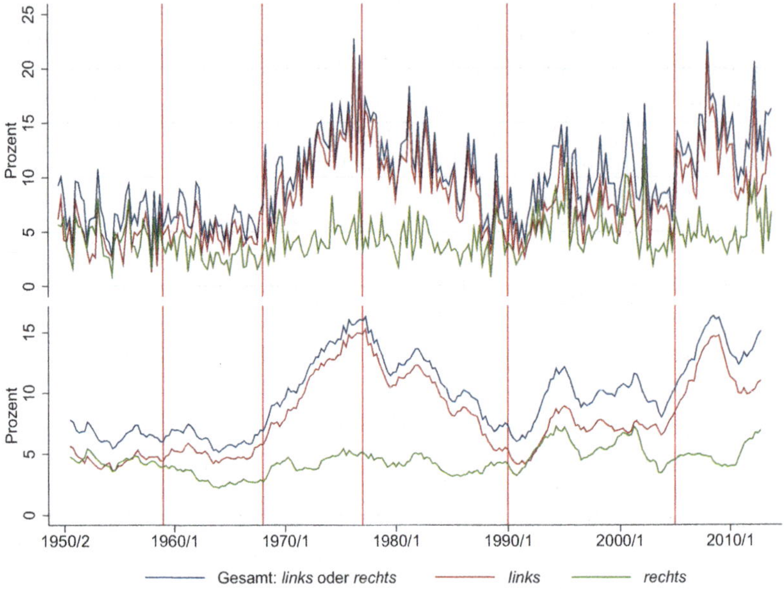

Anmerkungen: Die Angaben basieren auf dem relativen Anteil der Kommentare eines Jahres, in denen mindestens einmal *links* (rot), *rechts* (grün) sowie *links* oder *rechts* (blau) verwendet wurde. Im oberen Teil der Abbildung ist die Zeitreihe ungeglättet, im unteren geglättet dargestellt.

Abbildung 5.2.: Die Nutzung der Wortstämme *links* und *rechts* nach Quartalen (1949–2013)

581–590, 593). Eine vergleichbare Koinzidenz zwischen einem Erstarken des rechten Radikalismus in Deutschland und einem Überhang an Erwähnungen des Wortstammes *rechts* lässt sich zwischen 1991 und 1995 sowie 2000, 2005 und dem vierten Quartal des Jahres 2011 ausmachen.

Anfang und Mitte der 1990er-Jahre bestimmten neben Wahlerfolgen radikaler rechter Parteien[118] insbesondere gewalttätige Übergriffe auf Migrant*innen*

oder nicht. Wird der *GB/BHE* dazu gezählt, konnte die radikale Rechte noch in den 1950er-Jahren Bundestagsmandate gewinnen (Ignazi 2003: 73; siehe auch Stöss 2013: 581–583).

118 Neben dem Einzug der *REP* in das Berliner Abgeordnetenhaus waren rechtsradikale Parteien zwischen 1989 und 2013 auch bei Landtagswahlen in Baden-Württemberg

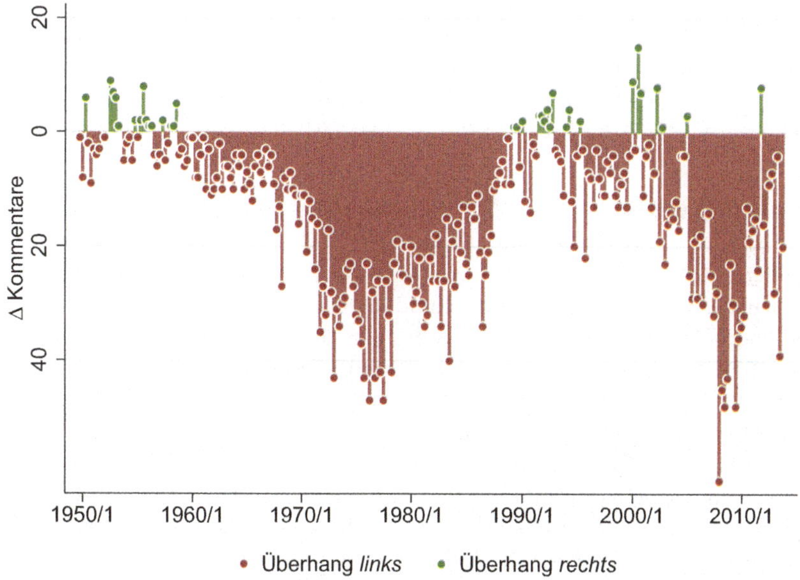

Anmerkungen: In der Abbildung ist die Differenz zwischen den Kommentaren mit mindestens einer *Links*- und den Kommentaren mit mindestens einer *Rechts*-Nennung abgetragen. Die Angaben beziehen sich auf die absolute Zahl der Kommentare eines Quartals, in denen mindestens einmal *links* beziehungsweise *rechts* vorkommt.

Abbildung 5.3.: Die Zahl der *FAZ*-Kommentare mit *Links*- und *Rechts*-Nennung(en) im Vergleich (1949–2013)

die Medienberichterstattung und gesellschaftspolitische Debatte im wiedervereinigten Deutschland. Nach Bytzek (2008: 440–441) stellen die rechts-

(*REP* – 1992 und 1996), Bremen (*DVU* – 1987, 1991, 1999, 2003 und 2007), Mecklenburg-Vorpommern (*NPD* – 2006 und 2011), Schleswig-Holstein (*DVU* – 1992), Sachsen (*NPD* – 2004 und 2009), Brandenburg (*DVU* – 1999 und 2004) und Sachsen-Anhalt (*DVU* – 1998) erfolgreich (Zicht und Cantow 2016). Auf eine Besonderheit ist mit Blick auf die Erfolge der *DVU* in Bremen hinzuweisen: In den Jahren 1987, 1999, 2003 und 2007 konnte die *DVU* durch das Überwinden der 5-Prozent-Hürde in Bremerhaven in die Bürgerschaft einziehen. Das Bundesland Bremen gliedert sich mit Bremen und Bremerhaven in zwei separate Wahlbereiche, die Abgeordnete in die Bürgerschaft entsenden. Um einen Sitz in der Bürgerschaft zu erringen, muss nur in einem der beiden Wahlbereiche die 5-Prozent-Hürde überwunden werden (Probst 2008: 193).

extremistischen Gewalttaten von Hoyerswerda (17.–23.09.1991), Rostock (22.–26.08.1992), Mölln (23.11.1992) und Solingen (29.05.1993) Ereignisse mit einem nachhaltigen Einfluss auf die Medienagenda der jeweiligen Zeit dar. In Einklang mit diesen Ergebnissen, stellt Koopmans (2001: 104–107) fest, dass in der ersten Hälfte der 1990er-Jahre ein deutlicher Anstieg rechtsextremer Proteste zu verzeichnen war.

Das Übergewicht der *Rechts*-Nennungen zu Beginn des neuen Jahrtausends lässt sich mit den Diskussionen um einen Verbot der *NPD* in Verbindung bringen. Die Verbotsdebatte begann im Laufe des Jahres 2000, unter dem Eindruck schwerer antisemitischer und xenophober Gewalt- und Mordtaten und endete 2003 mit dem Scheitern des von Bundesregierung und Bundesrat gestellten Verbotsantrages vor dem Bundesverfassungsgericht (Flemming 2005). Der Überhang an *Rechts*-Nennungen im vierten Quartal 2011 fällt schließlich mit der Selbstenttarnung der rechtsextremistischen Terrorgruppe *Nationalsozialistischer Untergrund* (*NSU*) zusammen. Diese Ergebnisse bestätigen zunächst einmal die Annahme aus Kapitel 3.2, dass der Wortstamm *rechts* seit den 1980er-Jahren zunehmend stärker mit radikalen und extremistischen Akteuren in Verbindung gebracht wird, wohingegen *links* weiterhin ein Vokabel des parlamentarischen Sprachgebrauches geblieben ist.

5.1.2. Die Phasen der Begriffsnutzung im zeitgeschichtlichen Kontext

Die deskriptiven Analysen haben gezeigt, dass die Nutzung der Wortstämme *links* und *rechts* im Sprachgebrauch der *FAZ*-Kommentator*innen* in sechs Phasen unterteilt werden kann (siehe Tabelle 5.1 auf Seite 121 und Abbildung 5.2 auf Seite 124). Diese Phasen lassen sich in den Kontext der bundesdeutschen Geschichte einpassen und als Ausdruck sozialen Wandels und gesellschaftlicher Umbrüche interpretieren. In Anlehnung an Heidrun Kämpers (2007) Konzept einer *sprachlichen Umbruchgeschichte* ist dies damit zu erklären, „dass sprachhistorische Veränderungen durch die politische, kulturelle, wissenschaftliche, gesellschaftliche Ereignisgeschichte verursacht werden“ (ebenda: 429).[119] Um die Muster des Gebrauchs von *links* und *rechts* besser zu verstehen, lohnt es sich demzufolge einen intensiveren Blick auf den gesellschaftspolitischen Kontext zu werfen. Im Folgenden werden

119 Für eine ausführlichere Darstellung des Zusammenhangs zwischen gesellschaftlichem und semantischen Wandel siehe Kapitel 3.1.3.

die sechs extrahierten Nutzungsphasen daher noch einmal ausführlicher als bislang geschehen im Kontext der bundesdeutschen Gesellschaftsgeschichte verortet. Zunächst ein Blick auf die Nutzung der Richtungsvokabeln in der Gründerzeit der Bundesrepublik.

Phase 1 (1949–1958): Postideologie und liberaler Konsens

Zwischen 1949 und 1958 tauchen die Wortstämme *links* und *rechts* etwa gleich häufig in den Kommentaren der *FAZ* auf. Die Verläufe beider Nutzungskurven folgen dem selben Trend und bilden den Verlauf der Kurve aus *Links*-Nennungen+*Rechts*-Nennungen auf einem niedrigeren Niveau ab. Aus gesellschaftspolitischer Perspektive umfasst die Phase von 1949 bis 1958 die „Gründerjahre der Bundesrepublik Deutschland“ (Morsey 2007: 24) und die Herausbildung einer stabilen europäischen Nachkriegsordnung (Doering-Manteuffel und Raphael 2012: 33–38). Von der deutschen Politik wurde in dieser Zeit insbesondere die zunehmende politische und ökonomische „Westintegration“ (Morsey 2007: 25, 56) des Landes vorangetrieben. Die besonderen Kennzeichen der Eingliederung der Bonner Republik in die westliche Staatengemeinschaft bestanden in der Übernahme der „unlösbaren Verbindung von Marktwirtschaft und parlamentarischer Demokratie“ (Doering-Manteuffel und Raphael 2012: 34) sowie der Ausbreitung des Modells eines „liberalen Konsenses zwischen Kapital, Arbeit und Staat“ (ebenda). Der *liberale Konsens* bildete die Grundlage für das, durch ökonomische Prosperität und Zukunftsoptimismus geprägte, „Goldene Zeitalter“ (Hobsbawm 2012: 285–499) der 1950er- und 1960er-Jahre. Aufgrund des bundesdeutschen *Wirtschaftswunders* schwächte sich zudem die soziale Polarisierung in der bundesdeutschen Gesellschaft deutlich ab, so dass sich auch das soziale Protestpotential reduzierte (Morsey 2007: 48). Begleitet worden sei diese Entwicklung, betont Rudolf Morsey (2007), von einem Rückzug vieler Bürger*innen* „ins Private“ (ebenda: 48). Für einige liberale Sozialwissenschaftler*innen* war daher in den 1950er-Jahren das *Ende des ideologischen Zeitalters* angebrochen (Bell 1961; Dahrendorf 1963a; Shils 1955; zusammenfassend Waxman 1968).

Auf lange Sicht stellte sich diese pointierte These zwar als unzutreffend dar, doch beschreibt sie die gesellschaftspolitischen Entwicklungen in den ersten Nachkriegsjahre angemessen. Auch mit Blick auf den Sprachgebrauch der Kommentator*innen* kann in Anlehnung an Daniel Bell (1961) durchaus von einer „Exhaustion of Political Ideas in the Fifties“ gesprochen werden.

Dementsprechend fällt die Nutzung der Wortstämme *links* und *rechts* in den *FAZ*-Kommentaren zwischen 1949 und 1958 ($\bar{x}$: 6,9) vergleichsweise gering aus. Nur im Zeitraum von 1959 bis 1967 wurde noch seltener ($\bar{x}$: 6,1) bei der Kommentierung des gesellschaftspolitischen Geschehens auf eine der beiden Richtungsvokabeln zurückgegriffen.[120]

Phase 2 (1959–1967): Wirtschaftswunder und politisch-kulturelle Modernisierung

In dieser Phase wird der Wortstamm *links* von den Journalist*innen* deutlich häufiger verwendet als der Wortstamm *rechts*. Das Einsetzen dieses Sprachgebrauchwandels lässt sich in etwa auf die Jahre 1957/58 datieren – dem Beginn der „langen sechziger Jahre" (Doering-Manteuffel und Raphael 2012: 39).

Doch die sechziger Jahre gelten nicht nur als *langes*, sondern auch als dynamisches „Scharnierjahrzehnt" (Schildt, Siegfried und Lammers 2000: 13), „in dem die bereits im Wiederaufbau der 50er Jahre immer stärker mit modernen Elementen versetzte Gesellschaft der Bundesrepublik in einem enormen Tempo die Nachkriegszeit nun gänzlich hinter sich ließ und Züge einer kulturellen Moderne ausprägte" (ebenda).

Im Zuge der politisch-kulturellen Modernisierung Westdeutschlands kommt dem *Doppeljahr 1967/1968* eine entscheidende Stellung zu, in dem zentrale gesellschaftliche Entwicklungen kulminierten, die schon Ende der 1950er-Jahre ihren Anfang nahmen (Kämper 2012: 300). Die im kollektiven Gedächtnis der bundesdeutschen Gesellschaft am nachhaltigsten verankerten Ereignisse stellen dabei wohl die studentischen Proteste gegen den Vietnamkrieg, die Notstandsgesetzgebung und die autoritären Strukturen an den Hochschulen des Landes dar (Gilcher-Holtey 2001: 66–67). Diese von einer neuen, studentischen Linken getragene Protestwelle katalysierte neben kulturellen und mentalen Wandlungsprozessen in der Bundesrepublik auch eine „Zäsur der deutschen Sprachgeschichte" (Kämper 2012: 13).[121] Beispielhaft lässt

---

120 Einzig um das Jahr 1990 – in einer Zeit als die These vom „Ende der Ideologie" (Bell 1961) im Gewand des „Endes der Geschichte" (Fukuyama 1989) neue Popularität erfuhr – herrschte eine vergleichbare Phase geringer Nutzung der Wortstämme *links* und *rechts*. Wobei sich die Phase zu Beginn der 1990er-Jahre über einen deutlich kürzeren Zeitraum erstreckte.

121 Kämper führt hierzu aus: „Wir können als Resultat der sprachgeschichtlichen Forschung festhalten: Sie hat die späten 1960er Jahre in die stark evokationshaltige Chiffre '68' gefasst und die sprachlichen Phänomene auf unterschiedlichen Sprache-

sich dieser sprachgeschichtliche Umbruch, wie Heidrun Kämper darlegt, an der Entwicklung des bundesdeutschen Demokratiediskurses nachvollziehen. So seien die Debatten um die bundesdeutsche Demokratiekonzeption bis 1967 maßgeblich von den gesellschaftlichen Funktionseliten – Politiker*innen* und Technokrat*innen* – bestimmt worden. In den Jahren danach hätten hingegen die Ideen der *neuen Linken* den Diskurs dominiert (ebenda: 303). Dabei sei innerhalb der studentischen Bewegung der Terminus *links* zu einer zentralen Chiffre geworden – zu einem „Fahnenwort der Protestaktivisten, eine[r] Bekenntniskategorie zur Konstituierung der Eigengruppe und deren gesellschafts- bzw. systemkritische[r] Weltanschauung" (Kämper 2012: 57).

Phase 3 (1968–1976) und Phase 4 (1977–1989): Die roten Jahre – sozial-liberale Reformära, Modernisierungsskepsis und konservative Wende

Im Verlauf dieser zwanzig Jahre dominiert der Richtungsbegriff *links* die *FAZ*-Kommentarspalten. Während der absolute Anteil an *Rechts*-Nennungen zwischen 1968 und 1989 nur graduellen Schwankungen unterliegt und sich im Vergleich zu den beiden vorhergehenden Jahrzehnten kaum ändert, steigt der Anteil an Kommentaren mit *Links*-Nennungen bis 1976 zunächst sehr deutlich an, geht dann ab 1977 massiv zurück und erreicht Ende der 1980er-Jahre wieder ein den *Rechts*-Nennungen vergleichbares Niveau. Diese *rote Phase* kann demnach in zwei separate Teilperioden gesplittet werden: In eine Phase des Aufstiegs von *links*, die von Ende der 1960er- bis Mitte der 1970er-Jahre andauert, und eine Phase der Normalisierung zwischen 1977 bis 1989, während der sich die Nutzungsfrequenz des Wortstammes *links* wieder deutlich reduziert.

Die Phase des Aufstiegs (1968–1976) entspricht dabei ziemlich genau dem von Koenen (2001) beschriebenen „roten Jahrzehnt", das zunächst von der

benen repräsentiert: *Bewusstsein* und *Selbstbestimmung, autoritär, faschistoid* und *scheindemokratisch* sind typische 68er-Wörter. *Repressive Gesellschaft, herrschaftsfreier Dialog, begrenzte Regelverletzung* sind typische 68er-Formeln. Flugblätter und Parolen, Reden und Resolutionen sind typische 68er-Texte und Textsorten. Nicht enden wollende Diskussionen auf Vollversammlungen und Teach-ins in überfüllten Hörsälen sind typische kommunikative Praktiken der 68er-Zeit. Wörter, Formeln, Textsorten, Kommunikationspraktiken und -stile – diese Aspekte der 68er Sprache [sic] wurden nicht nur interpretiert als Ausdrucksform der 68er-Bewegung, sondern auch als Phänomen eines sprachlichen Umbruchs, einer Zäsur der Sprachgeschichte" (Kämper 2012: 17, Hervorhebungen im Original).

Studentenbewegung, später dann auch vom Terror der *Roten Armee Fraktion* (*RAF*) ganz wesentlich mitgeprägt wurde (ebenda).[122]

Die Phase der Normalisierung (1977–1989) wird gesellschaftspolitisch insbesondere durch das Auftauchen neuer politischer Akteure und alternativer Ideen zur sozialdemokratischen Reformpolitik der späten 1960er- und frühen 1970er-Jahre gekennzeichnet. Zum einen setzte Mitte der 1970er-Jahre der Aufstieg der neoliberalen Denkschule innerhalb der Wirtschaftswissenschaften ein und zum anderen erwuchs aus dem Nukleus der studentischen Linken mit den *Neuen Sozialen Bewegungen* ein kollektiver Akteur, der alternative Formen des politischen Protests innerhalb der bundesdeutschen Gesellschaft verbreitete (Doering-Manteuffel und Raphael 2012: 48–52). Mit den *Grünen* gründete sich 1980 zudem eine Partei, die zum parlamentarischen Sprachrohr einer Vielzahl dieser alternativen Protestbewegungen wurde, für die stellvertretend mit der Friedens-, Frauen-, Umwelt- und Antiatombewegung die einflussreichsten genannt seien (ebenda: 50–52).

Phase 5 (1990–2004): Von der Bonner zur Berliner Republik

Während dieser Periode ist keine kohärente Entwicklung der Richtungsbegriffe auszumachen. Im Vergleich zu den vorangegangenen zwei Jahrzehnten hat die Dominanz des Begriffes *links* jedoch deutlich abgenommen. Zeitgeschichtlich lässt sich diese Phase schwierig verorten: Sie umfasst das Ende des Kalten Krieges ebenso wie das kurze „Ende der Geschichte“ (Fukuyama 1989) und das Ende des „kurzen 20. Jahrhunderts“ (Hobsbawm 2012: 7).

Gesellschaftspolitisch wurden die 1990er-Jahre durch Veränderungen im Zuge der deutschen Wiedervereinigung gekennzeichnet. Neben der Verschiebung des politischen Machtzentrums von Bonn nach Berlin entfaltete vor allem eine Veränderung des Parteiensystems nachhaltigen Einfluss auf die bundesdeutsche Politik. Mit der *PDS*, als einem Atavismus des politischen

122 Die Deutung der 1970er-Jahre als ein ausschließlich *rotes* Jahrzehnt ist in der Forschung indes nicht unumstritten. Vor dem Hintergrund, dass es in Deutschland wie auch in anderen westeuropäischen Staaten nach 1968 durchaus gesellschaftliche und kulturelle Strömungen gab, die „den diffusen Vorstellungen eines sozialdemokratischen bzw. linken Zeitgeistes entgegenliefen“ (Schmidt 2010: 10), erscheint die Frage berechtigt, „ob die 1970er Jahre nicht mit gleichem Recht auch als ein *schwarzes* Jahrzehnt bezeichnet werden könnten“ (ebenda, Hervorhebung im Original). Eine Sammlung von Aufsätzen zu dieser Frage findet sich in dem von Massimiliano Livi, Daniel Schmidt und Michael Sturm (2010) herausgegebenen Band: „Die 1970er Jahre als schwarzes Jahrzehnt“.

Systems der DDR, etablierte sich, nach Gründung der *Grünen* und zunächst vornehmlich in Ostdeutschland, eine zweite Alternative innerhalb der bundesrepublikanischen Parteienlandschaft (Neu 2018). Rückblickend lässt sich die erfolgreiche Etablierung der *PDS/Die Linke* in vielen Bundesländern mit einer weitreichenden Neuorientierung der *SPD* erklären: Wie viele andere sozialdemokratische/sozialistische Parteien in Westeuropas unternahm auch die deutsche Sozialdemokratie in der zweiten Hälfte der 1990er-Jahre den Versuch, sich durch eine programmatische Neuorientierung zu modernisieren und einen „dritte[n] Weg“ (Giddens 1999) zu beschreiten. In Deutschland kulminierte diese Politik der „Neuen Mitte“ (Hombach 1998) im Wahlsieg der *SPD* unter Gerhard Schröder im Herbst 1998, der damit verbundenen Ablösung Helmut Kohls als Bundeskanzler und den Sozial- und Arbeitsmarktreformen von *Rot-Grün* nach der Bundestagswahl 2002.

In dieser Phase ist die Nutzung der Richtungsvokabeln in den Kommentaren der *FAZ* unstetig. Die ausgeprägte Variation in den Mustern der journalistischen Begriffsverwendung spiegelt sich wohl am besten in dem Topos der *Unübersichtlichkeit der Postmoderne* wider, der dem Gefühl eines Verlusts der „Sicherheit und Selbstgewißheit aus den Jahren der Boomphase des traditionellen Industriesystems“ (Doering-Manteuffel und Raphael 2012: 133) einen Namen gibt (ebenda: 90–94). Die Nutzung der Richtungsbegriffe durch die Kommentator*innen* wird dabei weniger von einer langfristigen gesellschaftlichen Entwicklung determiniert, als vielmehr durch einzelne zeitgeschichtliche Ereignisse beeinflusst. Hierbei ist insbesondere an die Gewalttaten militanter Rechtsextremisten in den 1990er-Jahren zu denken. In Analogie zu den *langen sechziger Jahren*, kann zwischen 1990 und 2004 in Bezug auf die Nutzung von *links* und *rechts* in den Kommentaren der *FAZ* von den *langen neuziger Jahren* gesprochen werden.

Phase 6 (2005–2013): Die Gründung der Linkspartei

Während dieses Zeitraums steigt die Nutzungsfrequenz der Richtungsbegriffe in den Kommentaren der *FAZ* nachhaltig an. Dabei manifestiert sich wieder eine Dominanz des Wortstammes *links*. Diese Entwicklung lässt sich am ehesten mit der Parteienfusion von *PDS* und *Wahlalternative Soziale Gerechtigkeit* (*WASG*) erklären und damit als verspätetes Ergebnis der politischen Veränderungen nach der Wiedervereinigung Deutschlands interpretieren. Mit Gründung der *Linken*, im Nachgang der Proteste gegen die Agenda-Politik Gerhard Schröders, ist *links* (wieder) zu einer zentralen Vokabel der

Berichterstattung über Parteien und parlamentarische Politik in Deutschland geworden.

Trotz des Anstiegs der *Links*-Nennungen gegenüber den Jahren zuvor, kann dennoch nicht von einer kohärenten Entwicklung der Begriffsnutzung im Sprachgebrauch der *FAZ*-Kommentator*innen* gesprochen werden. Auch die Verwendung des Wortstammes *rechts* scheint weiterhin, wie schon zwischen 1990 und 2004, maßgeblich von einzelnen Ereignissen abzuhängen. So steigt der Anteil an *Rechts*-Nennungen 2011 und 2012 just zu dem Zeitpunkt an, als die rechtsextremistischen Terrorgruppe *NSU* enttarnt und ein neuerliches *NPD*-Verbotsverfahrens auf den Weg gebracht wurde.

5.2. Die Determinanten der Begriffsnutzung

Nach den deskriptiven Betrachtungen stellt sich nun die Frage, inwieweit ausgewählte Erklärungsfaktoren unter kontrollierten Bedingungen einen statistisch bedeutenden Beitrag zur Charakterisierung der Zeitreihen liefern können. Um dies zu überprüfen, wurden einige dieser zuvor diskutierten Prädikatoren in multiplen Zeitreihenmodellen getestet. Dabei stellen die in Abbildung 5.2 auf Seite 124 abgetragenen Kurvenverläufe die abhängigen Zeitreihen dar. Diese basieren auf den Anteilen der Kommentare eines Quartals, in denen die Wortstämme a) *links* oder *rechts*, b) *links* und c) *rechts* mindestens einmal vorkommen.

Da Zeitreihendaten vielfältigen komplexen zeitlichen Prozessen unterliegen, ist es notwendig, auf spezifische Regressionsverfahren zurückzugreifen, die eine Modellierung der strukturellen Besonderheiten zeitlich geordneter Daten erlauben (Thome 2005: 1–7). Ein ebensolches Verfahren stellt die AR(I)MA-Modellierung nach Box und Jenkins (2013) dar. Auf diese wurde auch bei den folgenden Analysen zurückgegriffen. Da AR(I)MA-Modelle eine vergleichsweise komplexe Modellspezifizierung verlangen, wird nun zunächst die Logik des Verfahrens erläutert. Anschließend werden die einzelnen erklärenden Variablen des Modells näher vorgestellt und die Ergebnisse der Analysen diskutiert.

5.2.1. Die Modellannahmen von Zeitreihenanalysen nach dem AR(I)MA-Verfahren

Zeitreihendaten unterliegen, wie schon erwähnt wurde, komplexen Prozessen, die eine „interne Abhängigkeitsstruktur“ (Thome 2005: 15) hervorbringen. Im Unterschied zu Querschnittdaten werden die einzelnen Fälle einer Zeitreihe nicht unabhängig voneinander realisiert. Vielmehr ist davon auszugehen, dass die einzelnen Fälle einer Zeitreihe autokorrelieren, dies gilt besonders für zeitlich benachbarte Datenpunkte (ebenda: 14). Mit Blick auf die Nutzung der Richtungsvokabeln im Sprachgebrauch der *FAZ*-Kommentator*innen* ist dementsprechend anzunehmen, dass der Anteil der *Links*- und *Rechts*-Nennungen eines Quartals durch die Begriffsverwendung der vorangehenden Quartale beeinflusst wird.

Beschreiben lässt sich die spezifische Abhängigkeitsstruktur einer Zeitreihe durch den Autokorrelationskoeffizienten und die auf diesem basierende Autokorrelationsfunktion. Der Autokorrelationskoeffizent gibt an, wie stark eine Zeitreihe (Z_t) mit der identischen, allerdings um mindestens eine Zeiteinheit (Lag) verschobene Zeitreihe (Z_{t+1}) korreliert. Die Autokorrelationskoeffizienten für die unterschiedlichen Lags bilden zusammen die Autokorrelationsfunktion der Zeitreihe (ebenda: 15–18).

Besonders problematisch bei Regressionen mit zeitlich geordneten Daten ist, dass sich in den Residuen der geschätzten Modelle die internen Abhängigkeitsstrukturen der Zeitreihen widerspiegeln und die Residuen untereinander korreliert sind. Womit eine zentrale Annahme des klassischen Regressionsmodells verletzt wird: Die Unabhängigkeit der Residuen (ebenda: 69). Eine solche Autokorrelation in den Fehlertermen kann u. a. zu einer Über- oder Unterschätzung der Standardfehler eines Regressionskoeffizienten und damit zu einer fehlerhaften Einschätzung der Signifikanz einzelner Prädiktoren führen (ebenda: 207–208). Das AR(I)MA-Verfahren bietet die Möglichkeit, die autoregressiven Prozesse einer Zeitreihenvariable zu kontrollieren.

Bei der Modellierung einer Zeitreihe nach dem AR(I)MA-Verfahren kann zudem auf Moving Average Prozesse zurückgegriffen werden. Moving Average Prozesse sind darauf ausgerichtet, die Wirkung von zufällig auftretenden Ereignissen (externe Schocks) zu begrenzen, wodurch eine sparsame, möglichst parameterarme Spezifizierung des Modells erreicht wird (Möbus und Nagel 1983: 253–254; Thome 2005: 110).

Der Name AR(I)MA setzt sich aus eben diesen beiden Verfahren zur Modellierung einer Zeitreihe zusammen: AR steht für *Autoregression*, MA für *Moving Average* und I für *integrated*. Von einem integrierten ARMA-Modell wird dann gesprochen, wenn eine Zeitreihe gefiltert werden muss, damit sie die allgemeine Modellvoraussetzungen von ARMA-Regressionen erfüllt: die *Stationarität* (Möbus und Nagel 1983: 245; Thome 2005: 78–80, 240). Eine Zeitreihe ist stationär, wenn Mittelwert und Varianz im Zeitverlauf weitgehend stabil sind (Thome 2005: 80). Bei *nicht* stationären Zeitreihen ändert sich dementsprechend das mittlere Niveau und die Varianz im Zeitverlauf. Sie unterliegen möglicherweise einem Trend und/oder werden durch Ausreißer gekennzeichnet (ebenda: 142–143). Während ein Trend die längerfristige Veränderung des mittleren Niveaus einer Zeitreihe beschreibt, stellen Ausreißer „vorübergehende oder andauernde, abrupte oder allmähliche Verschiebungen" (Thome 1992: 43) innerhalb der zeitlich geordneten Daten dar (Becketti 2013: 228; Thome 2005: 78–80, 149).

Die Integration einer Zeitreihe wird gewöhnlich durch die Bildung der Differenzen zwischen benachbarten Datenpunkten vorgenommen:

$$\Delta Z = Z_t - Z_{t1}$$

Die differenzierte Zeitreihe[123] ΔZ setzt sich somit aus der Summe der einzelnen Steigungsparameter der ursprünglichen Zeitreihe Z zusammen (Thome 2005: 52–55, 148–149). Ein solche Differenzierung kann entweder manuell erfolgen, oder als Bestandteil der AR(I)MA-Routine eines Statistikprogramms durchgeführt werden. Auch die erklärenden Variablen einer Zeitreihenregression müssen auf Stationarität geprüft und gegebenenfalls differenziert werden (Möbus und Nagel 1983: 277, Thome 2005: 240). Eine Differenzierung der Regressoren sollte zudem auch dann erfolgen, wenn die abhängige Zeitreihe integriert werden muss, da sich ansonsten die Interpretation der Modellparameter verändert (Thome 2005: 188).

Aus Abbildung 5.2 auf Seite 124 ist zu erkennen, dass die in dieser Arbeit untersuchten drei abhängigen Zeitreihen eher *nicht* stationär sind. Dies gilt ohne Einschränkung für die Zeitreihen der *Links*- und der *Links*- oder *Rechts*-Nennungen. Bei beiden verändert sich das mittlere Niveau zwischen 1949 und 2013 erheblich. Bei der Zeitreihe der *Rechts-Nennungen* ist dies hingegen nicht offensichtlich. Zwar unterscheiden sich auch hier Mittelwert

123 Zeitreihen, die erst nach einer Differenzierung die Modellvoraussetzung der Stationarität erfüllen, werden als differenzstationäre Zeitreihen bezeichnet (Thome 2005: 149).

und Varianz über die Untersuchungsperioden hinweg, doch fallen diese Unterschiede undeutlicher aus als in den beiden anderen Fällen und liegen möglicherweise in einem zu tolerierenden Grenzbereich. Um die strukturellen Unterschiede zwischen den Zeitreihen deutlicher hervorzuheben, sind in Abbildung 5.4 auf Seite 136 die Varianzen der abhängigen Variablen über den gesamten Betrachtungszeitraum rollierend dargestellt.[124] Danach ist die Varianz der Zeitreihe mit den Anteilen der *Rechts*-Nennungen erkennbar stabiler als die der *Links*- und der *Links-Rechts*-Nennungen, die sich seit Mitte der 1960er-Jahre deutlich verändern. Allerdings zeigt sich auch bei der *Rechts*-Reihe im letzten Drittel des Betrachtungszeitraumes eine sichtbare Veränderung der Variation. Was darauf hindeutet, dass auch diese Zeitreihe *nicht* stationär ist.

Neben einer graphischen Analyse der Zeitreihenstruktur, wird die Stationarität zeitlich geordneter Daten gewöhnlich mit dem *augmented Dickey Fuller Test* geprüft. Im Zuge dieses Test wird „eine Nullhypothese, wonach der vorliegende Prozeß differenzstationär sei, gegen die Alternativhypothese, er sei stationär oder trendstationär, getestet" (Thome 2005: 157). Die Testergebnisse[125] zeigen, dass die *Links-Rechts*- und die *Links*-Zeitreihe *nicht* stationär sind und vor der Regressionsanalyse differenziert werden müssen. Bei der Zeitreihe mit den *Rechts*-Nennungen ist eine Differenzierung dagegen nicht unbedingt notwendig. Allerdings fallen die Testergebnisse sehr knapp aus. Aus diesem Grund und wegen inhaltlicher Erwägungen wurde die *Rechts*-Reihe dennoch in einen differenzstationären Prozess umgewandelt. Dadurch bilden alle drei abhängigen Zeitreihen der Regressionen die Steigung der Ausgangsreihe ab, so dass deren Ergebnisse leichter untereinander verglichen werden können.

Die Spezifizierung der weiteren Parameter des AR(I)MA-Modells, für die gewöhnlich die Buchstaben „p" für die AR- und „q" für die MA-Komponente stehen, wird in erster Linie über die Interpretation der Autokorrelationsfunktion und der partiellen Autokorrelationsfunktion vorgenommen. Während, wie schon erläutert wurde, die Autokorrelationsfunktion angibt, wie stark die Datenpunkte einer Zeitreihe korreliert sind, lässt die partielle Autokorre-

124 Die Basis der Berechnung stellt ein Fenster der Größe von 20 Quartalen dar. Dieses Fenster verschiebt sich, beginnend mit dem Zeitraum 4. Quartal 1949 bis 3. Quartal 1953 jeweils um eine Zeiteinheit über die Datenpunkte hinweg. Für die einzelnen Zeitabschnitte wird dann jeweils die Varianz des Anteils der Kommentare mit Richtungsbegriffsnennung berechnet. Zur Verwendung des Rolling-Befehls in Stata siehe Yaffee (2007: 6–7).

125 Die Testergebnisse für alle verwendeten Variablen sind im Anhang B verfügbar.

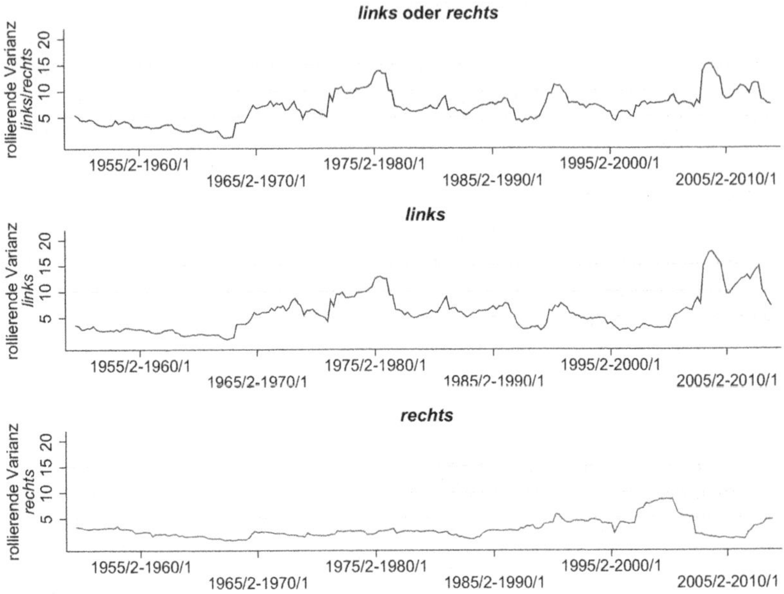

Anmerkungen: Die Berechnungen basieren auf den relativen Anteilen der Kommentare mit mindestens einer *Links*-, einer *Rechts*- und einer *Links*- oder *Rechts*-Nennung in einem Quartal. Ein Datenpunkt erfasst jeweils die Varianz eines Fensters von 20 Quartalen. Beginnend mit dem Zeitraum zwischen dem 4. Quartal 1949 und dem 3. Quartal 1953 wurde dieses Fenster über alle drei Zeitreihen verschoben und für den jeweiligen Zeitraum die Varianz berechnet.

Abbildung 5.4.: Rollierende Varianz der abhängigen Zeitreihen in den Regressionsmodellen

lationsfunktion eine Aussage über die Stärke des Zusammenhang zwischen Z_t und Z_{t-2} unter Kontrolle von Z_{t-1} zu – entsprechend des Prinzips der partiellen Korrelation (Thome 2005: 99–100). Die Modellidentifikation ist häufig komplex und nicht immer eindeutig, da es verschiedene angemessene Spezifizierungen der Modellparameter geben kann. So lassen sich die Abhängigkeitsstrukturen einer Zeitreihe bisweilen als AR-, MA- oder ARMA-Prozesse modellieren.[126]

126 Box und Jenkins (1976) schlagen für einen solchen Fall vor, dem Prinzip der *Parsimony* zu folgen und das am sparsamsten parameterisierte Modell auszuwählen (siehe auch Becketti 2013: 253).

Nachdem die basalen methodischen Grundlagen der Analyse von Zeitreihendaten erläutert wurden, werden nun die erklärenden Variablen der Modelle vorgestellt und diskutiert. Die Begründung der Variablenauswahl orientiert sich sowohl an den theoretischen Überlegungen zur Transformation der Semantiken von *links* und *rechts* aus Kapitel 3.2 als auch an den Ergebnissen der deskriptiven Betrachtungen der drei abhängigen Zeitreihen in Kapitel 5.1.

5.2.2. Beschreibung der unabhängigen Variablen

Die Auswahl der Prädiktoren unterlag einer Reihe von Restriktionen. Insbesondere der lange Betrachtungszeitraum von sechseinhalb Jahrzehnten erschwerte die Suche nach Variablen zur Operationalisierung der hergeleiteten Erklärungsfaktoren. Einige aus theoretischer Perspektive zentral erscheinende Einflussfaktoren konnten entweder gar nicht oder nur über einen Teil des Betrachtungszeitraums hinweg operationalisiert werden. Um dennoch eine umfassende und aussagekräftige Analyse durchführen zu können, wurden verschiedene Regressionen gerechnet, die sich hinsichtlich des Betrachtungszeitraumes und einzelner Prädiktoren unterscheiden. Das Set der Erklärungsfaktoren der berechneten AR(I)MA-Regressionen ist daher variabel. Die theoretischen Vorüberlegungen und ersten deskriptiven Betrachtungen legen nahe, dass die Verläufe der Zeitreihen maßgeblich durch die folgenden gesellschaftspolitischen Erklärungsfaktoren charakterisiert werden können:

Wahlen

Es ist anzunehmen, dass in der Zeit vor und nach Wahlen häufiger Zeitungskommentare erscheinen, die sich explizit mit der parlamentarischen Politik, Parteien und Poltiker*innen* auseinandersetzen. Werden die Richtungsbegriffe als Chiffren zur Darstellung politischer Positionen verstanden und auch als solche verwendet, so sollte sich dies in einer erhöhten Nutzungsfrequenz in zeitlicher Nähe zu Wahlen niederschlagen. Dies gilt sowohl in Bezug auf die Kommentierung des politischen Geschehens in der Bundesrepublik als auch mit Blick auf die Berichterstattung über Wahlen im Ausland.

Um den dargelegten Zusammenhang zu testen, wurden drei erklärende Variablen mit Wahlbezug in die AR(I)MA-Modelle aufgenommen:

a) Eine Dummy-Variable „Bundestagswahl", die in den Quartalen einer Bundestagswahl den Wert „1" zugewiesen bekommt und ansonsten den Wert „0" annimmt.

b) Eine zweite Variable bildet die absolute Zahl der Landtagswahlen innerhalb eines Quartals ab.

c) Die dritte Variable ist wiederum eine Dummy-Variable. Allen Quartalen, in denen mindestens eine Hauptwahl in den Vereinigten Staaten, Frankreich, Großbritannien oder Italien stattgefunden hat, wurde eine „1" zugewiesen, allen anderen eine „0".[127]

Politischer Extremismus und Radikalismus

Wie in der Einleitung (Kapitel 1.2.1) dargelegt wurde, stellen die Wortstämme *links* und *rechts* zentrale Kategorien bei der Beschreibung und Analyse von politischem Extremismus und von radikalen politischen Orientierungen dar. Es ist daher anzunehmen, dass die Nutzungsfrequenz der Wortstämme *links* und *rechts* zunimmt, wenn es zu einer verstärkten Berichterstattung über politischen Extremismus kommt.

Die Ergebnisse der deskriptiven Betrachtungen scheinen diesen Zusammenhang zu bestätigen: Zum einen liegt der Anteil an Kommentaren, in denen *links* vorkommt, in den 1970er-Jahren besonders hoch, der Ära des militanten Linksextremismus in der Bundesrepublik. Zum anderen griffen die *FAZ*-Kommentator*innen* verstärkt auf den Wortstamm *rechts* zurück, wenn es in Deutschland zu ausländerfeindliche Gewalttaten kam oder Parteien der radikalen Rechten ins Zentrum der öffentlichen Aufmerksamkeit gerückt sind, sei es durch Wahlerfolge oder Debatten um ein Parteiverbot (siehe Kapitel 5.1.2).

Die Operationalisierung des politischen Extremismus stellt sich vergleichsweise schwieriger dar. Eine Reihe naheliegender Indikatoren – wie die Zahl der rechts- beziehungsweise linksextremistischen Straftaten – fällt aus, da entweder Datenpunkte fehlen oder sich die Berechnungsgrundlage der öffentlichen Statistik über den Betrachtungszeitraum hinweg geändert hat. Auch über

127 Es wurden nur Länder berücksichtigt, die über den gesamten Betrachtungszeitraum hinweg demokratisch verfasst waren. Staaten wie Spanien oder Polen, die erst während des Betrachtungszeitraumes zu Demokratien wurden, fallen damit aus der Analyse heraus.

Proteste links- und rechtsradikaler Gruppierungen – etwa die Zahl der angemeldeten Demonstrationen – liegen keine passenden statistischen Daten vor.

Statt auf die Kriminalitätsstatistik oder ähnliches zurückzugreifen, wurden zwei Variablen in die Regressionen aufgenommen, die das Ausmaß des parlamentarischen Erfolgs von Parteien des rechten und linken Randes messen: a) Eine Variable, die in den Quartalen eine „1“ annimmt, in denen mindestens eine Partei des linken Randes in ein deutsches Landesparlament einziehen konnte und b) eine entsprechende Variable für die Parteien des rechten Randes. Zu den bei Wahlen erfolgreichen radikalen Linksparteien werden die *KPD* und der *DDU*[128] gezählt und die Parteien des rechten Randes umfassen die *SRP*, die *NPD*, die *DVU* und die *REP*.[129] Die für die Bildung der Variablen notwendigen Informationen zu den Erfolgen von Parteien des linken und rechten Randes wurden der Internetseite Wahlrecht.de (Zicht und Cantow 2016) entnommen, deren Inhalte sich auf die amtliche Wahlstatistik beziehen.

Politischer Protest

Es ist davon auszugehen, dass neben der Kommentierung von Wahlen und politischem Extremismus auch bei der Analyse politischen Protestverhaltens auf die beiden Richtungsbegriffe zurückgegriffen wird, denn auch die politischen Positionen außerparlamentarischer Protestgruppen lassen sich als *links* oder *rechts* beschreiben. Die Verläufe der untersuchten Zeitreihen werden somit vermutlich durch das Ausmaß außerparlamentarischen Protests in der Bundesrepublik gekennzeichnet. Dies gilt nicht nur für den Protest im Allgemeinen, sondern auch mit Blick auf die thematische Ausrichtung einzelner Interventionen. Je nachdem, ob die Protestbewegungen linke oder rechte Anliegen vertreten, sollten sich deren Aktivitäten auf die Nutzung der Wortstämme *links* und *rechts* im Sprachgebrauch der *FAZ*-Kommentator*innen* auswirken.

In Analogie zur Messung des politischen Extremismus stellt sich auch die Operationalisierung politischen Protests relativ schwierig dar. Es ist keine

128 Die DDU war eine deutsche Kleinpartei, die fast ausschließlich innerhalb des Saarlandes agierte und dort bei den Landtagswahlen 1960 zwei Parlamentssitze gewinnen konnte. Die DDU ging 1970 in der *DKP* auf (Winkler 2008: 376–377).

129 Zur Einordnung der aufgezählten Parteien der radikalen Rechten siehe etwa Pfahl-Traughber (2001) und Stöss (2013: 581–609)

amtliche Statistik verfügbar, die das Ausmaß und das Thema von politischen Protesten zwischen 1949 und 2013 in einem angemessenen Maß abbildet. Abhilfe schafft in diesem Fall die Verwendung eines Datensatzes, der im Rahmen des Projektes *Dokumentation und Analyse von Protestereignissen in der Bundesrepublik* (*PRODAT*) erstellt wurde (Rucht 2001: 315). Das Ziel von *PRODAT* bestand in der Vermessung des politischen Protest in der Bundesrepublik zwischen 1950 und 2002. Dazu wurde die Berichterstattung in den überregionalen Teilen der Tageszeitungen *SZ* und *FR* analysiert. Der untersuchte Textkorpus setzt sich aus Artikeln zusammen, in denen über Protestereignisse in der Bundesrepublik Deutschland[130] berichtet wurde. Ein *Protestereignis* stellt nach der *PRODAT*-Arbeitsdefinition eine „‚kollektive, öffentliche Aktion nicht staatlicher Träger [dar], die Kritik oder Widerspruch zum Ausdruck bringt und mit Formulierung eines gesellschaftlichen oder politischen Anliegens verbunden ist'" (ebenda: 316). Die Artikel, die im Sinne dieser Arbeitsdefinition Protestereignisse schildern, wurden nach verschiedenen Protestmerkmalen codiert. Dazu zählen u. a. die Teilnehmerzahl, die Trägergruppen sowie die Inhalte und Formen des Protests.[131]

Auf Grundlage dieser Daten war es nun möglich, verschiedene Variablen zu erstellen, die das Ausmaß politischer Protestereignisse in Deutschland im Zeitverlauf abbilden. Dazu wurde die Summe der im *PRODAT*-Datensatz gezählten Protestereignisse zu vierteljährlichen Aggregaten gebündelt. Eine der neu gebildeten Variablen erfasst die Gesamtzahl der Proteste eines Quartals, die übrigen Variablen geben Auskunft über die Protestformen und -inhalte. Dabei konnte zwischen drei Protestformen unterschieden werden: a) moderaten Protesten (zum Beispiel Proteste in Form von Flugblättern, Pressekonferenzen, gerichtliche Klagen und Verfahrenseinsprüche), b) demonstrativen Protesten (zum Beispiel legale Demonstrationsmärsche oder Streiks) und c) konfrontativen/gewalttätigen Protesten (zum Beispiel illegale Demonstrationsmärsche, Blockaden, Besetzungen oder Gewalttaten). Die betrachteten Protestinhalte umfassen die Themen: a) Demokratie, b) Arbeitnehmerfragen, c) Umweltschutz/Atomkraft und d) Minderheiten/Minderheitenrechte.[132]

130 Für die Jahre 1989 und 1990 wurden auch Artikel über Protestereignisse auf dem Gebiet der DDR aufgenommen (Rucht 2001: 316).

131 Eine ausführliche Beschreibung des *PRODAT*-Projektes findet sich bei Rucht (2001).

132 Für eine genauere Erläuterung der *PRODAT*-Codierungen siehe die Dokumentation des Projektes auf der Internetseite des WZB: Neben einem Codebuch (Rucht 2010), kann dort auch der aktuelle *PRODAT*-Datensatz (Rucht und Teune o. J.) heruntergeladen werden.

Die Auswahl der Protestthemen richtet sich dabei nach den zentralen Inhaltsdimensionen des Links-Rechts-Gegensatzes: der ökonomischen und der soziokulturellen Dimension sowie dem Konflikt zwischen wirtschaftlichem Wachstum und gesellschaftlicher Nachhaltigkeit (siehe Kapitel 3.2). Dabei ist zu erwarten, dass es in Zeiten massiver Proteste gegen Atomkraft, für den Erhalt der Umwelt, aber auch durch die klassische Forderung nach einer weitreichenden Emanzipation gesellschaftlich benachteiligter Personengruppen zu einem deutlichen Ansteigen der Verwendung des Begriffes *links* kommt. Im Gegensatz dazu sollte in Zeiten starker Proteste gegen politische Minderheiten eine häufigere Verwendung des Begriffes *rechts* zu beobachten sein. Die Auswahl der einzelnen Protest-Variablen ist in Tabelle 5.2 auf Seite 143 zusammenfassend dokumentiert. Da der *PRODAT*-Datensatz nur den Zeitraum zwischen 1950 und 2002 abdeckt, werden mit Blick auf die Analyse des politischen Protests als Prädiktor der Richtungsbegriffsnutzung gesonderte AR(I)MA-Regressionen gerechnet.

Der Einfluss singulärer Ereignisse

Neben den bislang vorgestellten Prädiktoren zur Beschreibung der Nutzung von *links* und *rechts* in den Kommentaren der *FAZ* wurden noch vier weitere Variablen in das Basismodell aufgenommen. Diese Variablen bilden singuläre Ereignisse ab, die im Zuge der beschreibenden Analyse der Zeitreihen als Interventionsfaktoren identifiziert wurden. Die modellierten Ereignisse liegen alle im Zeitraum von 1990 bis 2013 und damit in den Nutzungsphasen fünf und sechs (siehe Kapitel 5.1.2). Im Vergleich zu den vier Nutzungsphasen vor 1990 weisen die untersuchten Zeitreihen seit 1990 keine längerfristigen Trends auf. Sie werden vielmehr durch strukturelle Brüche charakterisiert, die eine meist kurzfristige Veränderung des mittleren Niveaus der Zeitreihe nach sich ziehen. Diese durch Ausreißer gekennzeichnete Entwicklung legt den Einfluss einzelner Ereignisse auf die Entwicklung der Richtungsbegriffsnutzung nahe.

Bei einem Ereignis wird ein Effekt auf die Nutzung des Wortstammes *links*, bei den übrigen drei auf die Verwendung von *rechts*, erwartet. Das Ereignis mit Wirkung auf die *Links*-Reihe stellt der Zusammenschluss von *PDS* und *WASG* zur Partei *Die Linke* dar, der im Sommer 2005 mit der Umbenennung der *PDS* in *Linkspartei.PDS* begann. Dabei wird eine zweistufige Ereigniswirkung erwartet. Kurzfristig sollte der Parteigründungsprozess zu einer sprunghaften Erhöhung der Verwendung des Wortstammes *links* in den Kommentaren der *FAZ* geführt haben. Der Verschmelzungsprozess selbst dürfte häufiger Thema eines Kommentars gewesen sein, was zu einem Anstieg der *Links*-Nennungen geführt haben sollte. Nach der Etablierung der *Linken* in der deutschen Parteienlandschaft sollte sich der *Linkspartei-Effekt* mittel- und langfristig abgemildert haben. Die Nutzung des Wortstammes *links* sollte dennoch über dem Ausgangsniveau zu Beginn des Fusionsprozesses von *PDS* und *WASG* liegen. Die entsprechende Variable wurde als Dummy codiert. Sie nimmt ab dem zweiten Quartal 2005, dem Zeitpunkt Umbenennung der *PDS* in *Linkspartei.PDS*, den Wert „1“ an und bekommt davor den Wert „0“ zugewiesen.

Auch die Ereignisvariablen, bei denen ein Einfluss auf die Verwendung des Wortstammes *rechts* vermutet wird, sind als Dummies modelliert. In den Quartalen, in denen die Ereignisse stattfanden wurden sie mit „1“ und ansonsten mit „0“ codiert. Eine Wirkung auf die Entwicklung der Zeitreihe mit den *Rechts*-Nennungen wird von drei spezifischen Ereignissen erwartet:

a) Den ausländerfeindlichen Gewaltexzessen zu Beginn der 1990er-Jahre in Hoyerswerda (3. und 4. Quartal 1991), Rostock (3. Quartal 1992), Mölln (4. Quartal 1992) und Solingen (2. Quartal 1993), die nach einer Ereigniskategorisierung von Bytzek (2007: 153–168, 2008: 440–442) in den jeweiligen Quartalen im Fokus der bundesdeutschen Medienöffentlichkeit standen.

b) Dem ersten *NPD*-Verbotsverfahren in den frühen 00er-Jahren. Dabei wurde nicht allein der Kernzeitraum des Verfahrens zwischen Januar 2001 und März 2003 erfasst, sondern die im Voraus geführte Debatte um das Parteiverbot miteinbezogen. Die Debatte begann im Juli 2000 nach einem Sprengstoffanschlag auf jüdische Migranten in Düsseldorf, hinter dem rechtsextremistische Motive vermutet wurden (Flemming 2005). Dementsprechend wurde diese Variable vom 3. Quartal 2000 bis zum 1. Quartal 2003 mit „1“ und davor und danach mit „0“ codiert.

c) Der im November 2011 erfolgten Enttarnung der Rechtsterroristen des *NSU*. Die entsprechende Variable ist im 4. Quartal 2011 mit „1“ und zu den übrigen Zeitpunkten mit „0“ codiert.

Tabelle 5.2.: Kennzahlen zu den quartalsweise aggregierten abhängigen und unabhängigen Variablen des AR(I)MA-Modells

Variablen	Zeitraum	Minimum	Maximum	Mittelwert	Varianz	N
abhängige Variablen						
Anteil Kommentare mit *links* oder *rechts* (%)	1949–2013	2,22	22,76	9,94	14,96	257
Anteil Kommentare mit *links* (%)	1949–2013	1,27	21,47	8,09	14,42	257
Anteil Kommentare mit *rechts* (%)	1949–2013	0,77	12,97	4,45	3,51	257
unabhängige Variablen						
Bundestagswahlen	1949–2013	0	1	0,07	0,06	257
Wahlen international	1949–2013	0	1	0,24	0,18	257
Landtagswahlen	1949–2013	0	7	0,79	1,07	257
Landtagseinzug Rechtsradikale	1949–2013	0	1	0,09	0,08	257
Landtagseinzug Linksradikale	1949–2013	0	1	0,02	0,02	257
Linkspartei	1949–2013	0	1	0,13	0,12	257
rechtsextreme Gewalttaten	1949–2013	0	1	0,02	0,02	257
NPD-Verbotsverfahren	1949–2013	0	1	0,04	0,04	257
NSU-Enttarnung	1949–2013	0	1	0,00	0,00	257
Proteste	1950–2002	9	275	72,44	2105,76	212
moderate Proteste	1950–2002	0	144	24,36	338,63	212
demonstrative Proteste	1950–2002	3	130	35,35	668,86	212
konfrontative Proteste	1950–2002	0	111	18,42	354,83	212
Thema Demokratie	1950–2002	2	209	25,71	514,44	212
Thema Arbeitnehmer	1950–2002	0	64	13,41	247,88	212
Thema Umwelt/Atom	1950–2002	0	69	7,46	106,16	212
Thema Minderheiten	1950–2002	0	156	7,12	287,37	212

5.2.3. Ergebnisse

Nachdem die erklärenden Variablen vorgestellt und die erwarteten Effekte diskutiert wurden, richtet sich der Blick nun auf die Ergebnisse der berechneten Zeitreihenregressionen, die in den Tabellen 5.3 bis 5.6 auf den Seiten 153 bis 156 dargestellt sind. Im oberen Teil der Tabellen sind die Effektstärken und Signifikanzen[133] der unabhängigen Variablen (z-standardisiert) aufgeführt.[134] Unmittelbar darunter befinden sich die spezifizierten Parameter des ARMA-Modells, die beschreiben wie die internen Abhängigkeitsprozesse der zu erklärenden Zeitreihe modelliert wurden. Die der Spezifizierung der ARMA-Parameter zu Grunde liegenden Autokorrelations- und partiellen Autokorrelationsfunktionen sind im Anhang B verfügbar. Zudem finden sich dort für jedes der dargestellten Modelle die Ergebnisse des *Portmanteau Q* und des *Cumulative Periodogram White-Noise-Test*, mit denen die Spezifi-

133 Die Signifikanzen wurden auf Basis *robuster* Standardfehler (White 1980) berechnet. Der Rückgriff auf *robuste* Standardfehler ist sinnvoll, da in (einzelnen) Modellen die Residualvarianz variiert, also heteroskedastische Fehlerterme auftreten (Wooldridge 2009: 267).

134 An dieser Stelle lässt sich durchaus diskutieren, ob es überhaupt notwendig und sinnvoll ist, bei der Ergebnisinterpretation auf die Betrachtung von Signifikanzen zurückzugreifen. Da es sich bei den abhängigen Zeitreihen um Vollerhebungen handelt, wird nicht von der Stichprobenpopulation auf die Grundgesamtheit geschlossen. Dies lässt einen Test der Irrtumswahrscheinlichkeit zunächst einmal überflüssig erscheinen, da keine Stichprobenfehler auftreten. Allerdings lässt sich eine Vollerhebung durchaus als ein fehlerbehafteter (etwa im Zuge der Datenerhebung) stochastischer Prozess verstehen, wodurch die Anwendung eines Tests auf die Signifikanz der gefundenen Effekte zumindest sinnvoll, wenn nicht gar notwendig erscheint (siehe die Kontroverse zwischen Behnke 2005, 2007 und Broscheid und Gschwend 2003, 2005). Mit Blick auf die in dieser Untersuchung vorgenommene Datenerhebung zeigt sich im Zuge der in Kapitel 4.4 durchgeführten Reliabilitätstests, dass Messfehler aufgetreten sind. Daher ist es durchaus angemessen, bei den Ergebnisbetrachtungen auf die Signifikanzen der geschätzten Regressionskoeffizienten einzugehen (kritischer Behnke 2005: 6–8). Doch auch aus einem zweiten Grund erscheint es sinnvoll, die Irrtumswahrscheinlichkeiten in die Ergebnisbetrachtung miteinzubeziehen. Denn wie Broscheid und Gschwend (2003: 19) unter Bezugnahme auf McCleary und Hay (1980) hervorheben, lassen sich zeitlich geordnete Datenreihen als Stichprobe einer *Superpopulation* verstehen: „Jeder Datenpunkt einer Zeitreihe besteht aus einem Datenpunkt, der die Gesamtpopulation an einem bestimmten Zeitpunkt misst. Im Gegensatz zu anderen Vollerhebungen wird die Population in einer Zeitreihe wiederholt gemessen. Durch ihren Ursprung in einer identischen (oder als identisch angenommenen) Population sind die aufeinander folgenden Werte nicht notwendigerweise unabhängig voneinander, aber sie sind durch stochastische Faktoren beeinflusst“ (Broscheid und Gschwend 2003: 19). Dabei kann das Problem der seriellen Abhängigkeit der Daten innerhalb des berechneten Modells korrigiert werden, so dass es möglich ist, unverzerrte Standardfehler zu berechnen (siehe Kapitel 5.2.1).

zierung der Modelle überprüft wurde. Bei beiden Tests handelt es sich um der Modellschätzung nachgelagerte Überprüfungen der Residuen auf Autokorrelation (Becketti 2013: 254–256). Im unteren Drittel der Tabellen sind schließlich noch die Fallzahlen und ausgewählte Kriterien zur Einschätzung der Modellgüte (aic, bic) abgetragen.

Der Analysefokus liegt zunächst auf den Modellen, deren erklärende Variablen über den gesamten Untersuchungszeitraum hinweg erhoben werden konnten (Basismodelle). Danach werden die Modelle diskutiert, deren Prädiktorenset um die vorgestellten Protest-Variablen erweitert wurde (Protestmodelle). Für jedes Set an unabhängigen Variablen wurden jeweils drei Modelle gerechnet: Eines für den Anteil an Kommentaren mit *Links-* oder *Rechts-*Nennungen, eines für den Anteil an Kommentaren mit *Links-*Nennungen und eines für den Anteil an Kommentaren mit *Rechts-*Nennungen. Im Fokus der folgenden Analysen stehen dabei insbesondere die Modelle mit *Links-* und die Modelle mit *Rechts-*Nennungen. Die Ergebnisse des *Links-Rechts-*Modells werden vornehmlich zur Überprüfung der Plausibilität der Ergebnisse des *Links-* und des *Rechts-*Modells herangezogen.

Die Basismodelle

Zu Beginn ein Blick auf Tabelle 5.3 auf Seite 153: Darin sind die Ergebnisse der Modelle für den gesamten Betrachtungszeitraum (1949 bis 2013) dargestellt. Es lässt sich zunächst feststellen, dass die spezifizierten Modelle die abhängigen Zeitreihen unterschiedlich gut beschreiben. Werden *Akaike´s Information Criterion* (*aic*) und das *Bayesian Information Criterion* (*bic*) zur Beurteilung des Modellfits herangezogen, fällt die Anpassung für das *Links-*Modell am besten aus. Beide Kriterien liegen beim *Links-*Modell deutlich niedriger (aic: 462.36, bic: 519.08), als beim *Rechts-* (aic: 675.29, bic: 735.56) und beim *Links-Rechts-*Modell (aic: 498.62, bic: 555.35).[135] Gleiches gilt für die um Protestvariablen erweiterten Modelle (Tabelle 5.4 bis Tabelle 5.6). Auch in diese Fällen weist nach dem AI- und dem BI-Kriterium das *Links-*Modell den besten Fit auf.

135 Bei beiden Kriterien weisen niedrigere Werte auf einen besseren Modelfit hin als höhere (Thome 2005: 140). Im Gegensatz zu einem Gütemaße, wie dem R^2, folgt die Berechnung des *aic* und des *bic* nicht der Logik, dass eine höhere Parameterzahl gleichbedeutend mit einer besseren Anpassung ist, sondern berücksichtigt, dass durch die Aufnahme überflüssiger Modellparameter die Unsicherheit bei der Prognose steigt (Schlittgen und Streitberg 1999: 334–335; Thome 2005: 140). Beide Kriterien folgen dem „**Prinzip der Sparsamkeit**, nach dem möglichst einfache Modelle ausgewählt werden sollen“ (Schlittgen und Streitberg 1999: 334, Hervorhebung im Original).

Doch nicht nur der Fit der modellierten Basismodelle variiert, vielmehr wird die Verwendung der Richtungsvokabeln auch durch unterschiedliche Faktoren beeinflusst. Während sich der Anteil an Kommentaren mit *Links*-Nennung in Quartalen, in denen eine Bundes- oder Landtagswahl stattfanden, signifikant erhöhte, stieg die Nutzung des Begriffes *rechts* in Zeiten von Wahlkämpfen nicht wesentlich an. Hingegen kam es zu einer leichten Steigerung des Anteils der Kommentare mit *Rechts*-Nennung, wenn Parteien der radikalen Rechten, wie der *DVU*, der *NPD*, den *REP* oder der *SRP*, in einen oder mehrere Landtage einzogen. Allerdings liegt die Signifikanz des Effekts ($\beta = 0.10$) knapp oberhalb der in der Regressionstabelle ausgewiesenen Grenze von $p < 0.05$.

Jedoch gibt es neben den Unterschieden auch einen Faktor, der die Nutzung von *links* wie *rechts* gleichermaßen positiv beeinflusst: „Wahlen international". Wenn in den Vereinigten Staaten, Italien, Großbritannien oder Frankreich Parlaments- oder Präsidentschaftswahlen anstanden, wurde von den Kommentator*innen* sowohl auf den Wortstamm *links* als auch den Wortstamm *rechts* häufiger zurückgegriffen als in wahlfreien Zeiten. Im *Rechts*-Modell weist die entsprechende Variable mit 0.27 sogar den stärksten signifikanten Regressionskoeffizienten auf. Im *Links-Modell* liegt der entsprechende Koeffizient mit einem Wert von 0.14 hingegen auf einem niedrigeren Niveau. Nichtsdestotrotz stellen beide Vokabeln für die *FAZ*-Kommentator*innen* ganz offensichtlich wichtige Vokabeln zur Kommentierung der politischen Verhältnisse und Konstellationen in den vier genannten Demokratien dar. Die Richtungsunterscheidung dient ihnen dabei wohl in erster Linie als Shortcut zur Vermittlung der grundlegenden ideologischen Position der politischen Akteur*innen* des jeweiligen Landes, deren politische Einstellungen den Leser*innen* weniger bekannt sein dürften.

Aus Tabelle 5.3 ist ferner zu erkennen, dass ein Teil der in die Modelle aufgenommenen Ereignisvariablen einen messbaren Beitrag zur Beschreibung der Zeitreihen liefert. Dabei nimmt die Interventionsvariable „*NSU*-Enttarnung" einen positiven Einfluss auf den Anstieg der *Rechts*-Nennungen ($\beta = 0.14$). Interessant ist nun, dass die *NSU*-Variable auch die Nutzung des Wortstammes *links* – allerdings *negativ* (β=-0.07) und nur auf einem 10-prozentigen Signifikanzniveau – beeinflusst. Dieses Ergebnis entspricht den deskriptiven Betrachtungen (siehe Abbildung 5.2 auf Seite 124 und Tabelle 5.3 auf Seite 125). Das Bekanntwerden der *NSU*-Mordserie hat demnach nicht nur zu einem offensichtlichen Anstieg der *Rechts*-Nennungen geführt, sondern gleichfalls zu einer temporären Verdrängung des Wortstammes *links* aus den Kommentarspalten der *FAZ* beigetragen. Der entscheidende Grund für diese Entwicklung dürfte darin zu suchen sein, dass sich die mediale Aufmerksamkeit in Deutschland in dieser Zeit verstärkt auf das Themenfeld *Rechtsextremismus* konzentriert hat und dadurch die Auswahl der täglichen Kommentarthemen maßgeblich beeinflusst wurde.

Ein weiterer vergleichsweise starker, jedoch knapp über dem 5-prozentigen Signifikanzniveau liegender Effekt (β=0.16) auf die *Rechts*-Nennungen geht von der *NPD*-Verbots-Variable aus. Wonach die Nutzung des Wortstammes *rechts* im ersten Drittel der 00er-Jahre durch die Debatten um ein Verbot der *NPD* katalysiert wurde. Von der dritten mit den Entwicklungen der *Rechts*-Nennungen in Verbindung gebrachten Ereignisvariable „Rechtsextreme Gewalttaten" geht hingegen im multiplen Regressionsmodell kein Einfluss auf die Nutzung des Richtungsbegriffes aus.

Bleibt noch ein einflussreicher Prädiktor hervorzuheben, der bislang nicht angesprochen wurde: Die Gründung der *Linkspartei*. Die zur Modellierung dieses Ereignis gebildete Variable hat einen signifikanten und sehr deutlichen Effekt auf die Verwendung des Wortstammes *links*. Mit einem Wert von 0.23 weist der Prädiktor *Linkspartei*, entsprechend der theoretischen Überlegungen und deskriptiven Betrachtungen, den mit Abstand stärksten Regressionskoeffizienten innerhalb des *Links*-Modelles auf.

Die Modelle mit Protestvariablen

Doch wie robust erweisen sich die gefundenen Effekte in einem um die Protestvariablen erweiterten Modell? Eine Antwort auf diese Frage bieten die Tabellen 5.4 bis 5.6 auf den Seiten 154 bis 156. Darin sind die Ergebnisse der entsprechend ergänzten Modelle abgebildet. Die Erklärungskraft der Protestdimension wurde dabei auf drei verschiedenen Wegen getestet: In Variante eins (Tabelle 5.4) wurde die absolute Zahl der im *PRODAT*-Datensatz dokumentierten Proteste in Deutschland aufgenommen. In Variante zwei (Tabelle 5.5) wurde zwischen drei Protestformen (moderat, demonstrativ und konfrontativ) unterschieden und in Variante drei (Tabelle 5.6) wurden die Proteste nach Inhalten (Demokratie, Arbeit, Umwelt/Atom, Minderheiten) differenziert. Die Analysen beschränken sich aufgrund der in Kapitel 5.2.2 dargelegten Datenrestriktionen auf den Zeitraum 1950 bis 2002. Aus diesem Grund konnten auch die Ereignisvariabeln nicht in das Modell integriert werden.[136]

136 Eine Ausnahme bilden die Gewalttaten zu Beginn der 1990er-Jahre, die in das Modell hätten aufgenommen werden können. Auf ihre Hinzunahme wurde jedoch auf Grund

Bei der Betrachtung der erweiterten Modelle zeigen sich zwei zentrale Ergebnisse: Erstens erweisen sich die im Basismodell identifizierten Effekte in allen drei Versionen als weitgehend stabil. Die zentralen Prädiktoren zur Erklärung der Zeitreihe der *Links*-Nennungen stellen im Basismodell (Tabelle 5.3) wie auch in den erweiterten Modellen jeweils die Bundes- und Landtagswahlen in Deutschland sowie die Parlaments- und Präsidentschaftswahlen in den Vereinigten Staaten, Italien, Frankreich und Großbritannien dar. Wobei sich die Effektstärken etwas verändern. Dies gilt insbesondere für den Einfluss von Landtagswahlen, deren Effekt in allen drei Protestmodellen geringer als im Basismodell ausfällt. Darüber hinaus sind die „Landtagswahlen" in zwei der drei Protest-Modellen im Gegensatz zum Basismodell nur auf einem 10-Prozent-Niveau signifikant.

Auch für den Wortstamm *rechts* lässt sich feststellen, dass sich die Variable, die den stärksten Effekt im Basismodell aufweist („Wahlen international") auch im Protestmodell den wichtigsten Prädiktor darstellt. Auch die Stärke des Effekts erweist sich als robust und erreicht in allen vier Modellen einen Wert zwischen 0.27 und 0.29. Eine kleinere Abweichung ist hinsichtlich des Prädiktors „Landtagseinzug Rechtsradikale" auszumachen, der in einem der drei Protestmodelle im Unterschied zum Basismodell das 5-prozentige Signifikanzniveau unterschreitet. Die Stärke des Effekts liegt in allen drei erweiterten Modellen bei 0.12 und damit etwas höher als im Basismodell.

Zweitens deuten die Ergebnisse darauf hin, dass in der *FAZ* bei der Kommentierung gesellschaftspolitischer Ereignisse nicht nur in zeitlicher Nähe zu Wahlen auf die Richtungsvokabeln *links* und *rechts* zurückgegriffen wird, sondern auch im Zuge der Darstellung und Diskussion alternativer Formen politischer Partizipation. Allerdings entfalten nicht alle in den Modellen getesteten Protestvariablen gleichermaßen signifikante Effekte auf den Gebrauch der Wortstämme *links* und *rechts*. Die Erweiterung der Basismodelle um eine Variable zur Messung des allgemeinen politischen Protestverhaltens in Deutschland erweist sich nur als bedingt geeignet, die vermuteten Zusammenhänge aufzudecken. Die Variable „Protest allgemein" beeinflusst zwar die Entwicklung der *Links*-Nennungen im Sprachgebrauch der Kommentator*innen*, nicht jedoch die Nutzung des Wortstammes *rechts*.

von Kollinearitätsproblemen verzichtet. Die Kovarianzen der entsprechenden Ereignisvariablen korrelieren sehr stark mit denen der Protestthemen-Variable „Minderheiten". Je nach abhängiger Variable (*Links-Rechts-*, *Links-* oder *Rechts*-Nennungen) im AR(I)MA-Modell und deren Anpassung schwanken die Korrelationen der Kovarianzen zwischen Werten von —0.92— und —0.95—, so dass eine Aufnahme der Ereignisvariable in die Modelle verzerrend wirken würde.

Der Einfluss politischer Proteste auf die Entwicklung der Zeitreihen wird im Zuge einer nach Protestform und -inhalt differenzierten Analyse deutlicher. Ein Blick auf die Tabelle 5.5 zeigt, dass demonstrative Formen des politischen Protests zumindest auf einem 10-prozentigen Signifikanzniveau einen moderaten Effekt (β=0.17) auf die Verwendung des Begriffes *rechts* haben. Dieser Einfluss wird jedoch von den negativen Effekten, der moderaten Proteste (β=-0.09) soweit ausgeglichen, dass von der Gesamtzahl politischer Proteste kein Einfluss auf die Entwicklung der *Rechts*-Nennungen ausgeht. Hinsichtlich der Zeitreihe der Kommentare mit einer Nennung des Wortstammes *links* sind dagegen keine gegensätzlichen Effekte der politischen Protestformen auszumachen, so dass auch im undifferenzierten Protestmodell (Tabelle 5.4) Einflüsse außerparlamentarischer Partizipation auf die Begriffsnutzung zu erkennen sind.

Eine Wirkung politischen Protests auf den Gebrauch der Richtungsvokabeln lässt sich auch dann ausmachen, wenn die Proteste nicht nach formalen, sondern nach inhaltlichen Kriterien unterschieden werden. Die Ergebnisse der entsprechenden Berechnungen sind in Tabelle 5.6 zusammengefasst. Ein Blick darauf zeigt, dass die Verwendung des Wortstammes *links* insbesondere durch einen Themenkomplex determiniert wird: durch Proteste zum Thema Demokratie, die der soziokulturellen Dimension der Richtungsunterscheidung zuzurechnen sind. Dagegen gehen von Protesten zu Arbeitnehmerfragen, die den klassischen Verteilungskonflikt repräsentieren und zur sozioökonomischen Dimension des Links-Rechts-Schemas gehören, keine Impulse auf die Nutzung des Wortstammes *links* aus. Wider den theoretischen Erwartungen sind auch von Protesten zu den Themen Umweltschutz und friedlichen Nutzung der Kernenergie keine signifikanten Impulse auf die Verwendung der Richtungsvokabel auszumachen. Dies ist möglicherweise darauf zurückzuführen, dass ökologisch motivierte Proteste innerhalb des öffentlichen Diskurses ein eher randständiges Thema darstellen und somit vergleichsweise selten, allen voran in der konservativen *FAZ*, kommentiert wurden. Schließlich bleibt noch hervorzuheben, dass auch von der Variable „Minderheitenproteste“ keine signifikanten Effekte auf die Nutzung des Wortstammes *links* ausgehen.

Im Unterschied dazu entfalten mit Blick auf die Verwendung des Wortstammes *rechts* eben gerade Protestaktionen für oder gegen gesellschaftliche Minderheiten einen starken positiven Effekt ($\beta = 0.13$) auf die Entwicklung der Zeitreihe. Dieses Ergebnis korrespondiert mit dem sichtbaren, wenn auch in den meisten Modellen eher schwach signifikanten, positiven Zusammenhang zwischen den Wahlerfolgen von Parteien des rechten Randes und der Nutzung des Wortstammes *rechts*. Stellt doch insbesondere die Agitation gegen Minderheiten eine Domäne der radikalen Rechten dar, die gezielt zur politischen Mobilisierung der eigenen Anhänger*innen*schaft genutzt wird. Zwischen den übrigen drei thematisch differenzierten Protestvariablen („Demokratie“, „Umwelt/Atom“ und „Arbeitnehmerfragen“) und der Entwicklung der Begriffsnutzung von *rechts* besteht hingegen kein signifikanter Zusammenhang im multiplen Regressionsmodell. Allerdings ist der Effekt der Arbeitnehmerproteste mit einem Wert von 0.10 auf die *Rechts*-Reihe vergleichsweise groß. Doch wie sind die zentralen Ergebnisse dieses Kapitels insgesamt zu bewerten?

5.3. Zwischenfazit

Zunächst bleibt festzuhalten, dass die Verwendung der beiden untersuchten Richtungsbegriffe in den Kommentaren der *FAZ* zeitlichen Schwankungen unterlag und diese Schwankungen vor dem Hintergrund gesellschaftlicher Entwicklungen erklärt werden können (siehe Kapitel 5.1). Auf Basis der deskriptiven Analyse der Zeitreihen und der gesellschaftspolitischen Interpretation ihrer Entwicklung konnten dabei sechs Phasen der Begriffsnutzung extrahiert werden (siehe Kapitel 5.1.2).

Phase eins umfasst die Jahre 1949 bis 1958 und kann mit den Worten *Postideologie* und *liberaler Konsens* am treffendsten beschrieben werden. Die Begriffsnutzung in den Kommentaren der *FAZ* ist vergleichsweise schwach ausgeprägt. Beide Wortstämme kommen gleichermaßen selten auf den Meinungsseiten der Zeitung vor. In der zweiten Phase, die von 1959 bis 1967 reicht, beginnt sich das ausgeglichene Verhältnis langsam zu Gunsten der *Links*-Nennungen zu verschieben. In den Zeiten des *Wirtschaftswunders* und einer einsetzenden kulturellen Modernisierung Deutschlands griffen die *FAZ*-Kommentator*innen* etwas häufiger auf den Wortstamm *links* als auf den Wortstamm *rechts* zurück. Dieses Ungleichgewicht hat sich in den 1960er-Jahren, insbesondere im Nachgang des Epochenjahres 1968, das eine gesellschaftspolitische wie auch sprachhistorischen Zäsur darstellte, noch deutlich verstärkt. Die kommenden etwa zwanzig Jahre der Begriffsnutzung lassen sich dementsprechend als die *roten Jahre* charakterisieren. In dieser Zeit hatte die Dominanz des Wortstammes *links* im Jahr 1976 auch ihren Höhepunkt. Damit wird ganz deutlich die Hegemonie linker Politik und linken Denkens in der Bundesrepublik der frühen und mittleren 1970er-Jahre widergespiegelt.

Während des zweiten Teils der *roten Jahre*, die durch Modernisierungsskepsis und den Topos der *geistig-moralischen Wende* geprägt wurden, entwickelte sich die Dominanz des Wortstammes *links* in den Kommentarspalten der *FAZ* wieder deutlich zurück. Die vierte Phase zwischen 1977 und 1989 lässt sich daher als Zeitraum der Normalisierung beschreiben. Die darauffolgende Phase fünf, die von 1990 bis 2004 andauert, wird durch eine sehr uneinheitliche Entwicklung gekennzeichnet, in der gerade mit Blick auf die *Rechts*-Nennungen einzelne politische Ereignisse eine zunehmend größere Rolle bei der Beschreibung der Zeitreihe spielen. Diese Jahre stellen gesellschaftspolitisch den Übergang von der *Bonner*- zur *Berliner*-Republik dar. Die abschließende sechste Phase der Begriffsnutzung, zwischen 2005 und 2013, wird dann wieder durch eine stärkere Übermacht des Wortstammes *links* auf den Meinungsseiten der *FAZ* geprägt. Diese Entwicklung stellt das Produkt der Fusion von *PDS* und *WASG* zur Partei *Die Linke* dar, die dazu geführt hat, dass *links* insbesondere bei der Kommentierung parteipolitischer Auseinandersetzungen an Relevanz gewonnen hat. Grundsätzlich hat sich jedoch nichts daran geändert, dass der Gebrauch beider Richtungsvokabeln nach dem Ende des Kalten Krieges deutlich volatiler geworden ist.

Es lässt sich festhalten, dass die Kommentator*innen* der *FAZ* während der 65 Betrachtungsjahre unterschiedlich stark auf die beiden Richtungsvokabeln zurückgegriffen haben. Dies hatte jedoch keinen Einfluss auf die Relevanz der Richtungsvokabeln: Beide Wortstämme dienten den Journalist*innen* zu jeder Zeit als wichtige Kategorien zur Beschreibung politischer Sachverhalte. Die Links-Rechts-Unterscheidung war während des gesamten Untersuchungszeitraumes eine wichtige Kategorie bei der Beschreibung gesellschaftspolitischer Themen.

Doch durch welche Faktoren lassen sich die konstatierten Entwicklungen der *Links*- und *Rechts*-Nennungen erklären? Dieser Frage wurde im zweiten Teil dieses Kapitels nachgegangen. Im Zuge verschiedener multipler Regressionsmodelle wurde getestet, inwieweit die Nutzung der Wortstämme *links* und *rechts* durch politische Ereigniskonstellationen erklärt werden kann. Diesen Berechnungen lag die Annahme zu Grunde, dass von den Kommentator*innen* der *FAZ* besonders häufig in den Hochzeiten parlamentarischer wie auch außerparlamentarischer Partizipation, so wie im Zusammenhang mit linkem und rechtem Extremismus/Radikalismus auf die beiden Richtungsvokabeln zurückgegriffen wird.

Durch die Zeitreihenanalysen konnte die Vermutung bestätigt werden, dass die Nutzung von *links* und *rechts* in unmittelbarer Nähe zu Wahlen ansteigt.

Wobei hier zu unterscheiden ist, ob es sich um Wahlen in Deutschland handelt oder um Parlaments- und Präsidentschaftswahlen in den Vereinigten Staaten, Italien, Großbritannien oder Frankreich. Denn nur die internationale Wahlberichterstattung determiniert die Verläufe der betrachteten Zeitreihen in ähnlichem Maße. Dagegen haben Bundes- und Landtagswahlen zwar eine Wirkung auf die Entwicklung der *Links*- nicht jedoch auf die der *Rechts*-Nennungen. Eine steigende Nutzung des Wortstammes *rechts* kann dagegen mit Wahlerfolgen von Parteien der radikalen Rechten erklärt werden. Dieses Ergebnis entspricht den deskriptiven Betrachtungen aus dem ersten Teil des Kapitels. Insgesamt entwickelt sich die Zahl der Kommentare, in denen *rechts* vorkommt, seit den 1990er-Jahren immer dann positiv, wenn rechtsextreme Parteien und Gruppierungen ins Zentrum des gesellschaftlichen Diskurses rücken, sei es im Zuge von Wahlerfolgen, Parteiverbotsverfahren oder militanten Aktionen. Dies ist ein mögliches Indiz dafür, dass im Sprachgebrauch der *FAZ*-Kommentator*innen* der Wortstamm *rechts* gegen Ende des Untersuchungszeitraumes zunehmend stärker und einseitiger mit politischen Radikalismus verbunden wird.

Darüber hinaus lässt sich die Nutzung der beiden Richtungsbegriffe auch mit politischem Protestverhalten in Verbindung bringen. Insbesondere in Zeiten demonstrativer Proteste findet sich die Richtungsvokabel *links* zunehmend häufiger in den Kommentaren der *FAZ*. Zudem lassen die Protestinhalte vorsichtige Rückschlüsse auf die semantischen Bedeutungen beider Richtungstermini zu. In der multiplen Regressionsanalyse konnten positive Effekte von „Demokratie-Protesten“ auf die Verwendung von *links* und von „Minderheiten-Protesten“ auf die Nutzung von *rechts* ausgemacht werden. Diese Befunde stehen in Einklang mit der Überlegung, dass für die politische Linke die Forderung nach demokratischen Rechten und gesellschaftlicher Emanzipation von benachteiligten Gruppen eine besondere Bedeutung einnimmt, während die Rechte die Abwehr des Fremden als eines ihrer zentralen Anliegen propagiert. Allerdings stellen diese Ergebnisse nur erste Indizien auf der Suche nach dem Bedeutungsgehalt der beiden Richtungsbegriffe dar. Im kommenden Kapitel wird daher im Zuge einer Analyse der Kollokationen von *links* und *rechts* analysiert, *wie* sich die Bedeutungsinhalte beider Termini zwischen 1949 und 2013 entwickelt haben.

Tabelle 5.3.: Der Einfluss ausgewählter Determinanten auf die Nutzung von *links* und *rechts* im Basismodell (1949–2013)

	Δ *linksrechts*	Δ *links*	Δ *rechts*
Prädiktoren			
Δ Bundestagswahlen	0.05	0.08**	0.06
	(0.03)	(0.03)	(0.05)
Δ Wahlen international	0.17***	0.14***	0.27***
	(0.04)	(0.04)	(0.06)
Δ Landtagswahlen	0.10	0.13*	−0.03
	(0.05)	(0.05)	(0.06)
Δ Landtagseinzug Rechtsradikale	0.06	0.05	0.10
	(0.04)	(0.03)	(0.06)
Δ Landtagseinzug Linksradikale	0.01	−0.02	0.07
	(0.04)	(0.03)	(0.04)
Δ Linkspartei	0.14*	0.23**	−0.03
	(0.06)	(0.07)	(0.07)
Δ rechtsextreme Gewalttaten	−0.01	−0.01	0.04
	(0.03)	(0.02)	(0.05)
Δ NPD-Verbotsverfahren	0.07	0.01	0.16
	(0.06)	(0.03)	(0.10)
Δ *NSU*-Enttarnung	−0.04	−0.07	0.14**
	(0.05)	(0.04)	(0.05)
Konstante	0.01	0.00	0.00
	(0.01)	(0.01)	(0.02)
ARMA			
L1.AR	−0.64***	−0.66***	−0.73***
	(0.07)	(0.07)	(0.09)
L2.AR	−0.27**	−0.34***	−0.47***
	(0.09)	(0.10)	(0.10)
L3.AR	−0.29***	−0.29**	−0.43***
	(0.08)	(0.09)	(0.10)
L4.AR	−0.32***	−0.32***	−0.33**
	(0.07)	(0.07)	(0.10)
L5.AR	−0.21***	−0.20***	−0.23*
	(0.06)	(0.06)	(0.11)
L6.AR			−0.21**
			(0.08)
Konstante	0.60***	0.56***	0.85***
	(0.03)	(0.03)	(0.05)
N	256	256	256
aic	498.62	462.36	675.29
bic	555.35	519.08	735.56

* $p < 0.05$, ** $p < 0.01$, *** $p < 0.001$, robuste Standardfehler in Klammern.

Tabelle 5.4.: Der Einfluss ausgewählter Determinanten auf die Nutzung von *links* und *rechts* im Protestmodell I (1950–2002)

	Δ *linksrechts*	Δ *links*	Δ *rechts*
Prädiktoren			
Δ Bundestagswahlen	0.07	0.10^{**}	0.11
	(0.04)	(0.04)	(0.06)
Δ Wahlen international	0.16^{***}	0.11^{**}	0.29^{***}
	(0.04)	(0.04)	(0.06)
Δ Landtagswahlen	0.07	0.09	−0.02
	(0.05)	(0.05)	(0.07)
Δ Landtagseinzug Rechtsradikale	0.06	0.05	0.12
	(0.05)	(0.04)	(0.07)
Δ Landtagseinzug Linksradikale	0.03	−0.00	0.08
	(0.05)	(0.04)	(0.05)
Δ Proteste	0.13^{*}	0.13^{*}	0.09
	(0.07)	(0.06)	(0.08)
Konstante	0.00	0.00	0.00
	(0.02)	(0.01)	(0.02)
ARMA			
L1.AR	-0.69^{***}	-0.75^{***}	0.69^{***}
	(0.07)	(0.08)	(0.09)
L2.AR	-0.31^{**}	−0.41	-0.48^{***}
	(0.10)	(0.10)	(0.10)
L3.AR	-0.28^{**}	-0.30^{***}	-0.35^{***}
	(0.10)	(0.11)	(0.12)
L4.AR	-0.32^{***}	-0.30^{**}	-0.28^{*}
	(0.09)	(0.09)	(0.11)
L5.AR	-0.21^{**}	-0.18^{*}	-0.28^{*}
	(0.07)	(0.07)	(0.12)
L6.AR			-0.25^{**}
			(0.08)
Konstante	0.62^{***}	0.55^{***}	0.84^{***}
	(0.03)	(0.03)	(0.05)
N	211	211	211
aic	425.72	376.03	554.30
bic	469.29	419.61	601.23

* $p < 0.05$, ** $p < 0.01$, *** $p < 0.001$, robuste Standardfehler in Klammern.

Tabelle 5.5.: Der Einfluss ausgewählter Determinanten auf die Nutzung von *links* und *rechts* im Protestmodell II (1950–2002)

	Δ *linksrechts*	Δ *links*	Δ *rechts*
Prädiktoren			
Δ Bundestagswahlen	0.07	0.10^{**}	0.11
	(0.04)	(0.04)	(0.06)
Δ Wahlen international	0.15^{***}	0.11^{**}	0.28^{***}
	(0.04)	(0.04)	(0.06)
Δ Landtagswahlen	0.07^{*}	0.09^{*}	−0.02
	(0.05)	(0.05)	(0.06)
Δ Landtagseinzug Rechtsradikale	0.06	0.05	0.12
	(0.05)	(0.04)	(0.07)
Δ Landtagseinzug Linksradikale	0.03	−0.00	0.07
	(0.05)	(0.04)	(0.05)
Δ moderate Proteste	−0.01	0.01	−0.09
	(0.08)	(0.07)	(0.08)
Δ demonstrative Proteste	0.14^{*}	0.10	0.17
	(0.07)	(0.06)	(0.10)
Δ konfrontative Proteste	−0.01	0.02	−0.04
	(0.05)	(0.05)	(0.10)
Konstante	0.00	0.00	0.00
	(0.02)	(0.01)	(0.02)
ARMA			
L1.AR	-0.69^{***}	-0.75^{***}	-0.69^{***}
	(0.08)	(0.08)	(0.09)
L2.AR	-0.30^{**}	-0.40^{***}	-0.47^{***}
	(0.11)	(0.10)	(0.10)
L3.AR	-0.27^{*}	-0.30^{**}	-0.34^{**}
	(0.11)	(0.11)	(0.11)
L4.AR	-0.33^{***}	-0.30^{***}	-0.28^{**}
	(0.09)	(0.09)	(0.11)
L5.AR	-0.22^{**}	-0.18^{*}	-0.28^{*}
	(0.08)	(0.08)	(0.12)
L6.AR			-0.25^{**}
			(0.08)
Konstante	0.62^{***}	0.55^{***}	0.83^{***}
	(0.03)	(0.03)	(0.05)
N	211	211	211
aic	427.80	379.82	555.17
bic	478.09	430.10	608.80

* $p < 0.05$, ** $p < 0.01$, *** $p < 0.001$, robuste Standardfehler in Klammern.

Tabelle 5.6.: Der Einfluss ausgewählter Determinanten auf die Nutzung von *links* und *rechts* im Protestmodell III (1950–2002)

	Δ *linksrechts*	Δ *links*	Δ *rechts*
Prädiktoren			
Δ Bundestagswahlen	0.07	0.10^{**}	0.11
	(0.04)	(0.04)	(0.06)
Δ Wahlen international	0.15^{***}	0.11^{**}	0.29^{***}
	(0.04)	(0.04)	(0.06)
Δ Landtagswahlen	0.06	0.07	−0.01
	(0.05)	(0.04)	(0.07)
Δ Landtagseinzug Rechtsradikale	0.05	0.04	0.12^{*}
	(0.05)	(0.04)	(0.07)
Δ Landtagseinzug Linksradikale	0.03	0.00	0.08
	(0.05)	(0.04)	(0.05)
Δ Proteste Demokratie	0.11^{*}	0.14^{**}	0.02
	(0.05)	(0.05)	(0.07)
Δ Proteste Arbeitnehmer	0.08	0.06	0.10
	(0.06)	(0.05)	(0.07)
Δ Proteste Umwelt/Atom	−0.02	0.00	−0.06
	(0.08)	(0.07)	(0.10)
Δ Proteste Minderheiten	−0.02	−0.05	0.13^{*}
	(0.04)	(0.04)	(0.06)
Konstante	0.00	0.00	0.00
	(0.02)	(0.01)	(0.02)
ARMA			
L1.AR	-0.69^{***}	-0.77^{***}	-0.69^{***}
	(0.08)	(0.08)	(0.09)
L2.AR	-0.31^{**}	-0.42^{***}	-0.47^{***}
	(0.10)	(0.11)	(0.10)
L3.AR	-0.27^{**}	-0.31^{**}	-0.34^{**}
	(0.10)	(0.11)	(0.12)
L4.AR	-0.32^{***}	-0.31^{***}	-0.26^{*}
	(0.09)	(0.09)	(0.11)
L5.AR	-0.22^{**}	-0.19^{*}	-0.26^{*}
	(0.08)	(0.08)	(0.12)
L6.AR			-0.26^{**}
			(0.09)
Konstante	0.62^{***}	0.55^{***}	0.83^{***}
	(0.03)	(0.03)	(0.05)
N	211	211	211
aic	428.19	377.17	554.81
bic	481.82	430.80	611.79

* $p < 0.05$, ** $p < 0.01$, *** $p < 0.001$, robuste Standardfehler in Klammern.

6. Die semantische Bedeutung von links und rechts

Nachdem der Blick im vergangenen Kapitel auf die Nutzungsfrequenz der politischen Richtungsvokabeln gerichtet war und damit ein quantitativer Aspekt der Verwendung von *links* und *rechts* im Sprachgebrauch der *FAZ*-Kommentator*innen* im Vordergrund stand, rückt nunmehr ein qualitativer Aspekt in den Fokus der Betrachtung: die semantische Bedeutung von *links* und *rechts*. Mit Blick auf eines der Ziele dieser Arbeit – die gesellschaftspolitische Relevanz der Richtungsmetaphern zu untersuchen – ist eine Analyse der Semantiken von zentraler Bedeutung, da sie Rückschlüsse auf die Funktionalität des Links-Rechts-Schemas als Kommunikations- und Orientierungsmedium im politischen Diskurs zulässt.

Zwar zeigen sowohl die Ergebnisse der Analysen der Nutzungsfrequenzen von *links* und *rechts* in den Kommentarspalten der *FAZ* (siehe Kapitel 5) als auch die Auswertung von Bevölkerungsumfragen (siehe u. a. Neundorf 2009; Roßteutscher und Scherer 2013, 2014; Scherer 2011; Scherer und Stövsand 2019), dass die Links-Rechts-Unterscheidung bis heute in Deutschland fest verankert ist, doch lässt sich daraus noch keine Aussage über die Qualität des gesellschaftlichen Gebrauchs der beiden Richtungsvokabeln treffen. Falls sich herausstellt, dass die beiden Termini keinen inhaltlichen Bedeutungskern aufweisen, provoziert dies die Frage, ob es überhaupt möglich ist, mit Hilfe der beiden Metaphern präzise zu kommunizieren.

Vor diesem Hintergrund wird im Folgenden analysiert, welche Bedeutungsinhalte in den Kommentarspalten der *FAZ* mit den Wortstämmen *links* und *rechts* zwischen 1949 und 2013 verbunden wurden. Die in Kapitel 3.2 diskutierten Bedeutungsentwicklungen der beiden Vokabeln und die ersten empirischen Befunde aus Kapitel 5 lassen dabei erwarten, dass sich die Semantiken von *links* und *rechts* während des Untersuchungszeitraumes verändert haben:

Zusatzmaterial online
Zusätzliche Informationen sind in der Online-Version dieses Kapitel (https://doi.org/10.1007/978-3-658-30496-6_6) enthalten.

P. Scherer, Links *und* rechts *im Wandel*,
https://doi.org/10.1007/978-3-658-30496-6_6

- Der Wortstamm *rechts* sollte in der Berichterstattung über parlamentarische Willensbildungsprozesse und die Parteienlandschaft in Deutschland zwischen 1949 und 2013 zunehmend an Bedeutung verloren haben. Mit der Folge, dass die Links-Rechts-Unterscheidung einen zunehmend asymmetrischen Charakter angenommen hat.

- Der Verlust der parlamentarischen Relevanz von *rechts* ist das Ergebnis eines semantischen Wandels. *Rechts* wird seit den 1980er-Jahren vermehrt mit antidemokratischen und extremistischen Einstellungsmustern und Gruppierungen in Verbindung gebracht und hat sich dadurch im Zeitverlauf zu einem Etikett der Charakterisierung antiparlamentarischer Strömungen entwickelt.

- Dementsprechend sollten die Unionsparteien *CDU* und *CSU* seit Anfang der 1980er-Jahre weniger stark mit *rechts* assoziiert werden als die *SPD* mit *links*.

- Allerdings kommt beiden Richtungsbegriffe in der Berichterstattung über Parteien und parlamentarische Akteure außerhalb Deutschlands bis heute noch eine zentrale Rolle zu. Die komplexitätsreduzierenden Eigenschaften der Links-Rechts-Unterscheidung ermöglichen es, die grundlegenden politischen Überzeugungen weniger bekannter politischer Akteure angemessen darzustellen, ohne auf die politischen Positionen des Akteurs zu spezifischen Streitfragen im Einzelnen eingehen zu müssen.

- Es ist anzunehmen, dass die beiden Begriffen während des Untersuchungszeitraumes mit verschiedenen politischen Akteuren in Verbindung gebracht wurden. Mit dem Wortstamm *links* sollten seit Ende der 1970er-Jahren neben der *SPD* auch die *Grünen* sowie seit Anfang der 1990er-Jahre die *PDS/Die Linke* assoziiert werden. Mit dem Label *rechts* sollten die *FAZ*-Kommentator*innen* insbesondere radikale und extremistische Parteien, wie die *DVU*, die *NPD*, die *REP* und die *SRP* etikettiert haben.

- Im Sinne der Theorien des Wertewandels sollten seit den 1970er-Jahren mit *links* verstärkt Sachfragen, Mikroideologien, Werthaltungen sowie politische und gesellschaftliche Akteure aus den Politikfeldern Umwelt- und Naturschutz, nachhaltige Entwicklung und bürgergesellschaftliches Engagement verbunden werden.

Bevor in Kapitel 6.2 und Kapitel 6.3 diese Annahmen überprüft und diskutiert werden, stehen in Kapitel 6.1 zunächst die theoretischen und methodischen Grundlagen der empirischen Analysen im Vordergrund der Betrachtung.

Es wird u. a. gezeigt, wie Wortbedeutungen mittels einer Kollokationsanalyse aus schriftsprachlichen Texten extrahiert werden können und welche theoretischen Grundlagen diesem Verfahren zu Grunde liegen.

6.1. Theoretische und methodische Grundlagen

Um herauszufinden, wie sich die semantische Bedeutung der beiden Richtungsbegriffe seit Ende der 1940er-Jahre im Sprachgebrauch der *FAZ*-Kommentator*innen* verändert hat, wurde eine *Kollokationsanalyse* durchgeführt. Diesem inhaltsanalytischen Verfahren liegt die Annahme zu Grunde, dass sich die semantische Bedeutung eines Begriffes durch eine systematische Untersuchung der benachbarten Wörter erschließen lässt oder wie Evert (2009: 1213, Hervorhebung im Original) schreibt: „The meaning and usage of a word (the *node*) can to some extend be characterised by its most typical *collocates*".

Die *Collocates* (*Kollokatoren*) eines Wortes stellen dabei all jene Begriffe dar, die in der gesprochenen wie der geschriebenen Sprache überzufällig häufig zusammen mit diesem vorkommen. Nach dieser Definition ist *melken* beispielsweise ein typischer Kollokator des Wortes *Kuh* (Evert 2009: 1212).

Auf den folgenden Seiten wird nun zunächst der allgemeine theoretische Hintergrund der aus der Linguistik stammenden kollokationsanalytischen Verfahren erläutert und herausgearbeitet, welches spezifische Verständnis des Kollokationsbegriffes dieser Arbeit zu Grunde liegt (Kapitel 6.1.1). Danach wird in Kapitel 6.1.2 beschrieben wie sich das Konzept der empirischen Kollokationen operationalisieren lässt. Dabei werden auch die Vor- und Nachteile verschiedener statistischer Kenngrößen zur Messung von Kollokationen diskutiert. Schließlich folgt in Kapitel 6.1.3 die Vorstellung eines Kategorienschemas zur systematischen Analyse der Semantiken von *links* und *rechts*.

6.1.1. Das Konzept der empirischen Kollokation

Die grundlegende Idee hinter dem Verfahren der Kollokationsanalyse wird gewöhnlich dem britischen Linguisten John Rupert Firth (1962[1957]) zugeschrieben. Firth führte das Konzept der Kollokation in die Linguistik ein und brachte es auf die einfache Formel: „You shall know a word by the company it keeps“ (ebenda: 11, siehe auch Baker, Hardie und McEnery 2006: 36; Evert 2009: 1213; Manning und Schütze 2000: 152).[137] Firth (1962[1957]: 11) bezieht sich in seinen Ausführungen auf die Überlegung Ludwig Wittgensteins (2003: 40), dass „[d]ie Bedeutung eines Wortes [...] sein Gebrauch in der Sprache“ sei.[138]

Nach Bubenhofer (2009: 112–113) legte Firth damit zwar die theoretischen Grundlagen für das Verfahren der Kollokationsanalyse, ohne jedoch einen Vorschlag für dessen Operationalisierung zu liefern. Vielmehr sei es mit Michael Alexander Kirkwood Halliday ein Schüler Firth 1962s gewesen, der 1961 in dem Aufsatz *Categories of the Theory of Grammer* eine erste Idee zur Operationalisierung des Kollokationskonzeptes vorgestellt habe. Halliday (1961: 276) beschreibt Kollokation dabei als „the sytagmatic association of lexical items, quantifiable, textually, as the probability that there will occur, at n removes (a distance of n lexical items) from an item x, the items a, b, c .... Any given item thus enters into a range of collocation, the items with which it is collocated being ranged from more to less probable“ (ebenda, siehe auch Bubenhofer 2009: 113).

Auf Basis dieses Operationalisierungsansatzes wurden eine Reihe unterschiedlicher Konzeptualisierungen entwickelt, die an die Verwendung des Kollokationsbegriffes unterschiedlich starke Anforderungen knüpfen und gewöhnlich jeweils mit einem spezifischen Forschungsinteresse verbunden sind (Bubenhofer 2009: 113–116; Evert 2009: 1213–1214).[139] Manning und Schütze (2000: 184–185) plädieren etwa für eine enge, linguistisch voraussetzungsreiche Definition des Konzeptes. Sie verstehen Kollokationen als

137 Margot Heinemann (1997) verweist im Zusammenhang mit der *Erfindung* des liguistischen Konzeptes der Kollokation demgegenüber auf eine Arbeit von Martin Joos (1958), der eine Kollokation als „a word-combination which throws light on the meanings of the words involved“ (Joos 1958: 62, zitiert nach Heinemann 1997: 163) definiert.

138 Im Originaltext von Firth (1962: 11) heißt es: „As Wittgenstein says, ‚the meaning of words lies in their use‘“. Dies entspricht – soweit nachvollziehbar – nicht ganz dem Wortlaut der englischen Ausgabe der *Philosophischen Untersuchungen*, in denen in Abschnitt 43 geschrieben steht: „For a *large* class of cases – though not for all – in which we employ the word ‚meaning‘ it can be defined thus: the meaning of a word is its use in the language“ (Wittgenstein 1968: 20, Hervorhebung im Original). In Abschnitt 197 kommt Wittgenstein noch einmal auf die Verbindung zwischen Wortbedeutung und Sprachgebrauch zurück und schreibt „For we say that there isn't any doubt that we understand the word, and on the other hand its meaning lies in its use“ (Wittgenstein 1968: 80). Auch in diesem Fall entspricht das *firth*sche Zitat nicht dem Original.

139 Für eine Diskussion verschiedener Konzeptionen des Kollokationsbegriffes siehe auch Bartsch (2004: 27–64).

„grammatically bound elements that occur in a particular order". In ihrer Terminologie unterscheiden sie Kollokationen von „words that are likely to be used in the same context" (Manning und Schütze 2000: 185), die von ihnen als *Assoziation* oder *Cooccurence* bezeichnet werden. Eine ähnlich voraussetzungsreiches Verständnis des Kollokationsbegriffes hat auch Margot Heinemann, die Kollokationen als „relativ offene **kognitive** Muster, Teileinheiten des prozeduralen Wissens" (Heinemann 1997: 164, Hervorhebung im Original) beschreibt, deren Bedeutung insbesondere darin zu sehen sei, das kommunikative Handeln eines Sprechers zu automatisieren.

Im Gegensatz dazu verknüpft Evert (2009) seine Konzeption deutlich stärker an die ursprüngliche *firth*sche Tradition des Terminus und definiert „collocations as a combination of two words that exhibit a tendency to occur near each other in natural language" (ebenda: 1214). Die Definition der *empirischen Kollokation* wird von Evert dabei explizit von Konzeptualisierungen abgegrenzt, deren Wurzeln im Bereich der Computerlinguistik liegen und Kollokationen als „a generic term for any lexicalised word combination that has idiosyncratic semantic or syntactic properties" (ebenda: 1213; siehe auch Scharloth, Eugster und Bubenhofer 2013: 364–365) beschreiben.

Den empirischen Betrachtungen im Rahmen dieser Arbeit liegt ein offenes, generalisiertes Verständnis des Kollokationsbegriffes zu Grunde, das dem Konzept der *empirischen Kollokation* von Evert nahe steht. Kollokationen werden dabei im Sinne von *Assoziationen* und *Cooccurences* als Begriffe oder Begriffstypen verstanden, die innerhalb eines festgelegten Textfeldes (überzufällig) häufig miteinander auftreten.[140] Doch wie lässt sich nun das Konzept der *empirischen Kollokationen* auf eine angemessene Weise operationalisieren, um die semantische Bedeutung der Richtungsbegriffe *links* und *rechts* analysieren zu können?

140 Alternativ lässt sich die Messung von Wortbedeutungen auch im Sinne der Kontingenzanalyse nach Charles E. Osgood und Anderson (1957) theoretisch verankern. Dieser theoretische Zugang wurde etwa von Manuel Eisner (1990, 1992) gewählt, der die Semantik des Wortes *Freiheit* in schweizer Tageszeitungen untersucht hat. Die theoretische Basis der *osgood*schen Kontingenzanalyse beschreibt er dabei wie folgt: „Die Kontingenzanalyse [...] ist in lerntheoretischen Überlegungen zum Konzept der Assoziation verankert. *Assoziation* wird dort verstanden als intensive mentale Bindung zwischen Bedeutungseinheiten innerhalb der psychischen Strukturen eines Menschen. Solche intensiven mentalen Bindungen schlagen sich in der Textproduktion durch einen Sprecher nieder als häufiges gemeinsames Auftreten der miteinander assoziierten Bedeutungseinheiten" (Eisner 1990: 4, Hervorhebung im Original).

6.1.2. Die Operationalisierung des Kollokationenkonzepts

Um herauszubekommen, mit welchen Worten die Richtungsbegriffe innerhalb der analysierten Kommentare am stärksten verbunden sind, wurde eine *surface cooccurence*[141] durchgeführt: Eine festgelegte Textspanne um die *Node-Wörter rechts* und *links* wurde nach den darin auftretenden Wörtern untersucht. Wie Evert (2009: 1221) hervorhebt, wird in linguistischen Analysen gewöhnlich eine Spanne von drei bis fünf Wörtern verwendet. Die Auswahl der Fenstergröße folgt jedoch keiner einheitlichen Konvention, sondern ist zufälliger Natur (ebenda).

Im Rahmen dieser Untersuchung wurde eine etwas größere Spanne von *sieben* Worten *vor* und *sieben* Worten *nach* den Begriffen als Analysefenster definiert. Die Wahl der vergleichsweise breiten Spanne erschien sinnvoll, da nur sinntragende Inhaltswörter (hier Substantive und Adjektive/Adverbien) und keine Funktionswörter, wie sie Konjunktionen oder Artikel darstellen, betrachtet wurden.[142] Zudem ist anzunehmen, dass sich der für die semantische Definition der beiden Richtungsvokabeln relevante inhaltliche Kontext auf ein breiteres Textfeld als drei bis fünf Wörtern bezieht. Ferner konnte durch die Wahl eines breiteren Textfensters auch die Häufigkeit des Vorkommens einzelner Kollokationen erhöht werden. Dies ist mit Blick auf die Größe des Untersuchungskorpus relevant, der trotz des vergleichsweise langen Betrachtungszeitraumes von 65 Jahren, relativ klein ist. Insbesondere bei kürzeren zeitlichen Aggregaten und in Phasen mit einer nur gering ausgeprägten Nutzung der beiden Richtungsbegriffe tritt bei kleineren Textfenstern das Problem auf, dass nicht genügend Kollokatoren in unmittelbarer Nähe eines Node-Wortes vorkommen, um eine stabile Berechnung der Assoziationen vornehmen zu können.

Neben der gewählten Fenstergröße variiert das Ergebnis einer Kollokationsanalyse auch in Abhängigkeit des Umgangs mit Mehrworteinheiten und Satzzeichen: Werden Namen, wie etwa *Gerhard Schröder*, als ein oder als zwei Token (Worteinheit) gezählt und soll nach einem Punkt das Textfenster

141 Evert (2009: 1215 und 1222–1224) unterscheidet zwischen drei zentralen Cooccurence-Verfahren. Neben der *surface cooccurence* – dem gemeinsamen Auftreten von Wörtern innerhalb einer festgelegten Textspanne – sind dies die *textual cooccurence* und die *syntactic cooccurence*. Bei einer *textual cooccurence* stellen Texteinheiten – beispielsweise Sätze oder Textabschnitte – das Untersuchungsfenster dar, bei einer *syntactic cooccurence* müssen die Wörter in einer syntaktischen (grammatikalischen) Beziehung zueinander stehen (ebenda: 1220–1224).

142 Zur Unterscheidung zwischen Inhalts- und Funktionswörtern siehe Lüdeling (2009: 144–145).

abbrechen oder über das Satzende hinaus weiterlaufen? Im Rahmen dieser Analyse wurden alle Token, auch die Bestandteile von Mehrworteinheit, einzeln gezählt: *Gerhard* und *Schröder* stellen dementsprechend zwei separate Worteinheiten dar (siehe Evert 2009: 1220–1221). Ferner wurde festgelegt, dass das Textfenster nach Satzendzeichen (Punkten, Semikola sowie Ausrufe- und Fragezeichen) nicht abbricht, sondern über das Satzende hinaus weiterläuft.[143]

Die Messung von Assoziationen

Doch nun zur entscheidenden Frage: Wie lässt sich die Assoziation zwischen einem Node-Wort und einem Kollokator statistisch angemessen ausdrücken? Ein naheliegendes Verfahren besteht darin, die Häufigkeit des gemeinsamen Auftretens von Node-Wort und Kollokator zu zählen. Nach Manning und Schütze (2000: 153–157) lassen sich durch einfache Zähltechniken durchaus akkurate Ergebnisse erzielen:

> „A simple quantitative technique [...] combined with a small amount of linguistic knowledge [...] goes a long way“ (ebenda: 157).

Allerdings unterliegen einfache Zählverfahren einem „schwerwiegenden Mangel“ (Eisner 1990: 201). Nach Eisner könnten „die absoluten Häufigkeiten nur beschränkt Information über Assoziationen oder Dissoziationen eines Begriffes mit einem anderen geben“ (ebenda), da in Abhängigkeit von der Gesamthäufigkeit von Zeit zu Zeit schon zufällig zu erwarten sei, dass ein Begriff innerhalb eines Assoziationsfensters auftauche. Um belastbare Aussage über die Assoziation zwischen Node-Wort und Kollokator zu treffen, müsse daher überprüft werden, ob beide nur durch Zufall innerhalb des analysierten Textfenster vorkommen oder über die statistisch zu erwartende Wahrscheinlichkeit hinaus gemeinsam auftreten (ebenda; siehe auch Evert 2009: 1224–1225).[144]

Um einen solchen Test durchzuführen, ist es notwendig, das tatsächlich beobachtete gemeinsame Auftreten (O*bserved frequencies*) mit dem statistisch zu erwartenden gemeinsamen Auftreten (E*xpected frequencies*) der beiden

143 Siehe auch Kapitel 4.4, in dem die Bereinigung des Textkorpus beschrieben wird. Dabei wird u. a. darauf hingewiesen, dass alle Satzzeichen aus dem Rohkorpus entfernt wurden.

144 Die folgenden Darstellungen, inklusive der Notation, basieren weitgehend auf den Ausführungen Everts (2009).

Begriffe innerhalb des betrachteten Textfeldes zu vergleichen. Der Erwartungswert (E) berechnet sich dabei aus dem Produkt von beobachtetem Vorkommen des Node-Wortes (f_1) und dessen Kollokator (f_2) dividiert durch die Gesamtwortzahl (N) des Textkorpus. Um der theoretischen Möglichkeit Rechnung zu tragen, dass ein Kollokator innerhalb der gewählten Fensterspanne mehrmals auftreten kann, wird das Produkt aus Node-Wort (f_1) und Kollokator (f_2) noch mit der Größe des Analysefensters[145] (k) multipliziert (Evert 2009: 1225):

$$E = \frac{k \cdot f_1 \cdot f_2}{N}$$

Ein Vergleich des erwarteten mit dem tatsächlichen Vorkommen der zwanzig am häufigsten in den *FAZ*-Kommentaren auftretenden Nachbarwörter der Richtungsvokabeln *links* und *rechts* zeigt, dass es sich bei einigen vermeintlichen Assoziationen um Artefakte handelt.[146] Unter den häufigsten Nachbarn von *links* finden sich, wie aus Tabelle 6.1 auf Seite 167 zu erkennen ist, mit den Wortstämmen *politisch*, *groß* und *Jahr* drei artifizielle Kollokatoren. Unter den 20 Top-Nachbarn von *rechts* ist sogar ein Viertel tatsächlich nicht mit der Richtungsvokabel assoziiert. Im Fall der Wortstämme *politisch*, *neu*, *SPD*, *Jahr* und *groß* liegt der statistisch erwartete Auftrittswert (E) über dem tatsächlich beobachteten Vorkommen (O) der Kollokation mit *rechts*. Anders ausgedrückt: $O < E$. Allein ihr *zufälliges* Auftreten innerhalb der untersuchten Textspanne lässt diese Begriffe zu den zwanzig häufigsten Nachbarn der beiden Richtungsvokabeln zählen.

Die Berechnung von Assoziationsmaßen[147]

Für eine systematische Analyse der Semantiken von *links* und *rechts* lassen sich nun aus dem erwarteten und dem beobachteten Wert des gemeinsamen Auftretens der Richtungsvokabeln mit den Wortstämmen aus ihrer Nachbarschaft verschiedene Assoziationsmaßzahlen berechnen (Evert 2009: 1225–1230). Obwohl diese „simple association measures“ (Evert 2009: 1225)

145 Im Falle dieser Untersuchung beträgt die Fensterspanne 14, da sieben Wörter vor und sieben Wörter nach dem Node-Wort betrachtet werden.

146 Diese und alle weiteren Textanalysen wurden mit dem von Laurence Anthony entwickelten Toolkit *AntConc* durchgeführt (Anthony 2011).

147 Zur Vorstellung und Diskussion der Vor- und Nachteile verschiedener Assoziationsmaße siehe u. a. Baker, Hardie und McEnery (2006: 37–38, 109–110, 120, 174); Bubenhofer (2009: 111–118); Evert (2009: 1224–1230); Manning und Schütze (2000: 151–189).

Tabelle 6.1.: Die zwanzig am häufigsten im Umfeld von *links* und *rechts* auftauchenden Wörter in den Kommentaren der *FAZ* (1949–2013)

Node-Wort *links*				Node-Wort *rechts*			
Kollokator	O	E	$O-E$	Kollokator	O	E	$O-E$
Partei	2848	900,63	1947,37	*links*	1767	341,43	1425,57
rechts	1767	341,43	1425,57	Partei	801	426,59	374,41
SPD	1280	753,85	716,15	Mitte	541	62,91	478,09
Flügel	995	80,69	914,31	radikal	443	38,24	404,76
Mitte	865	132,82	732,18	extrem	419	17,47	401,53
links	750	720,83	29,17	*rechts*	356	161,72	194,28
radikal	574	80,74	493,26	Extremist	346	15,59	330,41
Grüne	487	185,24	301,76	Flügel	324	38,22	285,78
politisch	485	538,97	−53,97	Radikale	261	14,92	246,08
neu	481	455,29	25,71	**politisch**	254	255,29	−1,29
FDP	471	319,63	151,37	Extremismus	235	7,75	227,25
Regierung	439	380,72	58,28	extremistisch	232	8,93	223,07
Mehrheit	361	204,35	156,65	**neu**	204	215,65	−11,65
Sozialist	335	98,33	236,67	Regierung	200	180,33	19,67
groß	331	417,95	−86,95	Wähler	192	94,42	97,58
liberal	323	73,64	249,36	**SPD**	179	267,08	−88,08
Kommunist	319	129,19	189,81	**Jahr**	142	225,33	−83,33
Jahr	319	475,72	−156,72	**groß**	142	197,97	−55,97
Koalition	317	223,01	93,99	konservativ	138	33,67	104,33
weit	315	177,74	137,26	Gruppe	138	38,92	99,08

Anmerkungen: Die Angaben beziehen sich auf die Analyse einer Fensterspanne von sieben Token vor und sieben Token nach den Node-Wörtern *links* und *rechts*. Wobei in der Spalte O das tatsächliche gemeinsame Auftreten von Node-Wort und Kollokator im Untersuchungskorpus abgetragen ist. In der Spalte E ist jeweils die statistische zu erwartende Häufigkeit des gemeinsamen Auftretens von Node-Wort und Kollokator angegeben. Artifizielle Kollokatoren sind **fett** hervorgehoben.

alle gleichermaßen auf dem Quotienten $\frac{O}{E}$ basieren, unterscheiden sie sich hinsichtlich Inhalt und Aussagekraft. Nach ihrer grundlegenden Logik lassen sich die Kenngrößen in zwei Gruppen einteilen: in Stärke- und in Signifikanzmaße (ebenda: 1228).

Ihrem Namen entsprechend geben *Stärkemaße* Auskunft über die *Effektstärke* einer Kollokation. Sie treffen eine Aussage über die Intensität der Beziehung zwischen einem Node-Wort und einem (vermeintlichen) Kollokator (ebenda: 1228). Ein häufig verwendetes Stärkemaß stellt die *Pointwise Mutual Information* (*MI*) dar, die sich aus der Logarithmierung des Basis-Quotienten $\frac{O}{E}$ ergibt (ebenda: 1225–1226). In der Informationstheorie wird die *Mutual Information* als „number of bits of ‚shared information' between two words" (ebenda: 1226) beschrieben. Wobei ein *MI*-Wert von einem Bit vorliegt, wenn zwei Wörter doppelt so häufig zusammen vorkommen, wie dies statistisch zu erwarten wäre (ebenda: 1226).

Signifikanzmaße geben demgegenüber an, wie wahrscheinlich es ist, dass zwei Wörter positiv miteinander assoziiert sind, unabhängig von der Stärke des Effektes (Evert 2009: 1228, Hunston 2005: 73). Kenngrößen zur Beurteilung der Signifikanz einer Kollokation stellen etwa der *T-Score* und das log-likelihood basierte Maß *Simple-ll* dar (Evert 2009: 1225, 1227–1228).

Doch welches Maß eignet sich nun am besten zur Messung von Assoziationen? Über diese Frage herrscht kein abschließender Konsens. Insofern werden bei unterschiedlichen Analysen auch ganz unterschiedliche Maße zur Beschreibung der Assoziationen herangezogen. Die Auswahl eines angemessenen Kollokationsmaßes orientiert sich dabei an den spezifischen Zielen einer Untersuchung (ebenda: 1236). Church u. a. (1991) verwenden beispielsweise bei der Bestimmung der Assoziationen von *strong* und *powerful* sowohl das *MI-Kriterium* als auch den *T-Score*.[148] Auch Bartsch (2004) greift bei ihrer Untersuchung von Kollokationen im Englischen auf eine Kombination verschiedener Maße zurück. Neben den *einfachen Assoziationsmaßen MI* und *T-Score* nutzt sie auch *Chi-Quadrat*, ein auf der Analyse von Kontingenztabellen basierendes *statistisches Assoziationsmaß* (ebenda: 76).[149]

Entsprechend der Arbeit von Bartsch empfiehlt auch Evert (2009: 1229) die Verwendung unterschiedlicher Maßzahlen „in order to obtain [...] entirely different perspectives on the cooccurrence data", denn faktisch sei es „probably impossible to choose a single most appropriate association measure" (ebenda). Die Auswahl eines passenden Kriteriums zur Beschreibung der Assoziationen ist auch deshalb nicht trivial, da alle Maße spezielle Eigen-

148 Kritik an der Wahl des *Mutual Information Kriteriums* als Assoziationsmaß findet sich unter anderem bei Dunning (1993: 62) und Kilgarriff (2005).

149 *Statistische Assoziationsmaße* stellen, nach Evert (2009: 1230–1236), eine zweite Familie von Kenngrößen zur Bestimmung semantischer Assoziationen dar. Ihrer Berechnung liegt die Analyse von Kontingenztabellen zu Grunde. Entsprechend den einfachen Assoziationsmaßen lassen sich auch die statistischen Assoziationsmaße in „effect-size and significance measures" (ebenda: 1234) einteilen.

schaften zeigen, die je nach Betrachtungsweise Vor- und Nachteile mit sich bringen.

Die *Mutual Information* tendiert etwa dazu, bei Kollokationen deren Erwartungswert kleiner als eins ($E < 1$) ist, inflationäre Werte anzunehmen (ebenda: 1226, 1228; siehe auch Baker, Hardie und McEnery 2006: 38). Besonders akut wird dieses Problem, wenn ein Wort innerhalb des gesamten Textkorpus nur einmal vorkommt, aber dennoch mehrmals in unmittelbarer Nachbarschaft eines Node-Wortes auftaucht. Am Beispiel des *FAZ*-Kommentarkorpus sei dies an der Kollokation zwischen dem Node-Wort *links* und dem Kollokator *Wahljargon* dargestellt. Obwohl *Wahljargon* innerhalb des Textkorpus insgesamt nur einmal vorkommt, ist der Begriff, nach Auswertung des *MI-Kriteriums*, zusammen mit *Blinker*, *Illegalität* und *Polemisierer* stärker mit *links* verbunden als alle anderen Wörter (siehe Tabelle 6.3 auf Seite 173). Dies liegt daran, dass *Wahljargon* in insgesamt drei Fällen innerhalb des 14 Token großen Textfensters um *links* auftaucht, wie mit einem Blick auf die entsprechende Textstelle eines Kommentars vom 19.12.1955 ersichtlich wird:

> „Republikanisch heißt in Frankreich im **Wahljargon** einfach *links*; *links* stehen, *links* denken" (P. M. 1955, Hervorhebungen durch den Autor).

Zur Kontrolle eines solchen *Low-Frequency-Bias* empfiehlt Evert (2009: 1228–1230, 1242) die Anwendung eines Schwellenwertes zur Selektion selten vorkommender Kollokationen. Es könnte etwa festgelegt werden, dass nur Kollokationen analysiert werden, die mindestens drei Mal innerhalb des Textkorpus auftauchen. Kritisch an diesem Verfahren erscheint die zufällige und kaum nachvollziehbare Festlegung eines angemessenen Selektionswertes. Alternativ könne, wie Evert (2009: 1226) erläutert, die Berechnung des *MI-Kriteriums* dahingehend modifiziert werden, dass der Score bei einem sehr geringen Erwartungswert nicht überproportional hoch ausfalle.

Eine Variante einer solchen heuristischen Transformation des *MI-Maßes* besteht darin, den beobachteten Wert (O) einer Kollokation mit einem beliebigen Wert $K \geq 1$ zu potenzieren, um dessen Gewicht gegenüber dem des Erwartungswertes (E) zu erhöhen (Evert 2004: 89–90, 2009: 1226–1227).[150] Die Familie der MI^k*-Scores* hat allerdings den Nachteil, nicht zwischen positiven und negativen Assoziationen zu unterscheiden. Im Gegensatz zum klassischen *MI-Score* nimmt das MI^k*-Kriterium* durch das Potenzieren des

150 Wobei die gewählte Potenz (k) sinnvollerweise größer als eins sein sollte, da der MI^k*-Score* sonst dem klassischen *MI-Kriterium* entspricht.

beobachteten Wertes bei $O < E$ gewöhnlich keine negativen Werte an (Evert 2009: 1226).[151]

Ein Blick auf die Tabellen 6.3 und 6.4 auf den Seiten 173 und 174 zeigt die Auswirkungen der heuristischen Transformation des *MI-Kriteriums* auf das Ranking der Kollokationen von *links* und *rechts*. Im Gegensatz zur klassischen *Mutual Information* kommen unter den Top-Kollokatoren des *MI²-Maßes*[152] keine Wörter vor, die sehr selten innerhalb des Korpus auftauchen. Das Ranking der Kollokatoren nach dem heuristischen *MI²*-Maß kommt vielmehr den Ranglisten des *T-Scores* und des *Simple-ll-Kriteriums* nahe, wenngleich noch immer Unterschiede auszumachen sind. So tauchen beispielsweise die seltener vorkommenden Kollokationen von *Öffnung* ($O = 147$) und *Parteiflügel* ($O = 67$) mit *links* sowie *Extrem* ($O = 82$) und *Ruck* ($O = 55$) mit *rechts* im Top-20-Ranking von *T-Score-* und *Simple-ll* weiter hinten auf als bei dem des *MI²-Scores* – wenn sie überhaupt darin vorkommen (siehe Tabelle 6.3 auf Seite 173 und Tabelle 6.4 auf Seite 174). Dementsprechend nehmen Kollokatoren, die sehr häufig in der unmittelbaren Nachbarschaft von *links* und *rechts* vorkommen, bei beiden Signifikanzmaßen bisweilen einen höheren Rangplatz ein als beim *MI²-Score*.

Die vordere Platzierung von häufig auftauchenden Kollokationen im Ranking von *T-Score* und *Simple-ll* ist Ausdruck eines *High-Frequency-Bias* (ebenda: 1228). Bei beiden Maßen fällt der berechnete Score überproportional hoch aus, wenn zwei Wörter sehr häufig zusammen auftreten, unabhängig davon, ob der Quotient zwischen beobachtetem und statistisch erwartetem Vorkommen einer Kollokation vergleichsweise hoch oder doch eher niedrig ausfällt. Anders ausgedrückt: Sehr häufig vorkommende Kollokationen können trotz einer eher geringen Effektstärke einen relativ hohen Signifikanzscore aufweisen (ebenda).

Werden die beiden Signifikanzmaße *T-Score* und *Simple-ll* untereinander verglichen, zeigen sich hingegen nur geringe Unterschiede.[153] Dennoch hat

---

151 Es gibt eine Ausnahme von dieser Regel: Ist der beobachtete Wert (O) nach dem Potenzieren noch immer kleiner als der Erwartungswert (E) ist der *MI^k-Score* ebenfalls negativ. Für nähere Ausführungen über das *MI-Kriterium* und die Vorstellung weiterer auf der *Pointwise Mutual Information* basierender Assoziationsmaße siehe Evert (2004: 88–91) und Evert (2009: 1225–1228)

152 Im Zuge dieser Untersuchung wurde der beobachtete Wert O bei der Berechnung des *MI²-Maßes* quadriert. Im Folgenden wird das transformierte *MI-Kriterium* nicht mehr als MI^k, sondern als MI^2 bezeichnet.

153 Diese Aussage trifft allerdings nur solange zu, solange die Ranglisten der beiden Maße miteinander verglichen werden. Werden dagegen die absoluten Werte von *T-*

der *T-Score* einen Vorteil gegenüber *Simple-ll*. Er unterscheidet ohne Einschränkungen zwischen positiven und negativen Assoziationen. Da das *Simple-ll-Maß* auf dem zweiseitigen *Likelihood-Ratio-Test* aufbaut, muss darauf geachtet werden, dass es bei positiven wie negativen Assoziationen hohe positive Werte annimmt (ebenda: 1227). Dieses Problem kann jedoch dadurch gelöst werden, dass bei Kollokationen mit $O < E$, der *Simple-ll-Score* mit -1 multipliziert wird (ebenda: 1229).

Tabelle 6.2.: Ausgewählte Assoziationsmaße zur Messung empirischer Kollokationen im Überblick

Assoziationsmaße	Formel	Anmerkungen
Stärkemaße		
MI	$log_2 \frac{O}{E}$	*Low-Frequency-Bias*
MI²	$log_2 \frac{O^2}{E}$	keine Unterscheidung positiver von negativen Kollokationen
Signifikanzmaße		
T-Score	$\frac{O-E}{\sqrt{O}}$	*High-Frequency-Bias*
Simple-ll	$2(O \cdot log\frac{O}{E} - (O - E))$	*High-Frequency-Bias*, keine Unterscheidung positiver von negativen Kollokationen

Quelle: Evert (2009: 1225)

An dieser Stelle sei zudem noch darauf hingewiesen, dass unter Linguisten diskutiert wird, inwieweit es angemessen und sinnvoll ist, bei der Beschreibung von Korpora Aussagen über die statistische Signifikanz einzelner Phänomene zu treffen. Denn mit Blick auf die Eigenschaften sprachlicher Daten stellt sich ein grundsätzliches Problem: „Language is never, ever, ever, random" (Kilgarriff 2005: 263). Da die Wörter eines Korpus niemals zufällig verteilt sind, trifft auch die Normalverteilungsannahme nicht zu, die den besprochenen Signifikanzmaßen zu Grunde liegt (Bubenhofer 2009: 134; Evert 2004: 90; Kilgarriff 2001: 107, 2005: 263–264):

Score und *Simple-ll* gegenüber gestellt, so zeigen sich deutliche Unterschiede (siehe Abbildung 6.6 auf Seite 206).

> „The problem for empirical linguistics is that language is not random, so the null hypothesis is never true. Language is not random because we speak or write with purposes. We do not, indeed, without computational help are not capable of, producing words or sounds or sentences or documents randomly. We do not always have enough data to reject the null hypothesis, but that is a distinct issue: wherever there is enough data, it is rejected" (Kilgarriff 2005: 264).

Signifikanzmaße sollten daher nicht dazu dienen, um Aussagen über die Irrtumswahrscheinlichkeit einer Kollokation zu treffen. Allerdings können, wie Bubenhofer (2009: 144–145) hervorhebt, die berechneten Werte immer als Basis für die Erstellung von *Ranglisten* genutzt werden, um relevante von weniger relevanten Kollokationen zu unterscheiden. Evert (2009: 1238) hebt in diesem Zusammenhang hervor:

> „It should be emphasised that despite their mathematical shortcomings, measures such as chi-squared and t-score may have linguistic merits that justify their use as heuristic measures for collocation identification".

Auf Grund der dargestellten Schwierigkeiten bei der Auswahl eines geeigneten Maßes erscheint es sinnvoll, bei der Selektion relevanter Kollokationen ein Verfahren zu wählen, bei dem Stärke- und Signifikanzmaße kombiniert werden. Im Rahmen dieser Untersuchung wurde deshalb u. a. auf eine Kombination von quadriertem *MI-Kriterium* und *T-Score* zurückgegriffen. In Tabelle 6.2 sind die diskutierten Assoziationsmaße noch einmal zusammengefasst.

6.1.3. Die Kategorisierung und Codierung der Kollokatoren von links und rechts

Neben technischen Einblicken über die Funktionalität der verschiedenen Assoziationsmaße lassen sich aus den Kollokationsrankings auf den Seiten 173 und 174 auch erste Erkenntnisse über die Semantiken der beiden Richtungsvokabeln gewinnen. Es wird beispielsweise deutlich, dass einige Begriffe sowohl unter den Top-Kollokatoren von *links* als auch unter denen von *rechts* auftauchen. Dazu zählen etwa die Adjektive *extrem* und *radikal* ebenso wie die Substantive *Radikale* und *Extremist*. Einerseits lässt dies zwar darauf schließen, dass zwischen *links* und *rechts* semantische Überscheidungen vorliegen und beide Begriffe in den *FAZ*-Kommentaren häufig im Zusammenhang mit radikalen/extremen politischen Ansichten verwendet wurden. Andererseits sind die Ergebnisse noch nicht ausreichend systematisiert, um

Tabelle 6.3.: Kollokationsrankings des Node-Wortes *links* im Vergleich zwischen ausgewählten Assoziationsmaßen (1949–2013)

MI			*MI*²		
Kollokator	*O*	*f2*	Kollokator	*O*	*f2*
Blinker	3	1	Flügel	995	1643
Illegalität	3	1	*rechts*	1767	6969
Polemisierer	3	1	Partei	2848	18383
Wahljargon	3	1	Mitte	865	2711
Aktivste	2	1	radikal	574	1648
Anstürme	2	1	SPD	1280	11509
antikommunistische	2	1	extrem	299	753
Auslieferungsprozess	2	1	liberal	323	1503
basisfreien	2	1	Öffnung	147	315
Bedenklichem	2	1	Radikale	201	643
bene	2	1	Grüne	487	3781
besitz	2	1	Sozialist	335	2007
bestallen	2	1	Extremist	171	672
center	2	1	Parteiflügel	67	109
Dauerdrainage	2	1	Gruppe	266	1677
Ehezwist	2	1	Kommunist	319	2637

T-Score			*Simple-ll*		
Kollokator	*O*	*f2*	Kollokator	*O*	*f2*
Partei	2848	18383	Partei	2848	18383
rechts	1767	6969	*rechts*	1767	6969
Flügel	995	1647	Flügel	995	1647
Mitte	865	2711	Mitte	865	2711
radikal	574	1648	radikal	574	1648
SPD	1280	11509	SPD	1280	11509
extrem	299	753	extrem	299	753
liberal	323	1503	liberal	323	1503
Grüne	487	3781	Grüne	487	3781
Sozialist	335	2007	Radikale	201	643
Radikale	201	643	Sozialist	335	2007
Gruppe	266	1677	Öffnung	147	315
Öffnung	147	315	Extremist	171	672
Kommunist	319	2637	Gruppe	266	1677
Extremist	171	672	Bündnis	243	1622
Bündnis	243	1622	Kommunist	319	2637

Anmerkungen: Die Angaben beziehen sich auf die Analyse einer Fensterspanne von sieben Wörtern vor und sieben Wörtern nach dem Node-Wort *links*. Die Durchführung der Kollokationsberechnungen erfolgte an dem weitgehend unbereinigten *FAZ*-Textkorpus.

Tabelle 6.4.: Kollokationsrankings des Node-Wortes *rechts* im Vergleich zwischen ausgewählten Assoziationsmaßen (1949–2013)

MI			*MI²*		
Kollokator	*O*	*f2*	Kollokator	*O*	*f2*
beteiligende	2	1	extrem	419	753
bröcklig	2	1	*links*	1767	14713
Extremismusgrenze	2	1	Extremist	346	672
Geheiminformation	2	1	Extremismus	235	334
Halbkreissaales	2	1	extremistisch	232	385
Laudesvorsitzende	2	1	radikal	443	1648
Materialist	2	1	Mitte	541	2711
Organisierbaren	2	1	Radikale	261	643
Parteikleider	2	1	Radikalismus	131	262
plakativen	2	1	Flügel	324	1647
Publikationsverbot	2	1	Extrem	82	176
Rundreihen	2	1	Partei	801	18383
Völkchen	2	1	Populisten	61	136
volldemokratische	2	1	Ruck	55	129
Wählermassenzu	2	1	Nationale	39	65
wärmstens	2	1	äußer	110	521

T-Score			*Simple-ll*		
Kollokator	*O*	*f2*	Kollokator	*O*	*f2*
links	1767	14713	*links*	1767	14713
Mitte	541	2711	extrem	419	753
extrem	419	753	Extremist	346	672
radikal	443	1648	Mitte	541	2711
Extremist	346	672	radikal	443	1648
Flügel	324	1647	Extremismus	235	334
Radikale	261	643	extremistisch	232	385
Extremismus	235	334	Radikale	261	643
extremistisch	232	385	Flügel	324	1647
Partei	801	18383	Radikalismus	131	262
Radikalismus	131	262	Partei	801	18383
rechts	356	6969	Extrem	82	176
äußer	110	521	äußer	110	521
national	137	1254	*rechts*	356	6969
Lager	129	1170	stehend	82	331
konservativ	138	1451	Populisten	61	136

Anmerkungen: Die Angaben beziehen sich auf die Analyse einer Fensterspanne von sieben Wörtern vor und sieben Wörtern nach dem Node-Wort *rechts*. Die Durchführung der Kollokationsberechnungen erfolgte an dem weitgehend unbereinigten *FAZ*-Textkorpus.

eine aussagekräftige Interpretation der Bedeutungsinhalte vornehmen zu können.

Aus analytischen Gründen ist es daher sinnvoll, die mit *links* und *rechts* gemeinsam auftretenden Wortstämme zunächst auf einem höheren Abstraktionsniveau zu inhaltlich kohärenten Bedeutungsgruppen zusammenzufassen und erst danach die Berechnung der Kollokationen vorzunehmen. Auf Basis dieser Überlegungen wurden alle Wortstämme in den *FAZ*-Kommentaren, die innerhalb der untersuchten Textspanne von sieben Token links und sieben Token rechts der beiden Richtungsbegriffe vorkommen, Bedeutungsgruppen zugeordnet.

Die Codierung der Kollokatoren von *links* und *rechts* wurde auf Basis eines ursprünglich von Fuchs und Klingemann (1989, 1990) konzipierten und mehrfach weiterentwickelten Schemas durchgeführt.[154] Das bislang nur zur Auswertung der entsprechenden Survey-Frage (siehe Anhang A) genutzte Schema musste dabei zunächst an die Bedingungen schriftsprachlicher Daten angepasst werden.[155] Bevor die Anpassungen des Kategorienschemas an die Schriftsprache auf den kommenden Seiten näher beschrieben werden, wird zunächst ein Blick auf die Struktur des ursprünglichen Schemas geworfen.

Aufbau- und Struktur des Fuchs-Klingemann-Schemas zur Codierung von Assoziationen mit links und rechts

Das Kategorienschema[156] setzt sich aus zwei Abstraktionsebenen zusammen: Aus a) *Bedeutungstypen* und b) *Bedeutungsklassen* (siehe Tabelle 6.5 auf Seite 176). Wobei die Bedeutungstypen zu insgesamt neun Bedeutungsklassen zusammengefasst sind. Die Bedeutungsklassen werden zudem nach ihrem Abstraktionsniveau in a) Klassen mit *generalisierbaren Bedeutungsinhalten* und b) Klassen mit *nicht generalisierbaren Bedeutungsinhalten* unterschieden. Zudem gibt es c) noch eine Klasse für Antworten, die *keinen Objektbezug* aufweisen und eine affektive Äußerung darstellen (Fuchs und Klingemann 1989: 488–497).

Die Bedeutungstypen wurden von Fuchs und Klingemann dabei „eng an den konkreten sprachlichen Äußerungen der Befragten gebildet“ (ebenda: 488), um die „Differenziertheit und Begrenztheit des semantischen Raumes“ (ebenda) bestmöglich abbilden und analysieren zu können. Die Bedeutungsklassen

154 Überarbeitet wurde das Schema u. a. von Bauer-Kaase (2001), Bauer-Kaase und Geis (1998) sowie Züll, Scholz und Schmitt (2010). Ein alternatives Schema zur

Tabelle 6.5.: *Fuchs-Klingemann-Schema* zur Codierung von Assoziationen mit *links* und *rechts*

Bedeutungsklassen	Beispiele für Bedeutungstypen von *links*	*rechts*
generalisierbare Bedeutungen		
generelle gesellschaftliche Werte	Gleichheit, Solidarität	Individualismus, Freiheit
spezifische gesellschaftliche Werte	Verstaatlichung, Demokratie	Marktwirtschaft, Privateigentum
Werte des sozialen Wandels	progressiv, Revolution	konservativ, reaktionär
Modi des sozialen Wandels	Protest, Gewalt	Ordnung, angepasst
politische Ideologien	Kommunismus, Sozialismus	Kapitalismus, Liberalismus
soziale Gruppen	Arbeiter*innen*, Unterschicht	Oberschicht, die Reichen
politische Parteien	die Roten, *KPD*	die Schwarzen, *NPD*
nicht generalisierbare Bedeutungen		
spezifische Aspekte	Sitzverteilung im Parlament	Sitzverteilung im Parlament, Hitler
ohne Objektbezug		
affektives Begriffsverständnis	gut, schlecht	gut, schlecht

Anmerkungen: Darstellung nach Fuchs und Klingemann (1989: 489–491; 1990: 213–215; siehe auch Züll, Scholz und Schmitt 2010: 6). Die Beispiele für mit *links* und *rechts* in der bundesdeutschen Bevölkerung assoziierte Bedeutungstypen wurden ebenfalls von Fuchs und Klingemann (1989: 489) übernommen, deren Analysen auf Daten der *Political-Actions-Studie* basieren.

Codierung der Semantiken von *links* und *rechts* wurde von Trüdinger und Bollow (2011) entwickelt.

155 Die im Rahmen dieser Arbeit vorgenommenen Anpassungen basieren dabei auf einer von Züll, Scholz und Schmitt (2010) vorgenommenen Weiterentwicklung des ursprünglichen Codierschemas.

156 Zur Beschreibung der Entwicklung und Weiterentwicklung des Kategorienschemas siehe auch Züll, Scholz und Schmitt (2010: 6–7).

sind hingegen theoretisch fundiert und bündeln die einzelnen Bedeutungstypen zu „sinnvollen Dimensionen“ (ebenda).

Die Grundstruktur des *Fuchs-Klingemann-Schemas* wurde auch bei den Weiterentwicklungen übernommen. Eine Unterscheidung zwischen Bedeutungsebenen blieb sowohl bei der Überarbeitung von Bauer-Kaase und Geis (1998) als auch bei der Überarbeitung von Züll, Scholz und Schmitt (2010) bestehen. Allerdings wurden jeweils Veränderungen beim Zuschnitt der Bedeutungstypen und -klassen vorgenommen.

Bauer-Kaase und Geis (1998) differenzieren das ursprüngliche Kategorienschema deutlich aus, indem sie Bedeutungstypen ergänzen. Die Bedeutungsklasse *Ideologie* füllen sie etwa mit einem knappen Dutzend weiterer Bedeutungstypen auf. Dazu zählen: *Ökologie*, *Mulitkulturalismus*, *Nationalsozialismus* oder auch *Rassismus* (ebenda: 18; siehe auch Züll, Scholz und Schmitt 2010: 7).

Züll, Scholz und Schmitt (2010: 6) nehmen u. a. eine formale Veränderung vor und bezeichnen die *fuchs*- und *klingemann*schen Bedeutungsklassen als Hauptgruppen und die Bedeutungstypen als Unterkategorien.[157] Eine ihrer zentralen inhaltlichen Veränderungen besteht darin, eine Ausdifferenzierung der Bedeutungstypen vorzunehmen und zwischen *Assoziationen* und *Dissoziationen* zu unterscheiden: „Assoziationen sind hierbei die Kategorien selbst, Dissoziationen sind die jeweiligen Gegenkategorien“ (ebenda: 7). Zudem wurden einzelne Bedeutungsklassen inhaltlich neu zugeschnitten. Die bei Fuchs und Klingemann (1989, 1990) noch separierten Bedeutungsklassen *Werte des sozialen Wandels* und *Modi des sozialen Wandels* wurden zu der Hauptkategorie (*Sozialer Wandel: Formen, Merkmale und Mittel*) zusammengefasst und die Kategorie *Parteien*, die im ursprünglichen Schema noch eine eigenständige Bedeutungsklasse darstellt, ist in der überarbeiteten Version der Hauptkategorie *politische Akteure* zugeordnet. Unter *politische Akteure* werden ferner auch *Politiker*innen gefasst, die im Fuchs-Klingemann-Schema noch den *spezifischen Aspekten* zugeordnet waren. Schließlich erweiterten Züll, Scholz und Schmitt (2010: 16) das Kategorienschema um eine Residualkategorie, zur Codierung *nicht inhaltlicher Nennungen*. Damit setzt sich das erweiterte Schema aus diesen Hauptgruppen zusammen:

Ideologien: Die Richtungsbegriffe werden „im Sinne umfassender und kohärenter sozio-politischer Deutungssysteme“ (ebenda: 17) verstanden. Darunter

157 In dieser Arbeit werden die beiden Bezeichnungen Bedeutungsklasse und Hauptkategorie synonym verwendet. Gleiches gilt für die Bezeichnungen Bedeutungstypen und Unterkategorien.

fallen sowohl klassische „[M]acro-Ideologies" (Freeden 2003: 78–93), etwa *Liberalismus*, *Sozialismus*, *Konservatismus* oder *Faschismus*, als auch weniger umfassende politische Deutungssysteme. Zu diesen „[M]icro-Ideologies" (ebenda: 94–102) zählen u. a. *Nationalismus* und *Militarismus* (Züll, Scholz und Schmitt 2010: 17–29).

Allgemeine gesellschaftliche Werte: Darunter fallen „Normen, kulturelle Ideale oder Maßstäbe" (Züll, Scholz und Schmitt 2010: 30), die innerhalb einer Gesellschaft geteilt werden. Sie stellen Orientierungskriterien des menschlichen Handels dar und erleichtern das gesellschaftliche Zusammenleben. Unter die Hauptgruppe der *allgemeinen gesellschaftlichen Werte* sind beispielsweise *Freiheit*, *Gleichheit*, *Gerechtigkeit* und *Autorität* gefasst (ebenda: 30–37).

Spezifische gesellschaftliche Werte: Hierunter sind „konkrete Werte und Ziele" (ebenda: 38) gefasst, die sich auf ein gesellschaftliches Teilsystem, wie das Wirtschafts- oder Rechtssystem, beziehen. Beispiele für eine Assoziation der beiden Richtungsbegriffe mit *spezifischen gesellschaftlichen Werten* stellen *freie Marktwirtschaft* und *Demokratie* dar (ebenda: 38–46).

Formen, Merkmale und Mittel sozialen Wandels: Unter dieser Hauptgruppe sind die Ausprägungen sozialer Wandlungsprozesse kategorisiert. Darunter werden sowohl Unterkategorien wie *progressiv* und *reaktionär* gefasst, die angeben, in welche Richtung sich eine Gesellschaft verändert, als auch Kategorien, die Form und Ergebnis eines Wandlungsprozesses beschreiben. Dazu zählen etwa *friedlich*, *gewalttätig*, *Protest* und *Realismus* (ebenda: 47–55).

Soziale Gruppen: Diese Bedeutungsklasse umfasst allgemeine soziale Schichtungsbegriffe, wie *Ober-*, *Mittel-*, *Unter-* und *Arbeiterschicht*, mit den dazugehörigen Träger*innen*gruppen sowie sozialstrukturelle Gruppen und Subkulturen, wie etwa *Alte* und *Junge* oder *Skinheads* und *Punks*. Dabei wird auch das Eintreten für die Ziele der jeweiligen Gruppe codiert (ebenda: 56–63).

Politische Akteure: Unter dieser Bedeutungsklasse werden „Personen, Gruppen, Organisationen oder Institutionen verstanden, die bewusst und aktiv versuchen, auf politische Entscheidungen Einfluss zu nehmen" (ebenda: 64). Neben Parteien und anderen parlamentarischen Akteuren, wie etwa *Regierung* und *Opposition*, fallen unter diese Klasse auch der *Staat*, *Medien*, *Gewerkschaften* und *soziale Bewegungen* (ebenda: 64–72).

Konkrete Aspekte: Diese Bedeutungsklasse umfasst politische Sachthemen, die mit *links* oder *rechts* in Verbindung gebracht werden. Hierzu gehören beispielsweise die Begriffe *Wohlstand*, *Preisstabilität*, *Arbeitsplatzsicherheit* oder *Abrüstung* (ebenda: 73–82). Bei Fuchs und Klingemann (1990: 215) wird die Assoziation von *links* und *rechts* mit spezifischen Policy-Aspekten dem *nicht generalisierbaren* Verständnis der Richtungsbegriffe zugewiesen.

Affektive Bewertungen: Unter diese Bedeutungsklasse fallen Beurteilungen von *links* und *rechts* mit einem rein emotionalen Charakter, denen keine tiefgehenden Inhalte zu Grunde liegen. Beispiele sind *geil* und *gut* für positive Bewertungen, *schlecht* und *bösartig* für negative (Züll, Scholz und Schmitt 2010: 83–85).

Nicht inhaltliche Nennungen: In dieser Residualkategorie werden alle Nennungen gesammelt, die keinen inhaltlichen Bezug aufweisen. Hierunter fallen Aussagen, die eine *Bedeutungslosigkeit* der beiden Richtungsbegriffe konstatieren ebenso wie *Antwortverweigerungen* (ebenda: 86–87).

Anpassung des Kategorienschemas an die Analyse schriftsprachlicher Daten

Die Anpassung des Schemas für eine Codierung schriftsprachlicher Assoziationen wurde auf Basis der Klassifizierung von Züll, Scholz und Schmitt (2010) vorgenommen. Bei der Überarbeitung wurde die grundlegende Struktur des Referenzschemas nur geringfügig umgestellt. Allerdings wurde die Kategorisierung politischer Akteure gänzlich neu zugeschnitten, wie aus Tabelle 6.6 auf Seite 182 zu erkennen ist. Im überarbeiteten Schema werden politische Akteure nicht mehr in einer Universalkategorie zusammengefasst, sondern differenziert codiert. Es wird zwischen drei Akteursklassen unterschieden: a) *Parteien*, b) *Politiker*innen und c) *gesellschaftlichen Akteuren*.

Ein weiterer Unterschied zum Schema von Züll, Scholz und Schmitt (2010) besteht darin, dass eine Hauptgruppe zur Codierung von *Farben* ergänzt wurde. Darunter fallen sowohl Eigenschaftsbeschreibungen, wie etwa bei der Charakterisierung von Regierungen (*schwarz-gelb*, *rot-grün*), als auch konkrete Akteursbezeichnungen[158] (*die Roten*, *die Schwarzen*). Eine Ausnahme bildet *grün*. Bei *grün* wird zwischen der Partei *Die Grünen* und der Eigenschaftsbeschreibung *grün* differenziert.[159]

158 Bei Züll, Scholz und Schmitt (2010: 70) werden solche Nennungen unter der Bedeutungsklasse *politische Akteure* gefasst. Kategorien zur Codierung der entsprechenden Adjektive, wie etwa *braun*, *grün*, *rot* oder *schwarz*, fehlen dagegen.

159 Eine detaillierte Zuordnung von Wörtern zu den Kategorien *Die Grünen* und *grün* findet sich im Kategorienschema/Diktionär in Anhang C.

Diese Erweiterung des Schemas ist sinnvoll, da gerade in Zeitungsbeiträgen mit politischem Inhalt bei der Kennzeichnung und Charakterisierung von politischen Akteuren und Akteurskonstellationen auf Farben zurückgegriffen wird. Insbesondere Koalitionsregierungen werden im bundesdeutschen Kontext gerne mit Farben umschrieben, wie etwa „*schwarz-gelbe* Bundesregierung“ oder „*rot-grüner* Senat“. Auch bei der graphischen Darstellungen von Wahlergebnissen wird mit verschiedenen Farben gearbeitet. Die *CDU/CSU* wird gewöhnlich mit *schwarz*, die *SPD* mit *rot*, *Die Linke* mit *violett/magenta*,[160] *Die Grünen* mit *grün*, die *FDP* mit *gelb* und die *AfD* mit *blau* ausgewiesen.

Hingegen werden die Hauptkategorien zur Erfassung *affektiver Bewertungen* und *nicht inhaltlicher Nennungen* im überarbeiteten Schema nicht berücksichtigt. Die Bedeutungsklasse *nicht inhaltliche Nennungen* stellt – wie ihr Name schon ahnen lässt – keine inhaltliche relevante Kategorie dar, sondern ist vielmehr notwendig, um eine vollständige Codierung der Antworten in Umfragen zu gewährleisten. Die Bedeutungsklasse *affektive Bewertungen* hat dagegen zwar durchaus eine inhaltliche Relevanz, da sie auf eine auf emotionalen Bindungen basierende Bedeutungsebene von *links* und *rechts* verweist, doch drücken sich diese Bewertungen in Zeitungskommentaren weniger ex- als vielmehr implizit aus. Affektive Bewertungen werden meist kontextuell vermittelt. Kommt eine Richtungsvokabel zunehmend im Umfeld negativ konnotierter Unterkategorien vor, wird sich möglicherweise auch die affektive Bewertung des Begriffes innerhalb der Gesellschaft verändern.

Neben diesen, die Struktur der Klassen/Hauptgruppen des Schemas berührenden Veränderungen sind zudem verschiedene Bedeutungstypen/Unterkategorien neu zugeschnitten worden. Um an dieser Stelle nicht auf jede Veränderung einzeln eingehen zu müssen, sind die betroffenen Unterkategorien im Kategorienschema *kursiv* hervorgehoben (siehe Anhang C). Auf zwei Veränderungen sei an dieser Stelle dennoch kurz eingegangen:

1. Aus dem weiterentwickelten Schema wurden alle Unterkategorien entfernt, die in den *FAZ*-Kommentaren *nicht* vorkamen und neue Kategorien ergänzt, wenn es inhaltlich geboten war. Die Hauptgruppe *politische Ideologie* wurde u. a. um die Unterkategorien *Gaullismus*, *Peronismus*, *Volksfront* und *Sandinismus* ergänzt, die auf spezifische (mikro)ideologische Bewegungen verweisen.

160 *Violett* oder *magenta* stellen in graphischen Darstellungen allerdings nur Ausweichfarben dar. In der Regel wird *Die Linke*, ebenso wie die Sozialdemokraten, mit *rot* assoziiert.

2. Aufgrund der Struktur des vorbereiteten Textkorpus[161] (siehe Kapitel 4.4) war es nicht mehr möglich, die Unterkategorien *Linksextremismus* und *Rechtsextremismus* trennscharf von *radikal* abzugrenzen. *Linksextremismus* und *Rechtsextremismus* wurden daher aus dem überarbeiteten Kategorienschema entfernt. Begriffe, die auf den Wortstämmen *extrem* und *radikal* basieren, wurden stattdessen unter der Unterkategorie *radikal* codiert. Doch nicht nur aus dieser modusbedingten Notwendigkeit heraus ist das beschriebene Vorgehen sinnvoll: Auch inhaltlich stellt sich die Frage, ob Links- und Rechtsextremismus tatsächlich politische Ideologien darstellen oder eher spezifische Ausprägungen linker und rechter Makroideologie charakterisieren und damit die Form und Stärke politisch-ideologischer Einstellungsmuster beschreiben. Für diese Restrukturierung spricht auch, dass im ursprünglichen Kategorienschema von Fuchs und Klingemann (1989: 488–492) *Linksextremismus* und *Rechtsextremismus* nicht als gesonderte ideologische Unterkategorien auftauchen.[162]

Nachdem das Schema zur Codierung der Kollokatoren von *links* und *rechts* beschrieben wurde, abschließend noch einige Anmerkungen zur Güte des Schemas.

Die Güte des Kategorienschemas

Im Gegensatz zu Handcodierungen stellt sich bei computerunterstützten Ansätzen die Frage nach der Reliabilität[163] im Grunde nicht, da die gewonnenen Daten bei Offenlegung und Beibehaltung aller Parameter der Codierung vollständig reproduziert werden können. Eine intersubjektive Nachvollziehbarkeit der Codierung ist somit gewährleistet (Scharkow 2013: 290–291).

Eine größere Herausforderung stellt hingegen die Sicherung der Validität der Daten dar. Dabei geht es um die Frage, ob tatsächlich das gemessen wird, was gemessen werden soll (Rössler 2010: 205; Rössler und Geise 2013: 283; Scharkow 2013: 290–291). Zwar lässt sich „die inhaltliche Richtigkeit und

161 Begriffe, die sich aus den Wortstämmen *links* und *rechts* und einem weiteren Begriff zusammensetzen, wurden zerlegt.

162 Siehe auch Bauer-Kaase und Geis (1998: 17–23), die darauf hinweisen, bei der Überarbeitung des Schemas die Kategorien *Linksextremismus* und *Rechtsextremismus* ergänzt zu haben.

163 Der Begriff der Reliabilität bezeichnet die exakte Reproduzierbarkeit von Inhaltsanalysedaten durch verschiedene Codierer*innen* und/oder zu unterschiedlichen Zeitpunkten (Rössler 2010: 197–205).

Tabelle 6.6.: Vergleich verschiedener Kategorienschemata zur Codierung von sprachlichen und schriftsprachlichen Assoziationen mit *links* und *rechts*

Bedeutungsklassen des Kategorienschemas von		
Fuchs/Klingemann	Züll/Scholz/Schmitt	Scherer
generelle gesellschaftliche Werte	allgemeine, gesellschaftliche Werte	allgemeine, gesellschaftliche Werte
spezifische gesellschaftliche Werte	spezifische, gesellschaftliche Werte	spezifische, gesellschaftliche Werte
Werte des sozialen Wandels Modi des sozialen Wandels	Formen, Merkmale und Mittel sozialen Wandels	Formen, Merkmale und Mittel sozialen Wandels
politische Ideologien	Ideologien	Ideologien
soziale Gruppen	soziale Gruppen	soziale Gruppen
politische Parteien		politische Parteien
	politische Akteure	gesellschaftliche Akteure
		Politiker*innen*
		Farben
	konkrete Aspekte	konkrete Themen
spezifische Aspekte		sonstiges
affektives Begriffsverständnis	affektives Begriffsverständnis	
	nicht inhaltliche Nennungen	

Anmerkungen: Abgebildet sind jeweils die Bedeutungsklassen/Hauptkategorien der einzelnen Schemata. Kategorien, die gemeinsam in einer Zeile abgebildet sind, entsprechen sich hinsichtlich ihrer inhaltlichen Definition weitgehend. Allerdings kann die Zahl der darunter gefassten Bedeutungstypen/Unterkategorien variieren.

sachlogische Gültigkeit“ (Rössler 2010: 205) einer Codierung erst nach Ende des Forschungsprozesses bewerten, doch kann die Chance, valide Ergebnisse zu erzielen, dadurch erhöht werden, dass im Vorlauf der Codierung einige Gütekriterien beachtet werden, die eine vollständige Erfassung des „zu messenden Konstrukte durch die Messung" (ebenda: 206) gewährleisten (*Inhaltsvalidität*; siehe Rössler 2010: 205–206; Rössler und Geise 2013: 284). Es ist beispielsweise sinnvoll, die Kategorienbildung auf vorhandene Forschungsarbeiten aufzubauen (ebenda: 206) und bei der Kodierung ein *bewährtes* – an die spezifischen Anforderungen der eigenen Untersuchung angepasstes – Codierschema zu verwenden. Im Zuge dieser Arbeit wurden insbesondere drei Maßnahmen getroffen, um die *Inhaltsvalidität* zu sichern:

- Die Entwicklung von Kategorienschema und Diktionär erfolgte auf einer bewährten und mehrfach weiterentwickelten Vorlage. Wenngleich darauf hinzuweisen ist, dass die Vorlage auf eine Codierung von Survey-Daten ausgerichtet ist und dementsprechend angepasst wurde.
- Den einzelnen Unterkategorien des Schemas wurden keine zufällig ausgewählten Ankerwörter zugewiesen. Die Zuweisung erfolgte vielmehr auf Basis des zu codierenden Materials. Die verschiedenen Kollokatoren von *links* und *rechts* wurden mit den Codewörtern aus dem Basisdiktionär von Züll, Scholz und Schmitt (2010) abgeglichen und, soweit möglich, den entsprechenden Unterkategorien zugeordnet. Durch die Vorsichtung des Analysematerials konnten für untersuchungsrelevante Wortstämme ohne Kategoriezuordnung neue Codes gebildet werden, um die Vollständigkeit des Schemas zu gewährleisten.
- Eine Aufnahme uneindeutiger Suchworte in das Diktionär wurde vermieden. Ein Problem diktionärsbasierter Analysen stellen uneindeutige Suchwörter dar, morphologisch identische Wörter, die jedoch Träger unterschiedlicher Bedeutungsinhalte sind. Diese Wörter wurden entweder aus dem Diktionär herausgelassen, vor der Analyse aufbereitet[164] oder als eine separate Kategorie aufgenommen. Beispielhaft sei an dieser Stelle der Begriff *Republikaner* aufgeführt, der sich nicht eindeutig einer Unterkategorie zuweisen lässt. So gibt es mindestens zwei Parteien mit eben diesem Namen – eine in Deutschland und eine in den Vereinigten Staaten.

Nichtsdestotrotz ist für die Frage nach der Validität der Daten immer entscheidend, wie überzeugend die Ergebnisse sind und ob es plausible Erklärungen für die gewonnenen Befunde gibt. Mit Aussagen zur Validität der Datenerhebung ist damit immer auch die Frage nach der Überzeugungskraft der ganzen Untersuchung verbunden. Wie überzeugend die Analyseergebnisse

164 Eine Vorcodierung der Suchbegriffe wurde in zwei Fällen durchgeführt. Die Token *Arme* und *Reiche* wurden jeweils vorcodiert, wenn es sich um die Bezeichnung einer sozialen Gruppe handelt.

schlussendlich sind, lässt sich dabei durch das Heranziehen externer Daten abschätzen (*Kriteriumsvalidität*). Die Plausibilität der Ergebnisse kann durch den Vergleich mit den Resultaten von früheren Studien eingeschätzt werden (Rössler 2010: 207–208; Rössler und Geise 2013: 284). In diesem Fall bietet es sich zudem an, die Ergebnisse in einen geschichtlichen Kontext zu stellen und zu betrachten, inwieweit sich die Befunde – insbesondere mit Blick auf den Wandel der Semantiken von *links* und *rechts* – durch gesellschaftspolitische Entwicklungen erklären lassen. Die in den folgenden beiden Kapiteln 6.2 und 6.3 dargelegten Ergebnisse der Kollokationsanalyse werden daher immer in Bezugnahme auf den historischen Hintergrund interpretiert. Besonderer Fokus wird dabei auf die sozialen und politischen Entwicklungen in Deutschland gelegt. Nachdem die theoretischen und methodischen Grundlagen der durchgeführten Analysen dargelegt wurden, stellt sich nun die Frage: What is left & who is right?

6.2. Kollokationen mit links und rechts zwischen 1949 und 2013

Um eine erste Antwort auf diese Frage zu erhalten, wird in diesem Kapitel zunächst untersucht mit welchen Bedeutungsklassen und Bedeutungstypen die Richtungsvokabeln *links* und *rechts* in den Kommentaren der *FAZ* besonders stark verbunden werden. Dazu sind zwei Ranglisten erstellt worden: eine mit den Top-Kollokatoren von *links* und eine mit denen von *rechts*. Die beiden Rankings basieren jeweils auf einer Kombination von *MI²-Kriterium*[165] und *T-Score*. Wobei die Rangplätze den *MI²-Score* widerspiegeln, absteigend vom höchsten zum niedrigsten Wert. Der *T-Score* wurde ausschließlich als Schwellenwert zur Vorabselektion niedrigfrequenter Kollokationen verwendet. Kollokationen, deren *T-Score* unter dem Wert von 2,576 liegt, wurden nicht

165 Da der klassische *MI-Score* bei sehr kleinen Erwartungswerten ($E < 1$) die Tendenz zeigt inflationäre Werte anzunehmen (Low-Frequency-Bias), wurde stattdessen auf den *MI²-Score* als Maß zur Messung der Stärke einer Kollokation zurückgegriffen (siehe Kapitel 6.1.2). Zwar weist das *MI²-Kriterium* Probleme bei der Unterscheidung zwischen negativen und positiven Assoziation auf, doch fällt dies hier nicht ins Gewicht, da nur Kollokatoren betrachtet werden, bei denen der beobachtete Auftrittswert (O) den Erwartungswert (E) übersteigt ($O > E$).

ins MI^2-Ranking aufgenommen.[166] Insgesamt erreichen 82 Bedeutungstypen des Node-Wortes *links* und 48 des Node-Wortes *rechts* diesen Wert.[167]

Der Blick richtet sich nun zunächst auf die Bedeutungsklassen des Kategorienschemas (siehe Tabelle 6.6 auf Seite 182). Anschließend werden in Kapitel 6.2.2 die Bedeutungstypen der beiden Richtungsbegriffe näher analysiert.[168]

6.2.1. Die Bedeutungsklassen

Auf Basis des Schemas zur Kategorisierung der Kollokatoren von *links* und *rechts*, lassen sich die Bedeutungstypen der Richtungsbegriffe auf zehn zentrale Bedeutungsklassen (ohne *sonstige*) verteilen. Die Zuteilung der zentralen Kollokatoren von *links* zu den jeweiligen Bedeutungsklassen unterscheidet sich dabei nur geringfügig von der Bedeutungsklassenzuteilung der Kollokatoren von *rechts*. Sowohl unter den 48 Top-Kollokatoren von *links* als auch unter denen von *rechts* stellt die Hauptkategorie *Formen, Merkmale und Mittel sozialen Wandels* die meisten Bedeutungstypen. Im Fall von *links* sind etwas über 29 und bei *rechts* knapp 23 Prozent aller Top-Kollokatoren dieser Hauptkategorie zuzuordnen. Am zweitstärksten besetzt ist die Klasse *Ideologie*: Ideologien machen bei beiden Richtungsvokabeln etwa ein Fünftel, der die Semantik prägenden Kollokatoren aus. Die Plätze drei und vier sind bei *links* und *rechts* hingegen unterschiedlich besetzt. Während unter den Top-Kollokatoren von *links* häufiger Parteien (14,6%) als Politiker*innen* (12,5%) zu finden sind, ist dies bei den am stärksten mit *rechts* verbundenen

166 Zwar erfolgte die Auswahl des Schwellenwertes in Anlehnung an statistische Signifikanzniveaus (siehe Manning und Schütze 2000: 164 und 609), doch geschah dies aus einem Mangel an Vergleichsmaßstäben und nicht aus theoretischen Erwägungen. Denn wie in Kapitel 6.1.2 dargelegt wurde, ist die Auswahl eines Schwellenwerts bei sprachlichen Daten vollkommen arbiträr, da sprachliche Daten nicht zufällig verteilt sind und bei einer entsprechenden Korpusgröße die gängigen Signifikanzniveaugrenzen unweigerlich unterschritten werden (Kilgarriff 2005; Bubenhofer 2009: 134 und 145).

167 Auch zwischen den beiden Richtungsvokabeln besteht eine Kollokation, die den kritischen *T-Score*-Wert übertrifft. Diese wurde ebenso wenig in das MI^2-Ranking aufgenommen wie auch die Kollokation von *rechts* mit sich selbst.

168 Da die Kernbedeutungen der beiden Richtungsvokabeln miteinander verglichen werden sollen, stützen sich die Analysen für *links* wie auch für *rechts* auf die 48 am stärksten verbunden Bedeutungstypen. Alle mit *links* assoziierten Begriffe, die darüber hinaus den Schwellenwert von 2,576 überschritten haben, werden zunächst nicht näher analysiert. In die Netzwerkdarstellung der Kollokationen in Kapitel 6.2.2 wurden sie jedoch als Kollokatoren von *links* aufgenommen.

Bedeutungstypen genau umgekehrt: Politiker*innen* machen 16,7 Prozent der Kollokatoren von *rechts* aus, Parteien hingegen nur 14,6 Prozent.

Zusammengenommen stellen die vier am stärksten vertretenen Bedeutungsklassen (*Formen, Merkmale und Mittel sozialen Wandels*, *Ideologie*, *Parteien* und *Politiker*innen) etwa drei Viertel der Top-Kollokatoren von *links* wie auch von *rechts* dar. Der Einfluss der restlichen Bedeutungsklassen (*allgemeine Werte*, *spezifische Werte*, *soziale Gruppen*, *politische Inhalte*, *Farben* und *gesellschaftliche Akteure*) auf die Prägung der Semantik von *links* und *rechts* ist dementsprechend geringer. Doch mit welchen *Ideologien* oder *Formen, Merkmalen und Mitteln sozialen Wandels* werden *links* und *rechts* im Einzelnen verbunden?

6.2.2. Die Bedeutungstypen

Zwar basieren auch die folgenden Analysen auf den Ergebnissen eines Kollokations-Rankings, doch wird dieses Ranking nicht wie bisher als Tabelle[169], sondern in Form eines Netzwerkes visualisiert. Das Basisnetzwerk der durchgeführten Betrachtungen ist in Abbildung 6.1 auf Seite 187 dargestellt. Bevor das Netzwerk analysiert wird, noch einige einführende Anmerkungen zur Technik der Netzwerkdarstellung.

Einführende Anmerkungen zur Netzwerkdarstellung

Das Netzwerk basiert nicht nur auf den Assoziationen der Richtungsbegriffe mit den Bedeutungstypen, sondern zugleich auf den Kollokationen der einzelnen Bedeutungstypen untereinander, wenn diese einen *T-Score* von mindestens 2,576 erreicht haben.[170] Die Kanten des Netzwerkes – wie die Linien zwischen den einzelnen Knotenpunkten bezeichnet werden – zeigen, welche Elemente wie stark miteinander verbunden sind.[171] Die Stärke der Kollokation zwischen zwei Knotenpunkten wird dabei durch die Breite der Kanten visualisiert: Je breiter eine Netzwerkkante ausfällt, desto stärker sind

169 Das Ranking der Assoziationen findet sich in einer Tabelle in Anhang D.

170 Dies gilt mit einer Ausnahme: Auf die Berechnung der Kollokationen zwischen einzelnen Politiker*innen* wurde aus Kapazitätsgründen verzichtet.

171 Um eine bessere Übersichtlichkeit zu erreichen, wurden die Kanten des Netzwerkes nur sehr dünn gezeichnet. Bei den weiteren Betrachtungen werden Verbindungen zwischen einzelnen Knotenpunkten deutlicher hervorgehoben.

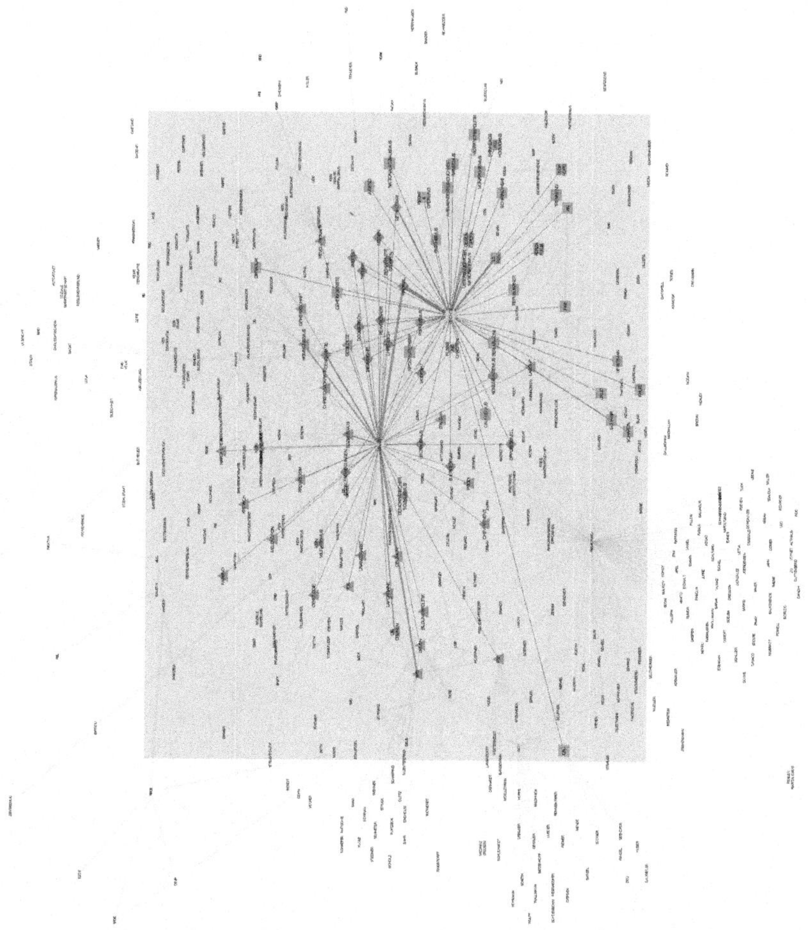

Anmerkungen: Das Netzwerk setzt sich aus allen Kollokationen zwischen den Richtungsvokabeln *links* und *rechts* mit Bedeutungstypen sowie den Kollokationen der Bedeutungstypen untereinander zusammen, die einen *T-Score* von 2,576 erreicht haben. Die Vernetzungen von *Politiker*innen untereinander sind dabei nicht dargestellt. Die Kantenbreite gibt an wie stark die einzelnen Elemente des Netzwerkes miteinander verbunden sind. Hervorgehoben sind die 48 Top-Kollokatoren der beiden Richtungsbegriffe: *Dreiecke* sind nur mit *links*, *Rechtecke* nur mit *rechts* und Diamanten mit *links* und *rechts* verbunden. Die Darstellung wurde mit Hilfe des Netzwerkanalyseprogrammes *Cytoscape* (Shannon u. a. 2003; Smoot u. a. 2011) erstellt. Unter SpringerLink ist eine digitale Version der Abbildung verfügbar (siehe Anhang E).

Abbildung 6.1.: Netzwerk der Bedeutungstypen von *links* und *rechts* zwischen 1949 und 2013 (Forced-Directed-Layout)

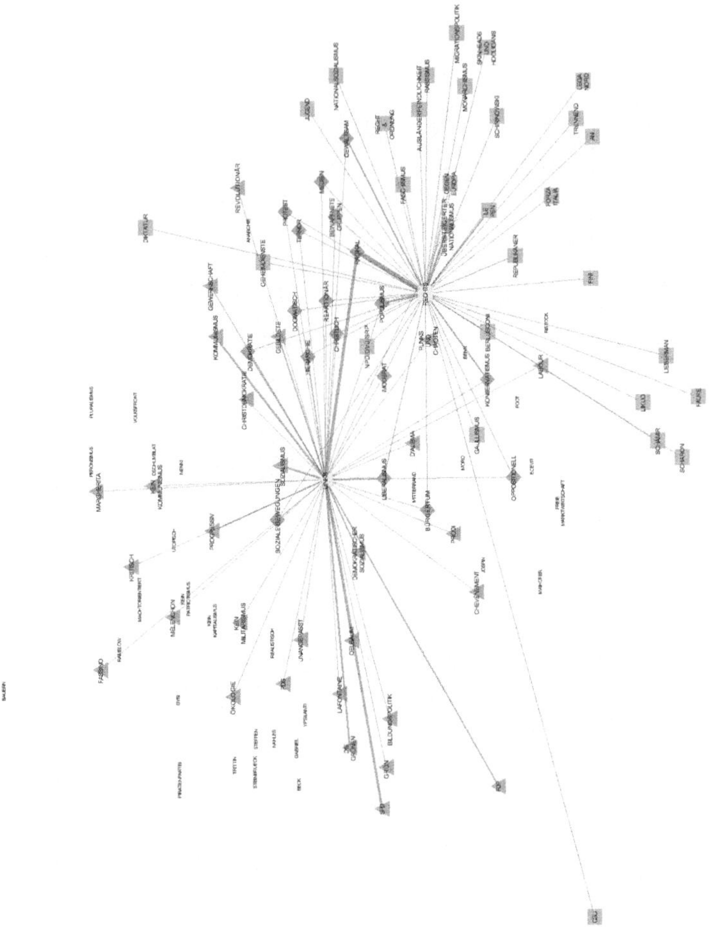

Anmerkungen: Die Abbildung stellt den grau eingefärbten Ausschnitt aus dem Gesamtnetzwerk (Abbildung 6.1) dar. Der Ausschnitt es Netzwerkes umfasst alle Kollokationen mit *links* und *rechts*, die mindestens einen *T-Score* von 2,576 erreicht haben. Die Vernetzungen von *Politiker*innen untereinander sind dabei nicht dargestellt. Die Kantenbreite gibt an, wie stark die einzelnen Elemente des Netzwerkes miteinander verbunden sind. Hervorgehoben sind die 48 Top-Kollokatoren der beiden Richtungsbegriffe: *Dreiecke* sind nur mit *links*, *Rechtecke* nur mit *rechts* und *Diamanten* mit *links* und *rechts* verbunden. Die Darstellung mit Hilfe des Netzwerkanalyseprogrammes *Cytoscape* (Shannon u. a. 2003; Smoot u. a. 2011). Unter SpringerLink ist eine digitale Version der Abbildung verfügbar (siehe Anhang E).

Abbildung 6.2.: Ausschnitt des Netzwerk der Bedeutungstypen von *links* und *rechts* zwischen 1949 und 2013 (Forced-Directed-Layout) die beiden Bedeutungstypen miteinander assoziiert. Die Stärke der Kantenbreite ist dabei am *MI²-Kriterium* der jeweiligen Kollokation ausgerichtet.

Die Entfaltung des Netzwerkes erfolgte im *Forced-Directed-Layout*, dessen Algorithmen physikalische Prinzipien simulieren: Dabei wird angenommen, dass die einzelnen Kontenpunkte des Netzwerkes durch Federn verbunden sind, die sich – je nachdem wie stark die Knoten miteinander in Beziehung stehen – zusammenziehen oder ausdehnen. Gleichzeitig stellen die Knotenpunkte des Netzes elektronisch aufgeladene Teilchen dar, die sich gegenseitig abstoßen. Diese *elektromagnetischen* Kräfte sorgen dafür, dass die einzelnen Knotenpunkte auseinandergetrieben werden und sich ein Netz aufspannen kann. Die Wirkung der Kräfte richtet sich in diesem speziellen Fall nach dem *T-Score* jeder Kollokation. Topologisch gesehen, sollten stärker miteinander verbundene Knotenpunkte daher auch näher zueinander liegen. Während in der Mitte des Netzes Knoten mit vielen Nachbarn zu finden sind, treiben Knoten mit wenigen Nachbarn nach außen. Form und Gestalt des Netzwerkes variieren dabei, je nachdem, welche Algorithmen bei der Entfaltung des Netzwerkes Anwendung finden und wie die einzelnen Knotenpunkte zu Beginn des Iterationsprozesses räumlich verteilt sind. Daher kann ein Netzwerk mit den exakt gleichen Knotenpunkten und Kanten unterschiedliche Ausprägungen annehmen. Allerdings sollten sich die grundlegenden Merkmale der verschiedenen Netzwerke nicht unterscheiden (Battista u. a. 1999: 303–325, insbesondere 303–309; Brandes 2001; Brath und Jonker 2015: 99–106).[172]

In dem auf Seite 187 abgebildeten Netzwerk (siehe auch Anhang E) sind die nach dem *MI²-Kriterium* 48 am stärksten mit *links* und *rechts* assoziierten Kollokatoren hervorgehoben: *Dreiecke* stehen für Begriffe, die nur zu den Top-Kollokatoren von *links* zählen und *Rechtecke* für Begriffe, die nur unter den Top-Kollokatoren von *rechts* zu finden sind. Die *diamantförmigen Quadrate* verweisen auf Bedeutungsgruppen, die sowohl mit *links* als auch mit *rechts* verbunden sind. Gesondert herausgestellt (gelbes Symbol) sind die beiden Richtungsbegriffe selbst. Wobei *links* im Zentrum der Abbildung liegt, während *rechts* etwas nach unten rechts verschoben ist.

Zudem wurde in Abbildung 6.2 auf Seite 188 (siehe auch Anhang E) der im Basisnetzwerk (Abbildung 6.1) grau eingefärbten Bereich noch einmal vergrößert dargestellt, um die Top-Kollokatoren von *links* und *rechts* hervorzuhe-

172 Die Erstellung der Netzwerke im Rahmen dieser Arbeit erfolgte mit Hilfe des frei zugänglichen Netzwerkanalyseprogrammes Cytoscape und einem der darin unterstützten Layout-Algorithmen (Shannon u. a. 2003; Smoot u. a. 2011).

ben. Im Vergleich zum Basisnetzwerk sind darin *nur* die mit *links* und *rechts* assoziierten Bedeutungstypen (*T-Score*≥2,576) und deren Verknüpfungen untereinander abgebildet. Zur schnelleren Unterscheidung wurden die direkten Verbindungen zwischen Richtungsvokabeln und Kollokatoren stärker gezeichnet. Die Bedeutungstypen sind dementsprechend untereinander durch blassere Linien vernetzt.[173]

Zunächst wird sich der Blick auf die Werthaltungen sowie die Formen, Mittel und Merkmale sozialen Wandels richten, mit den die beiden Begriffen in den *FAZ*-Kommentaren verbunden werden.

Werte und Formen, Merkmale und Mittel sozialen Wandels

Was bei der Betrachtung von Abbildung 6.2 deutlich ins Auge sticht, sind die breiten Kanten zwischen *links*, *rechts* und *radikal*, die im Zentrum des Netzwerkes ein Dreieck bilden. Das Wortfeld *radikal* stellt dementsprechend bei beiden Richtungstermini den bedeutensten Kollokator dar. Wobei die assoziative Bindung zwischen *rechts* und *radikal* mit einem *MI*^{2}*-Score* von 15,3 noch etwas stärker ausfällt als die zwischen *links* und *radikal*, die einen Score von 13,3 erreicht (siehe Anhang D).

Ferner lässt sich erkennen, dass weiterer Bedeutungstypen aus der Klasse *Formen, Merkmale und Mittel sozialen Wandels* sowohl mit *links* als auch mit *rechts* assoziiert sind. Zu diesen Begriffen gehören: *dogmatisch*, *reaktionär*, *christlich*, *Protest*, *Terror*, *Populismus*, *moderat*, *gewaltsam* und *oppositionell* (siehe Abbildung 6.3 auf Seite 192). Aus gesellschaftstheoretischer Perspektive wäre eigentlich zu erwarten, dass *reaktionär* und *christlich* deutlich stärker mit *rechts* als mit *links* verbunden sind und bei *oppositionell* die Assoziation mit *links* stärker ausfällt als die mit *rechts* (siehe Kapitel 2). Bei den weiteren Begriffen liegt es hingegen nahe, dass sie von den Kommentator*innen* der *FAZ* im Zusammenhang mit beiden Wortstämmen Anwendung finden: So lassen sich linke wie auch rechte politische Strömungen mit den Attributen *radikal*, *dogmatisch* und *moderat* beschreiben. Alle drei Begriffe dienen in erster Linie dazu, eine Differenzierung innerhalb des selben politischen Spektrums vorzunehmen. Sie charakterisieren die Form und das Ausmaß des (angestrebten) Handelns der Linken beziehungsweise Rechten.[174] Gleiches

173 Die Abbildungen 6.3, 6.4 und 6.5 basieren auf diesem Netzwerkausschnitt.

174 An dieser Stelle sei auf die Ausführungen von Norberto Bobbio (2006) verwiesen, der zum Unterschied zwischen Extremisten und Gemäßigten (Radikalen und Moderaten) schreibt, dass „die Dyade Extremismus-Moderatismus nur wenig mit dem Charakter

gilt für die Bedeutungstypen *gewaltsam*, *Protest*, *Terror* und *Populismus*. Auch diese Begriffe beschreiben die Form des (politischen) Handels und nicht die spezifischen Werthaltungen eines handelnden Akteurs.

Darüber hinaus lassen sich in der Bedeutungsklasse *Formen, Merkmale und Mittel sozialen Wandels* aber auch Begriffe ausmachen, die nur mit einem der beiden Richtungstermini assoziiert sind. Die Bedeutungstypen *progressiv*, *unangepasst* und *kritisch* sind im untersuchten Korpus ausschließlich unter den Top-Kollokatoren von *links* zu finden. Wohingegen *trennend* ein exklusiver Kollokator von *rechts* ist.

Die drei mit *links* verbundenen Elemente sind im ursprünglichen Bedeutungskern des Richtungsbegriffes enthalten. Die klassische liberale Linke des 19. Jahrhunderts war sowohl progressiv als auch politisch unangepasst und kritisch gegenüber den staatlichen Strukturen der damaligen Zeit, die noch weitgehend absolutistische Züge aufwiesen (siehe Kapitel 2.2.1 und Kapitel 3.2). Im Gegensatz dazu basiert rechtes Denken bis heute zu einem entscheidenden Teil auf Differenzierung und Abgrenzung, sei es zwischen sozialen Klassen, Nationen oder auch Ethnien. Von der politischen Rechten wird das Trennende, die Ungleichheit der Menschen und Völker betont (Bobbio 2006: 76–86; Breuer 2010: 7).[175]

Es ist ferner hervorzuheben, dass beide Richtungsvokabeln gleichermaßen mit positiv als auch mit negativ konnotierten *allgemeinen* und *spezifischen Werthaltungen* sowie *Formen, Merkmalen und Mitteln sozialen Wandels* assoziiert werden. Allerdings wird *rechts* deutlich stärker durch *negativ* aufgeladene Bedeutungstypen geprägt als dies für *links* gilt. Deutlich zu erkennen ist dies in Abbildung 6.3 auf Seite 192 (siehe auch Anhang F), in der alle *allgemeinen* und *spezifischen Werthaltungen* sowie *Formen, Merkmale und Mittel sozialen Wandels* unter den Top-Kollokatoren von *links* (linker Teil) und von *rechts* (rechter Teil) hervorgehoben und gegenübergestellt sind. Die Größe von Beschriftung und Form des Knotenpunktes geben jeweils Auskunft über die Platzierung der Bedeutungstypen innerhalb des

---

der offen eingestandenen Ideen zu tun" habe, sondern vielmehr „ihre Radikalisierung und daraus folgend die verschiedenen Strategien, sie in der Praxis durchzusetzen" (ebenda: 33–34), betreffe. Bei „der Gegenüberstellung von Extremismus und Moderatismus" werde daher auch eher „die Methode [des Handelns, Anmerkung des Verfassers] in Frage gestellt" (ebenda: 42), als Werthaltungen, wie sie sich „in der Antithese zwischen rechts und links" (ebenda) widerspiegeln.

175 Armin Nassehi hebt in diesem Zusammenhang hervor: „Was rechtes Denken in erster Linie ausmacht", sei darin zu sehen „zwischen *uns* und den [sic!] *den anderen* klar und deutlich und asymmetrisch zu unterscheiden" (Nassehi 2015: 28, Hervorhebungen im Original).

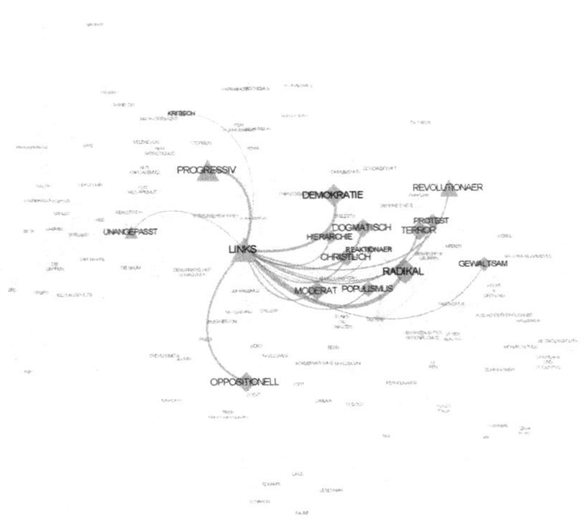

(a) *links*

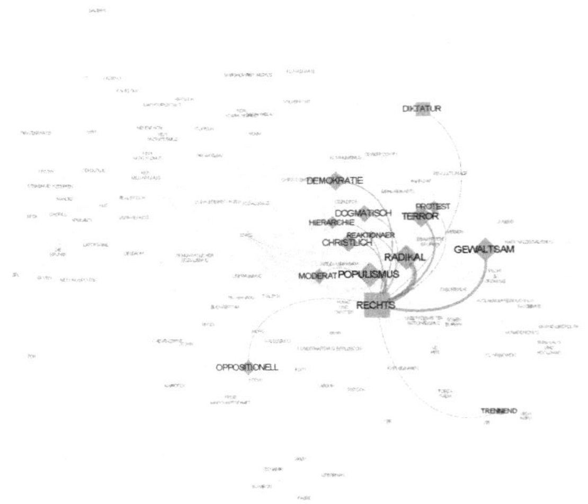

(b) *rechts*

Anmerkungen: Hervorgehoben sind Bedeutungstypen unter den 48 Top-Kollokatoren von *links* und *rechts*, die den Klassen *allgemeine* und *spezifische Werte* sowie *Formen, Merkmale und Mittel sozialen Wandels* zugeordnet sind. *Dreieckige* Bedeutungstypen sind nur mit *links*, *rechteckige* nur mit *rechts* und *diamantförmige* mit *links* und *rechts* verbunden. Unter SpringerLink ist eine digitale Version der Abbildung verfügbar (siehe Anhang F).

Abbildung 6.3.: Mit *links* und *rechts* assoziierte *allgemeine* und *spezifische Werte* sowie *Formen, Merkmale und Mittel sozialen Wandels*

Assoziationsrankings von *links* beziehungsweise *rechts*: Je größer Beschriftung und Form des Knotenpunktes bei einem Bedeutungstypen ausfallen, desto höher ist dessen Einstufung in der Rangliste.

Zwar stellt *radikal* bei beiden Richtungsbegriffen den am höchsten gerankten Kollokator dar, doch nehmen im Assoziationsranking von *rechts* deutlich mehr negativ konnotierte Bedeutungstypen vordere Rangplätze ein als dies bei *links* der Fall ist. Dies ist daran zu erkennen, dass die Bedeutungstypen *gewaltsam*, *Terror* und *Populismus* im rechten Netzwerk von Abbildung 6.3 deutlich stärker hervortreten als im linken. Zudem ist *Diktatur*, ein in der bundesdeutschen Gesellschaft eindeutig negativ konnotierter Begriff, ausschließlich unter der 48 Top-Kollokatoren von *rechts* zu finden.

Zusammengenommen deutet dies darauf hin, dass die Richtungsvokabel *rechts* in der bundesdeutschen Gesellschaft zwischen 1949 und 2013 weitgehend negativ rezipiert wurde. Es bleibt an dieser Stelle jedoch noch offen, ob dies während des gesamten Untersuchungszeitraumes der Fall war oder nur zeitweise auftrat. Diese Frage wird in Kapitel 6.3 eingehender analysiert.

Ideologien und soziale Gruppen

Im Unterschied zur Hauptgruppe *Formen, Merkmale und Mittel sozialen Wandels* sind *Ideologien* und *soziale Gruppen* überwiegend nur mit einer und nicht mit beiden Richtungsvokabeln verbunden. Eine Doppelbindung weisen lediglich *übersteigerter Nationalismus*, *Konservatismus* sowie *Liberalismus* und *Bürgertum* auf. Es ergibt sich daher ein ziemlich eindeutiges Muster der Differenzierung zwischen *linken* und *rechten* Ideologien, das nahezu idealtypisch die in Kapitel 3.2 diskutierten Inhaltsdimensionen der beiden Richtungsbegriffe widerspiegelt.

Die in Abbildung 6.4 auf Seite 198 hervorgehobenen *Ideologien* und *sozialen Gruppen* unter den Top-Kollokatoren von *links* lassen sich fast alle einer der historisch gewachsenen Inhaltsdimensionen der Links-Rechts-Unterscheidung zuordnen: Sie stehen entweder für den bürgerlich-liberalen, den sozialistisch-kommunistischen oder den intellektuell-ökologischen Bedeutungskern des Richtungsbegriffes. Dabei stellen die klassischen Makro-Ideologien *Sozialismus*, *Kommunismus* und *Liberalismus* sowie der *Demokratische Sozialismus* die am stärksten mit *links* assoziierten Ideologien dar. Weitere, wenn auch weniger stark mit *links* verbundene Ideologien sind der *Pazifismus* (*kein Militarismus*), der *Ökologismus* (*Ökologie*), der *Antikommunismus* (*kein*

Kommunismus) sowie die *Christdemokratie*, der *Konservatismus* und der *übersteigerte Nationalismus*. Zudem sind drei *soziale Gruppen* unter den relevanten Kollokatoren von *links* zu finden: *Bürgertum*, *Gebildete* sowie *Punks und Chaoten*.

Während die Bindung von *links* mit *Ökologie* und *kein Militarismus* sowie den drei genannten sozialen Gruppen nicht überrascht, erscheint die Assoziation zwischen *links* und *übersteigertem Nationalismus* ebenso kontraintuitiv, wie die Verbindung von *links* mit *Konservatismus*, *Christdemokratie* und *kein Kommunismus*. Aus historischer Perspektive betrachtet, liegt die Kollokation zwischen *links* und *kein Kommunismus* jedoch durchaus nahe: Diese vermeintlich wenig intuitive Assoziation ist Ausdruck der – sich in der zweiten Hälfte des 20. Jahrhunderts manifestierenden – historischen Spaltung der europäischen Linken in einen kommunistischen und einen sozialdemokratischen Teil. Während die Sozialdemokratie in vielen Ländern „faktisch zu einer staatstragenden Reformpartei wurde" (Hobsbawm 2004: 122, siehe auch Kapitel 3.2.1), verschrieb sich der kommunistische Flügel hingegen der Weltrevolution, deren Gravitationszentrum zur damaligen Zeit in der sowjetischen Hauptstadt Moskau lag (ebenda: 122–123). Für viele sozialdemokratische Parteien im westlichen Europa war es daher von großer Relevanz, sich in den 1950er- und 1960er-Jahren als antikommunistisch zu profilieren und einen reformorientierten Weg einzuschlagen. Die bundesdeutsche Sozialdemokratie schrieb diesen auf „den Ideen und Grundwerten der westlichen Wertegemeinschaft" (Angster 2003: 416) basierenden Weg Ende 1959 im *Godesberger Programm* fest (ebenda: 415–430). Nur durch die Absage an den Kommunismus und durch eine eindeutige Bindung an die ökonomischen, politischen und auch gesellschaftlichen Wertvorstellungen der westlichen Staatengemeinschaft, war es für die Sozialdemokratie überhaupt möglich, sich von einer Weltanschauungspartei zu einer Volks- beziehungsweise „Allerweltspartei" (Kirchheimer 1965, insbesondere 27–33) mit Regierungsperspektive zu entwickeln (Echternkamp 2013: 100; Hochgeschwender 1998: 585–586, siehe auch Kapitel 1.2.3).

Die intellektuelle Basis des linken Antikommunismus nach Ende des Zweiten Weltkrieges wurde dabei zu erheblichen Teilen im Umfeld des *Congress for Cultural Freedom* gelegt (ebenda: 18–19). Das primäre Ziel dieses organisatorischen Zusammenschlusses „überwiegend linksliberaler und sozialdemokratischer Intellektueller, Angehöriger der sogenannten ‚non-Communist Left'" (Hochgeschwender 1998: 18), war es, die westeuropäische Linke zu Beginn des Kalten Krieges gegen die sowjet-kommunistische Propaganda zu immunisieren (ebenda: 18–19; Doering-Manteuffel 2014: 338). Im Gegensatz zum „politisch dumpfen Antikommunismus" (Doering-Manteuffel 2014: 338) in der frühen Bundesrepublik, war der antistalinistische Kampf der linksintellektuellen Elite auch darauf ausgerichtet die westeuropäischen Nachkriegsgesellschaften „an das auf individualistische und privatwirtschaftliche, liberaldemokratische Werte gegründete US-amerikanische Hegemonialsystem der Nachkriegszeit" (Hochgeschwender 1998: 578) heranzuführen (ebenda; Doering-Manteuffel 2014: 338). Zudem sollten antikommunistisch eingestellte reformorientierte deutsche Linksintellektuelle dabei unterstützt werden, sich „innerhalb eines kohärenten konsensliberalen weltanschaulichen Rahmens" (Hochgeschwender 1998: 587) politisch zu engagieren und die Meinungsführerschaft zu erobern (ebenda). Beides war spätestens in der zweiten Hälfte der 1960er-Jahre gelungen, als die *SPD* Regierungsverantwortung in Bonn übernahm.[176]

Auch die Assoziation zwischen *links* und *Christdemokratie* lässt sich als Ausdruck zeitgeschichtlicher Entwicklungen lesen. In dieser Kollokation spiegelt sich vermutlich die Öffnung der italienischen Christdemokratie nach *links* während der 1960er- und 1970er-Jahre wider: Nachdem die italienische Christdemokratie in den 1950er-Jahren die politische Macht in Italien weitgehend für sich alleine beziehungsweise zusammen mit kleineren Parteien aus dem konservativen Lager beanspruchen konnte, war sie seit den 1960er-Jahren gezwungen, die Regierungsmacht über den eigenen politischen Block hinaus zu teilen. Die Öffnung der *Democrazia Cristiana* (*DC*) nach links manifestierte sich in einer strategischen Linksverschiebung, die zu einer Koalition mit der sozialistischen *PSI* führte. Seit dieser ersten Koalition zwischen Christdemokraten und Sozialisten kam es während der 1970er- und 1980er-Jahre immer wieder zu Kooperationen der *DC* mit Parteien des linken Spektrums. Mitte der 1970er-Jahre öffnete sich die *DC* zeitweise sogar den Kommunisten des *PCI* (Fritzsche 1987: 123–134; Wieser und Spotts 1983: 8–12; Zohlnhöfer 2006: 281–284). Sollte sich dieser Erklärungsansatz als zutreffend erweisen, dann müsste sich bei den Betrachtungen der Bedeutungsentwicklung (Kapitel 6.3.2) zeigen, dass *links* insbesondere in den 1960er- und

176 Aus eben diesem Kreis (links-)liberaler Intellektueller entstand auch die schon mehrmals erwähnte These vom „Ende der Ideologie", die u. a. auf einer Tagung des *Kongresses für kulturelle Freiheit* 1955 in Mailand diskutiert wurde. Der von Edward Shils (1955) im *Encounter* verfasste Bericht über die Tagung in der norditalienischen Metropole trägt dementsprechend auch den programmatischen Namen *The End of Ideology*. Michael Hochgeschwender (1998) sieht in der These vom „Ende der Ideologie" eine auch ins Innere der Organisation zielende „Lehre", die einen „zeitgemäße[n] Ausdruck des konsensliberalen Antitotalitarismus" (ebenda: 580) dargestellt habe.

1970er-Jahren von den Kommentator*innen* verstärkt mit *Christdemokratie* assoziiert wurde.[177]

Doch nicht nur die mit *links* assoziierten *Ideologien* und *sozialen Gruppen* folgen den in Kapitel 3.2 dargestellten semantischen Mustern, auch die Kollokatoren des Begriffes *rechts* lassen sich überwiegend den theoretisch diskutierten Bedeutungsdimensionen zuordnen. Neben den beiden Großideologien *Konservatismus* und *Liberalismus* zählen vor allem innerhalb des gesellschaftspolitischen Diskurses in Deutschland weitgehend diskreditierte Weltanschauungen und ihre sozialen Träger*innen*gruppen zu den bedeutungsformenden Kollokatoren von *rechts*: *Übersteigerter Nationalismus*, *Ausländerfeindlichkeit*, *Rassismus*, *Faschismus*, *Nationalismus* sowie *Skinheads/Hooligans*. Diesen Ideologien/sozialen Gruppen ist gemein, dass sie das Trennende in einem übersteigertem Maße hervorheben. Dies gilt insbesondere für Unterschiede zwischen Menschen aus verschiedenen Kulturen. Ihre Anhänger*innen* lassen damit die Ungleichheit der Individuen zu einem zentralen Kern der eigenen politischen Anschauungen werden. Nach der klassischen Definition von Bobbio (2006), wonach die Linke nach Gleich- und die Rechte nach Ungleichheit strebt, sind diese Ideologien auch aus theoretischer Perspektive eindeutig im rechten politischen Spektrum anzusiedeln.

Darüber hinaus ist *rechts* mit den Bedeutungstypen *Gaullismus* und *Monarchismus* verbunden. Der *Gaullismus* stellte nach Ende des 2. Weltkrieges bis in die 1960er-Jahre hinein die einflussreichste politische Strömung in Frankreich dar. Sein Ziel bestand darin, Frankreich durch – insbesondere ökonomische – Modernisierungsimpulse sowie die Rückbesinnung auf die nationale Einheit des Landes wieder zu alter Stärke und neuer weltpolitischer Bedeutung zu verhelfen (Requate 2011: 53–54; Schubert und Klein 2011: 100). Dementsprechend formulierte de Gaulle seine politischen Ideen ursprünglich auch als ein überparteiliches Programm, dem die Transzendierung des Links-Rechts-Gegensatzes eingeschrieben war. Dies ändert jedoch nichts daran, dass der Gaullismus bis heute als ein im Kern rechtes Projekt gilt (Requate 2011: 53–54). Dies lässt sich nach Requate (2011: 54) aus zwei Kennzeichen ableiten: Zum einen sei de Gaulle politisch insbesondere aus dem rechten politischen Spektrum unterstützt worden, sowohl innerhalb des Parlaments als auch im Zuge von Wahlen und Volksabstimmungen. Zum anderen habe der Nationalismus, als „eine im wesentlichen ‚rechte' Ideologie" (ebenda), das

177 Im Basisnetzwerk 6.1 (Seite 187) drückt sich die *Öffnung nach links* darin aus, dass die Bedeutungstypen *PCI*, *DC* und *Berlinguer* (Name des langjährigen Parteichefs der italienischen Kommunisten) ein Bedeutungscluster bilden. Sie sind zudem über *Christdemokratie* mit *links* verbuden.

Kernelement der gaullistischen Idee dargestellt (ebenda). Inglehart (1977: 187) hebt zudem hervor, dass „[d]uring the Presidency of De Gaulle, a single Gaullist-anti-Gaullist dimension tended to dominate French political life“ (ebenda).

Auch der *Monarchismus* ist ganz eindeutig eine der Rechten zuzuordnende politische Ideologie. Genau genommen stellen die Monarchist*innen* die klassische Träger*innen*gruppe rechten Denkens dar: Waren es doch mit Adel und höherem Klerus die Anhänger*innen* der alten Ordnung, die auf der rechten Seite der ersten französischen Nationalversammlung saßen und ihrer Privilegien gegen die Angriffe der Revolution zu verteidigen suchten (siehe Kapitel 2.2.2).

Abschließend noch einige Anmerkungen zu den Bedeutungstypen *Liberalismus* und *Bürgertum*, die in den untersuchten Kommentaren mit beiden Richtungsbegriffen gleichermaßen assoziiert werden. Dieser Befund überrascht insofern nicht, als dass die liberale Idee sich während des 19. Jahrhunderts ausdifferenzierte und verschieden Traditionslinien ausgebildet hat (Gall 1975: 348–351; dazu kritisch Mommsen 1978: insbesondere 78–80[178]; Pohl 1991: 87): eine *dogmatische*, altliberale (ebenda: 348–349), eine *opportunistische* (ebenda: 349–350) und eine *revisionistische* (ebenda: 350–351). Während die Anhänger*innen* des (linken) *revisionistischen* Liberalismus sozial-emanzipatorischen Idealen folgten, dafür eintraten „sich aus der einseitigen Bindung an das besitzende Bürgertum [zu] lösen“ (ebenda: 351) und sich mit den um „politische und soziale Gleichberechtigung“ (ebenda) kämpfenden Gesellschaftsteilen zu solidarisieren, lehnten die Unterstützer*innen* des (rechten) opportunistischen Liberalismus jegliche Korrekturen an der sich ausbildenden Klassengesellschaft ab. Sie vertraten „die Ansprüche und Interessen der jetzt wirtschaftlich und sozial immer stärker werdenden Schicht des neuen Besitzbürgertums“ und standen damit den Anliegen der sich formierenden Arbeiterbewegung entgegen (ebenda: 350). Im Kaiserreich übernahmen die

178 Mommsen (1978) kritisiert die Ausführungen Galls zur Entwicklung des Liberalismus in Deutschland zwar nachdrücklich, doch geht auch eher davon aus, dass „die liberale[] Bewegung in eine Vielzahl sich erbittert bekämpfender Richtungen [zerfiel], sei es, daß diese sich als eigenständige Parteien formierten, sei es, daß sie sich innerhalb dieser Parteien selbst als eigenständige Gruppen organisierten, wie die Liberale Vereinigung innerhalb der Deutschen Freisinnigen Partei nach 1884 oder der Altnationalliberale Reichsverband seit 1912 innerhalb der Nationalliberalen Partei“ (ebenda: 88–89). Im Unterschied zu Gall hebt Mommsen allerdings hervor, dass die Spaltung der liberalen Bewegung erst in den 1880er-Jahren zusammen mit dem „Niedergang des Liberalismus“ (ebenda: 88) eingesetzt habe (ebenda) und nicht schon Mitte der 19. Jahrhunderts begann (Gall 1975: 348).

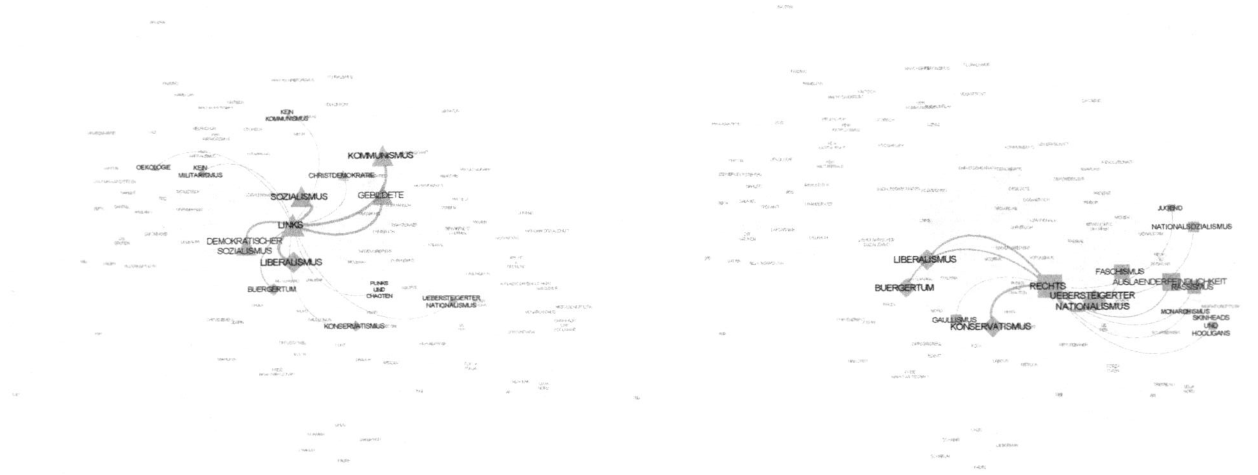

(a) *links* **(b)** *rechts*

Anmerkungen: Hervorgehoben sind Bedeutungstypen unter den 48 Top-Kollokatoren von *links* und *rechts*, die den Klassen *Ideologie* und *soziale Gruppen* zugeordnet sind. *Dreieckige* Bedeutungstypen sind nur mit *links*, *rechteckige* nur mit *rechts* und *diamantförmige* mit *links* und *rechts* verbunden. Unter SpringerLink ist eine digitale Version der Abbildung verfügbar (siehe Anhang F).

Abbildung 6.4.: Mit *links* und *rechts* assoziierte *Ideologien & soziale Gruppen*

Rechtsliberalen zudem zunehmend imperialistische Positionen, in deren Zentrum die Überhöhung der deutschen Nation stand (siehe Kapitel 3.2.2). Obwohl sich die Inhalte liberaler Politik seit Anfang des 20. Jahrhunderts mehrmals deutlich verschoben, sind liberale Kernideen, wie die individuelle Entfaltung des Menschen, bis heute im linken wie im rechten Teil des politischen Spektrums anschlussfähig geblieben. Liberalismus stellt demnach eine die Links-Rechts-Unterscheidung überformende politische Idee dar.

Vor dem Hintergrund der engen Bindung von Liberalismus und bürgerlicher Gesellschaft,[179] erklärt sich auch, dass die Unterkategorie *Bürgertum* sowohl mit *links* als auch mit *rechts* überzufällig häufig auftritt. Die Assoziation von *Bürgertum* und *rechts* (MI^2: 8,83, Rang: 11) fällt allerdings etwas stärker aus als die zwischen *Bürgertum* und *links* (MI^2: 8,36, Rang: 26).[180]

Ihre Wurzeln hat diese Bedeutungspluralisierung in der zweiten Hälfte des 19. Jahrhunderts: Im Zuge der zunehmenden Industrialisierung auf dem europäischen Kontinent gewann der Konflikt zwischen Arbeit und Kapital beständig an Bedeutung. Die Zuspitzung der sozialen Frage führte zunehmend dazu, dass sich unter den Industriearbeiter*innen* ein Klassenbewusstsein herausbildete und sie damit begannen sich in Arbeiter*innen*vereinen und Parteien zu organisieren (Kuhn 2004: 72–81). Dadurch, dass „sich das Bürgertum zur gleichen Zeit seiner revolutionären Traditionen weitgehend entledigte und sich mit dem entstehenden Obrigkeitsstaat zu arrangieren begann“ (ebenda: 80), erwuchs die organisierte Arbeiter*innen*schaft zur bedeutendsten Kraft der politischen Opposition – zunächst außerparlamentarisch, seit Ende der 1860er-Jahre dann auch in Parlamenten (ebenda: 81). Sie besetzte den Platz auf der Linken und schob das Bürgertum zunehmend in die Mitte sowie den rechten Teil des politischen Raumes (Rosas und Ferreira 2013: 14). Nichtsdestotrotz wurde der Konnex zwischen *links* und *bürgerlich* bis in die Gegenwart nie vollständig gekappt. Im Gegenteil, einiges deutet darauf hin, dass die Verbindung zwischen *links* und dem *Bürgertum* seit Mitte der 1970-Jahre wieder gefestigt wurde, als mit den *Neuen Sozialen Bewegungen* eine links-alternative, aber gleichzeitig in Teilen bürgerliche Protestbewegung aufkam und sich die sozialen Milieus der Klassengesellschaft des Industriezeitalters zunehmend aufzulösen begannen (Doering-Manteuffel und Raphael 2012: 50–52).

---

179 Bauer (2010: 89) betont in diesem Zusammenhang, dass Liberalismus und Bürgertum zwar „genetisch aufeinander verwiesen, aber nicht deckungsgleich“ seien.

180 Die ausgewiesenen MI^2-Werte finden sich in einer Tabelle in Anhang D.

Inwieweit diese Vermutung tatsächlich zutrifft, lässt sich im Zuge der Betrachtungen des Gesamtaggregates nicht klären, sondern erfordert eine differenziertere Analyse der Bedeutungsentwicklung von *links* und *rechts*. Bevor die Prozesse des Wandels der semantischen Bedeutung der beiden Richtungsvokabeln in den Fokus der Analyse rücken, zunächst noch zur Frage, inwieweit *links* und *rechts* zwischen 1949 und 2013 als Attribute zur Beschreibung und Charakterisierung von Parteien und Politiker*innen* genutzt werden.

Parteien und Politikerinnen

Die Analyse der Bedeutungsklassen in Kapitel 6.2.1 legt die Vermutung nahe, dass beide Richtungsbegriffe gleichermaßen zur Beschreibung des parlamentarischen Betriebes herangezogen werden. So finden sich unter den Top-Kollokatoren von *links* wie *rechts* etwa gleich viele Namen von *Parteien* und *Politiker*innen. Eine nähere Betrachtung der Kollokatoren zeigt jedoch, dass dieser Befund differenziert werden muss.

Aus Abbildung 6.5 auf Seite 201 ist zu erkennen, dass *rechts* im Untersuchungszeitraum deutlich seltener mit bundesdeutschen *Parteien* und *Politiker*innen in Verbindung gebracht wird als *links*. Während unter den 48 am stärksten mit *links* assoziierten Begriffen mit der *SPD*, den *Grünen*, der *FDP* sowie der *PDS* gleich vier *Parteien* und mit *Lafontaine* zudem noch ein *Politiker* auftaucht,[181] finden sich unter den Top-Kollokatoren von *rechts* nur die Parteien des äußersten rechten Spektrums (*NPD/DVU/SRP*)[182] des politischen Raumes in Deutschland sowie die *CSU*.[183] Die *CDU*, als christlich-konservative Volkspartei, wird hingegen in den untersuchten Kommentaren nicht annähernd so eindeutig mit *rechts* assoziiert wie die *SPD*, als ihr sozialdemokratisches Volkspartei-Pendant, mit *links*.

Gleichzeitig zeigt sich, dass die bundesdeutschen Parteien auf der extremen Rechten außerhalb des konventionellen politischen Politikbetriebes angesiedelt werden. Während die beiden Unionsparteien *CDU* und *CSU* zusammen

181 Der Schwellenwert des *T-Scores* von 2,576 wird zudem noch von weiteren elf deutschen *Politikern* (*Ristock*, *Ypsilanti*, *Maihofer*, *Steffen*, *Beck*, *Nahles*, *Gabriel*, *Ramelow*, *Trittin*, *Gysi* und *Steinbrück*) sowie der *Piratenpartei* erreicht, doch ist ihr MI^2*-Score* nicht ausreichend hoch, um unter die 48 Top-Begriffe zu kommen.

182 *SRP* steht für *Sozialistische Reichspartei*, die bis zu ihrem Verbot 1952 den äußersten rechten Rand der bundesdeutschen Parteienlandschaft markierte (Hirsch 1989: 105–107; zur Parlamentsarbeit der SRP siehe Büsch: 151–192).

183 Wobei die *CSU* den Schwellenwert des *T-Scores* mit 2,61 nur leicht überschreitet.

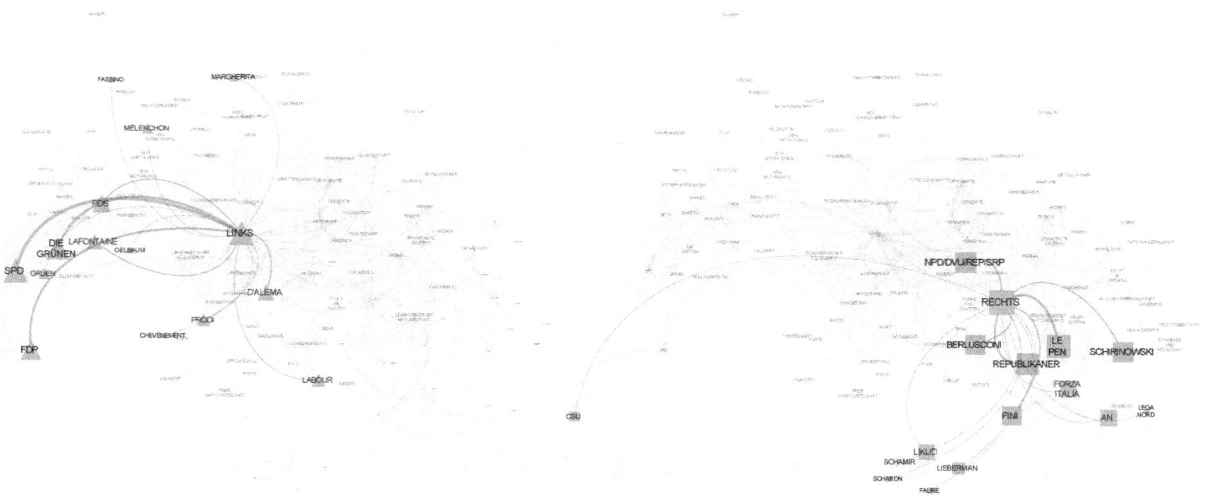

(a) *links* (b) *rechts*

Anmerkungen: Hervorgehoben sind Bedeutungstypen unter den 48 Top-Kollokatoren von *links* und *rechts*, die den Klassen *Parteien*, *Politiker*innen und *Farben* zugeordnet sind. *Dreieckige* Bedeutungstypen sind nur mit *links*, *rechteckige* nur mit *rechts* und *diamantförmige* mit *links* und *rechts* verbunden. Unter SpringerLink ist eine digitale Version der Abbildung verfügbar (siehe Anhang F).

Abbildung 6.5.: Mit *links* und *rechts* assoziierte *Parteien*, *Politiker*innen und *Farben* mit *SPD*, *Grünen*, *FDP* und *PDS* ein *parlamentarisches Cluster* auf der linken Seite des Netzwerkes formen[184], liegt der Knotenpunkt *NPD/DVU/SRP* deutlich außerhalb dieses Bereiches und ist mit den Begriffstypen *radikal*, *Protest*, *Nationalsozialismus*, *kein Rechtsstaat* sowie *KPD/DKP* direkt verbunden.[185] Die radikalen Parteien von links und rechts bilden damit ganz augenscheinlich ein gemeinsames Bedeutungscluster, dass sie als Parteien identifiziert, die außerhalb des konventionellen parlamentarischen Politikbetriebes stehen. Überspitzt formuliert, spiegelt sich im Sprachgebrauch der *FAZ*-Kommentator*innen* die aus der Extremismusforschung bekannte Theorie der *Verwandtschaft der Extreme* wider, wonach *Links*- und *Rechtsextremismus* sich in ihrer Opposition gegen die freiheitlich demokratische Grundordnung nahestehen (Backes, Mletzko und Stoye 2010: 210–211; Backes und Jesse 1997: 22–24; klassisch u. a. Eysenck 1963: 110–111).[186] Die fehlende Netzwerkkante zwischen *links* und *KPD/DKP* deutet darauf hin, dass die beiden kommunistischen Parteien in den untersuchten *FAZ*-Kommentaren deutlich schwächer mit *links* assoziiert werden als *NPD/DVU/SRP* mit *rechts* – zwischen denen eine ausgeprägte Netzwerkkante verläuft.

Ein anderes Bild ist zu erkennen, wenn von den Kommentator*innen* die politischen Landschaften außerhalb Deutschlands diskutiert werden. Bei der Positionierung politischer Akteure aus dem Ausland wird in gleichem Maße auf die Wortstämme *links* und *rechts* zurückgegriffen. Mit den *Le Pens* sowie *Berlusconi*, *Fini*, dem russischen Rechtsaußen *Schirinowski*, dem ehemaligen französischen Premierminster *Faure* und den drei israelischen Politikern *Lieberman*, *Schamir* und *Scharon* sind unter den am stärksten mit *rechts* verbundenen Bedeutungstypen die Namen von acht, gemäßigten wie auch radikalen, internationalen Politiker*innen* zu finden. Darüber hinaus wird

184 Die bundesdeutschen Parteien sind ihrer inhaltlichen Nähe entsprechend halbkreisförmig angeordnet: *CSU* – *CDU* – *FDP* – *SPD* – *Die Grünen* – *PDS* (siehe insbesondere Abbildung 6.2 auf Seite 188).

185 Neben den genannten Verbindungen verläuft zudem noch eine Kante zwischen *NPD/DVU/SRP* und *Sozialismus* sowie *Republikaner*. Beides sind eher *artifizielle* Verbindungen, die auf Grund der spezifischen Textbereinigung im Vorfeld der Kollokationsanalyse entstanden sind. Dadurch, dass festgelegt wurde, die einzelnen Teile einer Mehrwortverbindung separat in die Analyse einfließen zu lassen, wurden die beiden Teile des Parteinamens *Sozialistische Reichspartei* zum einen der Bedeutungsgruppe *Sozialismus* und zum anderen der Bedeutungsgruppe *NPD/DVU/SRP* zugeordnet. Die Folge ist eine vergleichsweise enge Verbindung beider Bedeutungstypen miteinander. Die Verbindung des Knotenpunktes *NPD/DVU/SRP* mit *Republikaner* ist der Entscheidung geschuldet, den Begriff *Republikaner* separat zu betrachten – aufgrund der inhaltlichen Uneindeutigkeit des Wortes.

186 Eine kurze Passage über die Kritik an der Theorie der *Verwandtschaft der Extreme* findet sich in Kapitel 1.2.1.

rechts noch mit den italienischen Parteien *Alleanza Nationale* (*AN*), *Forza Italia* und *Lega Nord* sowie dem israelischen *Likud* assoziiert.

Unter den Top-Kollokatoren von *links* befinden sich mit *D'Alema*, *Prodi*, *Mélenchon*, *Fassino* und *Chevènement* fünf Politiker aus Italien und Frankreich. Dazu kommen mit der britischen *Labour* Partei sowie den italienischen Parteien beziehungsweise Wahlbündnissen *Margherita* und *Olivenbaum/Oelbaum* noch drei weitere politische Akteure hinzu, die nicht aus Deutschland sind. Aus dieser Aufzählung sticht die Zahl der italienischen Parteien und Politiker hervor, die während der vergangenen 25 Jahre aktiv waren. Die Häufung könnte ein Indiz dafür sein, dass es in der italienischen Politik nach dem Zusammenbruch des „Parteiensystem[s] der ‚Ersten Republik'" (Zohlnhöfer 2006: 277) zu Beginn der 1990er-Jahre zu einer nachhaltigen (Re-)Vitalisierung des Links-Rechts-Schemas gekommen ist.[187]

Zusammenfassend bleibt demnach festzuhalten, dass *rechts* – mit Blick auf den gesamten Analysezeitraum von 1949 bis 2013 – bei der Kommentierung des konventionellen Politikbetriebes in Deutschland im Vergleich zu *links* nur eine untergeordnete Rolle spielt. Beziehen sich die *FAZ*-Kommentator*innen* hingegen auf politische Akteure außerhalb Deutschlands, werden diese durchaus mit dem Etikett *rechts* versehen. Dieses Ergebnis steht in Einklang mit den Resultaten der Zeitreihenanalyse aus Kapitel 5.2. Die multiple Zeitreihenanalyse zeigt, dass die Richtungsvokabel *rechts* in Quartalen besonders häufig genutzt wurde, in denen das Parlament oder der Präsident in Frankreich, Großbritannien, Italien oder den Vereinigten Staaten zur Wahl stand. Während eine steigende Nennung des Wortstammes *links* sowohl auf die zeitliche Nähe zu Bundestagswahlen als auch auf das Stattfinden von Parlaments- oder Präsidentschaftswahlen in den genannten Ländern zurückgeführt werden kann.

Den Überlegungen aus Kapitel 3.2.2 folgend, deutet einiges darauf hin, dass der sparsame Umgang mit *rechts* im Umfeld des bundesdeutschen Parteiensystems auf eine zunehmende Stigmatisierung des Richtungsbegriffes als Synonym für politischen Extremismus und Nationalismus zurückgeführt werden kann. Zumal die Analyse der Top-Kollokatoren von *rechts* durchaus gezeigt hat, dass mit dem Richtungsbegriff eine Vielzahl *negativ* konnotierter Bedeutungen, seien es Werte, Formen und Merkmale sozialen Wandels oder Ideologien, assoziiert werden. Vollständig lässt sich die Stigmatisierungs-

187 Zur Entwicklung des italienischen Parteiensystems nach dem Zweiten Weltkrieg siehe Zohlnhöfer (2006).

These jedoch erst beantworten, nachdem in den kommenden beiden Kapiteln die Semantiken von *links* und *rechts* im Zeitverlauf betrachtet wurden.

6.3. Semantiken von links und rechts im Zeitverlauf

Nachdem die Semantiken von *links* und *rechts* bislang nur im Aggregat der Jahre 1949 bis 2013 analysiert wurden, wird nun untersucht, wie sich die inhaltlichen Bedeutungen der beiden Richtungsvokabeln im Laufe der Zeit entwickelt haben. In Kapitel 6.3.2 richtet sich der Analysefokus dabei auf den Bedeutungswandel von *links* und in Kapitel 6.3.3 auf den von *rechts*. Zunächst stellt sich jedoch die Frage, wie sich der semantische Wandel der Richtungstermini *links* und *rechts* technisch angemessen nachverfolgen lässt.

6.3.1. Messung und Darstellung von Bedeutungswandel

Zur Messung der semantischen Veränderungen von *links* und *rechts* scheinen zwei methodische Varianten besonders praktikabel: Die erste Möglichkeit liegt darin, die absoluten Effektstärken des *MI-Scores* einer Kollokation zu den verschieden Zeitpunkten miteinander zu vergleichen und dadurch Rückschlüsse auf die Assoziationsstärke zwischen Bedeutungstyp und Richtungsbegriff zu ziehen. Sinkt oder steigt der Score des *Mutual Information Kriteriums* einer Kollokation über mehrere Betrachtungszeitpunkte oder nimmt der Score im Vergleich zu konkurrierenden Kollokationen im Zeitverlauf kontinuierlich zu oder ab, so deutet dies auf eine Veränderung der Semantik des analysierten Richtungsbegriffes hin.

Bei einem zeitlichen Vergleich der absoluten Scores einer Kollokation sollte auf das klassische *Mutual Information Kriterium* zurückgegriffen werden, da sowohl die Familie der MI^k*-Maße* als auch die diskutierten Signifikanzmaße, wie *T-Score* und *Simple-ll*, sensitiv auf unterschiedliche Korpusgrößen reagieren. Je größer der betrachtete Korpus ist, desto höher wird auch deren absoluter Score ausfallen und zwar ganz unabhängig davon, ob es sich tatsächlich um eine qualitative Veränderung der Assoziation handelt oder nicht (Hunston 2005: 73–74).[188] Beispielhaft ist dies in Abbildung 6.6 auf Seite 206 dargestellt: In dem Diagramm ist abgetragen, wie sich unterschiedliche Assoziationsscores (*MI*, MI^2, *T-Score*, und *Simple-ll*) bei einem proportionalen Ansteigen von Korpusgröße, Erwartungswert und dem tatsächlichen beobachteten Auftreten der Kollokation entwickeln. Es zeigt sich der zuvor beschriebene Effekt. Mit Ausnahme des klassischen *Mutual Information Kriteriums* steigen die Werte der übrigen drei Assoziationsscores mit steigender Korpusgröße kontinuierlich an. Demnach sind MI^2-, *T-Score* und *Simple-ll-Kriterium* eher ungeeignet für langfristige Betrachtungen einer Kollokation.

Allerdings lässt sich dieses Problem umgehen, indem vor den Berechnungen der Assoziations-Scores eine Standardisierung der Korpusgrößen vorgenommen und die Tokenzahl der verschiedenen Korpora vereinheitlicht wird. Im Zuge dieser Standardisierung müssen auch die übrigen Größen zur Berechnung der Assoziationsmaße, erwarteter und beobachteter Auftrittswert der Kollokationen, entsprechend angepasst werden. Dazu wird zunächst ein Gewichtungsfaktor berechnet, der angibt, wie stark die Tokenzahl eines Korpus von der Tokenzahl der Zielkorpusgröße abweicht. Die Tokenzahl der Zielkorpusgröße kann dabei beliebig gewählt werden. Bei den hier durchgeführten Analysen entspricht sie mit 439 033 Token der Größe des kleinsten aller untersuchten Subkorpora.

Nach der Kalkulation des Abweichungsfaktors lassen sich die für eine Berechnung von Assoziationsscores benötigten Größen im gleichen Verhältnis zu den manipulierten Tokenzahlen der Subkorpora anpassen. Somit bleibt das Verhältnis zwischen Korpusgröße sowie dem erwarteten und tatsächlich beobachteten Auftreten der Kollokation gewahrt.[189]

Bei den folgenden Analysen absoluter Assoziationsscores wird sowohl das *MI-Kriterium* als auch ein korpusgrößenstandardisierter *T-Score* betrachtet. Ferner beruhen die Berechnungen auf der Anwendung eines rollierenden Verfahrens: Beginnend mit dem Zeitraum von 1949 bis 1958 wurden jeweils

188 Mit Blick auf die vorgenommenen Analysen ist dies problematisch, da sich die Zahl der jährlich erscheinenden Kommentare zwischen 1949 und 2013 kontinuierlich erhöht hat. Dementsprechend ist auch die Token Zahl aller Kommentare eines Jahres gestiegen.

189 Beispiel: Der größte Subkorpus (863 476) in der Analyse ist um das 1,97-fache größer als der Basiskorpus (439 033 Token). Bei einer Standardisierung der Korpusgröße werden somit die Tokenzahl, der Erwartungswert und der beobachtete Wert der analysierten Kollokationen jeweils durch 1,97 dividiert, so dass die Relationen zwischen den drei Kenngrößen erhalten bleiben.

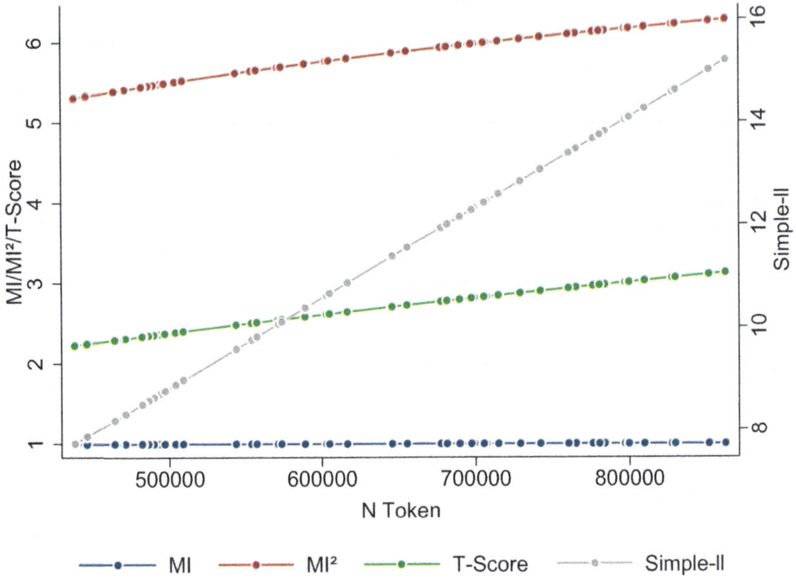

Anmerkungen: In der Abbildung ist dargestellt, wie sich die ausgewählten Assoziationsscores einer Kollokation (z. B. *links* und *Ökologie*) bei einer steigenden Korpusgröße (X-Achse) und einer dazu proportionalen Veränderung des erwarteten und des tatsächlichen Auftretens von Node-Wort (*links*) und Kollokator (*Ökologie*) verändern. Falls die Veränderungen der Korpusgröße keinen Einfluss auf die Assoziationsscores haben sollte, müsste sich die abgetragene Kurve horizontal entwickeln. Dies ist nur beim *MI-Score* der Fall.

Abbildung 6.6.: Veränderung der absoluten Assoziationsscores (*MI*, *MI*^{2}, *T-Score* und *Simple-ll* bei unterschiedlichen Korpusgrößen

Scores für Zeiträume von zehn Jahren kalkuliert, wobei das Zeitfenster für jede neue Berechnung um ein Jahr verschoben wurde (T1: 1949–1958, T2: 1950–1959, T3: 1951–1960…T56: 2004–2013). Mit diesem Verfahren lässt sich sicherstellen, dass ausreichend viele Kollokationen zwischen den beiden Richtungsvokabeln und den wichtigsten Bedeutungstypen in den Subkorpora zu beobachten sind, um stabile Ergebnisse zu erhalten und Problemen wie dem *Low-Frequency-Bias* von vorneherein entgegenzuwirken (siehe Kapitel 6.1.2).

Ranglistenvergleich

Eine zweite Möglichkeit, um eine Veränderung der Kollokationsstrukturen der Richtungsvokabel zu untersuchen, besteht darin, zu unterschiedlichen Betrachtungszeitpunkten einzelne Kollokations-Rankings zu erstellen und diese untereinander zu vergleichen. Um ein Ranking der Kollokationen vorzunehmen, kann dabei sowohl auf Stärke- als auch auf Signifikanzmaße zurückgegriffen werden (Bubenhofer 2009: 145; Hunston 2005: 73–74). Durch das Ranking wird gewissermaßen eine Standardisierung der Maße vorgenommen. Der Ansatz des Rangvergleiches lässt ebenfalls Rückschlüsse auf die Stabilität der einzelnen Assoziationen im Zeitverlauf zu. Bei stabilen Kollokationen sollten nur graduelle Veränderungen des Rangplatzes über den gesamten Betrachtungszeitraum auszumachen sein.

Ist eine Kollokation als stabil zu bewerten, so deutet dies daraufhin, dass die Kollokation eher weniger Einfluss auf einen möglichen semantischen Wandel der Richtungsbegriffe hat. Unterliegt eine Kollokation hingegen deutlichen Rangverschiebungen oder taucht überhaupt erst im Zeitverlauf unter den Top-Kollokatoren auf, so kann dies als ein Indiz dafür gewertet werden, dass es zu einem Wandel der Bedeutungsinhalte von *links* oder *rechts* gekommen ist.

Um zu ermitteln, wie sich die semantische Bedeutung von *links* und *rechts* zwischen 1949 und 2013 im Sprachgebrauch der *FAZ*-Kommentator*innen* verändert hat, wird der gesamte Betrachtungszeitraum in mehrere Zeitaggregate unterteilt, so dass die Entwicklung der wichtigsten Kollokatoren nachverfolgt werden kann. Beim Zuschnitt der Subkorpora wird auf die in Kapitel 7 extrahierten sechs Entwicklungsphasen (siehe u. a. Abbildung 5.2 auf Seite 124) von *links* und *rechts* zurückgegriffen, so dass gegebenenfalls Rückschlüsse von der quantitativen Nutzung der Richtungsbegriffe auf die Entwicklung ihrer semantischen Bedeutung gezogen werden können.[190]

Die im Zuge der folgenden Analysen vorgenommenen Rankings (siehe die Tabellen 6.7–6.9 auf den Seiten 226–228 und 6.10–6.12 auf den Seiten 250–

190 Die Wahl dieser sechs Zeitabschnitte (1949–1958, 1959–1967, 1968–1976, 1977–1989, 1990–2004 und 2005–2013) ist auch daher sinnvoll, da sie die unterschiedlichen Phasen der Bedeutungsentwicklung von *links* und *rechts* auch aus theoretischer Perspektive angemessen abdecken. Grundsätzlich sei noch angemerkt, dass die Wahl der Zeitabschnitte Einfluss auf die Validität einer Kollokationsmessung haben kann. Durch die Wahl zu kleiner Aggregate kann die Anzahl signifikanter Kollokationen so stark beschränkt werden, dass weniger starke Assoziation mit dem Node-Wort nur unzureichend als ebensolche auszumachen sind.

252) basieren auf einem kombinierten Rangindex, der das *MI²*-Ranking mit dem *T-Score*-Ranking verbindet. Für die Berechnung des Index wurden die Kollokatoren zunächst jeweils absteigend nach dem *MI²-Score* und dem *T-Score* gerankt. In einem zweiten Schritt wurde dann der durchschnittliche Rangplatz jedes Kollokators gebildet. Durch die Kombination der unterschiedlichen Maße können deren Nachteile – der *Low-Frequency-Bias* beim *Mutual Information Kriterium* und der *High-Frequency-Bias* beim *T-Score* – etwas nachhaltiger austariert werden. Um *Low-Frequency-Artefakte* – Bedeutungstypen, die im Textkorpus selten auftreten, aber dennoch einen vergleichsweise hohen Wert beim *MI-Kriterium* aufweisen – schon im Vorhinein möglichst auszuschließen, wurden in den Einzel-Rankings nur Kollokationen berücksichtigt, die innerhalb eines Subkorpus mindestens dreimal vorkommen.[191] Auf Basis dieser Rankings wird auf den kommenden Seiten nun dargestellt, wie sich die Kollokatorenstruktur der beiden Richtungsvokabeln zwischen 1949 und 2013 verändert hat. Zunächst ein Blick auf die Semantik von *links*.

6.3.2. Die Semantik von links

In einem ersten Schritt wird betrachtet, wie sich die Struktur der Bedeutungsklassen von *links* im Zeitverlauf verändert hat. Dazu ist in Abbildung 6.7 auf Seite 209 dargestellt, auf welche Bedeutungsklassen sich die 25 Top-Kollokatoren von *links* zu den verschiedenen Zeitperioden verteilen.[192] Auf

191 Die Auswahl dieses Schwellenwertes ist grundsätzlich zufällig. Wobei Evert (2009: 1242) betont, dass aus theoretischen Erwägungen die Wahl eines Schwellenwert zwischen $O \geq 3$ und $O \geq 5$ angemessen sei. Für diese Analysen wurden unterschiedliche Schwellenwerte getestet, die ähnliche Ergebnisse erbracht haben. Dabei erwies sich der eher niedrigere Schwellenwert von $O \geq 3$ als am besten geeignet.

192 Im Unterschied zum ursprünglichen Schema zur Codierung schriftsprachlicher Assoziationen mit *links* und *rechts* wurden die *allgemeinen gesellschaftlichen Werte* und die *spezifischen gesellschaftlichen Werte* zu einer Bedeutungsklasse – *Werte* – zusammengefasst. Ferner sind die Bedeutungsklassen *Parteien* und *Politiker*innen neu zugeschnitten worden. Im Gegensatz zu den Aggregatbetrachtungen werden die mit *links* und *rechts* assoziierten Parteien und Politiker*innen* nicht mehr zwei separaten Klassen zugeordnet. Die politischen Akteure werden vielmehr nach ihrer geographischen Herkunft in *deutsche Parteien und Politiker*innen sowie *internationale Parteien und Politiker*innen unterschieden. Damit wird dem Befund aus der Analyse der Jahre 1949–2013 Rechnung getragen, dass die Verwendung der beiden Richtungsvokabeln auch davon abhängt, ob in den *FAZ*-Kommentaren über die parlamentarische Landschaft in Deutschland oder über Parteien und Politiker*innen* eines anderen Landes berichtet wird. Durch die Trennung der politischen Akteure nach ihrer Herkunft sollte sich besser nachvollziehen lassen, ob sich dieses Phänomen erst im Laufe der

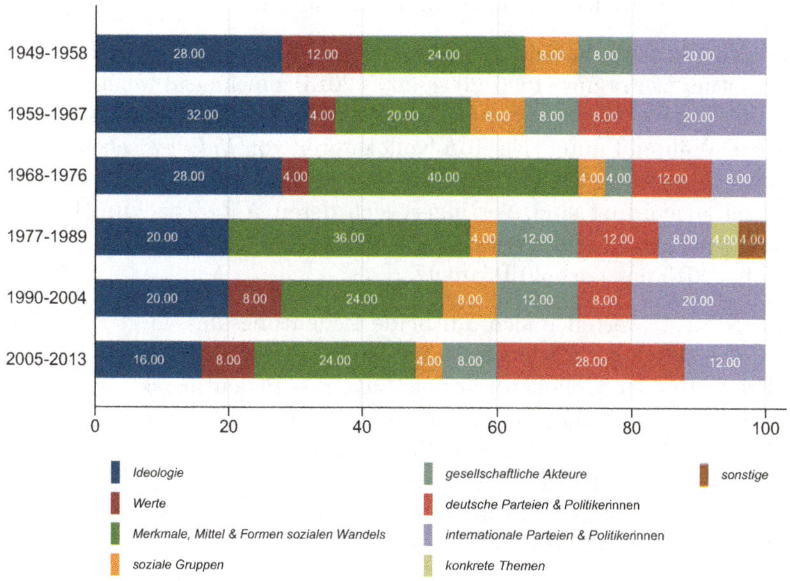

Anmerkungen: Angegeben ist der prozentuale Anteil der verschiedenen Bedeutungsklassen an den 25 Top-Kollokatoren eines Untersuchungszeitraumes.

Abbildung 6.7.: Verteilung der Kollokatoren von *links* auf Bedeutungsklassen im Zeitverlauf

einen ersten Blick ist zu erkennen, dass es zwischen den sechs Untersuchungsphasen Verschiebungen in der Struktur der Bedeutungsklassen gibt. Wobei sich diese Veränderungen vornehmlich auf vier Klassen konzentrieren: *Ideologie*, *Formen, Merkmale, Mittel sozialen Wandels*, *nationale Parteien und Politiker*innen sowie *internationale Parteien und Politiker*innen. Die Anteile der übrigen Klassen schwanken dagegen nur moderat, ohne nachhaltige

Zeit entwickelt hat oder schon seit Beginn der Analyse evident ist. Schließlich wurden unter der Bedeutungsklasse *sonstige* Bedeutungstypen zusammengefasst, die keiner der regulären Bedeutungsklassen eindeutig zuzuordnen sind. Dazu zählt unter den Bedeutungstypen von *links* die einmalig auftretende Farbe *grün* (1977–1989) und unter den Kollokatoren von *rechts* der Name des Papst-Attentäters (Ali) *Agca* (1977–1989) sowie der Begriff *Republikaner*, dessen Mehrdeutigkeit schon zuvor diskutiert wurde.

Veränderungen in der Gesamtstruktur anzustoßen.

Eine grundlegende Veränderung besteht darin, dass im letzten Drittel des Betrachtungszeitraums (1990–2004, 2005–2013) zunehmend weniger *Ideologien* und *Formen, Merkmale und Mittel sozialen Wandels* mit *links* assoziiert werden. Während unter den Top-Kollokatoren von *links* zwischen 1968 bis 1976 noch mehr als zwei Drittel der Bedeutungstypen einer dieser beiden Klassen zugeordnet sind, verringert sich deren Anteil bis zum Ende des Untersuchungszeitraumes etwa um die Hälfte und erreicht in der Phase von 2005 bis 2013 nur noch 40 Prozent.

Diese Verluste verteilen sich auf beide Bedeutungsklassen gleichermaßen: Sind von 1968 bis 1976 noch 28 Prozent (zwischen 1958 und 1967 sogar 32 Prozent) aller Kollokatoren von *links* der Bedeutungsklasse *Ideologie* zuzurechnen, trifft dies von 2005 bis 2013 nur noch bei einem knappen Sechstel der Kollokatoren von *links* zu. Ähnlich stark reduzierte sich auch der Anteil der Bedeutungsklasse *Formen, Merkmale und Mittel sozialen Wandels*, von ehemals 40 Prozent (1968–1976) über 36 Prozent (1977–1989) auf nur noch 24 Prozent in den Perioden 1990 bis 2004 und 2005 bis 2013.

Die hohen Anteile von Bedeutungstypen aus der Klasse *Formen, Merkmale und Mittel sozialen Wandels* unter den Top-Kollokatoren in den Phasen 1968 bis 1976 und 1977 bis 1989 lässt sich als Ausdruck des Übergangs von der industriellen zur postindustriellen Gesellschaft lesen, von dem viele westliche Länder ergriffen wurden. Im Zuge dieser gesellschaftlichen Transformation wurden eine Vielzahl sozialer, politischer, ökonomischer und kultureller Wandlungsprozesse angeschoben (Bell 1976; Doering-Manteuffel und Raphael 2012: 79–84; Doering-Manteuffel, Raphael und Schlemmer 2016; Hobsbawm 2012: 503–537; Leendertz 2012; Rödder 2004). Da die gesellschaftspolitisch-kulturellen Wandlungsprozesse ganz wesentlich mit dem Aufkommen und Wirken einer *neuen Linken* verbunden waren, dürfte sich dies auch in der Nutzung der Richtungsvokabeln *links* in den Kommentaren der *FAZ* niederschlagen.

Eine gegenläufige Entwicklung ist hingegen mit Blick auf die Bedeutungsklasse *deutsche Parteien und Politiker*innen auszumachen, deren Anteil sich von null Prozent zwischen 1949 und 1958 im Zeitverlauf bis auf 28 Prozent in den Jahren 2005 bis 2013 erhöht. Dieser Anstieg erfolgt jedoch nicht kontinuierlich, sondern setzt plötzlich ein. Von 1959 bis 2004 pendelt der Anteil bundesdeutscher Parteien und Politiker*innen* unter den Top-Kollokatoren von *links* noch jeweils zwischen acht (1959–1967, 1990–2004) und zwölf Prozent (1968–1976, 1977–1989). Erst zwischen 2005 und 2013 stellt jeder vierte Bedeutungstyp von *links* eine deutsche Partei oder Politiker*in* dar. Offensichtlich wandelt sich der Wortstamm *links* Mitte der 00er-Jahre in der *FAZ* zu einer zentralen Vokabel bei der Kommentierung des bundesdeutschen Politikbetriebs. Der wichtigste Grund für diese Entwicklung liegt auf der Hand: die Fusion von *PDS* und *WASG* zur Partei *Die Linke*.

Die positive Neudeutung des Wortstammes links

Die Folgen dieser Parteienverschmelzung sind nicht nur auf der Ebene der Bedeutungsklassen evident, sondern schlagen sich auch in der Struktur des Rankings der Bedeutungstypen nieder (siehe Tabelle 6.7 – 6.9 auf den Seiten 226 – 228): Das erste und das einzige Mal im gesamten Betrachtungszeitraum stellt *radikal* von 2005 bis 2013 nicht mehr den am engsten mit *links* assoziierten Bedeutungstyp dar, sondern ist im Kollokatorenranking nur noch auf Platz drei eingestuft. Die Plätze 1 und 2 werden von Parteien besetzt: der *SPD* und den *Grünen*. Zudem folgen auf den Rängen 4 und 5 mit der *PDS*[193] und (*Oskar*) *Lafontaine* zwei weitere parlamentarische Akteure, so dass zwischen 2005 und 2013 unter den fünf am stärksten mit dem Wortstamm *links* assoziierten Bedeutungstypen vier deutsche Parteien oder Politiker klassiert sind.

Den Analysen aus Kapitel 5 entsprechend, markiert die Gründung der Partei *Die Linke* eine erkennbare Zäsur in der Nutzung des Wortstammes *links* im Sprachgebrauch der Kommentator*innen*. Der Zusammenschluss von *PDS* und *WASG* hat dazu beigetragen, dass sich sowohl die Quantität (siehe Kapitel 5), als auch die Qualität der Nutzung des Richtungsbegriffes in den politischen Kommentaren der *FAZ* verändert hat. Die Befunde deuten auch darauf hin, dass die Gründung der *Linkspartei* den Kulminationspunkt eines längerfristig angelegten semantischen Wandlungsprozesses darstellt, der zu einer (positiven) Reformulierung des Bedeutungsgehaltes von *links* geführt hat.

Erste Signale einer positiven Neudeutung der Richtungsvokabel lassen sich für die Phase von 1990 bis 2004 ausmachen. Im Vergleich zu den beiden

193 Das Auftauchen der *PDS* unter den Top-Kollokatoren des Zeitraums 2005 bis 2013 überrascht zunächst, da sich die Partei im Jahr 2005 in *Linkspartei* umbenannt hat. Es ist jedoch darauf zurückzuführen, dass die Abkürzung *PDS* eine Zeit lang Teil des Parteinamens blieb (*Linkspartei.PDS*). Zudem wird *Die Linke* in den untersuchten Kommentaren nach 2005 häufig auch mit dem Zusatz *Ex-PDS* erwähnt.

Betrachtungsphasen zuvor fällt die Zahl der negativ konnotierten Bedeutungstypen unter den Top-Kollokatoren von *links* deutlich geringer aus. Während *links* zwischen 1968 und 1976 mit sechs sowie zwischen 1977 und 1989 mit fünf eindeutig negativ konnotierten Bedeutungstypen assoziiert wird – *radikal*, *Terror*, *bewaffnete Gruppen*, *gewaltsam*, *dogmatisch* sowie *Anarchie* (nur 1968 bis 1976) –, sind im Zeitraum von 1990 bis 2004 nur noch drei (*radikal*, *dogmatisch* und *Terror*) und zwischen 2005 und 2013 gar nur noch zwei Top-Kollokatoren (*radikal*, *dogmatisch*) des Richtungsbegriffes mit einer negativen Bedeutung aufgeladen.[194] Ferner wird *links* in den Jahren 1990 bis 2004 und 2005 bis 2013 wieder mit dem positiv besetzten Bedeutungstyp *Demokratie* verbunden, nachdem dieser in den beiden Betrachtungsperioden zuvor (1968–1976 und 1977–1989) nicht mehr unter den Top-Kollokatoren von *links* zu finden war. Die schwach ausgeprägte Assoziation zwischen *links* und *Demokratie* ist dabei zum einen ein Indiz dafür, dass die Richtungsvokabel in den 1970er- und 1980er-Jahren eine eher negative Rezeption erfahren hat. Zum anderen zeigt sich darin möglicherweise auch, dass in den untersuchten *FAZ*-Kommentaren das Verhältnis von Teilen der *neuen Linken* zur (parlamentarischen) Demokratie als distanziert wahrgenommen wurde.

Der Befund einer zunehmend positiveren Rezeption von *links* korrespondiert sowohl mit Stimmen aus der deutschen Medienlandschaft als auch mit Untersuchungen auf der Individualebene. Während im *Spiegel* vom 6. Januar 1975 noch festgestellt wird: „Links ist nicht mehr ‚in', links ist Scheiße" (Der Spiegel 1975: 20), schreibt der Journalist Ulf Poschardt (2015) vierzig Jahre später in der Tageszeitung *Die Welt*: „Links ist normal". Wohingegen *rechts* im bundesdeutschen Politikdiskurs anno 2015 gewöhnlich in negativ konnotierten Kontexten verwendet werde. „Rechtssein", so Poschardt, sei mit dem Stigma des tumben Nationalismus und politischem Extremismus behaftet (siehe auch die Kapitel 3.2.2 und 6.3.3). Die Überlegungen Poschardts, die dieser auf eine „Studie über die Popularität linken Gedankenguts" (ebenda) in Deutschland[195] stützt, werden durch eine Analyse der individuellen

194 Die Einordnung von Kollokatoren, wie *radikal*, *gewaltsam*, *dogmatisch* oder *Anarchie*, als negativ konnotierte Bedeutungstypen orientiert sich an einer von Ulli Waltinger (2010, 2011) vorgenommenen Sentiment-Differenzierung von Wörtern der deutschen Sprache. Waltinger unterscheidet dabei zwischen *positiv*, *neutral* und *negativ* besetzten Begriffen (Datensatz: Waltinger 2012).

195 In Poschardts (2015) Text selbst ist zwar kein direkter Verweis auf den Namen der Studie zu finden, doch vermutlich schrieb er den Kommentar aus Anlass des Erscheinens einer Untersuchung über linksextremistische Bestrebungen in Deutschland (Titel: *Gegen Staat und Kapital – für die Revolution!*), die von Klaus Schroeder

Einstellungsmuster von Bundesbürger*innen* bestätigt.

Bei einer Studie zur Bundestagswahl 1976 (Berger u. a. 2011) sahen noch mehr als die Hälfte der befragten Deutschen *links* als etwas Schlechtes und nur etwa ein Drittel als etwas Gutes an.[196] Knapp vierzig Jahre später hat sich dieses Bild deutlich verschoben. Auf die wortgleiche Frage bewertete in einer Online-Studie der *German Longitudinal Election Study* (*GLES*) nur noch ein Drittel der befragten Männer und Frauen *links* als etwas Negatives ($-19,6$ Prozentpunkte gegenüber 1976), wohingegen 37 Prozent ($+5,03$ Prozentpunkte gegenüber 1976) *links* als eine positiv besetzte politische Vokabel ansahen (Rattinger u. a. 2014).

Die emotionalen Veränderungen in der bundesdeutschen Gesellschaft gegenüber den Richtungsvokabeln werden noch deutlicher, wenn auch die Einstellungen der Bundesbürger*innen* gegenüber *rechts* in die Analyse miteinbezogen werden. Diese haben sich reziprok entwickelt: Während 1976 für etwa ein Drittel der Befragten (35,83 Prozent) *rechts* in der Politik einen negativen Klang besaß, sah knapp die Hälfte (47,71 Prozent) *rechts* als etwas durchaus Positives an. Dagegen wurde 2014 eine positive Einschätzung des Begriffes *rechts* nur noch von 13,73 Prozent ($-33,98$ Prozentpunkte gegenüber 1976) der Befragten geteilt, eine schlechte Bewertung jedoch von mehr als zwei Dritteln (65,48 Prozent; $+29,65$ Prozentpunkte gegenüber 1976) formuliert.[197]

---

und Monika Deutz-Schroeder (2015) verfasst wurde. Die Studie wurde tags zuvor in einem *Welt*-Artikel von Reinhard Mohr (2015) vorgestellt.

196 Im genauen Wortlaut wurde gefragt: „Es gibt ja viele Begriffe, die man im politischen Geschehen so hört. Hier sind einige weitere Begriffe. Wir hätten nun gerne von Ihnen gewusst, ob Sie sich eher etwas Gutes oder eher etwas Schlechtes vorstellen, wenn Sie solche Begriffe hören." Die Befragten konnten jeweils auf einer Skala von -5 bis $+5$ ihre Einstufung vornehmen. Für die Auswertung der Frage wurden die positiven und negativen Nennungen zusammengefasst. Die fehlenden Anteile zu 100 Prozent haben den entsprechenden Richtungsbegriff auf der 0 eingestuft.

197 Die Ergebnisse basieren auf eigenen Berechnungen. Zudem sei noch angemerkt, dass die Vergleichbarkeit der Daten zwischen 1976 und 2014 auf Grund der unterschiedlichen Befragungsmodi nicht hundertprozentig gegeben ist: Bei der Befragung aus dem Jahr 1976 handelt es sich um ein Face-to-Face Interview, bei der Studie aus dem Jahr 2014 um eine Onlinebefragung. Die modusbedingten Unterschiede können auch durch eine Gewichtung der Daten nicht vollständig korrigiert werden. In Onlinestudien sind alte und niedrig gebildete Personen häufig unterrepräsentiert, da sie deutlich schlechter erreicht werden als andere Alters- und Bildungsgruppen – beispielsweise auf Grund eines fehlenden Internetzuganges im Haushalt (Bieber und Bytzek 2012: 188 und 192–194). Da sich die Angehörigen der jüngeren Generationen in Deutschland im Aggregat deutlich weiter links verorten als die älteren Generationen (Roßteutscher und Scherer 2014: 216), ist folglich davon auszugehen, dass in-

Auch Wilamowitz-Moellendorff (1993) hat schon zu Beginn der 1990er-Jahre eine positive Reformulierung des Richtungsbegriffes *links* in der deutschen Bevölkerung konstatiert. In einer Untersuchung zum Wandel des Verständnisses der Begriffe *links* und *rechts* in der bundesdeutschen Gesellschaft kommt er zu dem Schluss, dass sich *links* unter den deutschen Bundesbürger*innen* seit den 1970er-Jahren „von einem in hohem Maß mit politischen Ideologien sowie mit negativen Assoziationen wie Radikalismus und Extremismus besetzten Begriff zu einem insgesamt stärker positiv bewerteten Terminus“ gewandelt habe (ebenda: 54).[198]

Doch durch welche gesellschaftspolitischen Prozesse wurde die *negative* Konnotation des Richtungsbegriffes *links* in der bundesdeutschen Gesellschaft der 1970er-Jahre eigentlich angetrieben?

Die Wirkung sozialen Wandels auf die Semantik von links

Gegen Ende der 1960er-Jahre deuteten sich soziale Wandlungsprozesse an, die nicht nur Deutschland, sondern die gesamte westliche Hemisphäre treffen sollten: „Die Goldenen Jahre“ (Hobsbawm 2012: 324–362) neigten sich ihrem Ende zu und erste Risse in der Welt des ökonomischen Booms wurden sichtbar. Dieser hatte seit den 1950er-Jahren wirtschaftlichen und sozialen Wohlstand für breite Bevölkerungsschichten gebracht und das Fundament für die moderne westliche Konsumgesellschaft gelegt (Rödder 2004: 22).

Doch nicht nur ökonomische Veränderungen forderten die Gesellschaften der westlichen Industriestaaten in den späten 1960er-Jahren heraus. Vielmehr wurde das damals von der Bundesregierung verfolgte Paradigma einer wissenschaftlich fundierten Gesamtsteuerung der Gesellschaft, das den politischen Konsens zum „zeittypische[n] ideologisch[n] Leitprinzip“ (Doering-Manteuffel und Raphael 2012: 42) erhob und dem Ziel einer tiefgreifenden gesellschaftlichen Modernisierung verpflichtet war, durch eine *neue Linke* in Frage gestellt

---

nerhalb des Onlinesamples linksorientierte Personen überrepräsentiert sind. Da die aufgezeigten Unterschiede so deutlich ausfallen, scheint ein grundlegender Vergleich allerdings dennoch möglich.

198 In diesem Zusammenhang sei zudem auf eine Untersuchung von Hoffmann (2006) verwiesen, der darin hervorhebt, dass im Herbst 2003 knapp drei Viertel der Teilnehmer*innen* einer Umfrage des *Institut für Demoskopie Allensbach rechts* mit *radikal* assoziiert hätten. Der Richtungsbegriff sei darüber hinaus vielfach auch mit *gewalttätig*, *Bedrohung* und *kalt* in Verbindung gebracht worden. *Links* hätten die Befragten dagegen häufiger mit positiv besetzten Begriffen verknüpft: vor allem mit *sozial*, *Reformen* und *Gerechtigkeit* (ebenda: 58).

(ebenda: 38–45). Schon „seit den frühen 1960er Jahren“ formierte sich diese, später häufig auch mit dem Topos *Achtundsechziger* etikettierte, neuartige Linksbewegung „gegen den Fortschritts- und Modernisierungskonsens“ und griff „insbesondere die Reformkräfte mit alten und neuen marxistischen Kategorien“ (ebenda: 43) an. Diese Bewegung war, wie Koenen (2001: 70–71) betont, „das *Produkt* einer sozialen Umwälzung, die weit einschneidender war als alle Wirkungen“ (ebenda, Hervorhebung im Original), die von ihr ausgingen.

Im Gegensatz zur *alten Linken* stütze sich die *neue Linke* dabei nicht mehr auf die klassischen Arbeitermilieus, deren Träger*innen* überwiegend gewerkschaftlich organisiert waren, sondern rekrutierte ihre Anhänger*innen* aus einem studentisch geprägten Umfeld (Gilcher-Holtey 2001: 11–24; Hobsbawm 2004: 125, 2012: 360–361, 375–380; Morsey 2007: 106–108, zur Geschichte des Begriffes *neue Linke* Kämper 2012: 58–61). Herbert Marcuse (1980: 45) beschreibt die *neue Linke* im Sommer 1967 in einem Vortrag an der FU Berlin dementsprechend als „in keiner Weise – [...] mit Ausnahme kleiner Gruppen – auf die Arbeiterklasse als der revolutionären Klasse fixiert“. Sie könne „zudem überhaupt nicht klassenmäßig definiert werden“ und bestehe vielmehr „aus Intellektuellen, aus Gruppen der Bürgerrechtsbewegung und aus der Jugend, besonders aus radikalen Elementen der Jugend, auch aus solchen, die auf den ersten Blick gar nicht politisch erscheinen, nämlich den ‚Hippies‘“. Sehr interessant sei dabei, dass „diese Bewegung [...] als Sprecher eigentlich keine traditionellen Politiker“ habe, „sondern viel eher solche verdächtigen Figuren wie Dichter, Schriftsteller, Intellektuelle“ (ebenda, siehe auch Kämper 2012: 58 und Koenen 2001: 69–70).[199]

Das Aufkommen der neuen, intellektuell-studentischen Linken ist nicht nur Ausdruck einer sich langsam verändernden sozialen Basis der Anhänger*innen* linker Ideologeme, sondern wird darüber hinaus auch als Wechsel der Träger*innen*gruppen sozialen Wandels und gesellschaftlicher Modernisierung gesehen. Koenen (2001: 79–80) und Doering-Manteuffel (2014: 344) weisen in diesem Zusammenhang etwa darauf hin, dass Modernisierungsimpulse in

199 Nach Ansicht Gerd Koenens (2001: 69–70) habe Marcuse in seinem Vortrag die *neue Linke* zwar durchaus richtig als nicht klassenmäßig und auf den ersten Blick unpolitisch beschrieben, ohne jedoch den richtigen Schluss daraus gezogen zu haben: So hätte die *neue Linke* nicht, wie Marcuse meine, „‚ein tiefes Mißtrauen gegen alle Ideologie, auch die sozialistische Ideologie‘ geprägt“, sondern vielmehr sei sie „in Wirklichkeit [...] hochgradig politisiert und geradezu süchtig nach Ideologie“ gewesen (ebenda). Zu den Kennzeichen dieser studentischen Linken und ihrem Verhältnis zur klassischen Arbeiter*innen*schaft siehe auch Raschke (1985: 67–75, insbesondere 70–71).

den 1970er- und 1980er-Jahren, nicht mehr, wie noch in den 1950ern und 1960ern, von den gesellschaftlichen Eliten ausgingen, sondern zunehmend durch die mal mehr und mal weniger radikalen Forderungen der jüngeren Generation katalysiert wurden.

In den Kommentaren der *FAZ* lassen sich die dargelegten gesellschaftlichen Veränderungen mit Blick auf die Entwicklung des Bedeutungstypen *Gebildete* nachverfolgen. Bei einem Blick auf die Kollokatoren-Tabelle von *links* zeigt sich (siehe die Tabellen 6.7 – 6.9 auf den Seiten 226–228), dass der Bedeutungstyp *Gebildete*, der in der Phase von 1949 bis 1958 noch im hinteren Drittel des Rankings (Rang 17) angesiedelt ist, zwischen 1968 bis 1976 zu einer der engsten Assoziationen (Rang 4) von *links* aufsteigt und sich auch während der folgenden Phase (1977–1989) im oberen Drittel der Rangliste hält. Im Gegensatz dazu ist der Bedeutungstyp *Gewerkschaft*, als Indikator für die klassische, die *alte Linke* zwischen 1968 und 1976 völlig aus dem Ranking der Top-Kollokatoren verschwunden. Wobei *links* auch schon zwischen 1949 und 1958 sowie 1959 und 1967 stärker mit der Kategorie *Gebildete* als mit der Kategorie *Gewerkschaft* assoziiert ist. Dieses Bild ändert sich jedoch in der zweiten Hälfte des Betrachtungszeitraumes: Seit den späten 1970er-Jahren wird *links* in den Kommentaren der *FAZ* auch wieder mit der Gewerkschaftsbewegung in Verbindung gebracht. Dagegen verliert der Bedeutungstyp *Gebildete* in den jüngsten beiden Analyseperioden zunehmend an Bedeutung und ist im Zeitraum von 2005 bis 2013 sogar komplett aus der Kollokatorenrangliste verschwunden.

Obwohl die neu-linke Studentenbewegung der 1960er-Jahre, wie Hobsbawm (2012: 360–361) betont, in ihrer politischen Bedeutung nicht überhöht werden sollte[200] – ihre kulturellen und mentalen Wirkungen auf die Gesellschaft seien viel stärker gewesen –, ist dennoch hervorzuheben, dass ausgehend von den studentischen Protesten während der 1970er-Jahre in der bundesdeutschen Gesellschaft wieder verstärkt Alternativen zum vorherrschenden

200 Hobsbawm (2012: 360–361) beschreibt die studentischen Proteste gegen Ende der 1970er-Jahre gar als ein „Phänomen jenseits von Wirtschaft und Politik“ (ebenda: 361). So sei vornehmlich ein „Minderheitensektor in der Bevölkerung, der bis dahin kaum als eigenständige Gruppe des öffentlichen Lebens erkannt worden und im großen und ganzen auch noch kein wirtschaftlicher Faktor gewesen war (es sei denn als Käufer von Rockplatten)“ (ebenda), mobilisiert worden. Auch Gerd Koenen (2001: 18) weist darauf hin, dass eigentlich erst nach „der *Auflösung* von APO und SDS 1969/70 [. . .] eine echte, generationell geprägte Massenbewegung“ (ebenda, Hervorhebung im Original) entstanden wäre, die Ausdruck eines „politisch-kulturellen Phänomens“ gewesen sei, „das sich keineswegs auf Randzonen beschränkte, sondern bis tief in die Mitte von Staat und Gesellschaft hineinreichte“ (ebenda).

„politökonomischen Modell" (Doering-Manteuffel und Raphael 2012: 49) des gesamtgesellschaftlichen Konsenses „zwischen Kapital, Arbeit und Staat" (ebenda) diskutiert und auch aktiv gesucht wurden (ebenda: 50–52).

Dabei wurden von den Aktivist*innen* auf der linken Seite des politischen Spektrums sehr unterschiedliche Wege zur Durchsetzung ihrer politischen Forderungen gewählt: Einerseits entwickelte sich eine terroristische, sozialrevolutionäre Linke, die bis in die frühen 1990er-Jahre hinein versuchte, mit dem Mittel des städtischen Guerilla-Kampfes[201], durch Anschläge auf und Entführungen von hochrangigen Vertretern aus Wirtschaft und Politik, den Staat in die Knie zu zwingen (Koenen 2001: 359–414). Andererseits entstanden, vereint im Kampf gegen den „Staat, das Kapital und de[n] Fortschritt" (Doering-Manteuffel und Raphael 2012: 51), seit Beginn der 1970er-Jahre eine Vielzahl *Neuer Sozialer Bewegungen*[202], die sich beispielsweise für Umwelt, Frieden, Frauen und gegen Atomkraft einsetzten (siehe auch Kapitel 3.2.3). Nicht zuletzt diese *Neuen Sozialen Bewegungen* trugen dazu bei, dass außerparlamentarischer Protest zu einem zentralen Kennzeichen der politischen Kultur in der *Bonner Republik* der 70er- und 80er-Jahre wurde (Doering-Manteuffel und Raphael 2012: 50–52 und Glaser 1989: 111–119).[203]

201 Das Konzept der Stadt-Guerilla wurde ursprünglich von den Tupamaros einer uruguayischen Terrorgruppe begründet und von der RAF für ihren Kampf gegen den bundesdeutschen Staat adaptiert (Rote Armee Fraktion 1971: 11). Zur Geschichte der Tupamaros und den Strategien ihres bewaffneten Kampfes siehe Fischer (2006).

202 Zum Profil der *Neuen Sozialen Bewegungen* siehe beispielsweise Rucht (1994: insbesondere 157–290 und 325–473).

203 Eine starke Verankerung einer alternativen Protestkultur im gesellschaftlichen Leben der Bundesrepublik ist zumindest bis Mitte der 1980er-Jahre festzustellen. Das Abflauen der Protestkultur in der zweiten Hälfte der 1980er-Jahre muss dabei allerdings nicht unbedingt als Kapitulation vor den herrschenden Verhältnissen angesehen werden. Denn nach Brand (1990: 23) lässt sich das Verwelken der „utopian visions of the 1960s and 1970s", ganz im Gegenteil, auch als ein Zeichen des Erfolges der Protestbewegung interpretieren, die ihre Ideen und Ideale ausreichend tief ins kulturelle und soziale Leben der Bundesrepublik verankern konnte, so dass sie seitdem einen permanenten Platz auf der politischen Agenda einnehmen. Die Anliegen der Protestierenden wurden mit dem Aufstieg der Partei *Die Grünen* in die Parlamente der Republik getragen und damit institutionalisiert. Deutlich negativer wird diese Entwicklung hingegen von Michael Vester (1989) bewertet. So habe das Streben der „herrschende[n] Politik [. . .] innen- und außenpolitische Risikoverminderung" zu betreiben, „soziale und politische Konflikte" zu begrenzen und „die für die neuen Milieus attraktiven ‚progressiven Themen' mindestens symbolisch" (ebenda: 42) zu besetzen, eine Demoralisierung innerhalb der *Neuen Sozialen Bewegungen* erzeugt. In Vesters Augen haben „[d]ie neuen sozialen Bewegungen und die Grünen [. . .] die politische Initiative verloren" und seien „durch innere Führungskämpfe blockiert wie die SPD und ihre Stammwählerschaft" (ebenda).

In den Kommentaren der *FAZ* manifestieren sich diese zwei unterschiedlichen Entwicklungspfade des Erbes der *Achtundsechziger* gleichermaßen. Das Aufkommen des Terrors sozial-revolutionärer Gruppierungen, wie der Rote Armee Fraktion (RAF) und den Revolutionären Zellen (RZ), zeigt sich darin, dass in den Zeiträumen 1968 bis 1976, 1977 bis 1989 und mit Abstrichen auch 1990 bis 2004 mit *Terror*, *gewaltsam* und *revolutionär* sowie *bewaffnete Gruppen* vermehrt Bedeutungstypen unter den Top-Kollokatoren von *links* auftauchen, die deutliche Bezüge zum bewaffneten Kampf linker Gruppierungen aufweisen.[204]

Und das Aufblühen einer links-alternativen Protestkultur in der Bundesrepublik schlägt sich innerhalb des Assoziationsrankings darin nieder, dass der Bedeutungstyp *Protest* in den Zeiträumen 1968 bis 1976 und 1977 bis 1989 einen Platz unter den 25 prägendsten Kollokatoren von *links* einnimmt. Gleiches gilt, wenn auch zeitlich etwas verschoben, für den Bedeutungstyp *unangepasst*, der zwischen 1977 und 1989 in der Rangliste auftaucht. Auch diese Assoziation deutet auf eine Verbindung zwischen *links* und alternativen politischen Einstellungsmustern sowie Politikentwürfen hin (siehe die Tabellen 6.7 – 6.9 auf den Seiten 226–228).

Doch die *Neuen Sozialen Bewegungen* veränderten nicht nur die politische Kultur der Bundesrepublik, sondern sorgten auch für eine nachhaltige Neuordnung der politischen Themenagenda: In den Zeiten des wirtschaftlichen Booms kaum diskutierte Themen, wie Umweltverschmutzung oder ressourcenschonendes Leben und Wirtschaften, wurden verstärkt in die gesellschaftliche Debatte eingebracht und popularisiert (Rödder 2004: 66; Uekötter 2012: 109–110). Während bis in die 1960er-Jahre hinein, wie Eric Hobsbawm (2012: 330) feststellt, in den westlichen Industrienationen vornehmlich nach der Gleichung „‚Wo es Dreck gibt, da gibt es auch Geld'" gelebt wurde, machten sich viele Bürger*innen* seit den späten 1960er-Jahren zunehmend Gedanken über den Erhalt der Umwelt und die Bewahrung der natürlichen Lebensgrundlage des Menschen, so dass die Zeit um 1970 von Joachim Radkau (2011: 124–164) auch als „[d]ie Jahre der ‚ökologischen Revolution'" (ebenda: 124) bezeichnet werden.

Diese Veränderungen bildeten, wie schon in Kapitel 3.2.3 erläutert wurde, ein neues ideologisches Spannungsfeld zwischen den Befürworter*innen* eines

204 Inwieweit dieser Zusammenhang auf die allgemeine Bedeutungsentwicklung des Begriffes *links* in der Bundesrepublik übertragbar ist, muss an dieser Stelle offen bleiben. So ist durchaus denkbar, dass in Zeitungen, die im Gegensatz zur *FAZ* eher als liberal gelten, die Verbindung zwischen *links* und dem Wortfeld *Terror & Gewalt* weniger deutlich ausfällt.

wachstumsbasierten und denen eines an nachhaltiger Entwicklung orientierten Gesellschaftsmodells und damit die Basis für die Herausbildung einer neuen Dimension des Links-Rechts-Gegensatzes. Wobei mit *links* bis heute die Anhänger*innen* nachhaltiger Entwicklungskonzepte etikettiert werden und mit *rechts* die Unterstützer*innen* des auf Wachstum ausgerichteten Paradigmas der *alten Politik* (Offe 1985: 832; Roßteutscher und Scherer 2013: 382). Dabei kam es „durchaus unerwartet", dass „*die Umwelt [...] links*" (Uekötter 2012: 111, Hervorhebungen im Original) wurde und „nach Jahrzehnten politischen Vagabundierens eine klare, sogar im Parteiensystem verankerte Heimat" (ebenda, siehe auch Rödder 2004: 69) bekam.[205]

Entsprechend dieser theoretischen Annahmen und Beobachtungen haben sich auch die mit *links* verbundenen Semantiken in den 1970er-Jahren verändert. Während der Periode zwischen 1977 und 1989 tauchen sowohl *Die Grünen* und deren politisches Farb-Signet *grün* als auch der Bedeutungstyp *Ökologie* erstmals unter den wichtigsten Assoziationen von *links* auf (siehe die Tabellen 6.7 – 6.9 auf den Seiten 226–228). Doch während *Die Grünen* sich bis zum jüngsten Betrachtungszeitraum unter den wichtigsten Kollokatoren von *links* etablieren konnten, findet sich *Ökologie* zwischen 2005 und 2013 nicht mehr unter den Top-Kollokatoren des Richtungsbegriffes. Gleiches gilt für die Farbe *grün*, die schon seit Beginn der 1990er-Jahre nicht mehr im Ranking auftaucht. Die ökologische, nachhaltigkeitsorientierte Komponente der semantischen Bedeutung von *links* hat demnach in der jüngeren Vergangenheit wieder deutlich an Bedeutung verloren.

Für diesen zunächst einmal eher überraschenden Befund gibt es durchaus plausible Erklärungen, die insbesondere mit den innenpolitischen Entwicklungen in Deutschland in Verbindung stehen. Zum einen hat sich der Diskurs auf der linken Seite des politischen Spektrums gewandelt und konzentriert sich spätestens seit den Sozialreformen Gerhardt Schröders wieder stärker

205 Frank Uekötter (2012: 111–112) stellt in diesem Zusammenhang die interessante These auf, dass die Bindung der Linken an umweltpolitische Themen durch die „lange Folge politischer Enttäuschungen" (ebenda: 111) begünstigt wurde, die sie nach dem Niedergang der studentischen Bewegung von 1968 zu verkraften hatte. Der Radikalenerlass, Helmut Schmidt als Bundeskanzler, die Welle links-revolutionären Terrors sowie die gescheiterten Proteste der Friedensbewegung gegen die Stationierung von neuen atomaren Sprengköpfen in der Bundesrepublik hätten einen „linken Zeitgenossen um 1980 geradezu nach einem populären Thema suchen" (ebenda: 112) lassen. Mit „etwas Sarkasmus und einem vielzitierten Buchtitel Jürgen Habermas" könne daher davon gesprochen werden, „dass die politische Ökologie für die Linken ein Vehikel war, ihre Legitimationsprobleme im Spätmarxismus zu übertünchen" (ebenda: 112).

auf verteilungs- und sozialpolitische Fragen und Forderungen. Dafür steht nicht zuletzt auch die (partiell) erfolgreiche Westausdehnung der *Linkspartei*. Zum anderen sind umweltpolitische Themen in den vergangenen Jahren immer stärker zu einem gesamtgesellschaftlichen Anliegen geworden und damit in die politische Mitte gerückt, so dass sie nicht mehr nur ausschließlich ein Anliegen der ökologischen Linken darstellen, wie es insbesondere in den 1970er- und 1980er-Jahren der Fall war (siehe auch Fußnote 203). Diesbezüglich sei nur daran erinnert, dass unter der *CDU*-Kanzlerin Angela Merkel der endgültige Ausstieg aus der Atomenergie beschlossen und der Klimaschutz zu einer Chefinnensache erklärt wurde.

Die ideologische Kernbedeutung von links

Die bislang diskutierten Veränderungen der Semantik von *links* legen nahe, dass sich auch die ideologischen Bedeutungsinhalte der Richtungsvokabel während des Untersuchungszeitraumes verändert haben. Im Zuge des Aufstiegs der *Neuen Sozialen Bewegungen* und der Etablierung der *Grünen* als linker Alternative im bundesdeutschen Parteiensystem hat sich der Ökologismus (Bedeutungstyp: *Ökologie*) tatsächlich – zumindest *zeitweise* – als eine der Kernbedeutungen von *links* etablieren können. *Ökologie* stellt dabei einen unter vielen Bedeutungstypen dar, der nur temporär unter den am stärksten mit *links* assoziierten Ideologien zu finden ist.[206]

Welche Ideologien dies sind, lässt sich aus Abbildung 6.9 auf Seite 225 gut erfassen. In der darin abgebildeten Word Cloud wird hervorgehoben, wie oft ein Bedeutungstyp zwischen 1949 und 2013 zu den 25 Top-Kollokatoren von *links* zählt. Die Regelmäßigkeit des Auftretens wird dabei über die Schriftgröße vermittelt. Bedeutungstypen, die in allen sechs Rankings auftauchen, sind besonders groß geschrieben. Bedeutungstypen, die nur einmal vorkommen, besonders klein. Die Farbe der Schrift gibt darüber Auskunft, welcher Klasse die Bedeutungstypen zugeordnet sind.

Dementsprechend tauchen die sehr klein geschriebenen Ideologien *kein Kommunismus* (1949–1958), *kein Militarismus* (1959–1967), *kein Kapitalismus*

206 Auch bei anderen Bedeutungsklassen sind einige Unterkategorien nur zeitweise unter den Top-Kollokatoren von *links* zu finden sind. So etwa der Bedeutungstyp *Regierung*, der zwischen 1990 und 2004 sogar in den Top Ten auftaucht. Erklären lässt sich dessen Vorkommen wohl damit, dass Mitte der 1990er-Jahre viele Länder Westeuropas von linken Volksparteien regiert wurden. Was dazu geführt haben dürfte, dass *links* und *Regierung* in den untersuchten *FAZ*-Kommentaren deutlich häufiger zusammen erwähnt wurden.

(1968–1976), *Peronismus* (1968–1976), *Kapitalismus* (1949–1958) oder auch *Gaullismus* (1959–1967) nur in einem der sechs Zeiträume in einer Rangliste auf. Die etwas größer geschriebenen Bedeutungstypen *Ökologie* (1977–1989, 1990–2004), *Christdemokratie* (1959–1967, 1968–1976) und *kein Patriotismus* (1949–1958, 1959–1967) sind hingegen zweimal unter den Top-Kollokatoren von *links* vertreten. Doch wie lässt sich das temporäre Vorkommen dieser Ideologien erklären?

Das kurzfristige Auftreten einzelner Bedeutungstypen unter den Top-Kollokatoren von *links* ist häufig Ausdruck zeitgeschichtlicher Besonderheiten, die nur kurzfristig die Semantik von *links* geprägt haben. So etwa im Fall der *Christdemokratie*, die zwischen 1959 und 1967 an neunter und in den Jahre 1968 bis 1976 an 17. Stelle des *Links*-Rankings auftaucht. Vermutlich manifestiert sich darin, wie auch schon in Kapitel 6.2 vermutet wurde, die Öffnung der italienischen Regierung für die (gemäßigte) Linke. Demnach ist *links* seit den frühen 1960er-Jahren in Kommentaren der *FAZ* zur italienischen Innenpolitik zunehmend häufiger im Zusammenhang mit der Christdemokratie erwähnt worden, weil sich diese verstärkt mit den Parteien der Linken verständigt und Regierungsbündnisse geschlossen hat.

Ganz ähnlich lässt sich erklären, dass *kein Kommunismus* in den 1950er-Jahren eng mit *links* assoziiert wurde. Die zunehmende Abgrenzung der gemäßigten Linksparteien in Westeuropa, wie etwa der *SPD*, vom sowjetischen Kommunismus dürfte dazu geführt haben, dass in den Kommentaren der *FAZ* in den ersten Jahren nach dem Zweiten Weltkrieg explizit zwischen einer kommunistischen und einer antikommunistischen Linken unterschieden wurde.

Gleiches gilt für den Bedeutungstyp *kein Militarismus*, der einmalig zwischen 1959 und 1967 unter den Top-Kollokatoren gerankt ist. Vermutlich ist die Verbindung zwischen *links* und *kein Militarismus* im Wesentlichen durch die Proteste gegen den Vietnam-Krieg zu erklären, die ein wichtiges Element bei der Konstitution der 68er-Bewegung dargestellt haben.

Neben der Vielzahl an Bedeutungstypen, die zeitlich begrenzt mit *links* assoziiert werden, lassen sich aus der Word Cloud in Abbildung 6.9 auch Ideologien identifizieren, die langfristig die Semantik des Richtungsbegriffes mitgeprägt haben. Zu diesen Kernideologien zählen *Kommunismus*, *Sozialismus*, *Liberalismus* und *demokratischer Sozialismus*. Wobei die drei Erstgenannten über den gesamten Untersuchungszeitraum mit *links* assoziiert werden, die Letztgenannte (*demokratischer Sozialismus*) hingegen nur in fünf der sechs Kollokationsrankings auftaucht. Trotz der dauerhaft engen

Verbindung dieser Ideologien haben sie die Bedeutung von *links* unterschiedlich stark mitgeprägt. In den 1950er- und 1960er-Jahren wurde *links* von den Kommentator*innen* der *FAZ* noch deutlich stärker mit *Kommunismus* (1949–1958: Rang 3, 1959–1967: Rang 6) und *Sozialismus* (1949–1958: Rang 6, 1959–1967: Rang 3) assoziiert als mit *Liberalismus* (1949–1958: Rang 9, 1959–1967: Rang 8). Hingegen prägt seit den 1970er-Jahren *Liberalismus* zunehmend stärker die Bedeutung von *links*. Zwischen 1977 bis 1989 und zwischen 1990 und 2004 ist *Liberalismus* im Ranking von *links* auf den Plätzen zwei und drei klassiert und damit jeweils höher als *Sozialismus* (1977–1989: Rang 4, 1990–2004: Rang 3) und *Kommunismus* (1977–1989: Rang 11, 1990–2004: Rang 4) (siehe die Tabellen 6.7–6.9).

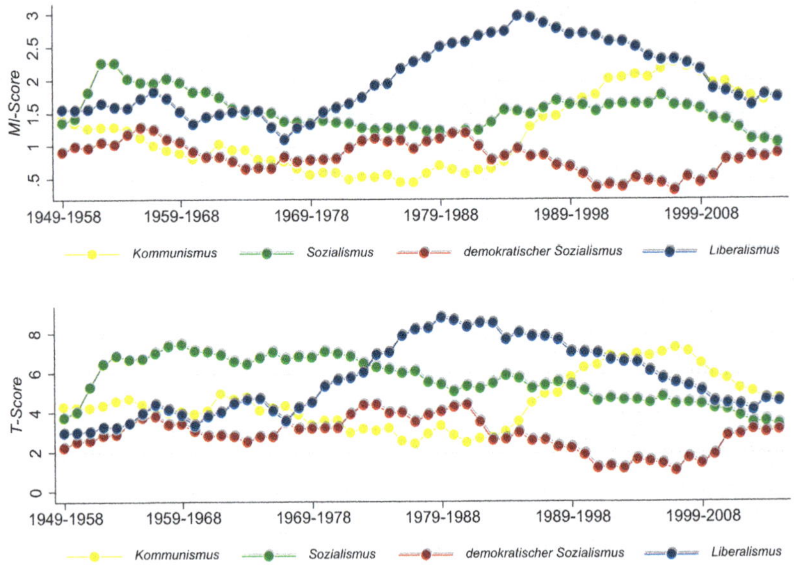

Anmerkungen: Es sind die Werte des *MI-Kriteriums* und des *T-Scores* der Assoziationen von *links* mit *Kommunismus*, *Sozialismus*, *demokratischem Sozialismus* und *Liberalismus* im Zeitverlauf dargestellt. Zur Berechnung der Scores wurden jeweils 10 Jahre zusammengefasst. Wobei sich das Zeitfenster für jeden Datenpunkt um ein Jahr nach vorne verschiebt. Im ersten Datenpunkt sind die Jahre 1949 bis 1958 aggregiert. Den Abschluss bilden die Jahre 2004 bis 2013.

Abbildung 6.8.: Die Kernideologien von *links* im Zeitverlauf

Der Blick auf die Kernideologien des Wortstammes *links* lässt sich mit der Betrachtung von Abbildung 6.8 auf Seite 222 noch weiter ausdifferenzieren. Darin ist jeweils abgetragen, wie sich das *MI-Kriterium* (oben) und der standardisierte *T-Score* (unten) der Kollokationen von *links* mit *Kommunismus*, *Sozialismus*, *demokratischer Sozialismus* und *Liberalismus* im Zeitverlauf entwickeln.[207] Entsprechend der Befunde aus dem Vergleich der Kollokationsranglisten zeigt sich, dass die Bedeutungsentwicklung des Wortstammes *links* zwischen 1949 und 2013 insbesondere durch die Bedeutungstypen *Sozialismus*, *Liberalismus* und *Kommunismus* geformt wird und der *demokratische Sozialismus* hingegen nur eine untergeordnete Rolle spielt. Dabei prägt jeweils eine der drei, durchweg mit dem Wortstamm *links* verbunden, Ideologien dessen Wortbedeutung in einer Betrachtungsphase besonders stark: Zu Beginn des Untersuchungszeitraums wird *Sozialismus* besonders eng mit *links* assoziiert. Die Dominanz des *Sozialismus* fällt dabei beim *T-Score* um einiges deutlicher aus als beim *MI-Kriterium.* Im mittleren Teil des Untersuchungszeitraumes schwächt sich die Verbindung von *links* und *Sozialismus* dann zunehmend ab. Stattdessen gewinnt der *Liberalismus* einen deutlich stärkeren Einfluss auf die Bedeutungsprägung von *links.* Beim *MI-Kriterium* setzt diese Phase etwas früher ein als beim *T-Score.* Unabhängig davon fällt die dominierende Phase des *Liberalismus* bei beiden Assoziationsmaßen insbesondere in die 1980er- und 1990er-Jahre und endet im jüngsten Viertel des Untersuchungszeitraumes. Seit den 1990er-Jahren wird *links* deutlich stärker als noch zuvor mit Kommunismus verbunden. Wobei sich gegen Ende der Analyseperiode die Assoziationseffekte der vier betrachteten Ideologien deutlich annähern.

Zusammenfassung: Stabilität und Entwicklung der Semantik von links

Abschließend soll nun noch betrachtet werden, welche weiteren Bedeutungstypen neben dem *Kommunismus*, dem *Sozialismus*, dem *Liberalismus* und dem *demokratischen Sozialismus* die Semantiken von *links* in einem besonderen Maße prägen. Auch hierzu ein Blick auf die Word Cloud in Abbildung 6.9. Zu den Bedeutungstypen, die in mindestens fünf von sechs Zeitperioden unter den Top 25 von *links* auftauchen, zählen neben den vier eben genannten *Ideologien* (*Kommunismus*, *Sozialismus*, *Liberalismus*, *demokratischer Sozialismus*) auch die soziale Gruppe der *Gebildeten* (5 Nennungen), die Partei *SPD* (5), der gesellschaftliche Akteur *Gewerkschaft* (5) sowie mit

207 Für weitere Informationen zur Berechnung der Assoziationsscores siehe Kapitel 6.3.1.

dogmatisch (6) und *radikal* (6) zwei Bedeutungstypen, die Sozialen Wandel beschreiben.[208] Die stabilen Bedeutungstypen unter Kollokatoren von *links* zeigen, dass die klassischen Semantiken von *links* bis heute den nachhaltigsten Einfluss auf die Bedeutungsprägung des Richtungsbegriffes nehmen. Dies gilt insbesondere mit Blick auf die mit *links* assoziierten *Ideologien*. Somit kann keinesfalls davon gesprochen werden, dass die klassischen ideologischen Inhalte von *links* zwischen 1949 und 2013 durch neue ersetzt worden sind. Zwar kommt es im Zeitverlauf immer wieder zu Ergänzungen der ideologischen Bedeutung von *links*, doch sind diese jeweils nur temporär. In den 1960er-Jahren wird *links* etwa verstärkt mit Anti-Militarismus verbunden und in den 1980-Jahren mit Ökologismus.

Mit Blick auf die allgemeine Entwicklung der Semantik von *links* kann des Weiteren konstatiert werden, dass es im Sprachgebrauch der *FAZ*-Kommentator*innen* zu einer partiellen Reformulierung der mit *links* verbundenen Inhalte gekommen ist. Dabei spiegeln sich in diesem Bedeutungswandel zentrale politische und gesellschaftliche Entwicklungsphasen innerhalb der bundesdeutschen Geschichte wider. Es stellt sich nun die Frage, ob die mit *rechts* verbundenen Kollokatoren zwischen 1949 und 2013 einer ähnlichen Veränderung unterliegen.

208 Dieses Ergebnis lässt sich auch als Validierung der Befunde auf Ebene des Gesamtaggregats (1949–2013) betrachten: So befinden sich die als stabil identifizierten Kollokatoren allesamt auch unter den 15 wichtigsten Kollokatoren des Rankings für den gesamten Analysezeitraum (siehe die Abbildungen 6.1 und 6.2 auf den Seiten 187 und 188 sowie Anhang D).

Anmerkungen: Abgebildet sind alle Bedeutungstypen, die zwischen 1949 und 2013 in mindestens eine Betrachtungszeitraum mit *links* assoziiert wurden. Die Größe der Schrift gibt an wie oft ein Bedeutungstyp unter den 25 Top-Kollokatoren zu finden ist. Bedeutungstypen, die in allen sechs Rankings vorkommen, sind besonders groß geschrieben. Bedeutungstypen, die nur in einer Rangliste erscheinen, sind besonders klein. Zudem vermittelt die Farbe der Schrift welcher Klasse die Bedeutungstypen zugeordnet sind. Die Word Cloud wurde über die Webseite `Wortwolken.com` (besucht am 16.03.2020) erstellt.

Abbildung 6.9.: Word Cloud der Kollokatoren von *links*

Tabelle 6.7.: Rankings der Kollokatoren von *links* für die Zeiträume 1949–1958 und 1959–1967

1949–1958 ($f1 = 731$)				1959–1967 ($f1 = 1121$)			
Rang	Bedeutungstyp	*O*	*f2*	*Rang*	Bedeutungsytp	*O*	*f2*
1	radikal	92	344	1	radikal	147	444
2	Labour	48	442	2	progressiv	107	391
3	Kommunismus	52	892	3	Sozialismus	93	604
4	Christlich	34	445	4	christlich	53	548
5	kein Kommunismus	13	39	5	Gebildete	29	178
6	Sozialismus	41	733	6	Kommunismus	68	965
7	Bevan	19	192	6	Demokratie	60	766
8	Medien	21	293	8	Liberalismus	32	273
9	Liberalismus	22	342	9	Christdemokratie	18	89
9	Nenni	9	44	9	Nenni	19	103
11	Moderat	13	119	11	Mitterrand	11	26
12	oppositionell	24	433	11	kein Patriotismus	8	13
13	Demokratie	36	999	13	demokratischer Sozialismus	41	502
14	Revolutionär	20	397	14	CDU	28	279
15	demokratischer Sozialismus	25	609	15	oppositionell	28	298
16	Hierarchie	13	263	16	SPD	33	404
17	Gebildet	7	81	17	dogmatisch	21	215
17	Mikardo	3	8	18	Medien	20	203
17	Shinwell	4	16	19	Bürgertum	13	95
20	Bürgertum	9	141	20	Gewerkschaft	30	433
21	kein Patriotismus	3	9	21	Fanfani	15	130
22	dogmatisch	12	253	21	kein Militarismus	6	14
22	Gewerkschaft	14	332	23	Gaullismus	14	116
24	Kapitalismus	4	32	24	Moro	11	74
25	Diktatur	7	137	25	Labour	19	228

Anmerkungen: Die Ranglisten basieren auf der Bildung eines mittleren Rangplatzes aus MI^2- und *T-Score*-Ranking.

Tabelle 6.8.: Rankings der Kollokatoren von *links* für die Zeiträume 1968–1976 und 1977–1989

1968–1976 ($f1 = 3000$)				1977–1989 ($f1 = 3456$)			
Rang	Bedeutungstyp	*O*	*f2*	*Rang*	Bedeutungsytp	*O*	*f2*
1	radikal	466	1131	1	radikal	439	1091
2	SPD	256	1891	2	Liberalismus	217	780
2	Sozialismus	196	1204	3	SPD	340	3474
4	Gebildete	90	509	4	Sozialismus	199	1539
5	Liberalismus	84	529	5	Gebildete	92	594
5	Kommunismus	173	1734	6	demokratischer Sozialismus	117	1048
7	bewaffnete Gruppen	52	258	6	Terror	85	572
8	demokratischer Sozialismus	91	845	8	FDP	205	2729
9	progressiv	87	831	9	Die Grünen	111	584
10	Terror	37	215	9	dogmatisch	75	1148
11	moderat	41	264	11	Kommunismus	148	1859
12	gewaltsam	63	600	12	revolutionär	65	540
13	Hierarchie	52	448	12	moderat	50	324
13	Protest	48	396	14	unangepasst	50	362
15	Labour	34	223	15	Gewerkschaft	102	1326
16	Peronismus	16	48	16	Medien	60	571
17	Christdemokratie	30	193	17	bewaffnete Gruppen	38	260
17	revolutionär	67	727	18	Protest	59	639
19	Dschumblat	12	28	18	Benn	19	77
20	FDP	109	1412	20	progressiv	67	813
21	dogmatisch	48	460	21	gewaltsam	77	1042
22	Anarchie	22	135	22	Foot	14	50
22	kein Kapitalismus	11	30	23	Bildungspolitik	27	221
24	christlich	46	455	24	grün	36	366
25	Maihofer	11	35	25	Ökologie	18	105

Anmerkungen: Die Ranglisten basieren auf der Bildung eines mittleren Rangplatzes aus MI^2- und *T-Score*-Ranking.

Tabelle 6.9.: Rankings der Kollokatoren von *links* für die Zeiträume 1990–2004 und 2005–2013

1990–2004 ($f1 = 2804$)				2005–2013 ($f1 = 3601$)			
Rang	Bedeutungstyp	*O*	*f2*	*Rang*	Bedeutungsytp	*O*	*f2*
1	radikal	244	1289	1	SPD	507	3295
2	Demokratie	225	1627	2	Die Grünen	277	1498
3	Liberalismus	139	543	3	radikal	173	775
4	Kommunismus	172	988	4	PDS	101	376
5	Sozialismus	111	794	5	Lafontaine	94	398
6	D'Alema	38	84	6	Kommunismus	79	377
7	Die Grünen	122	1414	7	Populismus	65	291
8	SPD	172	2667	8	Demokratie	120	1003
8	Regierung	327	6194	8	Liberalismus	70	355
8	oppositionell	65	584	10	politische Institutionen	150	1506
11	Gewerkschaft	55	433	11	oppositionell	75	511
12	Gebildete	41	246	12	Gewerkschaft	51	246
13	Ökologie	27	118	13	demokratischer Sozialismus	86	675
14	Prodi	28	147	14	Mélenchon	15	20
15	dogmatisch	56	634	15	Prodi	35	128
16	Terror	42	384	16	Sozialismus	72	577
17	Ölbaum	13	29	17	FDP	105	1102
17	Pluralismus	21	95	18	progressiv	88	882
19	Populismus	31	231	18	Bürgertum	52	366
20	christlich	49	574	20	Margherita	10	12
21	bewaffnete Gruppen	33	277	21	Hierarchie	41	41
22	Chevènement	12	27	22	Ypsilanti	36	281
23	Konservatismus	47	572	22	Gysi	25	139
24	Bürgertum	42	500	24	moderat	29	203
25	Jospin	192	12	25	dogmatisch	38	341

Anmerkungen: Die Ranglisten basieren auf der Bildung eines mittleren Rangplatzes aus MI^2- und *T-Score*-Ranking.

6.3.3. Die Semantik von rechts

Auch an dieser Stelle sei zunächst ein Blick auf die Bedeutungsklassen von *rechts* geworfen. In Abbildung 6.10 auf Seite 230 ist dargestellt, wie sich die Verteilung der 25 Top-Kollokatoren von *rechts* auf die Hauptkategorien über die Zeit hinweg darstellt. Für *rechts* können, wie für *links*, nachhaltige Veränderungen zwischen den Betrachtungsphasen ausgemacht werden. Besonders stark von diesen Veränderungen sind wiederum die Bedeutungsklassen *Ideologie* und *Formen, Merkmale und Mittel sozialen Wandels* betroffen: Während diese beiden Klassen in den Betrachtungsperioden von 1949 bis 1958 sowie 1959 bis 1967 etwa zwei Drittel der Top-Kollokatoren von *rechts* stellen, sinkt ihr Anteil im Zeitverlauf deutlich ab und beträgt in der Phase von 2005 bis 2013 gerade noch 32 Prozent. In der jüngeren Vergangenheit werden dabei insbesondere immer weniger Bedeutungstypen aus der Klasse *Ideologie* mit *rechts* assoziiert. Die Zahl der Ideologien unter den 25 wichtigsten Bedeutungstypen von *rechts* ist zwischen der ersten (1949–1958) und der letzten (2005–2013) Untersuchungsperiode von 40 auf 12 Prozent gesunken.

Rechts und die Charakterisierung politischer Akteure

Während Ideologien unter den Bedeutungstypen von *rechts* zunehmend an Bedeutung verlieren, steigt die Zahl der internationalen Parteien und Politiker*innen* in der Rangliste dagegen merklich an. Wobei deren Anteil zunächst von 24 Prozent in der ersten Analyseperiode (1949–1958) auf vier Prozent in der zweiten Analyseperiode (1959–1967) sinkt. Erst in den späten 1960er-Jahren nimmt der Anteil dieser Bedeutungsklasse wieder deutlich zu, steigt von 11,54 (1968–1976) über 32 (1977–1989) und 20 (1990–2004) bis auf 36 Prozent im Zeitraum von 2005 bis 2013. Damit stellen *internationale Parteien und Politiker*innen in der Periode 2005 bis 2013 die am stärksten besetzte Bedeutungsklasse dar – wie auch schon zwischen 1977 und 1989. Unter den mit *rechts* assoziierten Parteien und Politiker*innen* befinden sich sowohl Akteure der extremen – wie *Le Pen* und *Jobbik* – als auch der gemäßigten Rechten – wie *Berlusconi* und *Sarkozy* (siehe Tabelle 6.12 auf Seite 252).

Im Gegensatz dazu werden Parteien und Politiker*innen* aus Deutschland im Zeitverlauf immer seltener mit *rechts* assoziiert. Mit der Sammelkategorie *NPD/DVU/SRP* ist seit Ende der 1970er-Jahre (1977–1989, 1990–2004 und

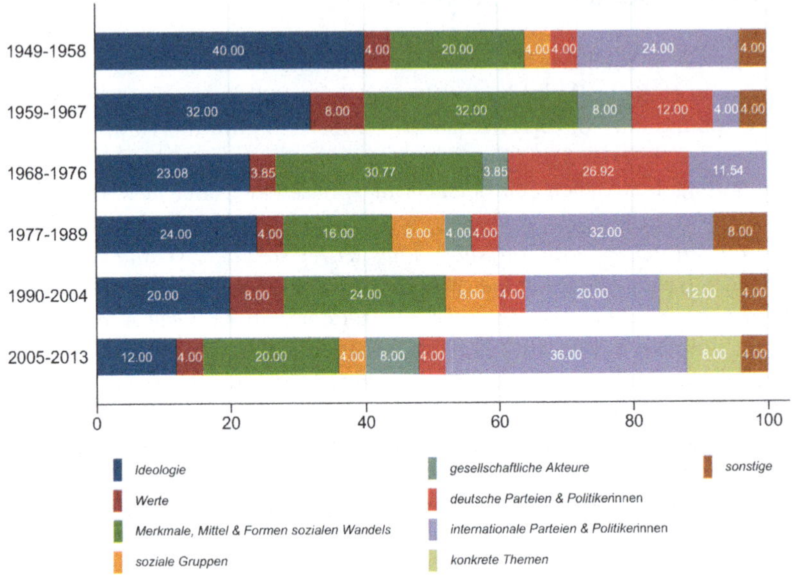

Anmerkungen: Angegeben ist der prozentuale Anteil der verschiedenen Bedeutungsklassen an den 25 Top-Kollokatoren eines Untersuchungszeitraumes. Eine Ausnahme bildet der Zeitraum von 1968 bis 1976. Aufgrund eines geteilten 25. Ranges sind für diese Periode 26 Kollokatoren in die Berechnung eingeflossen.

Abbildung 6.10.: Verteilung der Kollokatoren von *rechts* auf Bedeutungsklassen im Zeitverlauf

2005–2013) nur noch ein parteipolitischer Akteur aus Deutschland unter den 25 Top-Kollokatoren von *rechts* vertreten. Bis Mitte der 1970er-Jahre tauchen unter den Bedeutungstypen von *rechts* hingegen mehrere parlamentarische Akteure aus der Bundesrepublik auf, sowohl aus dem radikalen als auch aus dem gemäßigten Spektrum. Für den Zeitraum von 1959 bis 1967 werden neben *NPD/DVU/SRP* mit der *SPD* und der *GDP*[209] zwei weitere Parteien mit *rechts* assoziiert. Und in den Jahren 1968 bis 1976 liegt die Zahl der mit *rechts* assoziierten parlamentarischen Akteure aus Deutschland sogar bei

209 *GDP* ist die Abkürzung für *Gesamtdeutsche Partei*, die Anfang der 1960er-Jahre aus der Verschmelzung von *Gesamtdeutschen Block/Bund der Heimatvertriebenen und Entrechteten* (*GB/BHE*) mit der *Deutschen Partei* (*DP*) entstanden ist (Flechtheim 1965: 573–576; Jesse 2002: 69).

sieben. Darunter befinden sich vier Parteien *FDP*, *NPD/DVU/SRP*, *CSU*, *CDU* und drei Politiker: *Lambsdorff*, *Dregger*, *Matthiesen*. Insgesamt stellt die Klasse der *deutschen Parteien und Politiker*innen in diesem Zeitraum damit etwas mehr als ein Viertel aller Kollokatoren von *rechts*.

Diese Entwicklung deutet einerseits darauf hin, dass der Richtungsbegriff *rechts* für die Kommentator*innen* der *FAZ* als Kategorie zur Verortung und Charakterisierung politischer Akteure aus Deutschland in der jüngeren Vergangenheit zunehmend unattraktiver geworden ist. Andererseits mag sich darin aber auch die vergleichsweise stark ausgeprägte Polarisierung der bundesdeutschen Gesellschaft während des *roten Jahrzehnts* widerspiegeln. Ganz offensichtlich waren in der Zeit von *APO* und *„Willy wählen“*[210] die Positionen parlamentarischer Akteure eindeutig dem rechten oder dem linken politischen Spektrum zuzuordnen. Dies gilt sowohl für die Unterscheidung zwischen Parteien als auch für die Differenzierung von politischen Strömungen innerhalb einer Partei. Während die *SPD* dementsprechend nur im Ranking des Wortstammes *links* auftaucht, die beiden Unionsparteien *CDU/CSU* und die Sammlungskategorie der radikalen Rechtsparteien *NPD/DVU/SRP* nur unter den Kollokatoren von *rechts* gelistet sind, kommt die *FDP*, als eine klassische Scharnierpartei mit einem linken, sozial-liberalen und einem rechten, ordoliberalen Flügel in den Kollokationsrankings beider Richtungsbegriffe vor. Darüber hinaus taucht mit *Maihofer* (*links*) und *Lambsdorff* (*rechts*) jeweils ein prominenter Vertreter der beiden FDP-Flügel im Ranking von *links* und im Ranking von *rechts* auf (siehe die Tabellen 6.7–6.9 auf den Seiten 226–228 und die Tabellen 6.10–6.12 auf den Seiten 250–252).[211]

Die weiteren Bedeutungsklassen neben *Ideologie*, *Formen, Merkmale und Mittel sozialen Wandels* sowie *nationale* und *internationale Parteien und Politiker*innen kommen hingegen nur selten unter den Top-Kollokatoren von *rechts* vor und spielen bei der semantischen Prägung des Richtungsbegriffes nur eine untergeordnete Rolle. Ihre Anteile unter den Top-Kollokatoren haben sich nicht nachhaltig verändert. Einzig erwähnenswert ist, dass *rechts* seit Beginn der 1990er-Jahre verstärkt mit Bedeutungstypen aus der Klasse der *konkreten Themen* assoziiert wird. Während bis Ende der 1980er-Jahre kein *Sachthema* unter den Top-Kollokatoren von *rechts* auftaucht,

210 „Willy wählen“ war ein populärer Slogan im Vorfeld der Bundestagswahl 1972, mit dem die Anhänger*innen* der *SPD* mit Aufklebern, Buttons und Plakaten um die Fortsetzung der Kanzlerschaft Willy Brandts warben (siehe u. a. Perger 2013).

211 Zur politischen Einordnung von Werner Maihofer sowie Otto Graf Lambsdorff und zur Flügelarithmetik zwischen Links- und Wirtschaftsliberalen in der *FDP* siehe etwa Lösche und Walter (1996: 66–115).

finden sich zwischen 1990 und 2004 drei und zwischen 2005 und 2013 zwei Bedeutungstypen dieser Klasse in den Top-25. Bevor hierauf ausführlicher Bezug genommen wird, richtet sich das Augenmerk nun zunächst auf die Frage, wie sich die Bedeutungsinhalte von *rechts* im Einzelnen verändert haben und ob diese Wandlungsprozesse insbesondere durch die gesellschaftlichen Veränderungen in der *Post-Wirtschaftswunder-Ära* dynamisiert wurden. Zunächst wird nun betrachtet, welche Ideologien und sozialen Gruppen in den *FAZ*-Kommentaren dauerhaft mit *rechts* assoziiert werden.

Die Kernideologien von rechts

Im Einklang mit den Befunden aus Kapitel 6.2 lassen sich drei besonders nachhaltig mit *rechts* verbundene Ideologien ausmachen: *Konservatismus*, *übersteigerter Nationalismus* und *Liberalismus*. Dabei tauchen der *Konservatismus* und der *übersteigerte Nationalismus* in allen sechs Betrachtungsperioden unter den Top-Kollokatoren von *rechts* auf, während der *Liberalismus* hingegen zwischen 1990 und 2004 nicht zu den am engsten mit *rechts* assoziierten Bedeutungstypen gehört (siehe Abbildung 6.14 auf Seite 248).

Aus diesem Befund lässt sich zwar noch nicht schließen, dass der Wortstamm *rechts* einseitig zur Beschreibung nationalistischer Positionen herangezogen wird, doch zeigt sich bei einem Blick auf die Kollokatorenranglisten von *rechts* (siehe die Tabellen 6.10–6.12 auf den Seiten 250–252), dass dem Bedeutungstyp *übersteigerter Nationalismus* im Zeitverlauf eine immer zentralere Rolle bei der Bedeutungsprägung des Richtungsbegriffes zukommt. Dementsprechend verdrängt der *übersteigerte Nationalismus* den *Konservatismus* in der zweiten Hälfte der Betrachtungsperiode als am engsten mit *rechts* verbundene *Ideologie*. Während der *Konservatismus* in den Jahren 1949 bis 1957 und 1968 bis 1976 jeweils den zweiten Platz des Rankings einnimmt und damit die höchst gelistete *Ideologie* unter den Kollokatoren von *rechts* ist, kommt diese Position in allen drei Rankings zwischen 1977 und 2013 dem *übersteigerten Nationalismus* zu. In den Zeiträumen von 1977 bis 1989 sowie 1990 bis 2004 belegt dieser den zweiten Rang und zwischen 2005 und 2013 nimmt er, hinter den Bedeutungstypen *radikal* und *Populismus* den dritten Platz in der Rangliste ein.

Die im Zeitverlauf deutlich enger werdende Bindung zwischen *übersteigertem Nationalismus* und *rechts* zeigt sich auch bei einer Betrachtung absoluter Effektgrößen. In Abbildung 6.11 auf Seite 233 sind die absoluten Werte

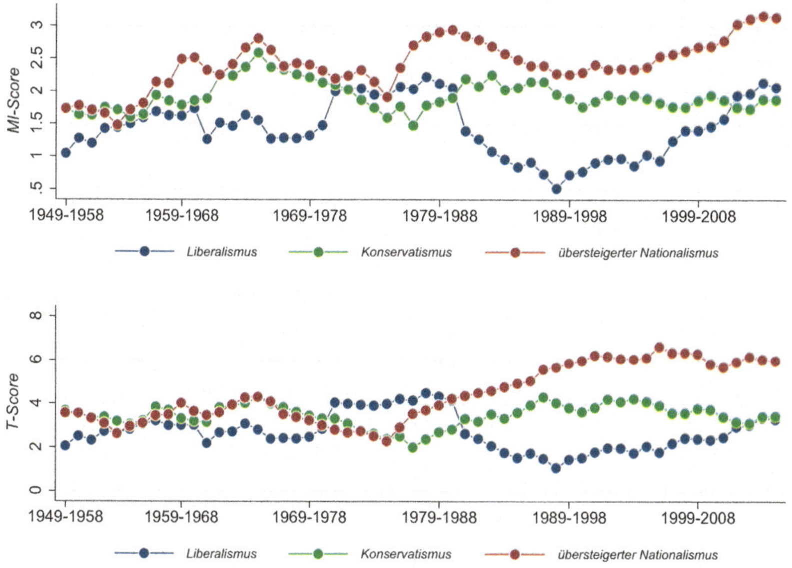

Anmerkungen: Es sind die Werte des *MI-Kriteriums* und des *T-Scores* der Assoziationen von *rechts* mit *Konservatismus*, *Liberalismus* und *übersteigertem Nationalismus* im Zeitverlauf dargestellt. Zur Berechnung der Scores wurden jeweils 10-Jahres-Aggregate gebildet. Wobei sich das Zeitfenster für jeden Datenpunkt um ein Jahr nach vorne verschiebt. Der erste Datenpunkt umfasst die Jahre 1949 bis 1958. Den Abschluss bilden die Jahre 2004 bis 2013.

Abbildung 6.11.: Die Kernideologien von *rechts* im Zeitverlauf

des *MI-Kriteriums* und des *T-Scores* für die drei rechten Kernideologien – *übersteigerter Nationalismus*, *Konservatismus* und *Liberalismus* – abgetragen. Die Basis der berechneten Assoziationswerte bilden jeweils rollierende 10-Jahres-Aggregate, deren Berechnung schon in Kapitel 6.3.1 beschrieben wurde.

In Einklang mit den Ergebnissen des Ranglistenvergleichs lässt sich erkennen, dass der *übersteigerte Nationalismus* (rote Linie) seit Mitte der 1970er-Jahre deutlich stärker als der *Konservatismus* (grüne Linie) und der *Liberalismus* (blaue Linie) mit *rechts* verbunden wird. Dieser Befund gilt weitgehend unabhängig von dem zugrunde liegenden Assoziationsscore. Beim *MI-Score* setzt die dominante Phase des *übersteigerten Nationalismus* allerdings etwas früher ein als beim *T-Score* und verläuft zudem etwas weniger stetig.

Im Vergleich zu den Assoziationsscores des *übersteigerten Nationalismus* entwickelt sich die Assoziation zwischen *Konservatismus* und *rechts* über die Zeit hinweg deutlich gleichmäßiger. Ferner ist zu erkennen, dass *rechts* in weiten Teilen des Untersuchungszeitraumes stärker mit *Konservatismus* als mit *Liberalismus* verbunden wird. Dies gilt insbesondere für die 1980er- und 1990er-Jahre, in denen sowohl die Werte des *MI-Kriteriums* als auch die des *T-Scores* von *Konservatismus* und *rechts* über denen von *Liberalismus* und *rechts* liegen. Diese Entwicklung ist weniger auf die Stärke des *Konservatismus* zurückzuführen, als vielmehr einer Schwäche des *Liberalismus* geschuldet, der von Mitte der 1980er- bis Ende der 1990er-Jahre kaum noch mit *rechts* assoziiert wird. Erst gegen Ende des Untersuchungszeitraumes erreicht die Bindung zwischen *Liberalismus* und *rechts* (wieder) ein ähnlich hohes Niveau wie die zwischen *Konservatismus* und *rechts*. Diesem Ergebnis entspricht der schon dargelegte Befund, dass der Bedeutungstyp *Liberalismus* zwischen 1990 und 2004 völlig aus dem Ranking der Kollokatoren von *rechts* verschwunden ist.

An diesem Punkt ist es aufschlussreich, die Assoziationsscores von *rechts* und *Liberalismus* mit denen von *links* und *Liberalismus* zu vergleichen. Aus Abbildung 6.12 auf Seite 235 ist diesbezüglich zu erkennen, dass die *FAZ*-Kommentator*innen* den Bedeutungstyp *Liberalismus* bis in die 1970er-Jahre hinein mit *links* und *rechts* ähnlich stark assoziieren. Insbesondere die Scores des *MI-Kriteriums* von *rechts* und *Liberalismus* unterscheiden sich kaum von denen von *links* und *Liberalismus*.

In weiten Teilen der zweiten Betrachtungshälfte stellt sich hingegen ein grundlegend anderes Bild dar. Während der 1980er- und 1990er-Jahre wird *Liberalismus* deutlich stärker mit *links* als mit *rechts* verknüpft. Überspitzt formuliert, scheint sich die liberale Ideologie in dieser Zeit zu einer von linken Vorstellungen über Politik und Gesellschaft dominierten Weltanschauung entwickelt zu haben. Die nachhaltigste Phase *linksliberaler* Dominanz fällt dabei in die Zeit der Kanzlerschaft Helmut Kohls und damit unter anderem in die Zeit des konservativen Projektes der *geistig-moralischen Wende*. Erst während der jüngsten Analysedekaden hat sich die starke Linksbindung des *Liberalismus* dann wieder deutlicher gelöst, so dass der *MI-Score* zwischen *rechts* und *Liberalismus* den zwischen *links* und *Liberalismus* sogar übertrifft und sich die *T-Scores* der beiden Assoziationen deutlich annähern.

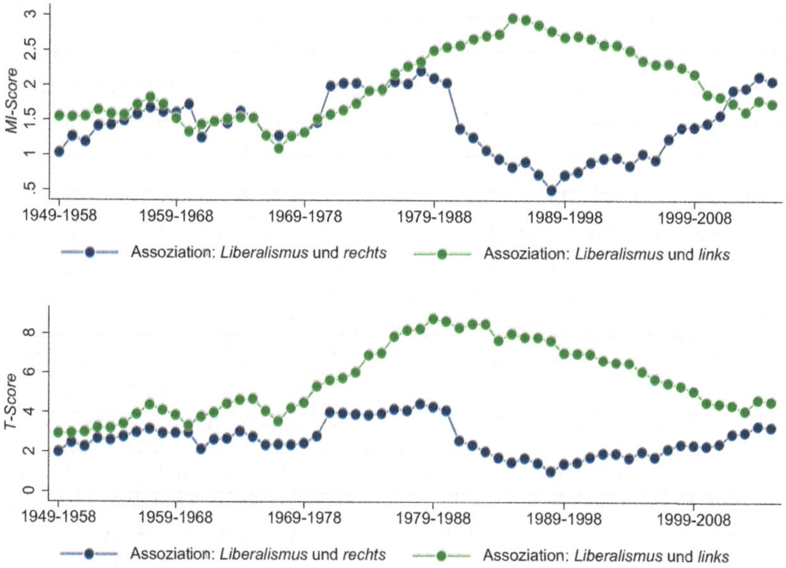

Anmerkungen: Es sind die Werte des *MI-Kriteriums* und des *T-Scores* der Assoziationen zwischen *Liberalismus* und *links* sowie *Liberalismus* und *rechts* dargestellt. Zur Berechnung der Scores wurden jeweils 10-Jahres-Aggregate gebildet. Wobei sich das Zeitfenster für jeden Datenpunkt um ein Jahr nach vorne verschiebt. Der erste Datenpunkt umfasst die Jahre 1949 bis 1958. Den Abschluss bilden die Jahre 2004 bis 2013.

Abbildung 6.12.: Die Entwicklung der Assoziationen zwischen *Liberalismus* und *links* sowie *Liberalismus* und *rechts* im Zeitverlauf

Die gesellschaftliche Stigmatisierung von rechts

Neben der im Zeitverlauf enger werdenden Assoziation zwischen *rechts* und *übersteigertem Nationalismus* deuten noch weitere Rangplatzverschiebungen innerhalb des Kollokationsrankings (siehe die Tabellen 6.10–6.12 auf den Seiten 250–252) von *rechts* auf eine voranschreitende Fixierung des Richtungsbegriffes auf ethnozentrische Weltanschauungen hin. Diese Fixierung ist im Zeitraum von 1990 bis 2004 besonders stark ausgeprägt. In dieser Phase tauchen mit den Bedeutungstypen *Ausländerfeindlichkeit* (Rang 13), *Rassismus* (Rang 16) und *Faschismus* (Rang 18) weitere rechtsextreme Ideologieelemente unter den wichtigsten Kollokatoren von *rechts* auf. Zwar finden sich mit den Bedeutungstypen *Faschismus* (1949–1958: Rang 21, 1968–1976: Rang 21), *Rassismus* (1959–1967: Rang 24) sowie *Nationalsozialismus* (1949–1958: Rang 23 und 1959–1967: Rang 25) auch schon zu Beginn des Analysezeitraumes neben dem Bedeutungstyp *übersteigerter Nationalismus* Elemente extrem rechter Ideologien im Ranking der Kollokatoren, doch sind diese jeweils nur auf hinteren Rangplätzen klassiert.

Begleitet wird der Wandel des ideologischen Kerns von *rechts* von einer zunehmend engeren Verknüpfung der Richtungsvokabel mit *negativ* konnotierten Bedeutungstypen aus der Klasse *Formen, Merkmale und Mittel sozialen Wandels*. Während zwischen 2005 und 2013 mit *radikal* (Rang 1), *Terror* (Rang 4) und *gewaltsam* (Rang 6) gleich drei eindeutig negativ konnotierte Bedeutungstypen dieser Klasse sich unter den Top-Ten des *Rechts*-Rankings befinden, zählt zwischen 1949 und 1958 von den drei angesprochenen Bedeutungstypen nur *radikal* zu den Kollokatoren von *rechts*.

Im Gegensatz zum Bedeutungstypen *radikal*, der über den gesamten Zeitraum auf Rang eins der Tabelle platziert ist, gehört *gewaltsam* erst seit Ende der 1960er-Jahre zu den Top-Kollokatoren von *rechts*. Auch *Terror* ist lange Zeit überhaupt nicht (1949–1958 und 1990–2004) oder nur im unteren Teil des Rankings (1959–1967: Rang 17 und 1968–1976 Rang: 18) platziert. Eine wirklich enge Verknüpfung zwischen *rechts* und *Terror* in den untersuchten Kommentaren ist nur zwischen 1977 und 1989 zu beobachten. Das Aufkommen dieser Assoziation dürfte ganz wesentlich mit dem Anschlag eines Rechtsextremisten auf das Münchner Oktoberfest im Jahr 1980 zusammenhängen, durch den die Gefahr rechten Terrors der breiten Öffentlichkeit in der Bundesrepublik erstmals (wieder) deutlich vor Augen geführt wurde (Salzborn 2014: 49–50).

Auch die Entwicklung der absoluten Effektstärken des *MI-Kriteriums* weisen deutlich darauf hin, dass die Bedeutungstypen *radikal*, *gewaltsam* und *Terror* im Zeitverlauf immer stärker mit *rechts* assoziiert werden. Wie aus Abbildung 6.13a auf Seite 238 zu erkennen ist, nimmt der *MI-Score* der Kollokation von *rechts* mit *radikal* seit den 1970er-Jahren (genauer: 1970–1979) bis zum jüngsten Datenpunkt (2004 bis 2013) kontinuierlich zu und steigt von etwa dreieinhalb auf fünf Punkte, was einem Wachstum um etwa 40 Prozent entspricht.[212]

212 Die Berechnung der *MI-Scores* erfolgte wiederum auf Basis rollierender 10-Jahres-Aggregate, wie auch schon bei der Betrachtung der Kollokationen von *rechts* mit den Bedeutungstypen *Konservatismus*, *Liberalismus* und *übersteigerter Nationalismus*.

Ein ähnlicher Prozess ist mit Blick auf die Kollokation von *rechts* mit *gewaltsam* auszumachen, wenngleich auf einem erkennbar niedrigerem Niveau des *MI-Scores*. Entsprechend der Befunde aus dem Kollokatoren-Ranking wird der Bedeutungstyp *gewaltsam* zu Beginn des Betrachtungszeitraumes nicht mit *rechts* assoziiert.[213] Erst im Laufe der Zeit entwickelt sich der Bedeutungstyp dann zu einem ernstzunehmen Kollokator von *rechts*, wobei die positive Entwicklung des *MI-Scores* in Etappen erfolgt. Nachdem der Wert des *MI-Kriteriums* zwischen *rechts* und *gewaltsam* in den 1970er-Jahre erstmals auf einen absoluten Wert von über zwei steigt, sinkt er danach leicht ab, um schließlich seit der Periode von 1983–1992 nachhaltig – wenn auch mit leichten Schwankungen – auf einen Score von über zwei Punkten zu klettern.

Im Gegensatz zu den beiden zuvor betrachteten Kollokationen entwickelt sich der *MI-Score* von *rechts* mit dem Bedeutungstypen *Terror* ungleichmäßiger und pendelt bis Ende der 1980er-Jahre zwischen einem Maximum von etwa 2,5 (1959–1968) und einem Minimum von knapp über 0 (1964–1973). In der Folge sinkt der Wert bis in die späten 00er-Jahre deutlich und erreicht dann ab der Periode von 2002–2011 absolute Maximalwerte. Es ist anzunehmen, dass diese plötzlich stärker werdende Assoziation zwischen *rechts* und *Terror* unmittelbar durch die Enttarnung der neonazistischen Terrorzelle *NSU* im November 2011 bedingt ist, die Terror von rechtsextremistischen Täter*innen* zu einer realen Gefahr werden ließ.

Dabei entwickelt sich gegen Ende des Betrachtungszeitraumes nicht nur eine stärkere, sondern auch eine zunehmend einseitige Bindung der drei Bedeutungstypen an *rechts*. Die Kollokation zwischen *rechts* und *radikal* weist für den Zeitraum von 2004 bis 2013 einen um etwa drei Punkte höheren *MI-Score* auf als die zwischen *links* und *radikal*. Gleiches gilt für *Terror*. Auch der *MI-Score* von *Terror* und *rechts* liegt während diesem Zeitraum um rund drei Punkte höher als der zwischen *Terror* und *links*. Dabei nimmt insbesondere die Assoziationsstärke zwischen *links* und *radikal* sowie *links* und *Terror* seit den 1980er-Jahren kontinuierlich ab. Und schließlich wird auch *gewaltsam* zwischen 2004 und 2013 deutlich stärker mit *rechts* als mit *links* assoziiert. Die Differenz liegt in diesem Fall bei etwa zwei Punkten.

Diese Aussagen beziehen sich nur auf die Stärken der Kollokationen nach dem *MI-Kriterium*. Wird neben der *Mutual Information* mit dem *T-Score* noch

213 Der *MI-Score* für die ersten Zeiträume liegt sogar im negativen Bereich, was einer Dissoziation gleichkommt oder anders formuliert: *rechts* und *gewaltsam* kommen seltener gemeinsam vor als dies statistisch zu erwarten ist.

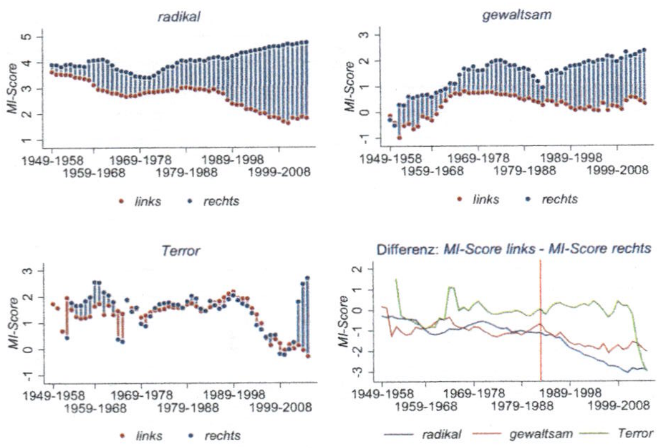

(a) *MI-Score*

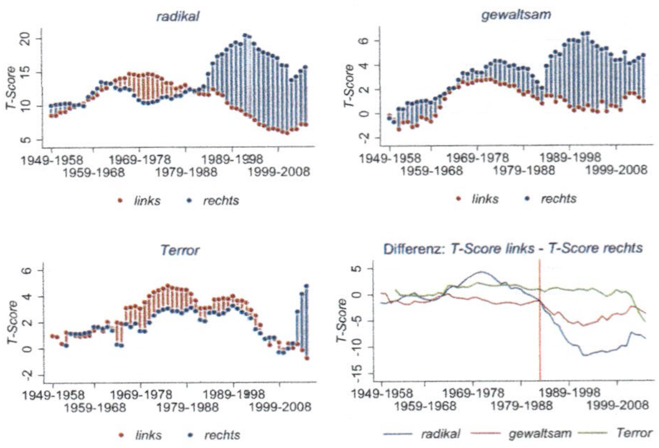

(b) *T-Score*

Anmerkungen: Es sind die Werte des *MI-Score* und des *T-Scores* der Assoziationen von *links* und von *rechts* mit den Bedeutungstypen *radikal*, *gewaltsam* und *Terror* im Zeitverlauf dargestellt. Zur Berechnung der Scores wurden jeweils 10-Jahres-Aggregate gebildet. Wobei sich das Zeitfenster für jeden Datenpunkt um ein Jahr nach vorne verschiebt. Der erste Datenpunkt umfasst die Jahre 1949 bis 1958. Den Abschluss bilden die Jahre 2004 bis 2013.

Abbildung 6.13.: Kollokationen von *links* und *rechts* mit den Bedeutungstypen *radikal*, *gewaltsam* und *Terror* im Vergleich ein alternatives Assoziationsmaß zur Beurteilung herangezogen, lässt sich das gezeichnete Bild noch etwas weiter differenzieren: Aus Abbildung 6.13b auf Seite 238 ist zu erkennen, dass die Kollokation von *rechts* mit *radikal* in den 1970er-Jahren einen niedrigeren *T-Score* aufweist, als die zwischen *links* und *radikal*. Gleiches gilt für den Bedeutungstypen *Terror*, wenn auch über einen deutlich längeren Zeitraum. *Terror* weist zwischen den Aggregat 1965–1974 und 1995–2004 einen durchweg höheren *T-Score* mit *links* auf als mit *rechts*. Dies entspricht insofern den Erwartungen, als dass die angeführte Zeitspanne in großen Teilen mit der Kampfzeit des links-revolutionären Terrors in Deutschland zusammenfällt.

Während die Ergebnisse des *T-Scores* der Assoziationen zwischen *radikal* und *Terror* mit *links* und *rechts* nur bedingt denen des *MI-Scores* entsprechen, entwickelt sich der *T-Score* von *gewaltsam* mit *links* wie *rechts* entsprechend dem des *MI-Kriteriums*. *Gewaltsam* weist über den gesamten Betrachtungszeitraum einen hören *T-Score* mit *rechts* auf als mit *links*. Trotz dieser partiellen Unterschiede zeigt sich, das der *T-Score* der Kollokationen von *links* mit *radikal*, *gewaltsam* und *Terror* gegen Ende des gesamten Analysezeitraumes jeweils niedriger ausfällt als jener von *rechts* mit ebendiesen drei Bedeutungstypen. Für *radikal* und *gewaltsam* gilt dies seit Mitte der 1980er-Jahre und für *Terror* seit der Enttarnung des *NSU* (genauer: 2002–2011). Diese Ergebnisse spiegeln die zunehmende Stigmatisierung des Richtungsbegriffes *rechts* in den Kommentaren der *FAZ* wider und lassen sich gleichzeitig mit den Entwicklungen auf der Individualebene in Verbindung bringen, wie sie in Kapitel 6.2.1 dargestellt wurden.

Gründe für die Stigmatisierung von rechts

Es stellt sich nun die Frage, welche Ereignisse und Prozesse des *sozialen Wandels* zu dieser Stigmatisierung des Richtungsbegriffes *rechts* beigetragen haben? Vorrangig drei gesellschaftspolitische Entwicklungen in Deutschland dürften für die Verengung des Bedeutungsinhaltes von *rechts* verantwortlich gewesen sein (siehe auch Kapitel 3.2.2):

Erstens das Entstehen einer rechtsradikalen und gewaltaffinen Jugendkultur: Schon seit den 1970er-Jahren entwickelte sich in der Bundesrepublik eine gewalttätige, rechtsextremistische Skinhead-Szene, die sich nach der deutschen Wiedervereinigung, vor allem in den östlichen Bundesländern, zu einer ideologisch gefestigten Jugendkultur – mit eigenem Kleidungsstil und eigener Musikszene – formte (Jaschke 2001: 11, 75–84; Langebach und Raabe

2011; Nullmeier 2006: 318 und 328; Scherr 1996: 97). Bis heute macht die popularisierte rechtsextremistische Skinhead-Kultur einen wichtigen Teil der „Erlebniswelt Rechtsextremismus" (Schedler 2011: 24) aus. Dabei schaffen es die musikalischen Vertreter des Rechtsrock vermehrt auch über den Rand der eigenen Szene hinweg Bekanntheit zu erlangen (Langebach und Raabe 2011: 41–46). Allerdings darf die rechtsradikale Jugendszene nicht ausschließlich auf die Skinhead-Bewegung reduziert werden. Vielmehr öffnete sie sich gegen Ende der 1990er-Jahre und in den frühen 00er-Jahren für alternative musikalische und modische Einflüsse. Die Gruppe der *autonomen Nationalisten* verbinden etwa rechtsextremistisches Gedankengut mit Kleidungsstil und Agitationsformen, die von der linksautonomen Bewegung inspiriert sind (ebenda: 46–53 und Peters 2011). Und schließlich formiert sich in der jüngeren Vergangenheit mit der *Identitären Bewegung* eine neue Spielart des Rechtsextremismus, deren Protagonist*innen* die Protestformen der *neuen Linken* adaptieren (Weiß 2013; Niedersächsisches Ministerium für Inneres und Sport, Abteilung Verfassungsschutz, Presse- und Öffentlichkeitsarbeit 2016).

Zweitens kam es in den frühen 1990er-Jahre in der Bundesrepublik zu einer bis dato nicht gekannten Welle rechtsextremistischer Gewalttaten. Dabei richteten sich die Übergriffe der Neonazis in erster Linie gegen Asylsuchenende und Migrant*innen*, wie in Solingen, Mölln, Rostock und Hoyerswerda (siehe etwa Backes, Mletzko und Stoye 2010: 10–12; Brosius und Esser 1996: 204–205; Jaschke 2001: 75–84; Nullmeier 2006: 328). Allerdings ist die Ausbreitung politisch motivierter Gewalt von rechts kein ausschließlich vereinigungsbedingtes Phänomen, sondern hat ihre Wurzeln schon in den beiden deutschen Teilstaaten. Nach Greß und Jaschke (1982: 70) stieg im westlichen Teil Deutschlands die Gewaltbereitschaft rechter Extremisten schon seit den späten 1970er-Jahren deutlich an. Den unmittelbaren Ausdruck dieser Entwicklung stellen die rechtsterroristische Attacke auf das Münchner Oktoberfest im Herbst 1980[214], die Gründung von Wehrsportgruppen in den 1970er-Jahren sowie Morde, Sprengstoff- und Brandanschläge auf Flüchtlingseinrichtungen und Stätten der Erinnerung an die Opfer des Terrors der Nationalsozialisten dar (Salzborn 2014: 49–50; Stöss 1989: 159–173, insbesondere 165–166). Und in der laut Staatsdoktrin antifaschistischen DDR entstand seit Ende der 1970er-Jahre eine rechtsextreme Skinhead-Szene, der eine Reihe gewalttätiger Übergriffe zuzuschreiben sind. Im Herbst 1987 überfiel etwa eine Gruppe Jugendlicher das Konzert einer Punk-Band in der

214 Nach Stöss (1989: 155) wurden im gesamten Jahr 1980 insgesamt 17 Personen durch rechtsextremistisch motivierte Gewalttaten getötet.

Berliner Zionskirche, verprügelte die Anwesenden und riefen neonazistische Parolen (Langebach und Raabe 2011: 39–40).

Drittens konnte sich seit Ende der 1980er-Jahre (wieder) eine parteipolitisch (zumindest partiell) erfolgreiche radikale Rechte in Deutschland ausbreiten. In Gestalt der *Republikaner* schaffte es 1989 erstmals seit den 1960er-Jahren wieder eine Parteien rechts von *CDU* und *CSU*, Erfolge bei Landtags- und Europawahlen zu feiern (Jaschke 2001: 10–11; Klein und Falter 1996: 289; Minkenberg 1992: 55–56; Stöss 2013: 586–590).[215] Seitdem haben radikale Rechtsparteien immer wieder Landtagswahlerfolge feiern können. In den 1990er-Jahren waren dies die *REP* und die *DVU* und im neuen Jahrtausend konnte vornehmlich die *NPD* in Landesparlamente einziehen, wie etwa in Sachsen und Mecklenburg-Vorpommern (Stöss 2013: 590–601). Die Erfolge der *NPD* gingen dabei auch mit einer inhaltlichen Erneuerung der Partei einher. Die geschichtsrevisionistische und ausländerfeindliche Politik wurde vermehrt durch sozial-, kapitalismus- und auch globalisierungskritische Themen ergänzt, die der *NPD* den Anschein einer „Kümmerer-Partei" (siehe etwa Brandstetter 2012: 15) geben sollten und zur nationalrevolutionären Radikalisierung der Partei beitrugen (Schedler 2011: 25; Stöss 2013: 597–598). Darüber hinaus waren die Strateg*innen* der *NPD* seit den 1990er-Jahren bestrebt, eine nachhaltige Einigung innerhalb des rechtsextremistischen Lagers zu erreichen. Dazu ging die Partei u. a. Bündnisse mit den außerparlamentarisch agierenden Freien Kameradschaften ein und öffnete sich für deren Mitglieder*innen* (Kraske und Werner 2007: 178–205, insbesondere 182–185; Schedler 2011: 25–26; Stöss 2013: 597–600). An dieser Stelle sei zudem noch einmal auf das Kapitel 5 verwiesen, in dem gezeigt werden konnte, dass die Verwendung des Wortstammes *rechts* in den Kommentaren der *FAZ* durch Wahlerfolge der extremen Rechten katalysiert wird.

215 Seit dem knappen Scheitern der *NPD* bei den Wahlen zum Bundestag 1969 kam es zu einer Zersplitterung des parteipolitisch organisierten Rechtsextremismus, der seit Mitte der 1960er-Jahre in Form der *NPD* erstmals nach dem Verbot der *Sozialistischen Reichspartei* (1952) wieder Landtagswahlerfolge feiern konnte. Doch sollte der politische Aufstieg der *Nationaldemokraten* nicht lange währen. Nachdem die Partei bei den Wahlen zum Bundestag 1969 den Einzug ins Parlament mit einem Stimmenanteil von 4,3 Prozent knapp verpasste, folgte zu Beginn der 1970er-Jahre ein schneller Absturz in die Bedeutungslosigkeit. Das Scheitern der *NPD* war dabei auch Ausdruck der voranschreitenden Spaltung des rechten Lagers (Schönkäs 1990: 225–226). Seit Mitte der 1960er-Jahre bildete sich schon eine neu-rechte Bewegung in Deutschland, Schönkäs (1990: 292) spricht in diesem Zusammenhang von einer „Revolte gegen die Väter", die sich Anfang der 1970er-Jahre endgültig von der *alten Rechten* und deren „nationalistischen Extremismus" (Nullmeier 2006: 328) abzuspalten suchte.

Die Semantik von rechts und die populistische Rechte

Neben den bislang diskutierten gesellschaftspolitischen Veränderungsprozessen innerhalb Deutschlands wird das Ranking der Kollokatoren von *rechts* darüber hinaus durch einen über die Grenze Deutschlands hinweg in vielen europäischen Demokratien zu beobachtenden Wandlungsprozess determiniert: die strategische Neuausrichtung der Parteien des rechten Spektrums. Ganz unmittelbar drückt sich diese Entwicklung darin aus, dass der Bedeutungstyp *Populismus* in den Jahren 1990 bis 2004 an dritter und im Zeitraum von 2005 bis 2013 sogar an zweiter Stelle des Kollokatoren-Rankings von *rechts* platziert ist, ohne vorher überhaupt unter den Top-Kollokatoren des Richtungsbegriffes aufgetaucht zu sein.

Schon seit den 1980er-Jahren ist zu beobachten, dass die radikale Rechte in weiten Teilen Europas zunehmend auf die Strategie eines volksnahen Populismus zurückgreift und sich als Beschützer des *kleinen Mannes* gegen die gesellschaftlichen Eliten und insbesondere das politische Establishment in Stellung bringt (Betz 1993: 413–414; Mouffe 2007: 87–91). Die Strategie von Parteien wie dem *Front National* in Frankreich, der *FPÖ* in Österreich, dem *Vlaams Belang* in Belgien oder den deutschen *Republikanern* und seit jüngerem auch der *AfD*, zielt nach Chantal Mouffe (2007: 87–91) darauf ab, sich als Alternativen zu den traditionellen Parteien darzustellen. Sie inszenieren sich dabei häufig als die *wahre Stimme des Volkes*, die den Willen der kleinen Frau und des kleinen Mannes kenne und als Einzige in der Lage sind, diesen Volkswillen angemessen innerhalb des politischen Diskurses zu vertreten (ebenda; siehe auch Mudde 1996; Norris 2005; Poguntke und Scarrow 1996; Swyngedouw und Ivaldi 2001: 12–14; zu den historischen Wurzeln des „right-wing anti-partyism“: Ignazi 1996).[216]

216 Am Beispiel des Aufstiegs der *FPÖ* in Österreich beschreibt Mouffe (2007: 89) dies so: „Haiders diskursive Strategie bestand darin, eine Grenze zwischen einem „Wir“ zu ziehen, zu dem alle guten Österreicher gehörten – hart arbeitende Menschen und Verteidiger nationaler Werte –, und einem „Sie“, das sich aus den an der Macht befindlichen Parteien, den Gewerkschaften, Bürokraten, Ausländern, Linksintellektuellen und Künstlern zusammensetzte, die alle als Hindernis für eine wirklich demokratische Diskussion dargestellt wurden“ (ebenda, Hervorhebungen im Original). Ähnlich argumentiert auch Cas Mudde, (1996) der schreibt: „The distiction between the other parties and the extreme-right parties is simple: the other parties are anti-own people, party centrist, corrupt and anti-democratic relics of the past; whereas the extrem-right parties are pro-people, honest, truly democratic and the only real alternative for the future“ (ebenda: 272).

Nicht selten stellen solche *Anti-Parteien-Parteien* politische Neugründungen dar, die ihre Programmatik an einem sehr spezifischen, aber gleichzeitig auch populären Thema ausrichten, das nur unzureichend von den etablierten Parteien besetzt, jedoch von einem größeren Bevölkerungsteil als wichtig erachtet wird. Klassische Issues stellen die Migrationspolitik oder die Kritik gegenüber der Europäischen Union im Allgemeinen und ihren politischen Vertretern im Besonderen dar (Bieber, Roßteutscher und Scherer 2015: 54–55).[217]

Während einige dieser Parteien sich langfristig etabliert haben, feiern andere nur temporäre und regional begrenzte Erfolge. In Deutschland waren rechtspopulistische Parteien bis in die 2010er-Jahre nur temporär erfolgreich. Zwar konnten Rechtspopulisten, wie die *Republikaner*, die *Statt-Partei* oder die *Partei Rechtsstaatliche Offensive*, einzelne Erfolge bei Landtagswahlen feiern, doch haben sie es nicht geschafft sich längerfristig auch auf Bundesebene zu etablieren (Stöss 2013: 609–611). Dies hat sich allerdings mit Gründung der *AfD* 2013 geändert. Spätestens mit ihrem Einzug in den Bundestag im Jahr 2017 muss die *AfD* als fester Bestandteil des deutschen Parteiensystems angesehen werden.

Das Aufkommen dieser „third wave of right-wing extremism“ (Beyme 1988: 6–13; siehe auch Beyme 1995: 104, 2010: 179; Klein und Falter 1996; Mudde 1996: 265; Stöss 1989: 177) seit den 1980er-Jahren wird in der Wahl- und Parteienforschung dabei auch als ein Resultat der sozialen Wandlungsprozesse und dem damit eng verbundenen Wandel der Wertestruktur in den westlichen Gesellschaften interpretiert, in Reaktion auf die Etablierung links-alternativer Parteien seit den späten 1970er-Jahren (Betz 1993: 420–421; Ignazi 2003: 201–204; Minkenberg 1992; zusammenfassend Spier 2010: 53–55).[218] So führt Ignazi (1992: insbesondere 16–25 und 2003: 201–204) aus, dass

217 Ein solcher Anti-Parteien-Populismus stellt kein ausschließlich rechtes Phänomen dar, sondern ist auch bei linken Parteien zu finden. Kritik an den etablierten Parteien, eine Ein-Themen-Orientierung (Ökologie) sowie alternative Muster innerparteilicher Demokratie (beispielsweise eine personelle Rotation ihrer Mandatsträger*innen*) trafen auch schon bei der Gründung der *Grünen* zusammen und verhalfen ihnen zu ersten politischen Erfolgen in Deutschland (Mudde 1996: 268; Poguntke 1987; Rödder 2004: 69; Scarrow 1996: 309). Zudem wird bisweilen auch der Politikstil der Partei *Die Linke* und ihrer führenden Köpfe als populistisch beschrieben (siehe etwa Jesse 2012; Priester 2008: 19).

218 Tim Spier (2010: 48–55) differenziert in Anlehnung an die mikro- und makrosoziologische sowie die sozial-psychologische Forschungstradition der Wahlforschung insgesamt zwischen drei Ebenen zur Erklärung des Aufkommens rechtsradikaler Parteien: Der Ebene der sozialen Lage, der Ebene der psychischen Dispositionen und der Ebene des sozialen Wandels.

die seit den 1970er-Jahren zu beobachtenden sozialen Wandlungsprozesse nicht nur zur Etablierung libertär-postmaterieller Werthaltungen[219] geführt hätten, sondern durch die zunehmende Auflösung traditioneller Bindungen oder dem wahrgenommenen Verlust moralischer Werte die Ausbildung von „demands for identity and reassurance" (ebenda: 201) begünstigt worden sei. Eben diese Bedürfnisse seien es, die von der populistischen Rechten durch eine entsprechende Programmatik bedient würden. Pointierter ausgedrückt, stellen diese neuartigen postindustriellen extrem rechten Parteien[220] „the by-product of a ‚Silent Counter-revolution'" (Ignazi 2003: 198, ähnlich Minkenberg 1998: 362) dar. Auch von Beyme (2010: 187) sieht den zunehmenden Erfolg rechtspopulistischer Parteien als ein Ergebnis der „‚partizipatorischen Revolution der 1970er und 1980er Jahre'". In einer Studie der *Bertelsmann Stiftung* weisen die Autorinnen zudem darauf hin, dass die Wahl rechtspopulistischer Parteien nicht zuletzt durch Ängste getrieben wird. Insbesondere durch die Angst vor den Folgen der Globalisierung (Vries und Hoffmann 2016).[221]

Zwar wird das Phänomen eines rechten Populismus häufig mit dem Erstarken rechter Parteien seit den 1980er-Jahren in Verbindung gebracht, doch gab es auch schon zuvor rechtsgerichtete politische Bewegungen, die als populistisch

219 Diese Argumentation folgt Überlegungen Flanagans, der den Wertewandel im Gegensatz zum klassischen Ansatz von Inglehart als zweidimensionales Phänomen begreift (Inglehart und Flanagan 1987: 1303–1319). In seinen Augen stehen Materialisten dementsprechend zwei Gruppen von „Nonmaterialists" (ebenda: 1306) entgegen: „holding either authoritarian or libertarian value preferences" (ebenda, siehe auch Kapitel 3.2.3).

220 Ignazi (2003: 33–34) unterscheidet zwischen alten und neuen rechten Parteien: Erstere haben sich der faschistischen Ideologie verschriebenen, während Zweitere faschistisches Gedankengut (weitgehend) ablehnen. Die Parteien der neuen radikalen Rechten betrachtet er als Phänomen der postindustriellen Epoche und bezeichnet sie daher als „post-industrial".

221 Neben diesen auf der Veränderung individueller Wertstrukturen basierenden Ansätze zur Erklärung rechtspopulistischer Wahlerfolge gibt es noch eine Reihe weiterer Erklärungsmuster, die soziale Wandlungsprozesse als Ursache für die Wahl radikaler Rechtsparteien begreifenden. Nach Spier (2010: 46–71) lässt sich zwischen Ansätzen unterscheiden, die a) temporäre politische Krisenerscheinungen, b) längerfristige Modernisierungsprozesse und c) gesellschaftliche Desintegrationsprozesse als zentrale Katalysatoren rechtspopulistischer Wahlerfolge ausmachen. Spier selbst sieht gesellschaftliche Modernisierungsprozesse als Ausgangspunkt eines kausalen Prozesses an dessen Ende der Wahlerfolg rechtspopulistischer Parteien steht. Demnach befördere die Modernisierung einer Gesellschaft die Veränderung der sozialen Lagen, da sie sowohl Gewinner als auch Verlierer produziere. Und insbesondere die Modernisierungsverlierer seien anfällig dafür, rechtsaffine Einstellungen auszubilden, die eine Wahl rechtspopulistischer Parteien begünstigten.

zu bezeichnen sind. Solche Bewegungen stellen etwa die *Uomo Qualunque* aus Italien, die skandinavischen *Fortschrittsparteien* der 1970er-Jahre und der *Poujadismus* im Frankreich der 1950er-Jahre dar (Bardi 1996: 348; Beyme 1988: 10; Ignazi 1996: 292–293; Requate 2011: 57–60).

Mit dem *Poujadismus* erscheint eine dieser populistischen Bewegungen im Zeitraum von 1949 bis 1958 auch unter den Top-Kollokatoren von *rechts* (siehe Tabelle 6.10). Die in den 1950er-Jahren im Zuge von Protesten gegen die Steuergesetzgebung des französischen Staates gegründete und nach ihrem Wortführer Pierre Poujade, benannte Bewegung verfolgte dabei ähnliche Ziele wie die rechtspopulistischen Parteien in der Gegenwart. So verstanden sich die parteipolitisch in der „*Union des commerçants et des artisans* (UDCA)" (Requate 2011: 57, Hervorhebung im Original) organisierten Poujadisten, „als die wahren Fürsprecher ‚des Volkes', insbesondere der kleinen Leute, die sich gegen eine kosmopolitische Elite, gegen ‚vaterlandslose trusts', gegen die ‚Gangs von Ausbeutern' zur Wehr setzten" (ebenda: 58). Nach Requate sei Pierre Poujade selbst durchaus darauf bedacht gewesen, sich von einem rechten Extremismus abzugrenzen, den etwa der damals aufstrebende Jean-Marie Le Pen vertrat (ebenda). Auch dies ist eine Analogie zur strategischen Ausrichtung neuerer Rechtspopulisten, die weitgehend versuchen nicht mit extremistischen Strömung in Kontakt zu geraten.[222]

Der geschilderte Aufstieg der neuen, populistisch agierenden postindustriellen Rechten macht sich im Kollokatorenranking von *rechts* nicht nur durch das Auftauchen des Bedeutungstyps *Populismus* bemerkbar, sondern zieht weitere semantische Veränderungen nach sich. Zum einen werden seit den

222 Auch die ersten linkspopulistischen Bewegungen sind nicht erst gegen Ende des 20. Jahrhunderts entstanden. Dabei gilt die Herrschaft Juan Peróns, nach Seymor Martin Lipset (479–483), als klassisches Beispiel eines linksgerichteten Populismus, der seine Anhänger*innen* aus den ärmeren Schichten, insbesondere der städtischen Arbeiterklasse, rekrutierte. Dementsprechend taucht *Peronismus* zwischen 1968 und 1976 auch unter den Top-Kollokatoren von *links* auf (siehe Tabelle 6.8). Es mag daher auch zunächst überraschen, dass *Peronismus* für den Zeitraum von 1968 bis 1976 auch im Kollokatorenranking von *rechts* erscheint. Allerdings lässt sich der Peronismus alternativ auch als eine Bewegung beschreiben, die „keine klar definierte ideologische Position" (Werz 2003: 49) verkörpert, sondern einen „‚nationalrevolutionären' Reformismus" (ebenda) vertritt, der weder als sozialistisch noch als kapitalistisch zu beschreiben ist (ebenda). Der Peronismus wurde dementsprechend auch weniger von einer kohärenten Idee zusammengehalten als vielmehr von Perón selbst. Daher konnten „sich 1973 in der peronistischen Bewegung Rechte und Linke unter der Parole ‚Es lebe General Perón'" (ebenda: 50) verbünden. Dies wiederum lässt sich als eine Erklärung dafür heranziehen, dass *Peronismus* in den Jahren 1968 bis 1976 sowohl unter den Kollokatoren von *links* wie *rechts* auftaucht.

frühen 1990er-Jahren in den Kommentaren der *FAZ* mit *rechts* verstärkt populistische Parteien und Politiker*innen* assoziiert. Unter den 25 Top-Kollokatoren der Richtungsvokabel tauchen für die Jahre 1990–2004: *Berlusconi* (Rang 5), *Fini* (Rang 7), *Le Pen* (Rang 8), *Schirinowski* (Rang 11) sowie *Forza Italia* (Rang 17) auf und im Zeitraum von 2005 bis 2013 sind wiederum *Le Pen* (Rang 5) und *Berlusconi* (Rang 13) sowie die Parteien *AN*[223] (Rang 16), *Forza Italia* (Rang 19) sowie *Vlaams Belang* (Rang 25) zu finden.[224]

Zum anderen wird *rechts* in der jüngeren Vergangenheit vermehrt mit konkreten politischen Issues verbunden, die auf der Themenagenda rechtspopulistischer Parteien einen besonderen Stellenwert besitzen. Im Einzelnen sind dies die Bedeutungstypen *Recht/Ordnung* (1990–2004 und 2005–2013), *gegen Europa* (1990–2004 und 2005–2013) sowie *Migrationspolitik*, die allerdings nur im Zeitraum von 1990–2004 unter den Top-Kollokatoren auftaucht.[225] Insbesondere die Kritik an Europa und den europäischen Politikeliten wird von vielen rechtspopulistischen Parteien zunehmend als Mobilisierungsthema herangezogen. Diese Themen lassen sich nahtlos in die Programmatik und Strategie der rechtspopulistischen Parteien integrieren. Rooduijn (2015: 4–5) hebt in diesem Zusammenhang hervor:

> „Their Eurosceptic attitude fits nicely with their nativist and populist outlook. Negativity towards immigrants from other European countries and the bureaucratic EU elites who, allegedly, do not listen to the ordinary people's concerns, can be found among virtually all contemporary PRR [Populist Radical Right, Anmerkung des Verfassers] parties programmes in Europe".

Zusammenfassung: Stabilität und Entwicklung der Semantik von rechts

Entsprechend der Analysen zu den Bedeutungsinhalten von *links* lässt sich auch für *rechts* zeigen, dass sich die Semantiken des Begriffes in den 65 betrachteten Jahren erheblich verändert haben. Nichtsdestotrotz finden sich unter den Kollokatoren von *rechts* einige stabile Bedeutungselemente, mit

223 Alleanza Nationale

224 In diese Aufzählung fehlt die ungarische Partei *Jobbik*, die zwischen 2005 und 2013 Platz 23 im Ranking einnimmt. Auf ihre Aufnahme wurde bewusst verzichtet, da sie weniger einer populistischen Rechtspartei ähnelt, sondern vielmehr zu den Parteien der alten, faschistisch-orientierten Rechten zu zählen ist (Bayer 2012).

225 Eine Darstellung zur thematischen Ausrichtung rechtspopulistischer Parteien findet sich etwa bei Hartleb (2004: 117–143, 2005: 17–27), Mudde (2007: 61–198, 2014: 217–218), Puhle (2003: 36) oder Rooduijn (2015: 4–5).

denen der Begriff über den gesamten Untersuchungszeitraum in den Kommentaren der *FAZ* assoziiert wird. Aus Abbildung 6.14 auf Seite 248 ist zu erkennen, mit welchen Bedeutungstypen *rechts* über einen langen Zeitraum stabil verbunden wird und welche nur kurzfristig unter den Top-Kollokatoren des Richtungsbegriffes auftauchen. Die Parameter der Darstellung entsprechen denen der Word Cloud der Kollokatoren von *links* (siehe Abbildung 6.9 auf Seite 225): Die Schriftgröße verweist auf die Auftrittshäufigkeit, die Farbe auf die Klasse des Bedeutungstyps.

Insgesamt sieben Bedeutungstypen sind in mindestens fünf der sechs analysierten Zeiträume unter den Top-Kollokatoren von *rechts* vertreten – zwei weniger als unter den Kollokatoren von *links.* Unter diesen sieben stabilen Bedeutungselementen finden sich mit dem *übersteigerten Nationalismus*, dem *Konservatismus* und dem *Liberalismus* drei Ideologien. Die übrigen vier langfristig mit *rechts* assoziierten Bedeutungstypen sind *radikal* und *dogmatisch*, die der Klasse *Formen, Merkmale und Mittel sozialen Wandels* angehören sowie *NPD/DVU/SRP* und *Republikaner.*

Dies ist in doppelter Hinsicht interessant: Erstens stellen die dauerhaft mit *rechts* assoziierten Bedeutungstypen vornehmlich *Ideologien* und *Formen, Merkmale und Mittel sozialen Wandels* dar. Sie sind damit überwiegend den selben Bedeutungsklassen zuzurechnen wie die langfristig mit *links* verbundenen Bedeutungselemente. Von den stabilen Kollokatoren von *links* gehören vier zur Bedeutungsklasse *Ideologie* und zwei weitere zur Klasse *Merkmale, Mittel und Formen sozialen Wandels.* Ideologien gehören somit augenscheinlich zum Kernbestandteil der Semantik von *links* wie *rechts.* Sie sind ein langfristig stabiles Moment der Bedeutungsinhalte beider Richtungsbegriffe.

Zweitens bestätigt dieses Ergebnis die Befunde auf Ebene des Gesamtaggregates. Mit Ausnahme des *Dogmatismus* befinden sich alle stabil mit *rechts* verbundenen Bedeutungstypen auch im Gesamtaggregat unter den zehn am engsten mit *rechts* assoziierten Kollokatoren (siehe Kapitel 6.2).

Überdies lässt sich zusammenfassend konstatieren, dass einige Wandlungen in der Semantik von *rechts* zwar auf eine zunehmend inhaltliche Aufladung des Begriffes mit Wortbedeutungen aus den Bereichen Extremismus und politische Gewalt hindeuten, jedoch ohne, dass sich „‚rechts‘ und ‚rechtsextrem‘ beinahe zu Synonymen entwickelt“ hätten, wie Nullmeier: (2006: 327) vermutet. Um diese Schlussfolgerung ziehen zu können, wird *rechts* in den untersuchten *FAZ*-Kommentaren bis zur jüngsten Betrachtungsphase zu

Anmerkungen: Abgebildet sind alle Bedeutungstypen, die zwischen 1949 und 2013 in mindestens eine Betrachtungszeitraum mit *rechts* assoziiert wurden. Die Größe der Schrift gibt an wie oft ein Bedeutungstyp unter den 25 Top-Kollokatoren zu finden ist. Bedeutungstypen, die in allen sechs Rankings vorkommen, sind besonders groß geschrieben. Bedeutungstypen, die nur in einer Rangliste erscheinen besonders klein. Zudem vermittelt die Farbe der Schrift welcher Klasse die Bedeutungstypen zugeordnet sind. Die Word Cloud wurde über die Webseite `Wortwolken.com` (besucht am 16.03.2020) erstellt.

Abbildung 6.14.: Word Cloud der Kollokatoren von *rechts*

stark mit Bedeutungselementen verbunden, die andere Bedeutungsdimensionen des Begriffes betonen. Dazu gehören Bedeutungstypen wie *Bürgertum*, *Liberalismus*, *Konservatismus* und *christlich*.

Es lässt sich allerdings feststellen, dass es zu einer verstärkten Konvergenz zwischen *rechts* und *rechtsextrem* gekommen ist, wenn in der *FAZ* politische Diskurse in der Bundesrepublik kommentiert werden. Diesbezüglich hat es durchaus den Anschein, dass seit den 1980er-Jahren eine zunehmenden Stigmatisierung von *rechts* eingesetzt hat und „die Rechte aus dem legitimen politischen Raum der bundesdeutschen Demokratie ausgegliedert" (ebenda) wird. Darauf deutet hin, dass *rechts* seit der Periode 1990 bis 2004 nur noch mit Parteien der extremen Rechten (Bedeutungstyp *NPD/DVU/SRP*) in Verbindung gebracht wird. Ganz im Gegensatz zu den Jahren 1968 bis 1976 als noch einzelne Politiker von *CDU*, *FDP* und der *SPD* mit *rechts* assoziiert wurden. Allerdings lässt sich auf Basis der vorliegenden Daten nichts darüber aussagen, inwieweit sich diese Entwicklung mit der Etablierung der *AfD* verändert hat.

Auf diesen Aspekt wird im abschließenden Kapitel 7 noch einmal Bezug genommen. Doch zunächst folgt nun eine kurzes Fazit dieses Kapitels in Bezugnahme auf die zu Beginn formulierten Annahmen über die semantische Entwicklung der beiden Richtungsbegriffe.

Tabelle 6.10.: Rankings der Kollokatoren von *rechts* für die Zeiträume 1949–1958 und 1959–1967

1949–1958 ($f1 = 811$)				1959–1967 ($f1 = 543$)			
Rang	Bedeutungstyp	*O*	*f2*	*Rang*	Bedeutungstyp	*O*	*f2*
1	radikal	124	344	1	radikal	149	444
2	Konservatismus	30	377	2	oppositionell	27	298
2	Gaullismus	18	107	3	übersteigerter Nationalismus	17	163
2	Republikaner	16	70	3	christlich	30	548
5	übersteigerter Nationalismus	28	350	3	NPD/DVU/SRP	14	110
6	moderat	16	119	6	Liberalismus	19	273
6	Monarchismus	10	41	7	Demokratie	31	766
8	Faure	12	85	7	SPD	22	404
9	Bürgertum	15	141	9	Konservatismus	17	273
10	Sozialismus	33	733	10	progressiv	20	391
11	progressiv	20	310	11	Kommunismus	30	965
12	NPD/DVU/SRP	7	37	11	revolutionär	19	423
13	Mollet	11	118	11	Medien	13	203
14	Poujadismus	4	10	14	Volksrepublikaner	3	8
15	Pinay	7	40	15	GDP	6	50
16	Fortschrittspartei	3	5	16	Gaullismus	8	116
17	dogmatisch	15	253	17	Terror	4	29
17	Demokratie	35	999	18	Republikaner	4	43
17	Liberalismus	17	342	19	moderat	6	107
20	Maunoury	4	15	20	Hierarchie	9	224
21	Faschismus	8	86	21	Imperialismus	3	28
22	christlich	19	445	22	dogmatisch	8	215
22	Nationalsozialismus	11	188	23	bewaffnete Gruppen	3	34
24	Kommunismus	30	892	24	Rassismus	3	35
25	Bidault	5	137	52	Nationalsozialismus	19	4

Anmerkungen: Die Ranglisten basieren auf der Bildung eines mittleren Rangplatzes aus MI^2- und *T-Score*-Ranking.

Tabelle 6.11.: Rankings der Kollokatoren von *rechts* für die Zeiträume 1969–1976 und 1977–1989

1968–1976 ($f1 = 952$)				1977–1989 ($f1 = 1314$)			
Rang	Bedeutungstyp	*O*	*f2*	*Rang*	Bedeutungstyp	*O*	*f2*
1	radikal	239	1131	1	radikal	344	1091
2	Konservatismus	34	350	2	übersteigerter Nationalismus	44	353
3	übersteigerter Nationalismus	26	244	3	Liberalismus	58	780
3	gewaltsam	40	600	4	gewaltsam	55	1042
5	FDP	52	1412	5	Le Pen	14	42
6	Liberalismus	26	529	5	Konservatismus	33	422
7	dogmatisch	24	460	7	Republikaner	20	160
8	Diktatur	19	303	8	Ausländerfeindlichkeit	8	25
9	NPD/DVU/SRP	16	215	9	Terror	32	572
10	CSU	22	417	10	Bürgertum	29	493
11	soziale Bewegungen	5	19	11	UCD	7	23
12	LIKUD	4	7	11	Schamir	8	31
12	Peronismus	7	48	13	Reyes	4	5
14	CDU	30	913	14	Diktatur	19	337
15	angepasst	12	185	15	NPD/DVU/SRP	7	42
16	PPD	5	21	16	Skinheads/Hooligans	3	4
17	Lambsdorff	3	6	16	Fraga	5	25
17	Terror	12	215	18	bewaffnete Gruppen	13	260
18	trennend	7	65	18	demokratischer Sozialismus	32	1048
20	Dregger	5	27	18	dogmatisch	21	584
21	Faschismus	8	97	18	LIKUD	4	16
22	moderat	13	264	22	Chirac	11	206
22	Christdemokratie	11	193	23	Agca	3	7
24	CDS	3	10	24	Duarte	5	37
25	Matthiesen	3	11	25	Zentrismus	3	9
25	revolutionär	23	727				

Anmerkungen: Die Ranglisten basieren auf der Bildung eines mittleren Rangplatzes aus MI^2- und *T-Score*-Ranking.

Tabelle 6.12.: Rankings der Kollokatoren von *rechts* für die Zeiträume 1990–2004 und 2005–2013

1990–2004 ($f1 = 2132$)				2005–2013 ($f1 = 1217$)			
Rang	Bedeutungstyp	*O*	*f2*	*Rang*	Bedeutungstyp	*O*	*f2*
1	radikal	854	1289	1	radikal	466	775
2	übersteigerter Nationalismus	129	777	2	Populismus	95	291
3	Populismus	87	231	3	übersteigerter Nationalismus	67	376
4	gewaltsam	140	1163	4	Terror	58	374
5	Berlusconi	60	468	4	Le Pen	32	76
6	Konservatismus	64	572	6	gewaltsam	63	523
7	Fini	26	77	7	Bürgertum	40	366
8	Le Pen	30	132	8	Liberalismus	35	355
9	NPD/DVU/SRP	35	205	8	Konservatismus	40	490
9	Recht & Ordnung	48	447	10	Lieberman	12	41
11	Schirinowski	19	43	11	christlich	34	475
12	Republikaner	32	223	11	Recht & Ordnung	28	302
12	Ausländerfeindlichkeit	26	137	13	Berlusconi	23	326
14	Bürgertum	43	500	14	Anti-EU	8	31
15	Protest	38	560	15	NPD/DVU/SRP	18	246
16	Rassismus	23	207	16	AN	4	4
17	Forza Italia	14	61	17	Republikaner	13	132
18	Faschismus	16	100	18	Forza Italia	6	22
18	christlich	38	574	18	Demokratie	38	1003
20	Jugend	22	205	20	bewaffnete Gruppen	16	240
20	Demokratie	76	1627	21	Geheimdienste	18	306
22	dogmatisch	38	634	21	LIKUD	6	23
23	Diktatur	24	293	23	JOBBIK	4	7
24	Anti-EU	10	42	24	Sarkozy	21	446
25	Migrationspolitik	21	232	25	Vlaams Belang	4	8

Anmerkungen: Die Ranglisten basieren auf der Bildung eines mittleren Rangplatzes aus MI^2- und *T-Score*-Ranking.

6.4. Zwischenfazit

In diesem Kapitel wurde untersucht, wie sich die Semantik der Richtungsvokabeln *links* und *rechts* in den Kommentaren der *FAZ* zwischen 1949 und 2013 verändert hat. Den vorgenommenen Analysen wurden dabei sechs Annahmen zur semantischen Entwicklung der beiden Richtungsvokabeln vorangestellt. Diese Annahmen basieren auf den theoretischen Überlegungen aus den Kapiteln 2 und 3 sowie den Betrachtungen zur quantitativen Nutzung der Wortstämme *links* und *rechts* im Sprachgebrauch der *FAZ*-Kommentator*innen* (Kapitel 5). Nach Abschluss der Analysen werden diese Annahmen jetzt noch einmal auf ihre Gültigkeit hin überprüft:

- Entsprechend der Vermutung hat der Wortstamm *rechts* seit Beginn des Untersuchungszeitraumes zunehmend an Relevanz in der Berichterstattung über parlamentarische Willensbildungsprozesse und die Parteienlandschaft in Deutschland verloren. Während in den 1970er-Jahren mit *rechts* noch ein breites Spektrum an parlamentarischen Akteuren assoziiert wurde, wird *rechts* in der jüngeren Vergangenheit nahezu ausschließlich zu Charakterisierung der radikalen Rechten in Deutschland verwendet. Zusammen mit der (Re-)Vitalisierung des Wortstammes *links* innerhalb des parlamentarischen Diskurses hat dies dazu geführt, dass die Links-Rechts-Unterscheidung einen zunehmend asymmetrisch Charakter angenommen hat.

- Dementsprechend trifft auch die Annahme zu, dass seit Anfang der 1980er-Jahre die beiden Unionsparteien *CDU* und *CSU* weniger stark mit *rechts* assoziiert werden als die *SPD* mit *links*. Allerdings tauchen *CDU* und *CSU* ausschließlich zwischen 1968 und 1976 unter den bedeutungsprägenden Kollokatoren von *rechts* auf. Mit Blick auf das Gesamtaggregat der Jahre 1949 bis 2013 wird die *CSU* eindeutig mit *rechts* verbunden, wohingegen die *CDU* nicht unter den Top-Assoziationen von *rechts* vorkommt.

- Die geringe Relevanz von *rechts* als parlamentarischem Richtungsbegriff im bundesdeutschen Politikdiskurs ist letztlich, entscheidend darauf zurückzuführen, dass der Richtungsbegriff seit Mitte der 1970er-Jahre zunehmend stärker mit radikalen Einstellungen, Extremismus und politischer Gewalt verbunden wird.

- Dennoch wird die Links-Rechts-Unterscheidung auch weiterhin genutzt, um die Komplexität des politischen Diskurses zu reduzieren. Und zwar immer dann, wenn es um die Berichterstattung über politische Zusammenhänge außerhalb der Bundesrepublik geht. Werden internationale Politiker*innen* und deren politische Grundeinstellungen charakterisiert so, wird auch in der jüngeren Vergangenheit auf beide Richtungsvokabeln zurückgegriffen. Dies gilt sowohl für Parteien und Politiker*innen* der gemäßigten wie auch der radikalen Rechten.

- Die semantische Variation der Richtungsvokabeln im Zeitverlauf lässt sich auch daran ablesen, dass *links* seit den frühen 1980er-Jahren mit der Partei *Die Grünen* assoziiert wird und nach der Vereinigung der beiden deutschen Staaten die *PDS* unter den prägenden Bedeutungstypen von *links* auftaucht.
- Entgegen der Erwartung kann allerdings nur eingeschränkt davon gesprochen werden, dass als Ausdruck des Wandels gesellschaftlicher Werthaltungen seit den 1970er-Jahren verstärkt Sachfragen, Mikroideologien und Werthaltungen aus den Politikfeldern Umwelt- und Naturschutz sowie nachhaltige Entwicklung und bürgergesellschaftliches Engagement mit *links* assoziiert werden. Zwar ist für die Zeiträume 1977 bis 1989 und 1990 bis 2004 durchaus festzustellen, dass *links* mit Bedeutungen aus dem Bereich der *neuen Politik* verbunden wird, wie etwa *Ökologie* und *unangepasst*, doch sind diese während des abschließenden Betrachtungszeitraumes von 2005 bis 2013 wieder in den Hintergrund getreten.

Inwieweit die semantischen Veränderungen der Wortstämme *links* und *rechts* die Relevanz der Links-Rechts-Unterscheidung als zentralem Richtungsschema des politischen Raumes beeinträchtigen, wird im abschließenden Kapitel diskutiert.

7. Schlussbetrachtungen

„Nichts stimmt mehr, alles wird schief, wenn man an Hand solcher Schlagwörter Politik machen wollte", zu diesem Fazit kommt der Journalist Hans Baumgarten 1951 in einem Kommentar für die *FAZ*. Baumgarten war damit einer der ersten Beobachter des Zeitgeschehens in Deutschland nach dem Zweiten Weltkrieg, der an der Funktionalität des Links-Rechts-Schemas als zentraler Strukturkategorie des politischen Raumes zweifelte. Die damit verbundene Frage, ob *links* und *rechts* noch hilfreiche Etiketten zur Beschreibung gesellschaftlicher Akteure, politischer Positionen und fundamentaler Werthaltungen darstellen oder doch viel eher als „ordinäre Langweilereien" (Harpprecht 1964: 135) zu bezeichnen sind, hat sich seitdem zu einer Konstante des gesellschaftspolitischen Diskurses in der Bundesrepublik entwickelt.[226]

Die Gründe eines möglichen Verlusts der politischen Relevanz des Links-Rechts-Schemas werden häufig im Zusammenhang mit Prozessen gesellschaftlichen Wandels diskutiert. Während in den 1950er- und 1960er-Jahren die Kritik an der Links-Rechts-Unterscheidung im Zuge der These vom „Ende der Ideologie" (Bell 1961) an Popularität gewann, wurde nach dem „Ende des Endes der Ideologie" (Hodges 1968) die politische Zukunftsfähigkeit der Richtungsunterscheidung zunächst häufig im Zusammenhang mit der *inglehart*schen Theorie der *stillen Revolution* (Inglehart 1971, 1977) debattiert, bevor es in den 1990er-Jahren dann zu einer stärkeren Verknüpfung der Links-Rechts-Diskurse mit den Theorien *reflexiver Modernisierung* und des *dritten Weges* kam (Beck 1993, 2009; Beck, Giddens und Lash 1996; Giddens 1997, 1999, 2001; Mouffe 2007, 2008: 107–124).

Dabei wird von einigen Links-Rechts-Skeptikern behauptet, dass die Richtungsbegriffe nicht (mehr) in der Lage seien, sich an die gesellschaftlichen Veränderungen in einem ausreichenden Maße anzupassen, um die Komplexität des politischen Raumes angemessen zu reduzieren. Andere sehen hingegen gerade diese Anpassungsleistung als problematisch an, da die

226 Für aktuelle Auseinandersetzungen mit dem Links-Rechts-Schema siehe etwa Jäger (2015), Lübbe (2011) und Nassehi (2013, 2015).

P. Scherer, Links *und* rechts *im Wandel*,
https://doi.org/10.1007/978-3-658-30496-6_7

Bedeutungsinhalte von *links* und *rechts* durch ständige semantische Transformationsprozesse zunehmend beliebiger geworden seien, wodurch die Richtungsunterscheidung nicht mehr länger als politisches Kommunikations- und Orientierungsmedium taugen würde. Darüber hinaus sei es generell unangemessen, die Komplexität des politischen Raumes in der modernen Welt auf den dichotomen Gegensatz zwischen *links* und *rechts* reduzieren zu wollen (Nassehi 2015). Frei nach Armin Nassehi (2015: 66) ließen sich *links* und *rechts* heutzutage als *analoge Begriffe* im *digitalen Zeitalter* beschreiben (siehe Kapitel 1.1).

Ausgehend von diesen Beobachtungen wurde in dieser Arbeit der Gebrauch der beiden Richtungsvokabeln innerhalb des gesellschaftspolitischen Diskurses in Deutschland aus einer *diachronischen* Perspektive betrachtet. Es wurde u. a. gefragt, *wie* sich die Quantität der Nutzung und die Semantik von *links* und *rechts* zwischen 1949 und 2013 verändert haben und durch *welche* gesellschaftlichen Entwicklungen diese Veränderungen katalysiert wurden. Entgegen gängiger Betrachtungsweisen wurden die Semantiken von *links* und *rechts* nicht durch eine Auswertung von Bevölkerungsumfragen bestimmt, sondern auf Ebene des medialen Diskurses analysiert. Genauer: Es wurde die Nutzung der Richtungsbegriffe im Sprachgebrauch der *FAZ*-Kommentator*innen* untersucht. Die empirische Analyse erfolgte in zwei Schritten: In einem ersten Schritt wurde ermittelt, wie häufig *FAZ*-Kommentator*innen* zwischen 1949 und 2013 auf die beiden politischen Vokabeln zurückgegriffen haben (siehe Kapitel 5). Schritt zwei umfasste eine detaillierte *kollokationsanalytische* Untersuchung der Semantiken von *links* und *rechts* (siehe Kapitel 6). Die Ergebnisse beider Analysen wurden jeweils in Bezug zu den sozialen, politischen, ökonomischen und kulturellen Entwicklungen in der Bundesrepublik diskutiert.

Den Analysen lag die Annahme zu Grunde, dass der Wandel von Sprache eng mit gesellschaftlichen Entwicklungsprozessen verbunden ist. Wird Sprache in diesem Sinne als ein „Spiegel der Gesellschaft“ (Straßner 1987: 18) betrachtet, ist anzunehmen, dass sich politische, ökonomische, soziale und kulturelle Entwicklungsprozesse menschlicher Gemeinschaften auch in einem Wandel der Bedeutungsinhalte und des Gebrauchs politischer Begriffe widerspiegeln. Da die Links-Rechts-Unterscheidung die zentrale komplexitätsreduzierende Strukturkategorie des politischen Raumes darstellt, müssen sich die Bedeutungsinhalte der beiden Richtungsbegriffe ständig an die zeitgenössischen politischen und sozialen Konfliktstrukturen und Akteurskonstellationen einer Gesellschaft anpassen. Erst durch eine permanente Aktualisierung ihrer Bedeutungsinhalte kann die Links-Rechts-Unterscheidung überhaupt die ihr zugeschriebene Orientierungs- und Kommunikationsfunktion ausfüllen (siehe Kapitel 3.1.2). Es ist demzufolge anzunehmen, dass die Richtungsvokabeln *links* und *rechts*, im Vergleich zu alternativen politischen Unterscheidungskriterien, eine besondere Anpassungsfähigkeit aufweisen.

Doch was sind nun die zentralen Erkenntnisse aus den empirischen Betrachtungen? Und wie sind diese mit Blick auf politische Relevanz der Richtungsunterscheidung zu bewerten?

7.1. Zentrale Ergebnisse

Bei der Zusammenfassung der zentralen Ergebnisse der empirischen Analysen wird nun auf die Frequenz der Nutzung von *links* und *rechts* aus Kapitel 5 Bezug genommen. Anschließend werden in einem zweiten Schritt die Befunde der semantischen Analysen aus Kapitel 6 diskutiert.

7.1.1. Die Nutzungsfrequenz von links und rechts

Durch die Untersuchung der Nutzungsfrequenzen konnte zunächst gezeigt werden, dass die Verwendung der beiden Richtungsvokabeln in den Kommentaren der *FAZ* zeitlichen Schwankungen unterlag und diese Schwankungen das Ergebnis gesamtgesellschaftlicher Wandlungsprozesse darstellen. Insgesamt konnten sechs Nutzungs-Phasen im Sprachgebrauch der *FAZ*-Kommentator*innen* unterschieden werden (siehe Tabelle 7.1).

Besonders selten tauchen die Wortstämme *links* und *rechts* in den 1950er- und 1960er-Jahre sowie um das Epochenjahr 1989 in den untersuchten Kommentaren auf. Womit die zeitgenössische Charakterisierung dieser Zeiten als Jahre des *Endes der Ideologie* oder des *Endes der Geschichte* durchaus zutreffend erscheint. Dies gilt umso mehr im Vergleich zu den Entwicklungen während der 1970er-Jahre, in denen die Nutzung der Richtungsvokabeln deutlich anstieg: Im Jahr 1976 wurde etwa in dreimal mehr *FAZ*-Kommentaren auf eine der beiden Richtungsvokabeln zurückgegriffen als dies zehn Jahre zuvor der Fall war. Wobei die beträchtliche Steigerung der Nutzungsraten vornehmlich auf die Verwendung des Wortstammes *links* zurückzuführen ist. Die Zahl der Kommentare, in denen *rechts* erwähnt wurde, ändert sich im Vergleich zu den 1950er- und 1960er-Jahren hingegen kaum. Auch über den gesamten Analysezeitraum gesehen, taucht *links* deutlich häufiger in den *FAZ*-Kommentaren auf als *rechts*.

Die Dominanz des Wortstammes *links* in den 1970er-Jahren scheint Ausdruck der hegemonialen Stellung linker Politik und linken Denkens zu sein, durch die der politische Diskurs jener Zeit stark geprägt wurde. Dabei markierte das Jahr 1968 eine entscheidende gesellschaftspolitische Zäsur. Insbesondere die Formierung einer außerparlamentarischen, vornehmlich von der Studentenbewegung getragenen, Opposition bereitete dieser Entwicklung den Weg. In der historischen Sprachwissenschaft werden die goldenen Jahre der Studentenbewegung 1967/68 als Zeitpunkt eines tiefgreifenden Umbruchs beschrieben, der einen sprachlichen Wandel in Deutschland in Gang gesetzt hat (siehe u. a. Kämper 2007, 2012, 2013; Scharloth, Eugster und Bubenhofer 2013). Die 1970er-Jahre lassen sich somit in Anlehnung an Gerd Koenen (2001) als *rotes* Jahrzehnt beschreiben. Die in jüngerer Zeit in der Geschichtswissenschaft diskutierte Titulierung der 1970er-Jahre als *schwarzes* Jahrzehnt trifft, mit Blick auf die Nutzung der Richtungsvokabeln im Sprachgebrauch der *FAZ*-Journalist*innen*, hingegen nicht zu.

Im Gegensatz dazu ist die seit dem Jahr 2005 festzustellende Dominanz des Wortstammes *links* weniger auf eine gesellschaftspolitische Vorherrschaft linken Denkens und Handelns zurückzuführen, als vielmehr auf die *schröder*sche Agendapolitik der 00er-Jahre, die zu einer Abspaltung eines links-orthodoxen Teils der *SPD* geführt und damit die Gründung der Partei *Die Linke* katalysiert hat. Die Gründung und Etablierung der *Linken* im deutschen Parteiensystem hat seit 2005 zu einer steigenden Zahl an Erwähnungen des Wortstammes *links* geführt.

Während die Nutzung der Richtungsvokabel *links* während des gesamten Untersuchungszeitraumes mal mehr, mal weniger stark oszillierte, entwickelte sich die Verwendung des Begriffes *rechts* im Laufe der ersten vierzig Betrachtungsjahre deutlich gleichmäßiger – nahezu linear. Erst zu Beginn der 1990er-Jahre ist eine nachhaltige Dynamik auszumachen. Die Zahl der Kommentare, in denen *rechts* erwähnt wurde, nahm deutlich zu und unterlag seitdem erheblichen Schwankungen. Zu einzelnen Zeitpunkten wurde *rechts* dabei sogar häufiger genutzt als *links*. Das ist insoweit erwähnenswert, als dass dies zuvor letztmalig in den 1950er-Jahren der Fall war.

Sowohl deskriptive Analysen als auch die Ergebnisse einer multivariaten Zeitreihenanalyse lassen den Schluss zu, dass sich mit der *Öffnung des Eisernen Vorhangs* auch der Kontext der Begriffsnutzung verändert hat und *rechts* vermehrt mit politischem Radikalismus und Extremismus in Verbindung

Tabelle 7.1.: Die Phasen der Begriffsnutzung von *links* und *rechts*

Phase	Zeitraum	Tendenz			Dominanz
		links/rechts	*links*	*rechts*	
Phase 1	1949–1958	→	→	→	schwankend
Phase 2	1959–1967	→	→	↘	leicht *links*
Phase 3	1968–1976	↑	↑	↗	stark *links*
Phase 4	1977–1989	↓	↓	→	stark *links*
Phase 5	1990–2004	↗	↗	↑↓	überwiegend *links*
Phase 6	2005–2013	↑	↑	↑	stark *links*

Anmerkungen: In der Spalte *Tendenz* ist abgetragen, wie sich die Nutzung der Richtungsvokabeln (*links* + *rechts*) in der jeweiligen Betrachtungsphase entwickelt hat: →=gleichbleibend; ↑=steigend; ↗=leicht steigend; ↓=fallend; ↘=leicht fallend. In der Spalte *Dominanz* ist dargestellt, welche der beiden Richtungsvokabeln in der jeweiligen Betrachtungsphase von den *FAZ*-Kommentator*innen* häufiger genutzt wurde.

gebracht wurde. Seit den epochalen Umbrüchen des Jahres 1989 stieg die Zahl der *Rechts*-Nennungen insbesondere in zeitlicher Nähe zu Wahlerfolgen von *DVU*, *NPD* und *Republikanern*, dem Parteiverbotsverfahren gegen die *NPD* sowie gewalttätigen Übergriffen rechtsextremer Schlägertrupps auf Migrant*innen* und politisch Andersdenkende an. Gleichzeitig wurde *rechts* seit den 1980er-Jahren seltener als zuvor im Zusammenhang mit der Kommentierung von Bundestagswahlen verwendet.

Somit deutet einiges auf eine zunehmende semantische *Fixierung* des Wortstammes *rechts* auf die Themenbereiche *übersteigerter Nationalismus* und *politischer Extremismus* im Sprachgebrauch der *FAZ*-Kommentator*innen* hin. Dementsprechend erscheint die Vermutung Nullmeiers (2006: 318) zutreffend, dass „die Rechte aus dem legitimen politischen Raum der bundesdeutschen Demokratie ausgegliedert“ wurde.

Allerdings bezieht sich die verstärkt zu beobachtende Verwendung von *rechts* in negativ konnotierten gesellschaftspolitischen Kontexten nur auf den bundesdeutschen Politikdiskurs. Wurden in den untersuchten Kommentaren hingegen Ereignisse im Wahlkampf und die Ergebnisse von Wahlen in anderen westlichen Demokratien kommentiert, griffen die Journalist*innen* auch in der jüngeren Vergangenheit weiterhin ebenso gerne auf *rechts* wie *links* zurück. Die *FAZ*-Kommentator*innen* sind demnach besonders geneigt, die komplexitätsreduzierenden Eigenschaften der Links-Rechts-Unterscheidung zu nutzen, wenn es um die Darstellung und Kommentierung politischer Sachverhalte geht, die gewöhnlichen Zeitungsleser*innen* weniger bekannt sind. Die beiden Richtungsbegriffe bieten den Journalist*innen* offensichtlich eine Möglichkeit, ihrer Leser*innen*schaft die grundlegenden politischen Konfliktkonstellationen eines Landes auf sparsame Weise darzustellen, ohne in aller Ausführlichkeit auf die spezifischen Haltungen der erwähnten Akteure zu einzelnen Sachfragen eingehen zu müssen. Die Links-Rechts-Unterscheidung wird damit im Sinne der *downs*schen Demokratietheorie zur Senkung von *Kosten* verwendet: Die Kommentator*innen* sparen wertvolle Zeilen, die Leser*innen* Zeit.

Neben den schon hervorgehobenen Faktoren lässt sich die Nutzung von *links* und *rechts* ferner auch durch die Artikulation politischen Protests erklären. Die positiven Effekte von *Demokratie-Protesten* auf die *Links-* und die von *Minderheiten-Protesten* auf die *Rechts*-Nennungen stehen in Einklang mit der Überlegung, dass für die Linke die Forderung nach *demokratischen Rechten* und *gesellschaftlicher Emanzipation* benachteiligter Gruppen eine besondere Bedeutung einnimmt, während zu den zentralen Anliegen der Rechten bis in die Gegenwart hinein das *Festhalten an Traditionen* und die *Abwehr vom Fremden* gehören (Decker 1998: 41–42). Wobei diese Ergebnisse zunächst einmal nur Vermutungen über die Semantiken von *links* und *rechts* darstellen. Genaueren Aufschluss über die Bedeutungsinhalte der beiden Vokabeln wurden im Zuge einer Kollokationsanalyse gewonnen (Kapitel 6).

7.1.2. Die Semantiken von links und rechts

Der Auswahl eines *kollokationsanalytischen* Verfahrens liegt die Annahme zu Grunde, dass die Bedeutung eines Wortes über seinen Gebrauch in der Sprache erfasst werden kann (Firth 1962; Wittgenstein 2003; zusammenfassend Evert 2009: 1212–1213). Unter einer Kollokation wird dabei das überzufällig häufig gemeinsame Auftreten eines Schlüsselbegriffes (dem *Node-Wort*: hier *links* und *rechts*) mit einem Wort oder Wortstamm (dem *Kollokator*) innerhalb eines begrenzten Bereiches verstanden (Evert 2009: 1213–1216). In dieser Untersuchung wurde eine Spanne von sieben Worteinheiten vor und nach den Node-Wörtern *links* und *rechts* analysiert. Die auf diese Weise identifizierten Kollokatoren wurden anschließend zu Bedeutungstypen und diese wiederum zu Bedeutungsklassen zusammengefasst. Auf Grundlage dieser generalisierten Kollokatorenstruktur wurden schließlich die Analysen der Semantiken von *links* und *rechts* durchgeführt. Dabei wurden die Bedeutungsinhalte der beiden Richtungsbegriffe sowohl im Gesamtaggregat (1949–2013) als auch in einzelnen zeitlich begrenzten Teilaggregaten betrachtet. Die Ausgestaltung der Teilaggregate richtete sich dabei nach den in Kapitel 5.1.2 extrahierten Nutzungsphasen (siehe auch Tabelle 7.1). Während die Analyse des kompletten Aggregates dazu genutzt wurde, eine *Gesamtschau* über die zentralen Bedeutungsinhalte der beiden Richtungsbegriffe zu erhalten, wurde durch die separate Analyse der Teilaggregate Aufschluss über die *Entwicklung* der Semantiken von *links* und *rechts* gewonnen.

Die Semantik von links und rechts in der Gesamtschau

Die Analyse des Gesamtaggregates hat verdeutlicht, dass *links* wie auch *rechts* in den *FAZ*-Kommentaren zwischen 1949 und 2013 insbesondere mit *politischen Ideologien*, *Parteien*, *Politiker*innen und Beschreibungen *sozialer Wandlungsprozesse* verbunden werden. Demgegenüber finden sich nur vereinzelt *Werte*, *soziale Gruppen* sowie *gesellschaftliche Akteure* und *politische Institutionen* unter den Top-Kollokatoren der Richtungsvokabeln. Gleiches gilt für Bedeutungselemente, die auf *konkrete politische Inhalte* verweisen. Nur wenige der zentralen Kollokatoren sind sowohl mit *links* als auch mit *rechts* verbunden. Während die Ideologien *Sozialismus*, *Kommunismus* und *demokratischer Sozialismus* sowie die Parteien *SPD*, *Grüne* oder auch *Labour* charakteristische Kollokatoren von *links* darstellen, sind der *Nationalsozialismus*, der *Faschismus*, die *CSU* sowie der französische *Front National* eindeutig als Bedeutungstypen von *rechts* auszumachen.

Zu den Bedeutungstypen, die sowohl an *links* wie auch an *rechts* gebunden sind, gehört der *Liberalismus*. In dieser *Doppelbindung* spiegelt sich die historisch gewachsene beidseitige Anschlussfähigkeit der liberalen Idee wider. Diese hat sich nach der Revolution von 1848/49 herausgebildet. Große Teile des Bürgertums, der zentralen Träger*innen*gruppe der liberalen Idee, hat sich in der zweiten Hälfte des 19. Jahrhunderts zunehmend von den ursprünglich propagierten emanzipatorischen Forderungen gelöst und mit den politischen Verhältnissen arrangiert, um den erkämpften gesellschaftlichen Status nicht zu gefährden (Bauer 2010: 82–95).[227] Darüber hinaus werden auch zahlreiche Bedeutungstypen aus der Klasse des *sozialen Wandels* mit

227 Auch der *Konservatismus* und der *übersteigerte Nationalismus* treten zwar zwischen 1949 und 2013 mit beiden Node-Wörtern überzufällig häufig auf, doch ist die Bindung beider Ideologien an *rechts* deutlich stärker ausgeprägt als an *links*.

beiden Richtungsvokabeln gleichzeitig assoziiert. Zu diesen *doppelt gebundenen* Bedeutungselementen zählen: *radikal*, *dogmatisch*, *Hierarchie*, *christlich*, *reaktionär*, *moderat*, *Populismus*, *gewaltsam*, *Terror* und *oppositionell*. In Entsprechung zum *Liberalismus* spiegeln sich in diesen Doppelbildungen semantische Veränderungsprozesse wider, denen die Links-Rechts-Unterscheidung seit dem 19. Jahrhundert unterlegen ist. Während gerade in der jüngeren Vergangenheit das sozialpolitische Engagement der christlichen Kirchen zunehmend mit Ideen und Interessen der radikalen Linken konvergiert (siehe etwa Baier 2015: 151–156), wurde das Christentum, der christliche Glaube und damit auch die Vokabel *christlich* ursprünglich ganz eindeutig mit *rechts* assoziiert (Laponce 1981: 92). Auch die Bedeutungselemente *Hierarchie* und *reaktionär* gehörten eindeutig zum Bedeutungsinhalt von *rechts*, nicht jedoch zu dem von *links* (Ignazi 2003: 10–12). Und *oppositionell*, als eine Semantik die klassischerweise mit *links* verbunden wurde, wird in den modernen europäischen Nachkriegsdemokratien notwendigerweise mit linken wie auch rechten politischen Positionen assoziiert, je nachdem wie sich die parlamentarischen Mehrheitsverhältnisse gestalten.

Es gibt jedoch durchaus auch unter den zur Klasse des *sozialen Wandels* zählenden Bedeutungselementen einige Kollokatoren, die entsprechend ihrer historischen Ausgangsbedingungen noch immer ausschließlich mit einem der beiden Richtungsbegriffe verbunden werden. Dies sind: *progressiv*, *unangepasst*, *revolutionär* und *kritisch* mit *links* und *Diktatur* und *trennend* mit *rechts*. Allerdings lässt sich vermuten, dass die Bindung zwischen *unangepasst* und *links* gegenwärtig zu lockern beginnt, da sich die radikale Rechte zunehmend stärker als eine alternative, unangepasste Kraft innerhalb des politischen Raumes inszeniert. Diese Entwicklung manifestiert sich im Besonderen im Namen *Alternative für Deutschland*.

Die Semantiken von links und rechts im Zeitverlauf

Ein ähnliches Bild ergibt sich für die Längsschnittanalyse. Zu jeder der sechs einzelnen Betrachtungsphasen (1949–1958, 1959–1967, 1968–1976, 1977–1989, 1990–2004, 2005-2013) ist der überwiegende Teil der bedeutungsprägenden Kollokatoren entweder mit *links* oder mit *rechts*, nicht jedoch mit beiden Vokabeln verbunden, wie Abbildung 7.1 auf Seite 264 zu entnehmen ist. Die Überschneidungsflächen der Mengendiagramme entsprechen jeweils dem Anteil der Kollokatoren, die zu den entsprechenden Betrachtungsphasen sowohl im Assoziationsranking von *links* als auch in dem von *rechts* auftauchen. Es ist zu erkennen, dass sich der Anteil doppelt gebundener Bedeutungstypen im Zeitverlauf zunehmend verringert, von elf für die Jahre 1959–1967 auf nur noch fünf von 25 in der jüngsten Betrachtungsperiode 2005–2013. Ein wichtiger Grund für diese Entwicklung liegt in der voranschreitenden Fixierung der Bedeutungselemente von *links* und *rechts* auf Politiker*innen* und Parteien, die in den untersuchten Kommentaren ganz überwiegend nur mit *links* oder mit *rechts*, jedoch nicht mit beiden Richtungsvokabeln gleichzeitig assoziiert werden (siehe auch Abbildung 6.7 auf Seite 209 und 6.10 auf Seite 230).

Die Längsschnittbetrachtung hat darüber hinaus verdeutlicht, dass sich stabile von temporären Bedeutungsprägungen unterscheiden lassen. Während sich Ideologien[228] und deren gesellschaftliche Träger*innen*gruppe häufig als längerfristig mit *links* oder *rechts* verbunden Bedeutungsinhalte herausstellen, sind *politische Akteure* häufig nur kurzfristig mit einer Richtungsvokabel verknüpft. Dies gilt noch stärker für *Politiker*innen als für *Parteien*, da das Parteipersonal gewöhnlich schneller auftaucht und verschwindet als die Partei selbst.

Mit Blick auf die Frage, inwieweit die beiden Vokabeln zwischen 1949 und 2013 semantischen Veränderungen unterlagen, konnten deutliche Bedeutungsentwicklungen ausgemacht werden. Für die mit *links* verbundenen Inhalte sind *vier Hauptaspekte* hervorzuheben: 1. Die *Entstehung* einer *neuen Linken* Anfang der 1960er-Jahre. Dies hat dazu geführt, dass der Wortstamm *links* nicht mehr nur mit *Gewerkschaften*, als den klassischen Trägerinnen linker Ideen, sondern zunehmend auch mit alternativen sozialen Bewegungen (studentischen und grün-alternativen Gruppen) in Verbindung gebracht wird.[229] Es vollzog sich 2. eine zeitweise Radikalisierung von Teilen der (*neuen*) *Linken* während der 1970er- und 1980er-Jahre, die sich in einer verstärkten Assoziation von *links* mit den Bedeutungstypen *radikal*, *gewaltsam*, *Terror* und *bewaffnete Gruppen* manifestiert. 3. Die (Re)Definition von *links* zu einer zentralen Vokabel des parlamentarischen Diskurses in Deutschland während der 1990er-Jahre und insbesondere seit der Parteienfusion von *WASG* und *PDS* zur Partei *Die Linke* in den Jahren 2005 bis 2007. Und schließlich lassen sich 4. Anzeichen finden, dass es seit den 1970er-Jahren zu

228 Mit *links* werden die *Ideologien Kommunismus*, *Sozialismus*, *Demokratischer Sozialismus* und *Liberalismus* assoziiert und mit *rechts* sind *übersteigerter Nationalismus*, *Konservatismus* sowie *Liberalismus* verbunden.

229 Darauf weisen die Bedeutungstypen *Gebildete*, *Die Grünen*, *grün* und *unangepasst* unter den bedeutsamsten Kollokatoren von *links* hin. Zudem tauchen unter den Kollokatoren von *links* nach 1970 auch *Punks* oder *Neue Soziale Bewegungen* auf. Diese kommen jedoch nur selten in den untersuchten *FAZ*-Kommentaren vor und gehören daher nicht zu den Top-Kollokatoren des Richtungsbegriffes.

Abbildung 7.1.: Mengendiagramme der Kollokatoren von *links* und *rechts* im Zeitverlauf

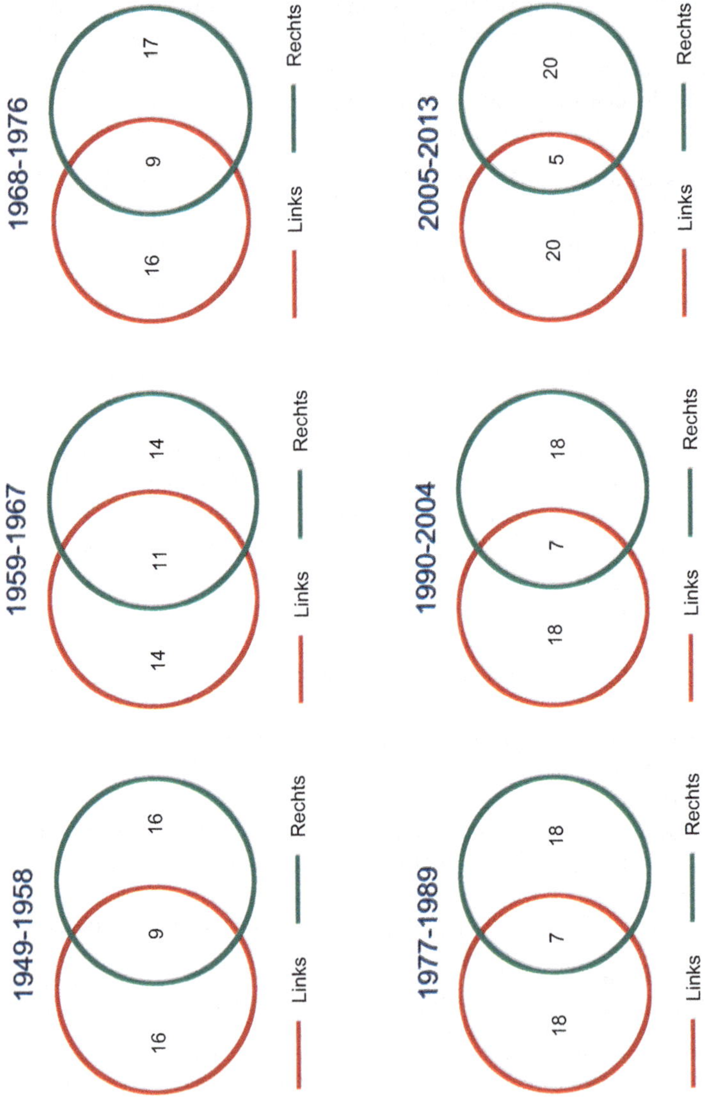

Anmerkungen: Die Überschneidungsflächen symbolisieren den Anteil der Kollokatoren, die sowohl mit *links* als auch mit *rechts* assoziiert werden.

einer Pluralisierung der mit *links* verbundenen (ideologischen) Semantiken gekommen ist und zunehmend Bedeutungstypen aus dem Bereich der *neuen Politik* mit dem Richtungsbegriff verbunden werden.[230] Allerdings sind diese Entwicklungen teilweise nur temporär zu beobachten: Während sich *Die Grünen*, als parlamentarischer Arm der Umwelt- und Antiatombewegung, bis zum Ende des Untersuchungszeitraumes (2013) noch unter den wichtigsten Kollokatoren von *links* befinden, tauchen die Bedeutungstypen *Ökologie* und *grün* hingegen in der jüngsten Betrachtungsphase dort nicht mehr auf. Stattdessen prägen *Gewerkschaften* als Vertreter der klassischen Linken seit Beginn der 1990er-Jahre die Semantik von *links* wieder stärker als in den beiden Dekaden zuvor.

Diese Entwicklung deutet auf eine *Rückkehr des sozioökonomischen Verteilungsparadigmas* als zentraler Semantik von *links* hin und lässt sich auch innerhalb der Bevölkerung beobachten. Trüdinger und Bollow (2011: 415–416) merken diesbezüglich an, dass Bundesbürger*innen* *links* im Jahr 2007 seltener mit Bedeutungen aus dem Bereich der *Neuen Politik* assoziiert hätten als dies noch Ende der 1990er-Jahre der Fall gewesen sei. Gleichzeitig stellen sie fest, dass im selben Zeitraum der Anteil an Befragten zunahm, der mit *links* Aspekte *sozialer Gerechtigkeit* und damit ein klassisches sozioökonomisches Thema verbindet. Dies lässt sie zu der „vorsichtige[n] Interpretation" kommen, „dass der Verteilungskonflikt an Bedeutung gewinnt" und „Themen Neuer Politik an Bedeutung verlieren" (ebenda).[231]

Auch bei der Bedeutungsentwicklung von *rechts* lassen sich *vier Kernphasen* ausmachen: 1. *Rechts* wird seit den 1980er-Jahren im Vergleich zu *links* zunehmend stärker mit negativ konnotierten Bedeutungsinhalten in Verbindung gebracht. Dies hat 2. dazu geführt, dass der Richtungsbegriff aus dem parlamentarischen Sprachgebrauch in Deutschland weitgehend verschwunden ist. Gegen Ende des Untersuchungszeitraumes werden vornehmlich extrem nationalistische Parteien, wie die *NPD* oder die *DVU*, als *rechts* charakterisiert, während zwischen 1968 bis 1976 – der Hochphase politischer Partizipation in der Bundesrepublik – unter den Top-Kollokatoren von *rechts* vergleichsweise viele deutsche Politiker*innen* und Parteien mit einem liberalen, konservativen

230 Zu diesen Bedeutungstypen zählen *Ökologie*, *grün*, *Die Grünen* und *unangepasst*.

231 Die Autor*innen* interpretieren die Ergebnisse *vorsichtig*, da das Antwortverhalten der Befragten durch die thematische Ausrichtung der Befragung beeinflusst worden sein könnte: „Einschränkend ist anzumerken, dass aufgrund des Untersuchungsthemas ‚Vertrauen und Wohlfahrtsstaat' 2007 Aspekte sozialer Gerechtigkeit den Befragten während der Umfrage häufig begegnen – diese Themen also in hohem Maße zugänglich sind" (Trüdinger und Bollow 2011: 415).

oder sogar sozialdemokratischen Hintergrund im Kollokatoren-Ranking von *rechts* auftauchen.[232] Dies lässt darauf schließen, dass *rechts* in den 1970er-Jahren sowohl als *inter-* wie auch *innerparteiliches* Unterscheidungskriterium im bundesdeutschen Politikdiskurs herangezogen wurde. Allerdings ist 3. zu konstatieren, dass *rechts* dennoch weiterhin zur Beschreibung politischer Positionen verwendet wird, wenn es um politische Parteien und Lager in anderen westlichen Demokratien geht. Dabei werden sowohl extreme als auch moderate politische Akteure mit dem Etikett *rechts* versehen. Diese Entwicklung geht 4. mit einer zunehmenden Assoziierung der Richtungsvokabel *rechts* mit dem Bedeutungstypen *Populismus* einher. Auch indirekt drückt sich diese Entwicklung auf die Semantik des Begriffes *rechts* aus, der zunehmend enger mit den *Kernthemen rechtspopulistischer Parteien* verknüpft wird, wie *Einwanderungspolitik*, *Innere Sicherheit* sowie *Ressentiments gegenüber der EU*. Dieses Ergebnis ist ein Hinweis darauf, dass es sich bei der seit den späten 1980er-Jahre zu beobachtenden Rechtspopulismuswelle in Europa um das Resultat einer „stillen Konterrevolution“ (Ignazi 1992; Minkenberg 1998: 362) handelt, deren Unterstützer*innen* sich gegen den links-liberalen Zeitgeist und die kulturelle Vielfalt in den postmodernen Demokratien Europas wenden und einen *autoritären Postmaterialismus* verfolgen (siehe auch Inglehart und Flanagan 1987: 1303–1318).

Es lässt sich somit konstatieren, dass sowohl die Nutzungsfrequenzen als auch die Bedeutungsinhalte von *links* und *rechts* im Betrachtungszeitraum Veränderungen unterlagen, die ein Resultat gesellschaftlicher Wandlungsprozesse sind. Bislang unbeantwortet ist hingegen die Frage, welche Auswirkungen die aufgezeigten (Bedeutungs-)Entwicklungen der beiden Vokabeln auf die Funktionalität des politischen Richtungsschemas haben. Anders gefragt: Besitzt die Unterscheidung zwischen *links* und *rechts* noch eine gesellschaftspolitische Relevanz?

232 Da im Rahmen dieser Untersuchung nur Kommentare bis Ende des Jahres 2013 betrachtet wurden, lässt sich nicht zweifelsfrei einschätzen, inwieweit sich dieses Bild durch die Gründung der *AfD* verändert hat. Allerdings ist zu erkennen, dass die *AfD* von den *FAZ*-Kommentator*innen* mit *rechts* in Verbindung gebracht wird. Die Zahl der Kollokationen zwischen *rechts* und *AfD* ist jedoch (noch) so gering, dass die Partei nicht unter den 25 Top-Kollokatoren zwischen 2005 bis 2013 auftaucht.

7.2. Die gesellschaftliche Relevanz von links und rechts

Die Frage nach der gesellschaftspolitischen Relevanz der Links-Rechts-Unterscheidung lässt sich aus einer *sprachwissenschaftlichen* ebenso, wie aus einer *empirischen* und einer *normativ-theoretischen* Sichtweise beantworten. Die Frage nach der politischen Relevanz von *links* und *rechts* wir nun dementsprechend aus diesen drei Perspektiven diskutiert.

Die sprachwissenschaftliche Perspektive

Aus *sprachwissenschaftlicher* Perspektive fällt die Beantwortung eher knapp aus: Die Links-Rechts-Unterscheidung stellt ein politisches Richtungsmedium dar, solange innerhalb der Kommunikationsgemeinschaft das Bedürfnis besteht, auf *links* und *rechts* als Strukturkategorien des politischen Raumes zurückzugreifen. Dementsprechend werden sich die Semantiken der beiden Richtungsvokabeln den veränderten Kontextbedingungen fortwährend anpassen – und zwar in einem angemessenen Ausmaß (siehe Kapitel 3.2). Genau genommen stellt sich diese Frage aus sprachwissenschaftlicher Perspektive daher eigentlich nicht. Es ließe sich argumentieren, dass der semantische Wandel nicht die Ursache für den Verlust der politischen Relevanz der Links-Rechts-Unterscheidung darstellt, sondern sich in einem Wandel der Bedeutungsinhalte von *links* und *rechts* vielmehr das Bedürfnis der Kommunikationsteilnehmer*innen* widerspiegelt, die Richtungsunterscheidung weiterhin als Kommunikations- und Orientierungsmittel zu nutzen, weil sie eine Eigenschaft besitzt, die alternativen Metaphern überlegene ist.

Die empirische Perspektive

Aus *empirischer* Sicht lässt sich konstatieren, dass allein das Ausmaß der Nutzung der Wortstämme *links* und *rechts* ein deutliches Zeichen für die politische Relevanz der Richtungsunterscheidung darstellt. In der jüngeren Vergangenheit wird in den Kommentaren der *FAZ* ebenso (häufig) auf die beiden Vokabeln zurückgegriffen, wie vor 30 oder 40 Jahren. Wenn überhaupt Zeiträume identifiziert werden können, in denen die Begriffe etwas *weniger* relevant waren, dann sind dies die 1950er- und 1960er-Jahre sowie die späten 1980er- und frühen 1990er-Jahre.

Anstatt die Quantität der Nutzung von *links* und *rechts* als Bewertungsmaßstab für die Relevanz der Richtungsbegriffe heranzuziehen, lässt sich die Frage nach ihrer politischen Relevanz auch mit Blick auf die Funktion der Links-Rechts-Unterscheidung als generalisiertem Kommunikationsmedium betrachten. In Kapitel 3.1.1 wurde diesbezüglich herausgearbeitet, dass die Links-Rechts-Unterscheidung, im Sinne der Arbeiten von Fuchs und Klingemann (1989, 1990), ein generalisiertes Kommunikationsmedium darstellt, wenn sie drei strukturelle Eigenschaften erfüllt: Um die Komplexität des politischen Raumes reduzieren zu können, müssen die beiden Richtungsvokabeln 1. *generalisierbar*, das heißt „potentiell auf eine Vielzahl konkreter Phänomene beziehbar“ (Fuchs und Klingemann 1989: 492) sein. Sie müssen 2. in ihren Bedeutungsinhalten *limitiert* sein, sie dürfen nicht mit allen erdenklichen Bedeutungselementen in Verbindung gebracht werden. Schließlich sollten die Semantiken der beiden Begriffe 3. weitgehend einer *binären Logik* folgen, also *links* mit anderen Inhalten verknüpft sein als *rechts*. Die strukturellen Eigenschaften der *Limitation* und der *binären Schematisierung* schränken „[d]ie Beliebigkeit der inhaltlichen Verwendung des Links-Rechts-Schemas“ (ebenda: 494) ein und die *Generalisierung* sorgt für die Stabilisierung kommunikativer Prozesse. Denn durch die Eigenschaft der *Generalisierung* wird eine erfolgreiche Verständigung auch dann möglich, wenn die Kommunikationsteilnehmer*innen* unterschiedliche Bedeutungen mit *links* und *rechts* verbinden (ebenda).

Die Anwendung des Kategorienschemas legt nahe, dass die Semantiken von *links* und *rechts* die strukturelle Eigenschaft der Generalisierung erfüllen. Die Kollokatoren der beiden Richtungsvokabeln lassen sich auf verschiedene zentrale Bedeutungstypen reduzieren, die wiederum zu Bedeutungsklassen zusammengefasst werden können. Die Analysen der Kollokatoren haben zudem gezeigt, dass die Semantiken von *links* und *rechts* limitiert sind. Die beiden Richtungsvokabeln werden nicht mit allen im Kategorienschema zusammengefassten Bedeutungselementen gleichermaßen stark verbunden. Einige Bedeutungstypen kommen über-, andere unterzufällig häufig im Zusammenhang mit einer der beiden Richtungsvokabeln vor. Dies zeigt, dass die beiden Begriffe *nicht mit beliebigen Inhalten* gefüllt sind, sondern der Pool an bedeutungsprägenden Semantiken begrenzt ist. Die Zusammensetzung dieses Bedeutungspools hat sich zwar während des Untersuchungszeitraumes durchaus verändert, doch ließen sich zu jedem Betrachtungszeitpunkt charakteristische Kernbedeutungen ausmachen. Kurzum: *Links* und *rechts* sind in ihren Bedeutungsinhalten limitiert. Aus Abbildung 7.1 auf Seite 264 ist schließlich zu entnehmen, dass die mit *links* und *rechts* verbundenen Semantiken überwiegend eindeutig entweder *links* oder *rechts* zugeordnet werden können. Dies gilt insbesondere für *Ideologien*, *Politiker*innen und *Parteien* sowie *soziale Gruppen*. Wohingegen Bedeutungen, die *soziale Wandlungsprozesse* beschreiben, durchaus mit *links* als auch mit *rechts* assoziiert werden. Trotz dieser Einschränkung lassen sich die Bedeutungselemente der beiden Richtungsvokabeln in einem ausreichenden Maß binär schematisieren, so dass die semantischen Felder von *links* und *rechts* eindeutig zu unterscheiden sind.

Demzufolge stellt die Links-Rechts-Unterscheidung während des gesamten Untersuchungszeitraumes ein wichtiges Hilfsmittel der politischen Kommunikation dar. Dies gilt umso mehr, wenn bedacht wird, dass die *FAZ*-Kommentator*innen* besonders gerne in Kontexten auf die beiden Richtungsbegriffe zurückgreifen, die den Leser*innen* weniger bekannt sein dürften, so etwa bei den Kommentierung von Wahlen und Wahlkämpfen außerhalb des Bundesgebietes.

Die normativ-theoretische Perspektive

Neben dieser funktionalen Perspektive lässt sich die Frage nach der Relevanz der Links-Rechts-Unterscheidung auch nach *normativen* Gesichtspunkten diskutieren. Dabei spielt weniger die tatsächliche empirische Evidenz des Auftretens beider Richtungsvokabeln die entscheidende Rolle als vielmehr ideelle Argumentationen und taktische Erwägungen. Normative Diskurse prägen insbesondere die populären gesellschaftspolitischen Debatten über die Relevanz der klassischen Richtungsvokabeln *links* und *rechts*. Die Versuche, die *Macht* des Links-Rechts-Schemas zu brechen, werden zumeist von Parteien und politischen Akteuren unternommen, die das politische Parkett neu betreten haben und/oder Positionen vertreten, die jenseits des legitimen politischen Raumes liegen. In den 1970er- und 1980er-Jahren waren es *Die Grünen* als parlamentarischer Arm der *Neuen Sozialen Bewegungen*, die sich mit dem Slogan, „[n]icht rechts, nicht links, sondern vorn“ (Mende 2011), symbolisch von den etablierten Parteien absetzen wollten.[233] In der jüngeren

233 Auch gegenwärtig wird dieses Credo von Politiker*innen* der Grünen noch gerne vertreten. Der Ministerpräsident Baden-Württembergs Winfried Kretschmann merkt 2008 etwa an: „Wer heute noch das Links-Rechts-Muster benutzt, bemüht ein veraltetes begriffliches und politisches Werkzeug, das die neuen Realitäten nicht greifen und begreifen kann. Nur wenn sich die Grünen nicht ins Rechts-Links-Schema einordnen, sondern sich als Partei einer nicht linearen, sondern reflexiven Moderne begreifen, können sie ein gestaltendes Element in der Politik bleiben“ (Kretschmann

Vergangenheit haben etwa Teile der *Piratenpartei* versucht, auf diesem Weg Distanz zu den Parteien des parlamentarischen Establishments herzustellen und sich als *wirkliche* Alternative zu präsentieren (siehe etwa Dpa 2012). Auch die Kleinstpartei *Achtsame Demokraten – Die Hiddenseepartei*, die den Bürgermeister der gleichnamigen Ostseeinsel stellt, vermarktet ihre Politik unter dem Motto: „Nicht links, nicht rechts – wir sind vorn." (Achtsame Demokraten – Die Hiddenseepartei 2016; Seifert 2016).

Allerdings stellt diese *taktische Negation* der Richtungsunterscheidung nicht ausschließlich ein Phänomen des linken politischen Spektrums dar. Auch von Akteuren der politischen Rechten wird der Versuch unternommen, *links* und *rechts* als Fixpunkte des politischen Raumes zu überwinden. Für die konservative parlamentarische Rechte in der Bundesrepublik erscheint dies schon deshalb notwendig, um sich von dem zunehmend negativ konnotierten Begriff *rechts* zu lösen und auf diese Weise möglichst zu vermeiden, das Etikett *neonazistisch* angeheftet zu bekommen und aus dem legitimen politischen Raum gedrängt zu werden.[234] Während die Wähler*innen* der *AfD* sich im Aggregat deutlich rechts der politischen Mitte einstufen (Bieber, Roßteutscher und Scherer 2018), vermieden die bekanntesten Köpfe der Partei es zumeist, ihre politische Position als rechts zu beschreiben.[235] Dementsprechend heißt es in der Präambel des im Mai 2016 verabschiedeten *AfD*-Grundsatzprogrammes auch: „Wir sind Liberale und Konservative. Wir sind freie Bürger unseres Landes. Wir sind überzeugte Demokraten" (AfD 2016: 6). Wenn sich ein prominentes *AfD*-Mitglied, wie der ehemalige *FAZ*- und *Welt*-Journalist Konrad Adam, dennoch einmal als *rechts* bezeichnen

---

2008). Und die langjährige Fraktionsvorsitzende der *Grünen* im Berliner Abgeordnetenhaus Franziska Eichstädt-Bohlig gibt in einem Interview mit der *Heinrich-Böll-Stiftung* zu bedenken: „Unser grünes Problem sehe ich vor allem darin, dass wir unsererseits zu stark in das veraltete Rechts-Links-Schema zurückgefallen sind und uns selbst zu wenig weiter entwickeln. [...] Da waren wir Grünen schon mal moderner. Heute hinken wir unserem alten Motto „Nicht links, nicht rechts, sondern vorn" arg hinterher" (Heinrich-Böll-Stiftung 2018: 152).

234 In diesem Zusammenhang sei auf eine Überlegung Frank Deckers (1998: 37) hingewiesen, der anmerkt, dass eine Abwertung der Links-Rechts-Unterscheidung insbesondere Politikern der politischen Rechten helfe „sich selbst als Vertreter einer – ideologisch unverdächtigen – ‚Mitte' hinzustellen" (ebenda). Decker bezieht sich dabei auf eine Aussage des ehemaligen *CDU*-Generalsekretärs Heiner Geißler, der den Richtungsgegensatz als „‚politische[] Gesäßgeographie des 19. Jahrhunderts'" (ebenda) bezeichnet hat.

235 Bei der Bundestagswahl 2013 und den Landtagswahlen in Sachsen (2014) stuften sich die Kandidaten der *AfD* im Mittel auf der Links-Rechts-Skala zwar als rechts ein, ihre Position lag jedoch jeweils näher zur Mitte als die der Abgeordneten von *CDU* und *CSU*. (Ceyhan 2016: 63).

sollte, so liefert es gleichzeitig die Begründung dafür mit, was unter *rechts* zu verstehen sei:

> „Als rechts gilt heute, wer einer geregelten Arbeit nachgeht, seine Kinder pünktlich in die Schule schickt. Und der Ansicht ist, dass sich der Unterschied von Mann und Frau mit bloßem Auge erkennen lässt. Meine Damen und Herren, in diesem Sinne bin ich rechts. Sie ja wohl auch" (Adam, zitiert nach Maas 2015).

Von Teilen der außerparlamentarischen, im politischen Vorfeld agierenden *neuen Rechten* wird *rechts* dagegen gegenwärtig durchaus (wieder) als *Vokabel der politischen Selbstbeschreibung* herangezogen und zu rehabilitieren versucht: So etwa im Umkreis des *Instituts für Staatspolitik* und der Zeitschrift *Sezession*, deren Internetauftritt (Kubitschek 2016) zeitweise unter der Formel „*Right is right and left is wrong*" stand. Für die *Sezession*-Autorin Ellen Kositza ist es etwa ein Unding, dass der Begriff *rechts* in der Vergangenheit so *entmenschlicht* und mit *faschistisch* gleichgesetzt worden sei, wie sie in einem Interview mit der *3SAT*-Sendung *Kulturzeit* zu Protokoll gibt. Mit *Hitlerei* müsse ihr keiner kommen. Sie – Kositza und ihre Mitstreiter*innen* – seien vielmehr „die gute Rechte, die kluge Rechte, die fröhliche Rechte, die schöne Rechte, die neue Rechte" (Kositza, zitiert nach 3Sat 2016: 5:56–6:03).[236] Solche Überlegungen stehen den Argumentationen Armin Mohlers (1978: 16) nahe, der sich in den 1970er-Jahren bewusst als *rechts* bezeichnete, um sich von der Vereinnahmung des Begriffes *konservativ* durch Linke und Liberale abzusetzen und damit auch vom politischen Establishment abzugrenzen.[237] Auf diesem Weg, über eine schrittweise Neudefinition und Popularisierung der Inhalte von *rechts* im Umfeld der neurechten Intelligenz, erscheint es durchaus denkbar, dass das Etikett *rechts* wieder an politischer Relevanz gewinnt. Dies gilt insbesondere, wenn die *neue Rechte* es schaffen sollte, über die *AfD* ihre Ideen und Programmatiken in den parlamentarischen Politikdiskurs in Deutschland einzubringen. Versuche in diese Richtung werden unternommen. Götz Kubitschek gilt beispielsweise als Vordenker des *Flügels*, einer *völkisch-nationalistischen* Strömung innerhalb der *AfD* (Fiedler 2018).

---

236 Die vom Verfassungsschutz beobachtete neu-rechte Bewegung der *Identitären* hingegen postuliert bisweilen die Transzendierung der Links-Rechts-Unterscheidung und agierte zeitweise unter dem Motto: „Nicht links, nicht rechts, identitär" (Weiß 2013; siehe auch Brücken 2013).

237 Wobei Mohler davon ausgeht, dass sich die Links-Rechts-Unterscheidung eigentlich längst überlebt habe: „[D]as Schema [traf] schon im 19. Jahrhundert die Wirklichkeit nicht [...]. Und heute trifft es erst recht nicht" (Mohler 1978: 16).

Doch auch für etablierte Parteien kann es zeitweise zweckmäßig sein, die Links-Rechts-Unterscheidung zu relativieren, um sich die Chance zu eröffnen, neue Wähler*innen*gruppen zu erschließen und die eigene Position neu zu definieren. Einen ebensolchen Weg wählten viele sozialdemokratische/sozialistische Parteien in Europa in den 1990er-Jahren. Unter den programmatischen Titeln *New Labour* und *Neue Mitte* formulierten sie eine Politik, deren Kerngedanke darin bestand, linke und rechte Gesellschaftsentwürfe zu synthetisieren. Auf kurze Sicht war diese Taktik durchaus erfolgreich, wie die sozialdemokratischen Wahlerfolge in Großbritannien und Deutschland gegen Ende der 1990er-Jahre nahelegen. Auf lange Sicht hingegen zeigte sich, dass die Politik des *dritten Weges* viele Menschen aus den klassischen Träger*innen*schicht sozialdemokratischer Politik enttäuscht hat.

Das Spiel mit der Links-Rechts-Unterscheidung stellt in diesem Sinne ein Mittel des politischen Kampfes dar. Für Parteien bietet sich durch ein bewusstes Ablehnen oder programmatisches Transzendieren der Links-Rechts-Unterscheidung die Möglichkeit, sich als *Alternative* mit neuen, frischen Ideen zu vermarkten, die etablierte politische Konstellationen überwindet. Gerade für etablierte Parteien birgt diese Strategie jedoch das Risiko, ihre klassischen Wähler*innen*gruppen zu verprellen und dadurch Platz für neue Akteure auf der politischen Bühne zu schaffen.

Diese Überlegungen unterstreichen noch einmal die zentrale Erkenntnis der Arbeit: *Links* und *rechts* sind *relative Begriffe*, mit niemals vollständig fixierten Bedeutungsinhalten. Die Semantiken der Links-Rechts-Unterscheidung ist vielmehr das Ergebnis dauerhafter Verständigungsprozesse innerhalb des politischen Raumes. Entgegen der essentialistischen Annahme, dass die Links-Rechts-Unterscheidung einen unveränderbaren Bedeutungskern aufweist, kann die Frage *what's left and who's right?* aus dieser Perspektive nicht endgültig beantwortet werden.

Literatur

3Sat (2016). *Kulturzeit*. URL: https://www.youtube.com/watch?v=3HtecOf2Yks (besucht am 06.02.2020).

Achtsame Demokraten – Die Hiddenseepartei (2016). *Nicht links, nicht rechts – wir sind vorn*. URL: www.achtsamkeit-2013.de/?p=714 (besucht am 06.02.2020).

AfD (2016). *Programm für Deutschland. Das Grundsatzprogramm der Alternative für Deutschland*. URL: https://www.alternativefuer.de/wp-content/uploads/sites/7/2016/05/2016-06-27_afd-grundsatzprogramm_web-version.pdf (besucht am 06.02.2020).

Angster, Julia (2003). *Konsenskapitalismus und Sozialdemokratie. Die Westernisierung von SPD und DGB*. München: Oldenbourg.

Anthony, Laurence (2011). *AntConc (3.2.4) [Computer Software]*. Waseda University. URL: http://www.laurenceanthony.net/software/antconc/releases/AntConc324/ (besucht am 18.03.2017).

Arzheimer, Kai (2009). „Ideologien“. In: *Politische Soziologie. Ein Studienbuch*. Hrsg. von Viktoria Kaina und Andrea Römmele. Wiesbaden: VS Verlag für Sozialwissenschaften, S. 83–108.

Arzheimer, Kai und Carl C. Berning (2019). „How the Alternative for Germany (AfD) and Their Voters Veered to the Radical Right, 2013–2017“. In: *Electoral Studies* 60, S. 102040. DOI: 10.1016/j.electstud.2019.04.004.

Arzheimer, Kai und Tatjana Rudi (2007). „Wertorientierungen und ideologische Einstellungen“. In: *Der gesamtdeutsche Wähler. Stabilität und Wandel des Wählerverhaltens im wiedervereinigten Deutschland*. Hrsg. von Hans Rattinger, Oscar W. Gabriel und Jürgen W. Falter. Baden-Baden: Nomos, S. 167–187.

Arzheimer, Kai und Annette Schmitt (2014). „Der ökonomische Ansatz“. In: *Handbuch Wahlforschung*. Hrsg. von Jürgen W. Falter und Harald Schoen. Wiesbaden: Springer VS, S. 331–403.

P. Scherer, Links *und* rechts *im Wandel*,
https://doi.org/10.1007/978-3-658-30496-6

Backes, Uwe (1989). *Politischer Extremismus in demokratischen Verfassungsstaaten. Elemente einer normativen Rahmentheorie.* Opladen: Westdeutscher Verlag.
– (2006). *Politische Extreme. Eine Wort- und Begriffsgeschichte von der Antike bis in die Gegenwart.* Göttingen: Vandenhoeck & Ruprecht.
Backes, Uwe und Eckhard Jesse (1997). „Die Rechts-Links-Unterscheidung – Betrachtungen zu ihrer Geschichte, Logik, Leistungsfähigkeit und Problematik“. In: *Jahrbuch Extremismus & Demokratie (E&D).* Hrsg. von Uwe Backes und Eckhard Jesse. Baden-Baden: Nomos, S. 13–38.
Backes, Uwe, Matthias Mletzko und Jan Stoye (2010). *NPD-Wahlmobilisierung und politisch motivierte Gewalt. Sachsen und Nordrhein-Westfalen im kontrastiven Vergleich.* Köln: Luchterhand.
Badischer Landtag, Zweite Kammer, Hrsg. (2012). *LXVI. Protokoll der sechs und sechzigsten öffentlichen Sitzung. Digitalisiert.* Bd. 8. Karlsruhe: Badische Landesbibliothek, [125]109–[172]156. URL: `https://nbn-resolving.de/urn:nbn:de:bsz:31-28868`.
Baier, Walter (2015). *Linker Aufbruch in Europa?* Wien: Edition Steinbauer.
Baker, Paul, Andrew Hardie und Tony McEnery (2006). *A Glossary of Corpus Linguistics.* Edinburgh: Edinburgh University Press.
Bardi, Luciano (1996). „Anti-party sentiment and party system change in Italy“. In: *European Journal of Political Research* 29.3, S. 345–363. DOI: `10.1111/j.1475-6765.1996.tb00656.x`.
Barnes, Samuel H. (1971). „Left, Right, and the Italian Voter“. In: *Comparative Political Studies* 4.2, S. 157–175. DOI: `10.1177/001041407100400202`.
Bartsch, Sabine (2004). *Structural and Functional Properties of Collocations in English. A Corpus Study of Lexical and Pragmatic Constraints on Lexical Co-occurrence.* Tübingen: Narr.
Battista, Giuseppe di u. a. (1999). *Graph Drawing. Algorithms for the Visualization of Graphs.* Upper Saddle River: Prentice Hall.
Bauer-Kaase, Petra (2001). „Politische Ideologie im Wandel? Eine Längsschnittanalyse der Inhalte der politischen Richtungsbegriffe ‚links‘ und ‚rechts‘“. In: *Wahlen und Wähler. Analysen aus Anlass der Bundestagswahl 1998.* Hrsg. von Hans-Dieter Klingemann und Max Kaase. Wiesbaden: Westdeutscher Verlag, S. 207–243.
Bauer-Kaase, Petra und Alfons Geis (1998). *Towards Extending Content Analysis (TECA). Schlußbericht zu Arbeitspaket 2 Coderbasierte Inhaltsanalyse.* ZUMA-Technischer Bericht T98/19. Zentrum für

Umfragen, Methoden und Analysen -ZUMA-. URL: https://nbn-resolving.de/urn:nbn:de:0168-ssoar-48750-1.

Bauer, Franz J. (2010). *Das ‚lange' 19. Jahrhundert (1789–1917). Profil einer Epoche.* Stuttgart: Reclam.

Baumgarten, Hans (1951). „Begriffe von vorgestern". In: *Frankfurter Allgemeine Zeitung* 262 vom 09.11.1951, S. 1.

Bayer, József (2012). „Ist Rechtspopulismus gleich Rechtsextremismus? Der Aufstieg der ungarischen Partei Jobbik". In: *Populismus. Herausforderung oder Gefahr für die Demokratie.* Hrsg. von Anton Pelinka und Birgitt Haller. Wien: New Academic Press, S. 127–140.

Beck, Ulrich (1993). *Die Erfindung des Politischen. Zu einer Theorie reflexiver Modernisierung.* Frankfurt a. M.: Suhrkamp.

– (1996a). „Das Zeitalter der Nebenfolgen und die Politisierung der Moderne". In: *Reflexive Modernisierung. Eine Kontroverse.* Hrsg. von Ulrich Beck, Anthony Giddens und Scott Lash. Frankfurt a. M.: Suhrkamp, S. 19–112.

– (1996b). „Wissen oder Nicht-Wissen? Zwei Perspektiven ‚reflexiver Modernisierung' ". In: *Reflexive Modernisierung. Eine Kontroverse.* Hrsg. von Ulrich Beck, Anthony Giddens und Scott Lash. Frankfurt a. M.: Suhrkamp, S. 289–315.

– (2003). *Risikogesellschaft. Auf dem Weg in eine andere Moderne.* Frankfurt a. M.: Suhrkamp.

– (2009). *Macht und Gegenmacht im globalen Zeitalter. Neue weltpolitische Ökonomie.* Frankfurt a. M.: Suhrkamp.

Beck, Ulrich, Anthony Giddens und Scott Lash, Hrsg. (1996). *Reflexive Modernisierung. Eine Kontroverse.* Frankfurt a. M.: Suhrkamp.

Becketti, Sean (2013). *Introduction to Time Series Using Stata.* College Station: Stata Press.

Behnke, Joachim (2005). „Lassen sich Signifikanztests auf Vollerhebungen anwenden? Einige essayistische Anmerkungen". In: *Politische Vierteljahresschrift* 46.1, O1–O15. DOI: 10.1007/s11615-005-0240-y.

– (2007). *Kausalprozesse und Identität. Über den Sinn von Signifikanztests und Konfidenzintervallen bei Vollerhebungen.* Beiträge zu empirischen Methoden der Politikwissenschaft. Teilgebiet: Statistik/Wissenschaftstheorie 2.3. Arbeitskreis der DVPW „Empirische Methoden der Politikwissenschaft". URL: https://www.wiso.uni-hamburg.de/fileadmin/sowi/ak_methoden/Behnke_-_Kausalprozesse_und_Identitaet.pdf (besucht am 08. 09. 2016).

Bell, Daniel (1961). *The End of Ideology. On the Exhaustion of Political Ideas in the Fifties.* New York: Collier Books.

Bell, Daniel (1976). *Die nachindustrielle Gesellschaft.* Frankfurt a. M. und New York: Campus-Verlag.

Benoist, Alain de (1995). „End of the Left-Right Dichotomy: The French Case“. In: *Telos* 102, S. 73–89.

Berger, Manfred u. a. (2011). *Wahlstudie 1976 (Panel: Voruntersuchung, Mai – Juni 1976, August – September 1976; Nachuntersuchung, Oktober – November 1976).* ZA0832 Datenfile Version 2.0.0. GESIS Datenarchiv, Köln. DOI: 10.4232/1.10839.

Best, Heinrich (1990). *Die Männer von Bildung und Besitz. Struktur und Handeln parlamentartischer Führungsgruppen in Deutschland und Frankreich 1848/49.* Düsseldorf: Droste.

– (1998). „Strukturen parlamentarischer Repräsentation in den Revolutionen von 1848“. In: *Europa 1848. Revolution und Reform.* Hrsg. von Dieter Dowe, Heinz-Gerhard Haupt und Dieter Langewiesche. Bonn: Dietz, S. 629–669.

Betz, Hans-George (1993). „The New Politics Resentment. Radical Right-Wing Populist Parties in Western Europe“. In: *Comparative Politics* 25.4, S. 413–427. DOI: 10.2307/422034.

Beyme, Klaus von (1988). „Right-Wing Extremism in Post-War Europe“. In: *West European Politics* 11.2, S. 1–18. DOI: 10.1080/01402388808424678.

– (1995). *Die politische Klasse im Parteienstaat.* Frankfurt a. M.: Suhrkamp.

– (2010). „Populismus und Rechtsextremismus in postmodernen Parteiensystemen“. In: *Krise oder Wandel der Parteiendemokratie.* Hrsg. von David Gehne und Tim Spier. Wiesbaden: VS Verlag für Sozialwissenschaften, S. 177–189.

Bieber, Ina E. und Eyelyn Bytzek (2012). „Online-Umfragen: Eine geeignete Erhebungsmethode für die Wahlforschung? Ein Vergleich unterschiedlicher Befragungsmodi am Beispiel der Bundestagswahl 2009“. In: *Methoden – Daten – Analysen. Zeitschrift für Empirische Sozialforschung* 6.2, S. 185–211. DOI: https://doi.org/10.12758/mda.2012.011.

Bieber, Ina E., Sigrid Roßteutscher und Philipp Scherer (2015). „Anti-Party Voting in Germany: the Alternative for Germany (AfD) and the Pirate Party“. In: *Anti-Party Parties in Germany and Italy. Protest Movements and Parliamentary Democracy.* Hrsg. von Andrea de Petris und Thomas Poguntke. Rom: Luiss University Press, S. 51–75.

– (2018). „Die Metamorphosen der AfD-Wählerschaft: Von einer eurokritischen Protestpartei zu einer (r)echten Alternative?“ In: *Politische Vierteljahresschrift* 59, S. 433–461. DOI: 10.1007/s11615-018-0103-y.

Biedermann, Karl (1849). *Erinnerungen aus der Paulskirche.* Leipzig: Mayer.

Bitawy, Mossaad El (2004). *Wandel von Wortbedeutungen im heutigen Deutschen.* Aachen: Shaker.

Bluntschli, Johann C. und Carl L. T. Brater, Hrsg. (1861). *Deutsches Staats-Wörterbuch.* Bd. 6. Stuttgart und Leipzig: Expedition des Staats-Wörterbuchs. URL: `http://mdz-nbn-resolving.de/urn:nbn:de:bvb:12-bsb10725811-9`.

– Hrsg. (1864). *Deutsches Staats-Wörterbuch.* Bd. 8. Stuttgart und Leipzig: Expedition des Staats-Wörterbuchs. URL: `http://mdz-nbn-resolving.de/urn:nbn:de:bvb:12-bsb10768393-6`.

Bobbio, Norberto (2006). *Rechts und Links. Gründe und Bedeutungen einer politischen Unterscheidung.* Berlin: Wagenbach.

Böddeker, Günter (1967). *20 Millionen täglich. Wer oder was beherrscht die deutsche Presse.* Oldenburg und Hamburg: Stalling.

Bollinger, Stefan, Hrsg. (2009). *Linke und Nation. Klassische Texte zu einer brisanten Frage.* Wien: Promedia.

Bonse, Eric (2019). „Meuthen, Le Pen, Zanni". In: *taz.de.* URL: `https://taz.de/Neue-rechte-EU-Fraktion-gebildet/!5600109/` (besucht am 27. 02. 2020).

Botzenhart, Manfred (1977). *Deutscher Parlamentarismus in der Revolutionszeit: 1848–1850.* Düsseldorf: Droste.

– (1985). *Reform, Restauration, Krise. Deutschland 1789–1847.* Frankfurt a. M.: Suhrkamp.

Bouvier, Beatrix W. (1990). *Zwischen Godesberg und Großer Koalition. Der Weg der SPD in die Regierungsverantwortung.* Bonn: Dietz.

Box, George E. P. und Gwilym M. Jenkins (1976). *Time Series Analysis. Forecasting and Control.* San Francisco: Holden-Day.

Box, George E. P., Gwilym M. Jenkins und Gregory C. Reinsel (2013). *Time Series Analysis. Forecasting and Control.* Hoboken: John Wiley & Sons.

Brand, Karl-Werner (1990). „Cyclical Aspects of New Social Movements: Waves of Cultural Criticism and Mobilization Cycles of New Middle-class Radicalism". In: *Challenging the Political Order. New Social and Political Movements in Western Democracies.* Hrsg. von Russell J. Dalton und Manfred Kuechler. Cambridge: Polity Press, S. 23–42.

Brandes, Ulrik (2001). „Drawing on Physical Analogies". In: *Drawing Graphs.* Hrsg. von Michael Kaufmann und Dorothea Wagner. Berlin u. a.: Springer-Verlag, S. 71–86.

Brandstetter, Marc (2012). *Die ‚neue' NPD: Zwischen Systemfeindschaft und bürgerlicher Fassade.* Konrad-Adenauer-Stiftung. URL:

http://www.kas.de/wf/doc/kas_30034-544-1-30.pdf?140328142648 (besucht am 06.02.2020).
Brandt, Gerhardt (1961). „Die Neue Linke in England“. In: *neue kritik* 6, S. 22–30.
Brath, Richard und David Jonker (2015). *Graph Analysis and Visualization. Discovering Business Opportunity in Linked Data.* Indianapolis: John Wiley & Sons.
Breuer, Stefan (2005). *Nationalismus und Faschismus. Frankreich, Italien und Deutschland im Vergleich.* Darmstadt: Wissenschaftliche Buchgesellschaft.
– (2010). *Die radikale Rechte in Deutschland 1871–1945. Eine politische Ideengeschichte.* Stuttgart: Reclam.
Brie, Michael und Christoph Spehr (2006). „Was ist heute links?“ In: *Kontrovers - Beiträge zur politischen Bildung* 1, S. 1–20. URL: https://www.rosalux.de/fileadmin/rls_uploads/pdfs/kontrovers0601.pdf (besucht am 06.02.2020).
Brinkmann, Jan (2009). „Die SPD nach Godesberg und ihr Verhältnis zur Neuen Linken in den Jahren 1960–1974“. In: *Dis—kurs* 5.1, S. 115–125.
Bröckling, Ulrich (1992). „Rechts und Links. Zwölf Thesen zum Spiegelspiel der Politik“. In: *KultuRRevolution* 28, S. 72–73.
Brodkorb, Mathias (2003). *Metamorphosen von rechts. Eine Einführung in Strategie und Ideologie des modernen Rechtsextremismus.* Münster: Westfälisches Dampfboot.
Broscheid, Andreas und Thomas Gschwend (2003). *Augäpfel, Murmeltiere und Bayes. Zur Auswertung stochastischer Daten aus Vollerhebungen.* MPIfG Working Paper 03/7. Max-Planck-Institut für Gesellschaftsforschung. URL: http://www.mpifg.de/pu/workpap/wp03-7/wp03-7.pdf (besucht am 06.02.2020).
– (2005). „Zur statistischen Analyse von Vollerhebungen“. In: *Politische Vierteljahresschrift* 46.1, O16–O26. DOI: 10.1007/s11615-005-0241-x.
Brosius, Hans-Bernd und Frank Esser (1996). „Massenmedien und fremdenfeindliche Gewalt“. In: *Rechtsextremismus. Ergebnisse und Perspektiven der Forschung.* Hrsg. von Jürgen W. Falter, Hans-Gerd Jaschke und Jürgen R. Winkler. Opladen: Westdeutscher Verlag, S. 204–218.
Brücken, Timo (2013). „Flashmob der Islamhasser. Rechte Jugendbewegung ‚Identitäre‘“. In: *Spiegel Online.* URL: http://www.spiegel.de/lebenundlernen/schule/identitaere-

rechtsextreme-islamfeinde-machen-auf-jugendbewegung-a-880400.html (besucht am 06. 02. 2020).

Brug, Wouter van der (2010). „Structural and Ideological Voting in Age Cohorts“. In: *West European Politics* 33.3, S. 586–607. DOI: 10.1080/01402381003654593.

Bubenhofer, Noah (2009). *Sprachgebrauchsmuster. Korpuslinguistik als Methode der Diskurs- und Kulturanalyse.* Berlin und New York: De Gruyter.

Büsch, Otto (1967). „Erste Studie: Geschichte und Gestalt der SRP“. In: *Rechtsradikalismus im Nachkriegsdeutschland.* Hrsg. von Otto Stammer. Köln und Opladen: Westdeutscher Verlag, S. 1–192.

Butler, David und Donald Stokes (1971). *Political Change in Britain. Forces Shaping Electoral Choice.* Harmondsworth und Ringwood: Penguin Books.

Bytzek, Evelyn (2007). *Ereignisse und ihre Wirkung auf die Popularität von Regierungen. Von der Schleyer-Entführung zur Elbeflut.* Baden-Baden: Nomos.

– (2008). „Ereignisse und ihre Wirkung auf die Themenagenda der Wählerschaft“. In: *Medien & Kommunikationswissenschaft* 56.3–4, S. 433–451. DOI: 10.5771/1615-634x-2008-3-4-433.

Campbell, Angus u. a. (1964). *The American Voter.* New York: John Wiley & Sons.

Carstens, Peter (2006). „Die merkwürdige Ausschuß-Allianz“. In: *Frankfurter Allgemeine Zeitung* 64 vom 16.03.2006, S. 1.

Ceyhan, Sara (2016). „Konservativ oder doch schon rechtspopulistisch? Die politischen Positionen der AfD-Parlamentskandidaten im Parteienvergleich“. In: *Zeitschrift für Politikwissenschaft* 26.1, S. 49–76. DOI: 10.1007/s41358-016-0020-9.

Cherubim, Dieter (1979). „Zum Problem der Ursachen des Sprachwandels“. In: *Zeitschrift für Dialektologie und Linguistik* 46.3, S. 320–337. URL: http://www.jstor.org/stable/40501416.

– (2012). „Verstehen wir den Sprachwandel richtig?“ In: *Historische Sprachwissenschaft. Erkenntnisinteressen, Grundlagenprobleme, Desdiderate.* Hrsg. von Péter Maitz. Berlin und Boston: De Gruyter, S. 29–49.

Church, Kenneth u. a. (1991). „Using Statistics in Lexical Analysis“. In: *Lexical Acquisition: Exploiting On-Line Resources to Build a Lexicon.* Hrsg. von Uri Zernik. Hillsdale u. a.: Erlbaum, S. 115–164.

Converse, Philip E. (1964). „The Nature of Belief Systems in Mass Publics“. In: *Ideology and Discontent.* Hrsg. von David E. Apter. New York: The Free Press, S. 206–261.

Converse, Philip E. (1975). „Some mass-elite contrast in the perception of political spaces". In: *Social Science Information* 14.3–4, S. 49–83. DOI: 10.1177/053901847501400303.

Conze, Werner (1964). „Nation und Gesellschaft zwei Grundbegriffe der revolutionären Epoche". In: *Historische Zeitschrift* 198, S. 1–16.

Conze, Werner und Dieter Groh (1966). *Die Arbeiterbewegung in der nationalen Bewegung. Die deutsche Sozialdemokratie vor, während und nach der Reichsgründung*. Stuttgart: Klett.

Dahrendorf, Ralf (1963a). „Das Ende der Ideologie". In: *Die Zeit* 44 vom 01.11.1963, S. 9.

– (1963b). „Links in der Bundesrepublik?" In: *Was ist heute Links? Thesen und Theorien zu einer politischen Position*. Hrsg. von Horst Krüger. München: List, S. 35–43.

Dalton, Russell J. (2010). „Ideology, Partisanship, and Democratic Developement". In: *Comparing Democracies 3. Elections and Voting in the 21st Century*. Hrsg. von Lawrence LeDuc, Richard G. Niemi und Pippa Norris. Los Angles u. a.: Sage Publications, S. 143–164.

Dann, Otto (1978). „Nationalismus und sozialer Wandel in Deutschland 1806–1850". In: *Nationalismus und sozialer Wandel*. Hrsg. von Otto Dann. Hamburg: Hoffmann und Campe, S. 77–128.

Decker, Frank (1998). „Jenseits von rechts und links? Zum Bedeutungswandel der politischen Richtungsbegriffe". In: *Jahrbuch Extremismus & Demokratie (E & D)*. Hrsg. von Uwe Backes und Eckhard Jesse. Baden-Baden: Nomos, S. 33–48.

Decker, Frank und Viola Neu, Hrsg. (2018). *Handbuch der deutschen Parteien*. Wiesbaden: Springer VS.

Der Spiegel (1975). „Tendenzwende: Jeder fühlt den neuen Wind". In: *Der Spiegel* 1–2, S. 19–20. URL: http://www.spiegel.de/spiegel/print/d-41558791.html (besucht am 28. 03. 2017).

– (1982). „Wende 82: ‚Strohfeuer von drei Monaten'". In: *Der Spiegel* 42, S. 17–26. URL: http://magazin.spiegel.de/EpubDelivery/spiegel/pdf/14351022 (besucht am 28. 03. 2017).

Derber, Charles, Hrsg. (1995). *What's Left? Radical Politics in the Postcommunist Era*. Amherst: The University of Massachusetts Press.

Deumert, Ana (2006). „The Relations between Linguistics and Social Change/Das Verhältnis von sprachlichem und sozialem Wandel". In: *Sociolinguistics. Soziolinguistik. An International Handbook of the Science of Language and Society. Ein internationales Handbuch zur*

Wissenschaft von Sprache und Gesellschaft. Hrsg. von Ulrich Ammon u. a. Bd. 3. Berlin und New York: De Gruyter, S. 2138–2146.

Dietzel, Horst und Konrad Irmschler, Hrsg. (1991). *Was ist heute links?* Berlin: Dietz.

Dittmar, Norbert (2000). „Sozialer Umbruch und Sprachwandel am Beispiel der Modalpartikeln *halt* und *eben* in der Berliner Kommunikationsgemeinschaft nach der ‚Wende' ". In: *Kommunikation in gesellschaftlichen Umbruchsituationen. Mikroanalytische Aspekte des sprachlichen und gesellschaftlichen Wandels in den Neuen Bundesländern.* Hrsg. von Peter Auer und Heiko Hausendorf. Tübingen: Niemeyer, S. 199–234.

Doering-Manteuffel, Anselm (2010). *Die deutsche Frage und das europäische Staatensystem 1815–1871.* München: Oldenbourg.

– (2014). „Die deutsche Geschichte in den Zeitbögen des 20. Jahrhunderts". In: *Vierteljahrshefte für Zeitgeschichte* 62.3, S. 321–348. DOI: 10.1515/vfzg-2014-0017.

Doering-Manteuffel, Anselm und Lutz Raphael (2012). *Nach dem Boom. Perspektiven auf die Zeitgeschichte seit 1970.* Göttingen: Vandenhoeck & Ruprecht.

Doering-Manteuffel, Anselm, Lutz Raphael und Thomas Schlemmer, Hrsg. (2016). *Vorgeschichte der Gegenwart. Dimensionen des Strukturbruchs nach dem Boom.* Göttingen: Vandenhoeck & Ruprecht.

Does, Karl-Josef (1978). „Politische Werte, politische Perspektiven und Parteiensystem. Zur Wahrnehmung von Parteiimages". In: *Wählerverhalten in der Bundesrepublik Deutschland. Studien zu ausgewählten Problemen der Wahlforschung aus Anlaß der Bundestagswahl 1976.* Hrsg. von Dieter Oberndörfer. Berlin: Duncker & Humbolt, S. 85–187.

Dohrendorf, Rüdiger (1990). *Zum publizistischen Profil der ‚Frankfurter Allgemeinen Zeitung'. Computerunterstützte Inhaltsanalyse von Kommentaren der FAZ.* Frankfurt a. M. u. a.: Lang.

Döring, Herbert (1995). „Die Sitzordnung der Abgeordneten: Ausdruck kulturell divergierender Aufassungen von Demokratie?" In: *Sprache des Parlaments und Semiotik der Demokratie. Studien zur politischen Kommunikation in der Moderne.* Hrsg. von Andreas Dörner und Ludgera Vogt. Berlin und New York: De Gruyter, S. 278–289.

Dörner, Andreas (1995). „‚Rechts', aber nicht ‚draußen'. Zur Selbstverortung in den Parteiprogrammen der REPUBLIKANER". In: *Sprache des Parlements und Semiotik der Demokratie. Studien zur politischen Kommunikation in der Moderne.* Hrsg. von Andreas Dörner und Ludgera Vogt. Berlin und New York: De Gruyter, S. 364–396.

Downs, Anthony (1957). *An Economic Theory of Democracy.* New York: Harper & Row.

Dpa (2012). „‚Nicht links, sondern liberal'". In: *fr-online.de.* URL: http://www.fr-online.de/politik/-nicht-links--sondern-liberal,1472596,16790430.html (besucht am 20. 02. 2017).

Drohsel, Franziska, Hrsg. (2009). *Was ist heute links? Thesen für eine Politik der Zukunft.* Frankfurt a. M.: Campus-Verlag.

Dubiel, Helmut (1994). „Was, bitte, ist heute noch links?" In: *Die Zeit* 12 vom 18.03.1994, S. 12. URL: http://www.zeit.de/1994/12/was-bitte-ist-heute-noch-links (besucht am 06. 02. 2020).

Duden, Hrsg. (2014). *Duden 7. Das Herkunftswörterbuch. Etymologie der deutschen Sprache.* Berlin, Mannheim und Zürich: Dudenverlag.

– (2020a). *Lexem, das.* URL: http://www.duden.de/rechtschreibung/Lexem (besucht am 07. 02. 2020).

– (2020b). *linke, linker, linkes.* URL: http://www.duden.de/rechtschreibung/linke (besucht am 06. 02. 2020).

– (2020c). *rechte, rechter, rechtes.* URL: http://www.duden.de/rechtschreibung/rechte (besucht am 11. 02. 2020).

Dunning, Ted (1993). „Accurate Methods for the Statistics of Surprise and Coincidence". In: *Computational Linguistics* 19.1, S. 61–74. URL: http://www.aclweb.org/anthology/J93-1003 (besucht am 07. 02. 2020).

Dyrberg, Torben B. (2003). „Right/left in the context of new political fronfront. What's radical politics today?" In: *Journal of Language and Politics* 2.2, S. 333–360. DOI: 10.1075/jlp.2.2.09dyr.

Echternkamp, Jörg (2013). *Die Bundesrepublik Deutschland 1945/49–1969.* Paderborn u. a.: Schöningh.

Eckert, Roland (2010). „Kulturelle Homogenität und aggressive Intoleranz. Eine Kritik der Neuen Rechten". In: *Aus Politik und Zeitgeschichte* 44, S. 26–33.

Egeler, Roderich (2014). *„Repräsentative Wahlstatistik zur Bundestagswahl 2013".* URL: https://www.bundeswahlleiter.de/dam/jcr/1eced2bb-0c57-4c70-

8524-2bf8eebee903/btw13_pk20140128_statement_egeler.pdf (besucht am 07.02.2020).

Eijk, Cees van der, Hermann Schmitt und Tanja Binder (2005). „Left-Right Orientations and Party Choice". In: *The European Voter. A Comparative Study of Modern Democracies.* Hrsg. von Jacques Thomassen. Oxford: Oxford University Press, S. 167–191.

Eilders, Christiane (2004). „Von Links bis Rechts – Deutung und Meinung in Pressekommentaren". In: *Die Stimme der Medien. Pressekommentare und politische Öffentlichkeit in der Bundesrepublik.* Hrsg. von Christiane Eilders, Friedhelm Neidhardt und Barbara Pfetsch. Wiesbaden: VS Verlag für Sozialwissenschaften, S. 129–166.

Eisenmann, Gottfried (1848). *Die Parteyen der teutschen Reichsversammlung, ihre Programme, Statuten und Mitglieder-Verzeichnisse.* Erlangen: Enke.

Eisner, Manuel (1990). „‚Gleitende Assoziationsfilter'. Ein neues textanalytisches Verfahren zur Identifikation von semantischen Assoziationsfeldern und seine Anwendung am Begriff ‚Freiheit' in schweizerischen Zeitungstexten". In: *Schweizerische Zeitschrift für Soziologie* 16.1, S. 1–28. URL: https://szs.sgs-sss.ch/wp-content/uploads/2016/08/revue_16_1_1990.pdf (besucht am 07.02.2020).

– (1992). „Semantische Assoziation und Dissoziation von politischen Leitbegriffen – ein neues textanalytisches Verfahren zur Identifikation von semantischen Assoziationsfeldern und einige Anwendungsbeispiele". In: *Textanalyse. Anwendungen der computerunterstützten Inhaltsanalyse. Beiträge zur 1. TEXTPACK-Anwenderkonferenz.* Hrsg. von Cornelia Züll und Peter Ph. Mohler. Opladen: Westdeutscher Verlag, S. 185–213.

Elff, Martin (2000). „Neue Mitte oder alte Lager? Welche Rolle spielen sozioökonomische Konfliktlinien für das Wahlergebnis von 1998?" In: *Die Republik auf dem Weg der Normalität? Wahlverhalten und politische Einstellungen nach acht Jahren Einheit.* Hrsg. von Jan van Deth, Hans Rattinger und Edeltraud Roller. Opladen: Leske + Budrich, S. 67–92.

Elff, Martin und Sigrid Roßteutscher (2011). „Stability or Decline? Class, Religion and the Vote in Germany". In: *German Politics* 20, S. 107–127. URL: http://dx.doi.org/10.1080/09644008.2011.554109.

– (2020). „All gone? Change and Persistence in the Impact of Social Cleavages on Voting Behavior in Germany since 1949". In: *The Changing German Voter.* Oxford: Oxford University Press. Uneditiertes Manuskript.

Engehausen, Frank (2007). *Die Revolution von 1848/49.* Paderborn u. a.: Schöningh.
Engels, Friedrich (1969). „Artikel aus der ‚Neuen Rheinischen Zeitung' 1. Juni – 7. November 1848. Die Polendebatte in Frankfurt". In: *Marx-Engels-Werke (MEW).* Hrsg. von Institut für Marxismus-Leninismus beim ZK der SED. Bd. 5. Berlin: Dietz, S. 319–363.
Eppler, Erhard (1975). *Ende oder Wende. Von der Machbarkeit des Notwendigen.* Stuttgart u. a.: Kohlhammer.
– (1981). *Wege aus der Gefahr.* Reinbek: Rowohlt.
Erbe, Michael (1982). *Die Geschichte Frankreichs von der Großen Revolution bis zur Dritten Republik 1789–1884.* Stuttgart u. a.: Kohlhammer.
Evangelische Kirche in Hessen und Nassau (2001). *Evangelisches Gesangbuch.* Frankfurt a. M.: Spener Verlag.
Evert, Stefan (2004). „The Statistics of Word Cooccurrences. Word Pairs and Collocations". Diss. Stuttgart: Institut für maschinelle Sprachverarbeitung, Universität Stuttgart. DOI: http://dx.doi.org/10.18419/opus-2556.
– (2009). „Corpora and collocations". In: *Corpus Linguistics. An International Handbook.* Hrsg. von Anke Lüdeling und Merja Kytö. Bd. 2. Berlin und Boston: De Gruyter, S. 1212–1248.
Eysenck, Hans Jürgen (1963). *The Psychology of Politics.* London: Routledge & Kegan Paul.
Falter, Jürgen W. (2010). „Behavioralismus". In: *Lexikon der Politikwissenschaft. Theorien, Methoden, Begriffe.* Hrsg. von Dieter Nohlen und Rainer-Olaf Schultze. Bd. 1. München: Beck, S. 74–78.
Feldman, Stanley (2013). „Political Ideology". In: *The Oxford Handbook of Political Psychology.* Hrsg. von Leonie Huddy, David O. Sears und Jack S. Levy. Oxford: Oxford University Press, S. 591–626. DOI: 10.1093/oxfordhb/9780199760107.013.0019.
Fetscher, Iring (1980). „Widersprüche im Neokonservatismus". In: *Merkur* 34.381, S. 107–122.
– (1990). *Utopien – Illusionen – Hoffnungen. Plädoyer für eine politische Kultur in Deutschland.* Stuttgart: Radius-Verlag.
Fiedler, Maria (2018). „Götz Kubitschek – der Stratege der Neuen Rechten". In: *Tagesspiegel.* URL: https://www.tagesspiegel.de/themen/agenda/verleger-goetz-kubitschek-der-stratege-der-neuen-rechten/22963170-all.html (besucht am 04. 03. 2020).

Firth, John R. (1962). „A Synopsis of Linguistic Theory, 1930–1955“. In: *Studies in Linguistic Analysis.* Hrsg. von The Philological Society. Oxford: Basil Blackwell, S. 1–32.
Fischer, Thomas (2006). „Die Tupamaros in Uruguay. Das Modell Stadtguerilla“. In: *Die RAF und der linke Terrorismus.* Hrsg. von Wolfgang Kraushaar. Bd. 2. Hamburg: Hamburger Edition, S. 736–750.
Flach, Karl-Hermann (1967). *Macht und Elend der Presse.* Mainz: v. Hase & Koehler.
Flechtheim, Ossip K. (1965). *Dokumente zur parteipolitischen Entwicklung in Deutschland seit 1945. Band 4: Programmatik der deutschen Parteien, Teil 1.* Berlin: Wendler.
Flemming, Lars (2005). *Das NPD-Verbotsverfahren. Vom „Aufstand der Anständigen“ zum „Aufstand der Unfähigen“.* Baden-Baden: Nomos.
Fliegende Blätter (1848). „Neues Kammersystem“. In: *Fliegende Blätter* 211, S. 151. URL: http://digi.ub.uni-heidelberg.de/diglit/fb9/0155.
Freeden, Michael (2003). *Ideology. A Very Short Introduction.* Oxford und New York: Oxford University Press.
Freire, André (2006). „Bringing Social Identities Back In: The Social Anchors of Left-Right Orientation in Western Europe“. In: *International Political Science Review* 27.4, S. 359–378. DOI: 10.1177/0192512106067358.
– (2008). „Party Polarization and Citizens' Left-Right Orientations“. In: *Party Politics* 14.2, S. 189–209. DOI: 10.1177/1354068807085889.
– (2015). „Left-right Ideology as a Dimension of Identification and Competition“. In: *Journal of Political Ideologies* 20.1, S. 43–68. DOI: 10.1080/13569317.2015.991493.
Freire, André und Kats Kivistik (2013a). „Western and Non-Western Meanings of the Left-Right Divide Across Four Continents“. In: *Journal of Political Ideologies* 18.2, S. 171–199. DOI: https://doi.org/10.1080/13569317.2013.784009.
Freire, André und Kats Kivistik (2013b). „Mapping and Explaining the Use of the Left-Right Divide“. In: *Brazilian Political Science Review* 7.3, S. 61–89. DOI: https://doi.org/10.1590/S1981-38212013000300003.
Fritzsche, Peter (1987). *Die politische Kultur Italiens.* Frankfurt a. M. und New York: Campus-Verlag.
Fromme, Friedrich Karl (1982). „Wer sind diese Grünen?“ In: *Frankfurter Allgemeine Zeitung* 70 vom 24.03.1982, S. 1.
– (1984). „Die Grünen: eine Linkspartei“. In: *Frankfurter Allgemeine Zeitung* 221 vom 02.10.1984, S. 1.

Früh, Werner (2007). *Inhaltsanalyse. Theorie und Praxis.* Konstanz: UVK Verlagsgesellschaft.

Fuchs, Dieter und Hans-Dieter Klingemann (1989). „Das Links-Rechts-Schema als politischer Code. Ein interkultureller Vergleich auf inhaltsanalytischer Grundlage". In: *Kultur und Gesellschaft. Verhandlungen des 24. Deutschen Soziologentags, des 11. Österreichischen Soziologentags und des 8. Kongresses der Schweizerischen Gesellschaft für Soziologie in Zürich 1988.* Hrsg. von Max Haller, Hans-Joachim Hoffmann-Nowotny und Wolfgang Zapf. Frankfurt a. M. und New York: Campus-Verlag, S. 484–498.

– (1990). „The Left-Right Schema". In: *Continuties in Political Action. A Longitudinal Study of Political Orientation in Three Western Democracies.* Hrsg. von M. Kent Jennings u. a. Berlin und New York: De Gruyter, S. 203–234.

Fuchs, Dieter und Steffen M. Kühnel (1990). „Die evaluative Bedeutung ideologischer Selbstidentifikation". In: *Wahlen und Wähler. Analysen aus Anlaß der Bundestagswahl 1987.* Hrsg. von Max Kaase und Hans-Dieter Klingemann. Opladen: Westdeutscher Verlag, S. 217–252.

Fuhse, Jan A. (2004). „Links oder rechts oder ganz woanders? Zur Konstruktion der politischen Landschaft". In: *Österreichische Zeitschrift für Politikwissenschaft* 33.2, S. 209–226.

Fukuyama, Francis (1989). „Das Ende der Geschichte?" In: *Europäische Rundschau* 17.4, S. 3–25.

– (1992). *Das Ende der Geschichte. Wo stehen wir?* München: Kindler.

G. H. (1998). „Schrittmacher". In: *Frankfurter Allgemeine Zeitung* 173 vom 29.07.1998, S. 1.

Gabriel, Sigmar (2008). *Links neu denken. Politik für die Mehrheit.* München an Zürich: Piper.

Gall, Lothar (1975). „Liberalismus und ‚Bürgerliche Gesellschaft'. Zu Charakter und Entwicklung der liberalen Bewegung in Deutschland". In: *Historische Zeitschrift* 220, S. 324–356.

Gebhardt, Bruno (1898). *Am Ende des Jahrhunderts. Rückschau auf 100 Jahre geistige Entwicklung.* Bd. 1. Berlin: Cronbach.

Gerhard, Ute (1991). „‚Wo gleich große Gefahren links und rechts sich zeigen' – Das Paulskirchenparlament als geschlossene Gesellschaft". In: *KultuRRevolution* 26, S. 30–34.

Geser, Hans (1992). „‚Links und Rechts, gauche et droit, sinestra e destra': eine unverwüstliche Begriffspolarität im intersprachlichen Vergleich". In: *Politische Sprache in der Schweiz. Konflikt und Konsens.* Hrsg. von Manuel Eisner und Beat Fux. Zürich und Köln: Orell Füssli, S. 285–323.

Gibowski, Wolfgang G. (1977). „Die Bedeutung der Links-Rechts-Dimension als Bezugsrahmen für politische Präferenzen". In: *Politische Vierteljahresschrift* 18.2/3, S. 600–626. URL: `http://www.jstor.org/stable/24196591`.

Giddens, Anthony (1997). *Jenseits von Links und Rechts. Die Zukunft radikaler Demokratie.* Frankfurt a. M.: Suhrkamp.

– (1999). *Der dritte Weg. Die Erneuerung der sozialen Demokratie.* Frankfurt a. M. und Wien: Büchergilde Gutenberg.

– (2001). *Die Frage der sozialen Ungleichheit.* Frankfurt a. M.: Suhrkamp.

Giebler, Heiko und Aiko Wagner (2019). „Populistische Einstellungen". In: *Zwischen Polarisierung und Beharrung: Die Bundestagswahl 2017.* Hrsg. von Sigrid Roßteutscher u. a. Baden-Baden: Nomos, S. 295–308.

Gilcher-Holtey, Ingrid (2001). *Die 68er Bewegung. Deutschland – Westeuropa – USA.* München: Beck.

Glaser, Hermann (1989). *Kulturgeschichte der Bundesrepublik Deutschland. Zwischen Protest und Anpassung 1968–1989.* München und Wien: Hanser.

Goldfarb, Jeffrey C. (1990). „Post-Totalitarian Politics: Ideology Ends Again". In: *Social Research* 57.3, S. 533–554. URL: `http://www.jstor.org/stable/40970600`.

Grau, Andreas (2016). *Bundestagswahl 1983.* Lebendiges Museum Online, Stiftung Haus der Geschichte der Bundesrepublik Deutschland. URL: `http://www.hdg.de/lemo/kapitel/geteiltes-deutschland-krisenmanagement/bundesrepublik-im-umbruch/bundestagswahl-1983.html` (besucht am 15. 02. 2020).

Grebing, Helga (1971a). *Konservative gegen die Demokratie. Konservative Kritik an der Demokratie in der Bundesrepublik nach 1945.* Frankfurt a. M.: Europäische Verlagsanstalt.

– (1971b). *Linksradikalismus gleich Rechtsradikalismus. Eine falsche Gleichung.* Stuttgart u. a.: Kohlhammer.

– (1993). *Die deutsche Arbeiterbewegung zwischen Revolution, Reform und Etatismus.* Mannheim u. a.: BI-Taschenbuchverlag.

– (2005). „Ideengeschichte des Sozialismus in Deutschland. Teil II". In: *Geschichte der sozialen Idee in Deutschland. Sozialismus – Katholische Soziallehre – Protestantische Sozialethik.* Hrsg. von Helga Grebing. Wiesbaden: VS Verlag für Sozialwissenschaften, S. 353–595.

Greiffenhagen, Martin (1975). *Freiheit gegen Gleichheit? Zur ‚Tendenzwende' in der Bundesrepublik.* Hamburg: Hoffmann und Campe.

Greß, Franz und Hans-Gerd Jaschke (1982). *Rechtsextremismus in der Bundesrepublik nach 1960. Dokumentation und Analyse von Verfassungschutzberichten.* PDI-Sonderheft 18. München: PDI.

Grosse Kracht, Hermann-Josef (2007). „Jenseits von Mitleid und Barmherzigkeit. Zur Karriere solidaristischen Denkens im 19. und 20. Jahrhundert“. In: *Jahrbuch für Christliche Sozialwissenschaften* 48, S. 13–38. URL: http://nbn-resolving.de/urn:nbn:de:hbz:6:3-jcsw-2007-551.

Grünert, Horst (1974). *Sprache und Politik. Untersuchungen zum Sprachgebrauch der „Paulskirche“.* Berlin und New York: De Gruyter.

Gunther, Richard und José R. Montero (2001). „The Anchors of Partisanship: A Comparative Analysis of Voting Behavior in Four Southern European Democracies“. In: *Parties, Politics, and Democracy in the New Southern Europe.* Hrsg. von P. Nikiforos Diamandouros und Richard Gunther. Baltimore und London: The Johns Hopkins University Press, S. 83–152.

Halder, Winfrid (2003). *Innenpolitik im Kaiserreich 1871–1914.* Darmstadt: Wissenschaftliche Buchgesellschaft.

Halliday, Michael A. K. (1961). „Categories of the Theory of Grammar“. In: *Word* 17.2, S. 241–292. DOI: 10.1080/00437956.1961.11659756.

Hanselle, Ralf (2009). „Das Wunderland. Der westdeutsche Traum von Gerechtigkeit: Die nivellierte Mittelstandsgesellschaft wurde nie Realität.“ In: *Das Parlament* 38. URL: http://www.das-parlament.de/2009/38/Themenausgabe/27026691/302626 (besucht am 07. 02. 2020).

Harpprecht, Klaus (1964). *Viele Grüße an die Freiheit.* Stuttgart: Steingrüben Verlag.

Hartleb, Florian (2004). *Rechts- und Linkspopulismus. Eine Fallstudie anhand von Schill-Partei und PDS.* Wiesbaden: VS Verlag für Sozialwissenschaften.

– (2005). *Rechtspopulistische Parteien.* Arbeitspapier/Dokumentation 143. Konrad-Adenauer-Stiftung. URL: http://www.kas.de/wf/doc/kas_6380-544-1-30.pdf?131107151332 (besucht am 07. 02. 2020).

Hatemi, Peter K. und Zoltán Fazekas (2018). „Narcissism and Political Orientations“. In: *American Journal of Political Science* 62.4, S. 873–888. DOI: 10.1111/ajps.12380.

Haupt, Heinz-Gerhard und Dieter Langewiesche (1998). „Die Revolution in Europa 1848. Reform der Herrschafts- und Gesellschaftsordnung – Nationalrevolution – Wirkungen“. In: *Europa 1848. Revolution und Reform.* Hrsg. von Dieter Dowe, Heinz-Gerhard Haupt und Dieter Langewiesche. Bonn: Dietz, S. 11–41.

Heinemann, Margot (1997). „Kollokationen im deutsch-deutschen Sprachgebrauch“. In: *Deutsch-deutsche Kommunikationserfahrungen im arbeitsweltlichen Alltag*. Hrsg. von Irmhild Barz und Ulla Fix. Heidelberg: Winter, S. 163–172.

Heinrich-Böll-Stiftung, Hrsg. (2018). *Die Gründungsgeneration der Grünen. Acht Interviews*. URL: `https://www.boell.de/de/2018/05/18/die-gruendungsgeneration-der-gruenen` (besucht am 19. 02. 2020).

Heller, Robert Wilhelm (1849). *Brustbilder aus der Paulskirche*. Leipzig: Mayer.

Helman, Isidore-Stanislaus, Antoine-Jean Duclos und Charles Monnet (1790). *Assemblée Nationale abandon de tous privilèges, à Versailles, séance de la nuit du 4 au 5 aout 1789*. Bibliothèque nationale de France. URL: `http://gallica.bnf.fr//ark:/12148/btv1b8410804r` (besucht am 12. 02. 2020).

Helman, Isidore-Stanislaus und Charles Monnet (1789). *Ouverture des États généraux, à Versailles dans la salle des Menus Plaisirs, le 5 mai 1789*. Bibliothèque nationale de France. URL: `https://gallica.bnf.fr/ark:/12148/btv1b69426650/f1.item` (besucht am 12. 02. 2020).

Hertz, Robert (1909). „La Prééminence de la Main Droite. Étude sur la Polarité Religieuse“. In: *Revue Philosophique de la France et de l'Étranger* 68, S. 553–580. URL: `http://www.jstor.org/stable/41079022`.

– (1973). „The Pre-eminence of the Right Hand: A Study in Religious Polarity“. In: *Right & Left. Essays on Dual Symbolic Classification*. Hrsg. von Rodney Needham. Chicago und London: The University of Chicago Press, S. 3–31.

Hirsch, Kurt (1989). *Rechts von der Union. Personen, Organisationen, Parteien seit 1945*. München: Knesebeck & Schuler.

Hobsbawm, Eric J. (2004). *Das Gesicht des 21. Jahrhunderts. Ein Gespräch mit Antonio Polito*. München: Deutscher Taschenbuch-Verlag.

– (2005). *Nationen und Nationalismus. Mythos und Realität seit 1780*. Frankfurt a. M. und New York: Campus-Verlag.

– (2012). *Das Zeitalter der Extreme. Weltgeschichte des 20. Jahrhunderts*. München: Deutscher Taschenbuch-Verlag.

Hochgeschwender, Michael (1998). *Freiheit in der Offensive? Der Kongreß für kulturelle Freiheit und die Deutschen*. München: Oldenbourg.

Hodges, Donald C. (1968). „The End of ‚The End of Ideology‘ “. In: *The End of Ideology Debate*. Hrsg. von Chaim I. Waxman. New York: Funk & Wagnalls, S. 373–388.

Hoeres, Peter (2013). „Von der ‚Tendenzwende' zur ‚geistig-moralischen Wende'. Konstruktion und Kritik konservativer Signaturen in den 1970er und 1980er Jahren." In: *Vierteljahrshefte für Zeitgeschichte* 61.1, S. 93–119. DOI: 10.1524/vfzg.2013.0004.

Hoff, Klaus (1993). *Rechts und Links – zwei Schlagworte auf dem Prüfstand.* Krefeld: Sinus.

Hoffmann, Karsten Dustin (2006). *Das Rechts-Links-Kontinuum. Eine Theorie zur Strukturierung des politischen Raums.* München: GRIN Verlag.

Höfinghoff, Oliver u. a. (2011). „Sind die Piraten links? Die Sonntaz Frage". In: *taz.die tageszeitung* 9607 vom 24.09.2011, S. 18.

Hofstadter, Richard (1977). *The American Political Tradition and the Men Who Made It.* New York: Knopf.

Hombach, Bodo (1998). *Aufbruch. Die Politik der Neuen Mitte.* München u.a.: Econ.

Huber, John D. (1989). „Values and Partisanship in Left-Right Orientations: Measuring Ideology". In: *European Journal of Political Research* 17.5, S. 599–621. DOI: 10.1111/j.1475-6765.1989.tb00209.x.

Hunston, Susan (2005). *Corpora in Applied Linguistics.* Cambridge u. a.: Cambridge University Press.

Ignazi, Piero (1992). „The Silent Counter-Revolution. Hypotheses on the Emergence of Extreme Right-Wing Parties in Europe". In: *European Journal of Political Research* 22.1, S. 3–34. DOI: 10.1111/j.1475-6765.1992.tb00303.x.

– (1996). „The Intellectual Basis of Right-Wing Anti-Partyism". In: *European Journal of Political Research* 29.3, S. 279–296. DOI: 10.1111/j.1475-6765.1996.tb00653.x.

– (2003). *Extreme Right Parties in Western Europe.* Oxford u. a.: Oxford University Press. DOI: 10.1093/0198293259.001.0001.

Ihme, Bernd (1981). *Tendenzwende zur Unvernunft. Zum irrationalistischen Rüstzeug konservativer Ideologen.* Berlin: Dietz.

Inglehart, Ronald (1971). „The Silent Revolution in Europe: Intergenerational Change in Post-Industrial Societies". In: *The American Political Science Review* 65.4, S. 991–1017. DOI: 10.2307/1953494.

– (1977). *The Silent Revolution. Changing Values and Political Styles among Western Publics.* Princeton: Princeton University Press.

– (1984). „The Changing Structure of Political Cleveages in Western Society". In: *Electoral Change in Advanced Industrial Democracies. Realignment or Dealignment?* Hrsg. von Russell J. Dalton,

Scott C. Flanagan und Paul A. Beck. Princeton: Princeton University Press, S. 25–69.

– (1989). *Kultureller Umbruch. Wertwandel in der westlichen Welt.* Frankfurt a. Main und New York: Campus-Verlag.

Inglehart, Ronald und Scott C. Flanagan (1987). „Value Change in Industrial Societies". In: *The American Political Science Review* 81.4, S. 1289–1319. URL: `http://www.jstor.org/stable/1962590`.

Inglehart, Ronald und Hans-Dieter Klingemann (1976). „Party Identification, Ideological Preference and the Left-Right Dimension among Western Mass Publics". In: *Party Identification and Beyond. Representations of Voting and Party Competition.* Hrsg. von Ian Budge, Ivor Crewe und Dennis Farlie. London u. a.: Wiley, S. 243–273.

Ippolito, Enrico (2011a). „Lechts oder Rinks? Richtungsstreit bei den Piraten". In: *taz.de.* URL: `http://www.taz.de/!78695/` (besucht am 11. 02. 2020).

– (2011b). „Sind die Piraten links? Streit der Woche". In: *taz.de.* URL: `http://www.taz.de/!5111582/` (besucht am 11. 02. 2020).

Jäger, Michael (2015). *Gender und Parteiensystem. Links-rechts – Das Problem der falschen Fronten.* Frankfurt a. M.: KANN-Verlag.

Jagodzinski, Wolfgang und Steffen M. Kühnel (1994). „Bedeutungsinvarianz und Bedeutungswandel der politischen Richtungsbegriffe ‚links' und ‚rechts' ". In: *Wahlen und politische Einstellungen im vereinigten Deutschland.* Hrsg. von Hans Rattinger, Oscar W. Gabriel und Wolfgang Jagodzinski. Frankfurt a. M. u. a.: Lang, S. 317–367.

Jansen, Christian (2000). *Einheit, Macht und Freiheit. Die Paulskirchenlinke und die deutsche Politik in der nachrevolutionären Epoche 1849–1867.* Düsseldorf: Droste.

Jansen, Christian und Henning Borggräfe (2007). *Nation, Nationalität, Nationalismus.* Frankfurt a. M. und New York: Campus-Verlag.

Jaschke, Hans-Gerd (2001). *Rechtsextremismus und Fremdenfeindlichkeit. Begriffe, Positionen, Praxisfelder.* Wiesbaden: Westdeutscher Verlag.

Jesse, Eckhard (2002). „Die Parteien im westlichen Deutschland von 1945 bis zur deutschen Einheit 1990". In: *Parteiendemokratie in Deutschland.* Hrsg. von Oscar W. Gabriel, Oskar Niedermayer und Richard Stöss. Wiesbaden: Westdeutscher Verlag, S. 59–83.

– (2012). „Linkspopulismus – das Beispiel der deutschen LINKEN". In: *Populismus. Herausforderung oder Gefahr für die Demokratie?* Hrsg. von Anton Pelinka und Birgitt Haller. Wien: new academic press, S. 57–74.

Joos, Martin (1958). „Semology: A Linguistic Theory of Meaning". In: *Studies in Linguistics* 13.3-4, S. 53–70.

Jörke, Dirk (2011). *Kritik demokratischer Praxis. Eine ideengeschichtliche Studie.* Baden-Baden: Nomos.
Jost, John T., Christopher M. Federico und Jaime L. Napier (2009). „Political Ideology: Its Structure, Functions, and Elective Affinities". In: *Annual Review of Psychology* 60, S. 307–337. DOI: 10.1146/annurev.psych.60.110707.163600.
Jost, John T. u. a. (2007). „Are Needs to Manage Uncertainty and Threat Associated With Political Conservatism or Ideological Extremity?" In: *Personality and Social Psychology Bulletin* 33.7, S. 989–1007. DOI: 10.1177/0146167207301028.
Kaltenbrunner, Gerd-Klaus (1974). „Gibt es eine konservative Theorie?" In: *Aus Politik und Zeitgeschichte* 42, S. 3–13.
– (1975). *Der schwierige Konservatismus. Definition, Theorien, Porträts.* Herford und Berlin: Nicolai.
Kämper, Heidrun (2007). „Linguistik als Kulturwissenschaft. Am Beispiel einer Geschichte des sprachlichen Umbruchs im 20. Jahrhundert". In: *Sprach-Perspektiven. Germanistische Linguistik und das Institut für Deutsche Sprache.* Hrsg. von Heidrun Kämper und Ludwig M. Eichinger. Tübingen: Narr, S. 419–439.
– (2012). *Aspekte des Demokratiediskurses der späten 1960er Jahre. Konstellationen – Kontexte – Konzepte.* Berlin und Boston: De Gruyter.
– (2013). *Wörterbuch zum Demokratiediskurs 1967/68.* Berlin: Akademie-Verlag.
Katznelson, Ira (1990). „Does the End of Totalitarianism Signify the End of Ideology?" In: *Social Research* 57.3, S. 557–569. URL: http://www.jstor.org/stable/40970601.
Kilgarriff, Adam (2001). „Comparing Corpora". In: *International Journal of Corpus Linguistics* 6.1, S. 97–133. DOI: 10.1075/ijcl.6.1.05kil.
– (2005). „Language is never, ever, ever, random". In: *Corpus Linguistics and Linguistic Theory* 1.2, S. 263–276. DOI: 10.1515/cllt.2005.1.2.263.
Kirchheimer, Otto (1965). „Wandel des Westeuropäischen Parteiensystems". In: *Politische Vierteljahresschrift* 6.1, S. 20–41. URL: http://www.jstor.org/stable/24193349.
Kiss, Jenő (2012). „Sprachwandel: Ursachen und Wirkungen – Überlegungen zu einem alten Problemkreis der Sprachwissenschaft". In: *Historische Sprachwissenschaft. Erkenntnisinteressen, Grundlagenprobleme, Desdiderate.* Hrsg. von Péter Maitz. Berlin und Boston: De Gruyter, S. 51–62.

Kitschelt, Herbert und Staf Hellemans (1990). „The Left-Right Semantics and the New Politics Cleavage“. In: *Comparative Political Studies* 23.2, S. 210–238. DOI: 10.1177/0010414090023002003.
Klages, Helmut (1985). *Wertorientierungen im Wandel. Rückblick, Gegenwartsanalyse, Prognosen.* Frankfurt a. M. und New York: Campus-Verlag.
– (1988). *Wertedynamik. Über die Wandelbarkeit des Selbstverständlichen.* Zürich und Osnabrück: Edition Interfrom und Fromm.
– (2001). „Werte und Wertwandel“. In: *Handwörterbuch zur Gesellschaft Deutschlands.* Hrsg. von Bernhard Schäfers und Wolfgang Zapf. Opladen: Leske + Budrich, S. 726–738.
Klages, Helmut und Thomas Gensicke (2005). „Wertewandel und die Big-Five-Dimensionen“. In: *Persönlichkeit. Eine vergessene Größe der empirischen Sozialforschung.* Hrsg. von Siegfried Schumann. Wiesbaden: VS Verlag für Sozialwissenschaften, S. 279–299.
Klein, Markus und Jürgen W. Falter (1996). „Die dritte Welle rechtsextremer Wahlerfolge in der Bundesrepublik Deutschland“. In: *Rechtsextremismus. Ergebnisse und Perspektiven der Forschung.* Hrsg. von Jürgen W. Falter, Hans-Gerd Jaschke und Jürgen R. Winkler. Opladen: Westdeutscher Verlag, S. 288–312.
Klingemann, Hans-Dieter (1972). „Testing the Left-Right Continuum on a Sample of German Voters“. In: *Comparative Political Studies* 5.1, S. 93–106. DOI: 10.1177/001041407200500105.
– (1979). „Measuring Ideological Conceptualizations“. In: *Political Action. Mass Participation in Five Western Democracies.* Hrsg. von Samuel H. Barnes u. a. Berverly Hills und London: Sage Publications, S. 215–254.
– (1982). „Fakten oder Programmatik? Die Thesen von Murphy et al. über den Bedeutungswandel von ‚links‘ und ‚rechts‘ und das gegenwärtige Verständnis der politischen Richtungsbegriffe in der Bevölkerung der Bundesrepublik Deutschland“. In: *Politische Vierteljahresschrift* 23.2, S. 214–224. URL: http://www.jstor.org/stable/24197756.
Klingemann, Hans-Dieter und Franz U. Pappi (1972). *Politischer Radikalismus. Theoretische und methodische Probleme der Radikalismusforschung, dargestellt am Beispiel einer Studie anläßlich der Landtagswahlen 1970 in Hessen.* München und Wien: Oldenbourg.
Knutsen, Oddbjørn (1995). „Value Orientations, Political Conflicts and Left-Right Identification: A Comparative Study“. In: *European Journal of Political Research* 28.1, S. 63–93. DOI: 10.1111/j.1475-6765.1995.tb00487.x.

Knutsen, Oddbjørn (1997). „The Partisan and the Value-based Component of Left-right Self-placement: A Comparative Study“. In: *International Political Science Review* 18.2, S. 191–225. URL: http://www.jstor.org/stable/1601386.

Koch, Rainer (2000). „Die Paulskirche in Frankfurt am Main – Die Revolution von 1848/49 und ihre Folgen“. In: *Hessen. Geschichte und Politik.* Hrsg. von Bernd Heidenreich und Klaus Böhme. Stuttgart, Berlin und Köln: Kohlhammer, S. 303–315.

Koenen, Gerd (2001). *Das rote Jahrzehnt. Unsere kleine deutsche Kulturrevolution 1967–1977.* Köln: Kiepenheur & Witsch.

Koopmans, Ruud (2001). „Alter Rechtsextremismus und neue Fremdenfeindlichkeit: Mobilisierung am rechten Rand im Wandel“. In: *Protest in der Bundesrepublik. Struktur und Entwicklungen.* Hrsg. von Dieter Rucht. Frankfurt a. M. und New York: Campus-Verlag, S. 103–142.

Kramer, Helmut (1968). *Fraktionsbindungen in den deutschen Volksvertretungen 1819–1849.* Berlin: Duncker & Humblot.

Kraske, Michael und Christian Werner (2007). *. . . und morgen das ganze Land. Neue Nazis, „befreite Zonen“ und die tägliche Angst – ein Insiderbericht.* Bonn: Bundeszentrale für politische Bildung.

Kretschmann, Winfried (2008). *Links? Rechts? Oder was?* URL: https://www.boell.de/de/demokratie/parteiendemokratie-4524.html (besucht am 11. 02. 2020).

Kriesi, Hanspeter (2010). „Restructuration of Partisan Politics and the Emergence of a New Cleavage Based on Values“. In: *West European Politics* 33.3, S. 673–685. DOI: 10.1080/01402381003654726.

Kriesi, Hanspeter und Philip van Praag Jr. (1987). „Old and New Politics: The Dutch Peace Movement and the Traditional Political Organizations“. In: *European Journal of Political Research* 15.3, S. 319–346. DOI: 10.1111/j.1475-6765.1987.tb00880.x.

Kroh, Martin und Karolina Fetz (2016). „Das Profil der AfD-AnhängerInnen hat sich seit Gründung der Partei deutlich verändert“. In: *DIW Wochenbericht* 34, S. 711–719. URL: https://www.diw.de/sixcms/detail.php?id=diw_01.c.541595.de (besucht am 02. 03. 2020).

Krüger, Horst (1963). „Das Thema wird gestellt“. In: *Was ist heute links? Thesen und Theorien zu einer politischen Position.* Hrsg. von Horst Krüger. München: List, S. 11–29.

Kubitschek, Götz (2016). *Sezession.* URL: www.sezession.de (besucht am 06. 05. 2016).

Kuhn, Axel (2004). *Die deutsche Arbeiterbewegung.* Stuttgart: Reclam.

– (2013). *Die Französische Revolution.* Stuttgart: Reclam.
Kühnl, Reinhard (1967). „Rechts und links als politische Grundkategorien." In: *Blätter für deutsche und internationale Politik* 12.10, S. 1166–1176.
Labor Arts (2020). *Item No. 28201. Pyramid of Capitalist System.* Labor Arts. URL: http://www.laborarts.org/collections/item.cfm?itemid=428 (besucht am 11. 02. 2020).
Laclau, Ernesto und Chantal Mouffe (2006). *Hegemonie und radikale Demokratie. Zur Dekonstruktion des Marxismus.* Wien: Turia + Kant.
Lane, Robert E. (1968). *Political Ideology. Why the American Common Man Believes What He Does.* New York: The Free Press.
Langebach, Martin und Jan Raabe (2011). „Die Genese einer extrem rechten Jugendkultur". In: *Autonome Nationalisten. Neonazismus in Bewegung.* Hrsg. von Jan Schedler und Alexander Häusler. Wiesbaden: VS Verlag für Sozialwissenschaften, S. 36–53.
Langenscheidt (2020). *sinister.* URL: http://de.langenscheidt.com/fremdwoerterbuch/sinister?sq=sinister&q_cat=/fremdwoerterbuch/ (besucht am 11. 02. 2020).
Langewiesche, Dieter (1992). „Reich, Nation und Staat in der jüngeren deutschen Geschichte". In: *Historische Zeitschrift* 254.2, S. 341–381. URL: http://www.jstor.org/stable/27628028.
– (1995). „Nation, Nationalismus, Nationalstaat: Forschungsstand und Forschungsperspektiven". In: *Neue Politische Literatur* 40.1, S. 190–236.
Laponce, Jean A. (1970). „Note on the Use of the Left-Right Dimension". In: *Comparative Political Studies* 2.4, S. 481–502. DOI: 10.1177/001041407000200405.
– (1975). „Spatial Archetypes and Political Perceptions". In: *The American Political Science Review* 69.1, S. 11–20. URL: http://www.jstor.org/stable/1957881.
– (1981). *Left and Right. The Topography of Political Perceptions.* Toronto, Buffalo und London: University of Toronto Press.
Lasch, Christopher (1991). *The True And Only Heaven. Progress and its Critics.* New York und London: Norton.
Lauf, Edmund (2001). „‚.96 nach Holsti'. Zur Reliabilität von Inhaltsanalysen und deren Darstellung in kommunikationswissenschaftlichen Fachzeitschriften". In: *Publizistik* 46.1, S. 57–68. DOI: 10.1007/s11616-001-0004-7.
Leendertz, Ariane (2012). „Schlagwort, Prognostik oder Utopie? Daniel Bell über Wissen und Politik in der ‚postindustriellen Gesellschaft'". In: *Zeithistorische Forschungen/Studies in Contemporary History,*

Online-Ausgabe 9.1, S. 161–167. DOI: https://doi.org/10.14765/zzf.dok-1602.

Lempfrid, Wilhelm (1961). „Der bayerische Landtag 1831 und die öffentliche Meinung“. In: *Zeitschrift für Bayerische Landesgeschichte* 24, S. 1–101.

Lenin, Vladimir I. (1970). *Der ‚Linke Radikalismus‘, die Kinderkrankheit im Kommunismus*. Berlin: Dietz.

Lenk, Kurt (1994). *Rechts, wo die Mitte ist. Studien zur Ideologie: Rechtsextremismus, Nationalsozialismus, Konservatismus*. Baden-Baden: Nomos.

– (2009). „Vom Mythos der politischen Mitte“. In: *Aus Politik und Zeitgeschichte* 38, S. 15–20.

Leuoth, Katharina (2010). „Chemnitz, Karl-Marx-Stadt und zurück“. In: *freiepresse.de*. URL: http://www.freiepresse.de/NACHRICHTEN/TOP-THEMA/Chemnitz-Karl-Marx-Stadt-und-zurueck-artikel7361372.php (besucht am 26. 02. 2017).

Lewandowsky, Marcel (2018). „Alternative für Deutschland (AfD)“. In: *Handbuch der deutschen Parteien*. Hrsg. von Frank Decker und Viola Neu. Wiesbaden: Springer VS, S. 161–170.

Lindenau, Gisela (1991). „Links – ein zeitgemäßer Begriff?“ In: *Was ist heute links? Ein Diskussionsangebot*. Hrsg. von Horst Dietzel und Konrad Irmschler. Berlin: Dietz, S. 7–25.

Lipset, Seymour M. (1972). „Der ‚Faschismus‘, die Linke, die Rechte und die Mitte“. In: *Theorien über den Faschismus*. Hrsg. von Ernst Nolte. Köln: Kiepenheuer & Witsch, S. 449–491.

Litschko, Konrad und Andreas Speit (2014a). „Rechtsaußen auf verlorenem Posten. Neonazi-Partei fürchtet Verbot“. In: *taz.de*. URL: http://www.taz.de/Neonazi-Partei-fuerchtet-Verbot/!5048877/ (besucht am 11. 02. 2020).

– (2014b). „Zu wenig Anhänger. ‚Die Rechte‘ und EU-Wahl“. In: *taz.de*. URL: http://www.taz.de/%E2%80%9EDie-Rechte%E2%80%9C-und-EU-Wahl/!5047177/ (besucht am 11. 02. 2020).

Livi, Massimiliano, Daniel Schmidt und Michael Sturm, Hrsg. (2010). *Die 1970er Jahre als schwarzes Jahrzehnt. Politisierung und Mobilisierung zwischen christlicher Demokratie und extreme Rechter*. Frankfurt a. M.: Campus-Verlag.

Lloyd, Geoffrey (1973). „Right and Left in Greek Philosophy“. In: *Right & Left. Essays on Dual Symbolic Classification*. Hrsg. von Rodney Needham. Chicago und London: The University of Chicago Press, S. 167–186.

Lösche, Peter und Franz Walter (1996). *Die FDP. Richtungsstreit und Zukunftszweifel.* Darmstadt: Wissenschaftliche Buchgesellschaft.

Lübbe, Hermann (2011). „Jenseits von Gut und Böse". In: *Frankfurter Allgemeine Zeitung* 293 vom 16.12.2011, S. 9.

Lüdeling, Anke (2009). *Grundkurs Sprachwissenschaft.* Stuttgart: Klett.

Ludwig, Andrea (1994). „Die ‚Neue Linke' und die Nation. Über den linken Umgang mit dem Eigenen und dem Fremden". In: *Nation, Nationalstaat, Nationalismus.* Hrsg. von Giuseppe Orsi u. a. Frankfurt a. M. u. a.: Lang, S. 103–117.

– (1995). *Neue oder Deutsche Linke. Nation und Nationalismus im Denken von Linken und Grünen.* Opladen: Westdeutscher Verlag.

Luhmann, Niklas (1981). *Soziologische Aufklärung 3. Soziales System, Gesellschaft, Organisation.* Opladen: Westdeutscher Verlag.

– (1984). *Soziale Systeme. Grundriß einer allgemeinen Theorie.* Frankfurt a. M.: Suhrkamp.

Lukes, Steven (1990). „Socialism and Capitalism, Left and Right". In: *Social Research* 57.3, S. 571–577.

– (1992). „What is Left?" In: *The Times Literary Supplement* 4643 vom 27.03.1992, S. 10.

Maas, Stefan (2015). „Auf nach rechts. Die AfD definiert sich um". In: *deutschlandfunk.de.* URL: `http://www.deutschlandfunk.de/die-afd-definiert-sich-um-auf-nach-rechts.862.de.html?dram:article_id=325025` (besucht am 11. 02. 2020).

Manning, Christopher D. und Hinrich Schütze (2000). *Foundations of Statistical Natural Language Processing.* Cambridge und London: The MIT Press.

Manow, Philip (2004). „Der demokratische Leviathan – eine kurze Geschichte parlamentarischen Sitzanordnungen seit der französischen Revolution". In: *Leviathan* 32.3, S. 319–347. URL: `http://www.jstor.org/stable/23984073`.

Marcuse, Herbert (1980). *Das Ende der Utopie. Vorträge und Diskussionen in Berlin 1967.* Frankfurt a. M.: Verlag Neue Kritik.

Marx, Karl und Friedrich Engels (1969). „Artikel aus der ‚Neuen Rheinischen Zeitung'. 1. Juni – 7. November 1848. Programme der radikal-demokratischen Partei und der Linken zu Frankfurt". In: *Marx-Engels-Werke (MEW).* Hrsg. von Institut für Marxismus-Leninismus beim ZK der SED. Bd. 5. Berlin: Dietz, S. 39–43.

Marx, Karl und Friedrich Engels (1974). „Manifest der Kommunistischen Partei". In: *Marx-Engels-Werke (MEW).* Hrsg. von Institut für

Marxismus-Leninismus beim ZK der SED. Bd. 4. Berlin: Dietz, S. 459–493.

Mattheier, Klaus J. (1988). „Das Verhältnis von sozialem und sprachlichem Wandel". In: *Sociolinguistics. Soziolinguistik. An International Handbook of the Science of Language and Society. Ein internationales Handbuch zur Wissenschaft von Sprache und Gesellschaft.* Hrsg. von Ulrich Ammon, Norbert Dittmar und Klaus J. Mattheier. Bd. 2. Berlin und New York: De Gruyter, S. 1430–1452.

Mavrogordatos, George Th. (1987). „Downs Revisited: Spatial Models of Party Competition and Left-Right Measurements". In: *International Political Science Review* 8.4, S. 333–342. DOI: 10.1177/019251218700800404.

McCleary, Richard und Richard Hay (1980). *Applied Time Series Analysis for Social Sciences.* Beverly Hills: Sage Publications.

Mende, Silke (2011). *„Nicht rechts, nicht links, sondern vorne". Eine Geschichte der Gründungsgrünen.* München: Oldenbourg.

Merten, Christian (1984). „Rechts und Links – von Rechts gesehen". In: *KultuRRevolution* 6, S. 34.

Merten, Klaus (1995). *Inhaltsanalyse. Einführung in Theorie, Methode und Praxis.* Opladen: Westdeutscher Verlag.

Mick, Günter (1997). *Die Paulskirche. Streiten für Einigkeit und Recht und Freiheit.* Frankfurt a. M.: Kramer.

Milic, Thomas (2008a). *Ideologie und Stimmverhalten.* Zürich und Chur: Rüegger.

– (2008b). „Links, Mitte, Rechts: Worauf gründet die ideologische Selbstidentifikation der Schweizer und Schweizerinnen?" In: *Swiss Political Science Review* 14.2, S. 245–285. DOI: 10.1002/j.1662-6370.2008.tb00103.x.

Mills, Charles Wright (2008). *The Politics of Truth. Selected Writings of C. Wright Mills.* Hrsg. von John H. Summers. New York: Oxford University Press.

Minkenberg, Michael (1992). „The New Right in Germany. The Transformation of Conservatism and the Extreme Right". In: *European Journal of Political Research* 22.1, S. 55–81. DOI: 10.1111/j.1475-6765.1992.tb00305.x.

– (1998). *Die neue radikale Rechte im Vergleich. USA, Frankreich, Deutschland.* Opladen und Wiesbaden: Westdeutscher Verlag.

Möbus, Claus und Willi Nagel (1983). „Messung, Analyse und Prognose von Veränderungen". In: *Enzyklopädie der Psychologie Themenbereich B.*

Methodologie und Methoden. Hrsg. von Jürgen Bredenkamp und Hubert Feger. Bd. 5. Göttingen, Toronto und Zürich: Hogrefe, S. 239–470.
Mohler, Armin (1958). *Die französische Rechte. Vom Kampf um Frankreichs Ideologienpanzer*. München: Isar Verlag.
– (1978). *Tendenzwende für Fortgeschrittene*. München: Criticon Verlag.
Mohr, Reinhard (2015). „Mehrheit vermisst in Deutschland echte Demokratie". In: *Die Welt*. URL: http://www.welt.de/137728701 (besucht am 11. 02. 2020).
Mommsen, Wolfgang J. (1978). „Der deutsche Liberalismus zwischen ‚klassenloser Bürgergesellschaft' und ‚Organisiertem Kapitalismus'. Zu einigen neuen Liberalismusinterpretationen". In: *Geschichte und Gesellschaft* 4.1, S. 77–90.
Mönch, Bernhard (1960). *Der politische Wortschatz der französischen Restauration in Parlament und Presse*. Bonn: Rheinische Friedrich-Wilhelms-Universität.
Morsey, Rudolf (2007). *Die Bundesrepublik Deutschland. Entstehung und Entwicklung bis 1969*. München: Oldenbourg.
Mouffe, Chantal (2007). *Über das Politische. Wider die kosmopolitische Illusion*. Frankfurt a. M.: Suhrkamp.
– (2008). *Das demokratische Paradox*. Wien: Turia + Kant.
Mudde, Cas (1996). „The Paradox of the Anti-Party Party. Insights from the Extreme Right". In: *Party Politics* 2.2, S. 265–276. DOI: 10.1177/1354068896002002006.
– (2007). *Populist Radical Right Parties in Europe*. Cambridge und New York: Cambridge University Press.
– (2014). „Fighting the System? Populist Radical Right Parties and Party System Change". In: *Party Politics* 20.2, S. 217–226. DOI: 10.1177/1354068813519968.
Müller, Leonhard (1900). *Badische Landtagsgeschichte. 1. Der Anfang des landständischen Lebens im Jahre 1819*. Berlin: Rosenbaum & Hort.
Müller, Tobias (2017). „Bombastische Selbstfeierei. Treffen europäischer Rechtspopulisten". In: *taz.de*. URL: https://www.taz.de/Archiv-Suche/!5373179&s=Koblenz/ (besucht am 11. 02. 2020).
Münkler, Herfried (2013). „Deutsche Nation". In: *Handwörterbuch zur Gesellschaft Deutschlands*. Hrsg. von Steffen Mau und Nadine M. Schöneck. Wiesbaden: Springer VS, S. 158–169. DOI: 10.1007/978-3-531-18929-1_10.
Murphy, Detlef u. a. (1981). „Haben ‚links' und ‚rechts' noch Zukunft? Zur aktuellen Diskussion über die politischen Richtungsbegriffe." In:

Politische Vierteljahresschrift 22.4, S. 398–414. URL: http://www.jstor.org/stable/24195850.

Nassehi, Armin, Hrsg. (2013). *Kursbuch 173. Rechte Linke*. Hamburg: Murmann.

– (2015). *Die letzte Stunde der Wahrheit. Warum rechts und links keine Alternativen mehr sind und Gesellschaft ganz anders beschrieben werden muss*. Hamburg: Murmann Publishers.

Needham, Rodney, Hrsg. (1973). *Right & Left. Essays on Dual Symbolic Classification*. Chicago und London: The University of Chicago Press.

Neidhardt, Friedhelm, Christiane Eilders und Babara Pfetsch (2004). „Einleitung: Die ‚Stimme der Medien' – Pressekommentare als Gegenstand der Öffentlichkeitsforschung". In: *Die Stimme der Medien. Pressekommentare und politische Öffentlichkeit in der Bundesrepublik*. Hrsg. von Christiane Eilders, Friedhelm Neidhardt und Barbara Pfetsch. Wiesbaden: VS Verlag für Sozialwissenschaften, S. 11–36.

Neu, Viola (2018). „Die Linke (DIE LINKE)". In: *Handbuch der deutschen Parteien*. Hrsg. von Frank Decker und Viola Neu. Wiesbaden: Springer VS, S. 384–401.

Neundorf, Anja (2009). „Growing up on Different Sides of the Wall – A Quasi-Experimantal Test: Applying the Left-Right Dimension to German Mass Public". In: *German Politics* 18.2, S. 201–225. DOI: 10.1080/09644000902870834.

Niedermayer, Oskar (2008). „Plädoyer für die Abschaffung der Links-Rechts-Dimension". In: *Neue Gesellschaft Frankfurter Hefte* 5, S. 32–35. URL: http://www.frankfurter-hefte.de/media/Archiv/2008/Heft_05/NGFH_Mai_08_Archiv_Niedermayer.pdf (besucht am 11. 02. 2020).

Niedersächsisches Ministerium für Inneres und Sport, Abteilung Verfassungsschutz, Presse- und Öffentlichkeitsarbeit, Hrsg. (2016). *Identitäre Bewegung Deutschland (IBD)*. URL: http://www.verfassungsschutz.niedersachsen.de/download/113778/Broschuere_Identitaere_Bewegung_Deutschland_.pdf (besucht am 04. 03. 2020).

Noël, Alain und Jean-Philippe Thérien (2008). *Left and Right in Global Politics*. New York: Cambridge University Press.

Norris, Pippa (2005). *Radial Right. Voters and Parties in the Electoral Market*. Cambridge u. a.: Cambridge University Press.

Nullmeier, Frank (2006). „Links – Rechts". In: *Deutschland. Eine gespaltene Gesellschaft*. Hrsg. von Stephan Lessenich und Frank Nullmeier. Bonn: Bundeszentrale für politische Bildung, S. 313–335.

O.V. (1848). *Die Zustände Berlins seit dem* 18ten *März 1848.* Berlin: Decker. URL: `http://sammlungen.ub.uni-frankfurt.de/1848/urn/urn:nbn:de:hebis:30:2-23796`.
Offe, Claus (1985). „New Social Movements: Challenging the Boundaries of Institutional Politics". In: *Social Research* 52.4, S. 817–868. URL: `https://www.jstor.org/stable/40970399`.
Oppen-Rundstedt, Catharina von (1970). *Die Interpretation der amerikanischen Verfassung im Federalist.* Bonn: Bundeszentrale für politische Bildung.
Osgood, Charles E. und Lois Anderson (1957). „Certain Relations Among Experienced Contingencies, Associative Structue, and Contingencies in Encoded Messages". In: *The American Journal of Psychology* 70.3, S. 411–420. DOI: `10.2307/1419577`.
Ossorio-Capella, Carles (1972). *Der Zeitungsmarkt der Bundesrepublik Deutschland.* Frankfurt a. M.: Athenäum-Verlag.
P. M. (1955). „‚Republikanische Front'". In: *Frankfurter Allgemeine Zeitung* 294 vom 19.12.1955, S. 2.
PMG Presse-Monitor (2014). *Tageszeitungen mit dem größten Anteil an den erfassten Zitaten der Tageszeitungen in Deutschland von Juli 2009 bis Dezember 2013. Statista.* Statista GmbH. URL: `http://de.statista.com/statistik/daten/studie/306835/umfrage/meistzitierte-tageszeitungen-in-deutschland-5-jahres-auswertung/` (besucht am 12. 02. 2020).
Pappi, Franz U. (1983). „Die Links-Rechts-Dimension des deutschen Parteiensystems und die Parteipräferenz-Profile der Wählerschaft". In: *Wahlen und politisches System. Analysen aus Anlaß der Bundestagswahl 1980.* Hrsg. von Max Kaase und Hans-Dieter Klingemann. Opladen: Westdeutscher Verlag, S. 422–441.
Parsons, Talcott (1969). *Politics and Social Structure.* New York: Free Press.
– (2003). *Das System moderner Gesellschaften.* Weinheim und München: Juventa.
Perger, Werner A. (2013). „Die Mutter aller Wahlschlachten. Wahlkampf 1972". In: *Zeit Online.* URL: `http://www.zeit.de/politik/deutschland/2013-07/wahlkampfzeiten-1972` (besucht am 11. 02. 2020).
Peters, Ulrich (2011). „Die Anfänge der AN in Berlin". In: *Autonome Nationalisten. Neonanzismus in Bewegung.* Hrsg. von Jan Schedler und Alexander Häusler. Wiesbaden: VS Verlag für Sozialwissenschaften, S. 54–63.

Pfahl-Traughber, Armin (2001). „Der organisierte Rechtsextremismus in Deutschland nach 1945. Zur Entwicklung auf den Handlungsfeldern ‚Aktion' – ‚Gewalt' – ‚Kultur' – ‚Politik'". In: *Rechtsextremismus in der Bundesrepublik Deutschland. Eine Bilanz.* Hrsg. von Wilfried Schubarth und Richard Stöss. Opladen: Leske + Budrich, S. 71–100.

Piurko, Yuval, Shalom H. Schwartz und Eldad Davidov (2011). „Basic Personal Values and the Meaning of Left-Right Political Orientations in 20 Countries". In: *Political Psychology* 32.4, S. 537–561. DOI: 10.1111/j.1467-9221.2011.00828.x.

Podewils, Clemens, Hrsg. (1975). *Tendenzwende? Zur geistigen Situation in der Bundesrepublik.* Stuttgart: Klett.

Poguntke, Thomas (1987). „New Politics and Party Systems: The Emergence of a New Type of Party?" In: *West European Politics* 10.1, S. 76–88. DOI: 10.1080/01402388708424615.

Poguntke, Thomas und Susan E. Scarrow (1996). „The Politics of Anti-Party Sentiment: Introduction". In: *European Journal of Political Research* 29.3, S. 257–262. DOI: 10.1111/j.1475-6765.1996.tb00651.x.

Pohl, Karl Heinrich (1991). „Die Nationalliberalen – eine unbekannte Partei?" In: *Jahrbuch zur Liberalismus-Forschung.* Hrsg. von Friedrich-Naumann-Stiftung. Baden-Baden: Nomos, S. 82–112.

Poschardt, Ulf (2015). „Rührende Liebe der Deutschen zum Kommunismus". In: *welt.de.* URL: http://www.welt.de/137756861 (besucht am 11. 02. 2020).

Priester, Karin (2008). „Populismus als Protestbewegung". In: *Rechtspopulismus als „Bürgerbewegung". Kampagnen gegen Islam und Moscheebau und kommunale Gegenstrategien.* Hrsg. von Alexander Häusler. VS Verlag für Sozialwissenschaften, S. 19–36.

Probst, Lothar (2008). „Das Parteiensystem in Bremen". In: *Parteien und Parteiensysteme in den deutschen Ländern.* Hrsg. von Uwe Jun, Melanie Haas und Oskar Niedermayer. Wiesbaden: VS Verlag für Sozialwissenschaften, S. 193–215.

Puhle, Hans-Jürgen (2003). „Zwischen Protest und Politikstil: Populismus, Neo-Populismus und Demokratie". In: *Populismus. Populisten in Übersee und Europa.* Hrsg. von Nikolaus Werz. Opladen: Leske + Budrich, S. 15–43.

Puntsch, Eberhard (1994). *Der Links-Mitte-Rechts-Unfug. Die Welt der Parteien ist nicht zweipolig.* München und Landsberg am Lech: Aktuell.

Quarck, Max (1970). *Die erste deutsche Arbeiterbewegung. Geschichte der Arbeiterverbrüderung 1848/49.* Glashütten im Taunus: Auvermann.

Radkau, Joachim (2011). *Die Ära der Ökologie. Eine Weltgeschichte.* München: Beck.

Raschke, Joachim (1985). *Soziale Bewegungen. Ein historisch-systematischer Grundriß.* Frankfurt a. M. und New York: Campus-Verlag.

– (1998). „Die Erfindung von Links/Rechts als politisches Richtungsschema". In: *Bürgersinn und Kritik. Festschrift für Udo Bermbach zum 60. Geburtstag.* Hrsg. von Michael Th. Greven. Baden-Baden: Nomos, S. 185–206.

Rattinger, Hans u. a. (2014). *Langfrist-Online-Tracking T24 (GLES).* ZA5724 Datenfile Version 1.0.0. GESIS Datenarchiv, Köln. DOI: `https://doi.org/10.4232/1.11963`.

Reckwitz, Andreas (2019). *Das Ende der Illusionen. Politik, Ökonomie und Kultur in der Spätmoderne.* Berlin: Suhrkamp.

Regensburger, Marianne (1963). „Zur Bedeutungsgeschichte des Wortes ‚links'". In: *Was ist heute links? Thesen und Theorien zu einer politischen Position.* Hrsg. von Horst Krüger. München: List, S. 29–35.

Reißmüller, Johann Georg (1974). „Von Berlinguer nicht zuviel erwarten". In: *Frankfurter Allgemeine Zeitung* 27 vom 01.02.1974, S. 1.

Requate, Jörg (2011). *Frankreich seit 1945.* Göttingen: Vandenhoeck & Ruprecht.

Rickens, Christian (2008). *Links! Comeback eines Lebensgefühls.* Berlin: Ullstein.

Roberts, Geoffrey K., Hrsg. (1996). *Superwahljahr. The German Elections in 1994.* London: Cass.

Rödder, Andreas (2004). *Die Bundesrepublik Deutschland 1969–1990.* München: Oldenbourg.

– (2009). „Moderne – Postmoderne – Zweite Moderne. Deutungskategorien für die Geschichte der Bundesrepublik in den siebziger und achtziger Jahren". In: *Auf dem Weg in eine neue Moderne? Die Bundesrepublik Deutschland in den siebziger und achtziger Jahren.* Hrsg. von Thomas Raithel, Andreas Rödder und Andreas Wirsching. Schriftenreihe der Vierteljahreshefte für Zeitgeschichte. München: Oldenbourg, S. 181–201.

Rogge, Peter G. (1975). *Tendenzwende. Wirtschaft nach Wachstum und Wunder.* Stuttgart: Verlag Bonn Aktuell.

Rohrmoser, Günter (1974). *Marxismus und Menschlichkeit. Eine kritische Bilanz der Versuch, die Selbstentfremdung des Menschen zu überwinden. Sackgassen und Alternativen.* Freiburg, Basel und Wien: Herder.

Römmele, Andrea und Viktoria Kaina (2009). „Einleitung. Politische Soziologie und der leere Platz im Buchregal – Eine kurze Geschichte von

Identitätssuche und Selbstbehauptung". In: *Politische Soziologie. Ein Studienbuch.* Hrsg. von Viktoria Kaina und Andrea Römmele. Wiesbaden: VS Verlag für Sozialwissenschaften, S. 7–16.

Rooduijn, Matthijs (2015). „The Rise of Populist Radical Right in Western Europe". In: *European View* 14.1, S. 3–11. DOI: 10.1007/s12290-015-0347-5.

Rosas, João C. und Ana R. Ferreira (2013). „Left and Right. Critical Junctures". In: *Left and Right: The Great Dichotomy Revisited.* Newcastle upon Tyne: Cambridge Scholars Publishing.

Rössler, Patrick (2010). *Inhaltsanalyse.* Konstanz: UVK Verlagsgesellschaft.

Rössler, Patrick und Stephanie Geise (2013). „Standardisierte Inhaltsanalyse: Grundprinzipien, Einsatz und Anwendung". In: *Handbuch standardisierte Erhebungsverfahren in der Kommunikationswissenschaft.* Hrsg. von Wiebke Möhring und Daniela Schlütz. Wiesbaden: Springer VS, S. 269–287.

Roßteutscher, Sigrid (2004). „Von Realisten und Konformisten – Wider die Theorie der Wertsynthese". In: *Kölner Zeitschrift für Soziologie und Sozialpsychologie* 56.3, S. 407–431. DOI: 10.1007/s11577-004-0072-6.

– (2009). *Religion, Zivilgesellschaft, Demokratie. Eine international vergleichende Studie zur Natur religiöser Märkte und der demokratischen Rolle religiöser Zivilgesellschaften.* Baden-Baden: Nomos.

– (2012). „Die konfessionell-religiöse Konfliktlinie zwischen Säkularisierung und Mobilisierung". In: *Wählen in Deutschland.* Hrsg. von Rüdiger Schmitt-Beck. Baden-Baden: Nomos, S. 111–133.

– (2013). „Werte und Wertewandel". In: *Handwörterbuch zur Gesellschaft Deutschlands.* Hrsg. von Steffen Mau und Nadine M. Schöneck. Wiesbaden: Springer VS, S. 936–948.

Roßteutscher, Sigrid und Philipp Scherer (2013). „Links und rechts im politischen Raum: eine vergleichende Analyse der ideologischen Entwicklung in Ost- und Westdeutschland". In: *Wahlen und Wähler. Analysen aus Anlass der Bundestagswahl 2009.* Hrsg. von Bernhard Weßels, Harald Schoen und Oscar W. Gabriel. Wiesbaden: Springer VS, S. 380–406.

– (2014). „Ideologie". In: *Zwischen Fragmentierung und Konzentration: Die Bundestagswahl 2013.* Hrsg. von Rüdiger Schmitt-Beck u. a. Baden-Baden: Nomos, S. 213–223.

Rotbuch-Verlag, Hrsg. (1993). *What's Left? Prognosen zur Linken.* Berlin: Rotbuch-Verlag.

Rote Armee Fraktion (1971). *Das Konzept Stadtguerilla.* URL: https://socialhistoryportal.org/sites/default/files/raf/0019710501_7.pdf (besucht am 11. 02. 2020).

Rucht, Dieter (1994). *Modernisierung und neue soziale Bewegungen. Deutschland, Frankreich und USA im Vergleich.* Frankfurt a. M. und New York: Campus-Verlag.

– (2001). „Anlage, Methode und externe Validierung von ‚Prodat'". In: *Protest in der Bundesrepublik. Strukturen und Entwicklungen.* Hrsg. von Dieter Rucht. Frankfurt a. M. und New York: Campus, S. 315–319.

– (2010). *Prodat-Codesheet Deutsch/Englisch.* URL: https://www.wzb.eu/system/files/docs/sine/codesheet-prodat_2010.pdf (besucht am 11. 02. 2020).

Rucht, Dieter und Simon Teune (o. J.). *Prodat 1950–2002. Datensatz.* URL: https://www.wzb.eu/sites/default/files/u13/prodat_1950-2002.zip (besucht am 22. 02. 2017).

Rümelin, Gustav (1892). *Aus der Paulskirche. Berichte an den Schwäbischen Merkur aus den Jahre 1848 und 1849.* Hrsg. von H. R. Schäfer. Stuttgart: Göschen.

Saage, Richard (2005). *Demokratietheorien. Eine Einführung.* Wiesbaden: VS Verlag für Sozialwissenschaften.

Salomon, David (2012). *Demokratie.* Köln: PapyRossa-Verlag.

Salzborn, Samuel (2014). *Rechtsextremismus. Erscheinungsformen und Erklärungsansätze.* Baden-Baden: Nomos.

Sani, Giacomo (1974). „A test of the Least-Distance Model of Voting Choice Italy, 1972". In: *Comparative Political Studies* 7.2, S. 193–208. DOI: 10.1177/001041407400700203.

Scarrow, Susan E. (1996). „Politicians Against Parties: Anti-Party Arguments as Weapons for Change in Germany". In: *European Journal of Political Research* 29.3, S. 297–317. DOI: 10.1111/j.1475-6765.1996.tb00654.x.

Scharkow, Michael (2013). „Automatische Inhaltsanalyse". In: *Handbuch standardisierte Erhebungsverfahren in der Kommunikationswissenschaft.* Hrsg. von Wiebke Möhring und Daniela Schlütz. Wiesbaden: Springer VS, S. 289–306.

Scharloth, Joachim, David Eugster und Noah Bubenhofer (2013). „Das Wuchern der Rhizome. Linguistische Diskursanalyse und Data-driven Turn". In: *Linguistische Diskursanalyse: neue Perspektiven.* Hrsg. von Dietrich Busse und Wolfgang Teubert. Wiesbanden: Springer VS, S. 345–380. DOI: 10.1007/978-3-531-18910-9_11.

Schedler, Jan (2011). „‚Modernisierte Antimoderne': Entwicklung des organisierten Neonazismus 1990–2010". In: *Autonome Nationalisten. Neonazismus in Bewegung.* Hrsg. von Jan Schedler und Alexander Häusler. Wiesbaden: VS Verlag für Sozialwissenschaften, S. 17–35.

Schelsky, Helmut (1967). *Wandlungen der deutschen Familie in der Gegenwart. Darstellung und Deutung einer empirisch-soziologischen Tatbestandsaufnahme.* Stuttgart: Enke.

Scherer, Philipp (2011). „Jenseits von Links und Rechts: Spielt Ideologie für Parteien und Wähler keine Rolle mehr?" In: *Der unbekannte Wähler? Mythen und Fakten über das Wahlverhalten der Deutschen.* Hrsg. von Evelyn Bytzek und Sigrid Roßteutscher. Frankfurt und New York: Campus-Verlag, S. 23–41.

Scherer, Philipp und Sigrid Roßteutscher (2020). „Wertorientierungen und Wertewandel". In: *Politikwissenschaftliche Einstellungs- und Verhaltensforschung. Handbuch für Wissenschaft und Studium.* Hrsg. von Thorsten Faas, Oscar W. Gabriel und Jürgen Maier. Baden-Baden: Nomos, S. 209–229.

Scherer, Philipp und Lars-Christopher Stövsand (2019). „Ideologie". In: *Zwischen Polarisierung und Beharrung: Die Bundestagswahl 2017.* Hrsg. von Sigrid Roßteutscher u. a. Baden-Baden: Nomos, S. 219–228.

Scherr, Albert (1996). „Zum Stand der Debatte über Jugend und Rechtsextremismus". In: *Rechtsextremismus. Ergebnisse und Perspektiven der Forschung.* Hrsg. von Jürgen W. Falter, Hans-Gerd Jaschke und Jürgen R. Winkler. Opladen: Westdeutscher Verlag, S. 97–120.

Schildt, Axel (2004). „‚Die Kräfte der Gegenreform sind auf breiter Front angetreten'. Zur konservativen Tendenzwende in den Siebzigerjahren". In: *Archiv für Sozialgeschichte* 44, S. 449–479. URL: http://library.fes.de/jportal/servlets/MCRFileNodeServlet/jportal_derivate_00021400/afs-2004-449.pdf (besucht am 11. 02. 2020).

Schildt, Axel, Detlef Siegfried und Karl Christian Lammers (2000). „Einleitung". In: *Dynamische Zeiten. Die 60er Jahre in den beiden deutschen Gesellschaften.* Hrsg. von Axel Schildt, Detlef Siegfried und Karl Christian Lammers. Hamburg: Christians, S. 11–20.

Schiller, Anne u. a. (1999). *Guidelines für das Tagging deutscher Textkorpora mit STTS (Kleines und großes Tagset).* Universität Stuttgart - Institut für maschinelle Sprachverarbeitung und Universität Tübingen - Seminar für Sprachwissenschaft. URL: http://www.sfs.uni-tuebingen.de/resources/stts-1999.pdf (besucht am 11. 02. 2020).

Schippan, Thea (1991). „Bedeutungswandel“. In: *Zeitschrift für Phonetik, Sprachwissenschaft und Kommunikationsforschung: ZPSK* 44.1, S. 93–101. DOI: `10.1524/stuf.1991.44.14.93`.

Schlittgen, Rainer und Bernd H. J. Streitberg (1999). *Zeitreihenanalyse.* München und Wien: Oldenbourg.

Schmid, Helmut (1994). „Probabilistic Part-of-Speech Tagging Using Decision Trees“. In: *Proceedings of International Conference on New Methods in Language Processing.* Manchester. URL: `http://www.cis.uni-muenchen.de/~schmid/tools/TreeTagger/data/tree-tagger1.pdf` (besucht am 11.02.2020).

– (1995). „Improvements in Part-of-Speech Tagging with an Application to German“. In: *Proceedings of the ACL SIGDAT-Workshop.* Dublin. URL: `http://www.cis.uni-muenchen.de/~schmid/tools/TreeTagger/data/tree-tagger2.pdf` (besucht am 11.02.2020).

Schmidt, Helmut (1963). „Was bedeutet heute eigentlich ‚rechts‘?“ In: *Aus Politik und Zeitgeschichte* 4, S. 8–12.

Schmidt, Manfred G. (2010). *Demokratietheorien. Eine Einführung.* Wiesbaden: VS Verlag für Sozialwissenschaften.

Schönbach, Klaus (1977). *Trennung von Nachricht und Meinung. Empirische Untersuchung eines journalistischen Qualitätskriteriums.* Freiburg und München: Alber.

Schönkäs, Klaus (1990). „Bundesrepublik Deutschland“. In: *Neue Rechte und Rechtsextremismus in Europa. Bundesrepublik, Frankreich, Großbritannien.* Hrsg. von Franz Greß, Hans-Gerd Jaschke und Klaus Schönkäs. Opladen: Westdeutscher Verlag, S. 218–349.

Schroeder, Klaus und Monika Deutz-Schroeder (2015). *Gegen Staat und Kapital – für die Revolution! Linksextremismus in Deutschland – eine empirische Studie.* Frankfurt a. M. u. a.: Lang.

Schubarth, Wilfried und Richard Stöss (2001). „Vorwort der Herausgeber“. In: *Rechtsextremismus in der Bundesrepublik Deutschland. Eine Bilanz.* Hrsg. von Wilfried Schubarth und Richard Stöss. Opladen: Leske + Budrich, S. 7–10.

Schubert, Klaus und Martina Klein (2011). *Das Politiklexikon. Begriffe, Fakten, Zusammenhänge.* Bonn: Bundeszentrale für politische Bildung.

Schüler, Sibylle und Frank Möller, Hrsg. (2007). *Als Demokrat in der Paulskirche. Die Briefe und Berichte des Jenaer Abgeordneten Gottlieb Christian Schüler 1848/49.* Köln, Weimar und Wien: Böhlau.

Schulze, Volker (2001). *Die Zeitung. Ein medienkundlicher Leitfaden.* Aachen-Hahn: Hahner Verlagsgesellschaft.
Schumann, Siegfried (2012). *Individuelles Verhalten. Möglichkeiten der Erforschung durch Einstellungen, Werte und Persönlichkeit.* Schwalbach am Taunus: Wochenschau-Verlag.
Schwiers, Gisela (1992). *Darstellungsfiguren deutschen Demokrativerständnisses. Eine Untersuchung deutscher demokratischer Symbole in ihrer historischen Veränderung.* Pfaffenweiler: Centaurus-Verlagsgesellschaft.
Sehl, Annika (2013). *Partizipativer Journalismus in Tageszeitungen. Eine empirische Analyse zur publizistischen Vielfalt im Lokalen.* Baden-Baden: Nomos.
Seifert, Sabine (2016). „Der Käpt'n von Hiddensee. Inselbürgermeister mit Vergangenheit". In: *taz.de.* URL: http://www.taz.de/!5321961/ (besucht am 11. 02. 2020).
Shannon, Paul u. a. (2003). „Cytoscape: A Software Enviroment for Integrated Models of Biomolecular Interaction Networks". In: *Genome Research* 13.11, S. 2498–2504. DOI: 10.1101/gr.1239303.
Shils, Edward (1955). „The End of Ideology?" In: *Encounter* 26, S. 52–58. URL: http://www.unz.org/Pub/Encounter-1955nov-00052 (besucht am 12. 02. 2020).
Siemann, Wolfram (1985). *Die deutsche Revolution von 1848/49.* Frankfurt a. M.: Suhrkamp.
– (1998). „Revolution und Kommunikation". In: *1848. Revolution in Deutschland.* Hrsg. von Christopf Dipper und Ulrich Speck. Frankfurt a. M. und Leipzig: Insel-Verlag, S. 301–313.
Sieyès, Emmanuel-Joseph (1789). *Qu'est-ce que le Tiers état?* URL: https://catalogue.bnf.fr/ark:/12148/cb37237001b (besucht am 12. 02. 2020).
Smith, Anthony D. (2013). *Nations and Nationalism in a Global Era.* Hoboken: Wiley.
Smoot, Michael E. u. a. (2011). „Cytoscape 2.8: New Features for Data Integration and Network Visualization". In: *Bioinformatics* 27.3, S. 431–432. DOI: 10.1093/bioinformatics/btq675.
Solty, Ingar (2015). „links/rechts". In: *Historisch-kritisches Wörterbuch des Marxismus.* Hrsg. von Wolfgang Fritz Haug u. a. Bd. 8. Hamburg: Argument, S. 1153–1168.
Speck, Ulrich (1998). „Das Parlament". In: *1848. Revolution in Deutschland.* Hrsg. von Christof Dipper und Ulrich Speck. Frankfurt a. M. und Leipzig: Insel-Verlag, S. 196–209.

Sperber, Jonathan (1998). „Eine alte Revolution in neuer Zeit. 1848/49 in europäischer Perspektive". In: *Die Revolution von 1848/49. Erfahrung – Verarbeitung – Deutung.* Hrsg. von Christian Jansen und Thomas Mergel. Göttingen: Vandenhoeck & Ruprecht, S. 14–36.

Spier, Tim (2010). *Modernisierungsverlierer? Die Wählerschaft rechtspopulistischer Parteien in Westeuropa.* Wiesbaden: VS Verlag für Sozialwissenschaften.

Stahl, Friedrich J. (1863). *Die Gegenwärtigen Parteien in Staat und Kirche. Neunundzwanzig akademische Vorlesungen.* Berlin: W. Hertz.

Statista (2019). *Zeitungen in Deutschland.* URL: `http://de.statista.com/statistik/studie/id/6551/dokument/zeitungen-statista-dossier/` (besucht am 15. 02. 2020).

Sternberg, Dolf (1987). „Rinks und Lechts". In: *Frankfurter Allgemeine Zeitung* 124 vom 30.05.1987, S. 1.

Stollberg-Rilinger, Barbara (2011). *Die Aufklärung. Europa im 18. Jahrhundert.* Stuttgart: Reclam.

Stoltenberg, Gerhard (1963). „Was heißt heute eigentlich ‚links'?" In: *Aus Politik und Zeitgeschichte* 4, S. 3–7.

Storz, Gerhard (1971). „Konservativ – ein Schimpfwort. Zur Rehabilitierung eines verrufenen Begriffs". In: *Stuttgarter Zeitung* 13 vom 17.01.1971, S. 49.

Stöss, Richard (1989). *Die extreme Rechte in der Bundesrepublik. Entwicklung – Ursachen – Gegenmaßnahmen.* Opladen: Westdeutscher Verlag.

– (1997). *Stabilität im Umbruch. Wahlbeständigkeit und Parteienwettbewerb im „Superwahljahr" 1994.* Opladen und Wiesbaden: Westdeutscher Verlag.

– (2001). „Ideologie und Strategie des Rechtsextremismus". In: *Rechtsextremismus in der Bundesrepublik Deutschland.* Hrsg. von Wilfried Schubarth und Richard Stöss. Opladen: Leske + Budrich, S. 101–130.

– (2013). „Der rechte Rand des Parteiensystems". In: *Handbuch Parteienforschung.* Hrsg. von Oskar Niedermayer. Wiesbaden: Springer VS, S. 563–618.

Straßner, Erich (1987). *Ideologie – Sprache – Politik. Grundfragen ihres Zusammenhangs.* Tübingen: Niemeyer.

Swyngedouw, Marc und Gilles Ivaldi (2001). „The Extreme Right Utopia in Belgium and France: The Ideology of Flemish Vlaams Blok and the French Front National". In: *West European Politics* 24.3, S. 1–22. DOI: `10.1080/01402380108425450`.

Thome, Helmut (1992). „Ausreißer und fehlende Werte in der Zeitreihenanalyse: ihre Modellierung im Rahmen des Box/Jenkins-Ansatzes“. In: *ZA-Information/Zentralarchiv für Empirische Sozialforschung* 31, S. 37–69. URL: `https://nbn-resolving.org/urn:nbn:de:0168-ssoar-202351`.

– (2005). *Zeitreihenanalyse. Eine Einführung für Sozialwissenschaftler und Historiker.* München und Wien: Oldenbourg.

Thompson, Duncan (2007). *Pessimism of the Intellect? A History of the New Left Review.* Monmouth: Merlin Press.

Trüdinger, Eva Maria und Uwe Bollow (2011). „Andere Zeiten, andere politische Inhalte. Bedeutungsgehalt und Bedeutungswandel der politischen Richtungsbegriffe Links und Rechts im innerdeutschen Vergleich.“ In: *Zeitschrift für Parlamentsfragen* 42.2, S. 398–418.

Uekötter, Frank (2012). „Eine ökologische Ära? Perspektiven einer neuen Geschichte der Umweltbewegungen“. In: *Zeithistorische Forschungen/Studies in Contemporary History, Online-Ausgabe* 9.1, S. 108–114. DOI: `https://doi.org/10.14765/zzf.dok-1609`.

Vester, Michael (1989). „Neue Soziale Bewegungen und Soziale Schichten“. In: *Alternativen zur alten Politik? Neue soziale Bewegungen in der Diskussion.* Hrsg. von Ulrike C. Wasmuth. Darmstadt: Wissenschaftliche Buchgesellschaft, S. 38–63.

Vogel, Barbara (1992). „Vom linken zum rechten Nationalismus. Bermerkungen zu einer Forschungskontroverse“. In: *Vom schwierigen Zusammenwachsen der Deutschen. Nationale Identität und Nationalismus im 19. und 20. Jahrhundert.* Hrsg. von Bernd J. Wendet. Frankfurt a. M. u. a.: Lang, S. 97–110.

Vogt, Carl (2005). *Carl Vogt – Erinnerungen an die deutsche Nationalversammlung 1848/49. Briefe aus dem Exil.* Hrsg. von Günter K. Judel. Frankfurt a. M.: Cornelia-Goethe-Literaturverlag.

Vossler, Otto (1981). *Die Revolution von 1848 in Deutschland.* Frankfurt a. M.: Suhrkamp.

Vries, Catherine E. de, Armen Hakhverdian und Bram Lancee (2013). „The Dynamics of Voters’ Left/Right Identification: The Role of Economic and Cultural Attitudes“. In: *Political Science Research and Methods* 1.02, S. 223–238. DOI: `10.1017/psrm.2013.4`.

Vries, Catherine E. de und Isabell Hoffmann (2016). *Globalisierungsangst oder Wertekonflikt? Wer in Europa populistische Parteien wählt und warum.* Eupinions 3. URL: `https://www.bertelsmann-stiftung.de/fileadmin/files/user_`

upload/EZ_eupinions_Fear_Studie_2016_DT.pdf (besucht am 14. 02. 2020).
Walter, Franz (2008). *Baustelle Deutschland. Politik ohne Lagerbindung.* Frankfurt a. M.: Suhrkamp.
Waltinger, Ulli (2010). „GermanPolarityClues: A Lexical Resource for German Sentiment Analysis". In: *Proceedings of the Seventh International Conference on Language Resources and Evaluation (LREC'10).* Hrsg. von Nicoletta Calzolari u. a. Valletta: European Language Resources Association (ELRA).
– (2011). „An Empirical Study on Machine Learning-Based Sentiment Classification Using Polarity Clues". In: *Web Information Systems and Technologies. 6th International Conference, WEBIST 2010 Valencia, Spain, April 7–10, 2010, Revised Selected Papers.* Hrsg. von Joaquim Filipe und José Cordeiro. Berlin und Heidelberg: Springer-Verlag, S. 202–214.
– (2012). *GermanPolarityClues – Dataset (SentiWS Sync) Version 0.2.* URL: www.ulliwaltinger.de/sentiment/ (besucht am 20. 02. 2017).
Waxman, Chaim I., Hrsg. (1968). *The End of Ideology Debate.* New York: Funk & Wagnalls.
Wehrs, Nikolai (2010). „Protest der Professoren: Der *Bund Freiheit der Wissenschaft* und die Tendenzwende der 1970er Jahre". In: *Die 1970er Jahre als schwarzes Jahrzehnt. Politisierung und Mobilisierung zwischen christlicher Demokratie und extremer Rechter.* Hrsg. von Massimiliano Livi, Daniel Schmidt und Michael Sturm. Frankfurt a. M. und New York: Campus-Verlag, S. 91–112.
Weichold, Jochen (1991). „Die neuen sozialen Bewegungen – die neuen Linkskräfte?" In: *Was ist heute links?* Hrsg. von Horst Dietzel und Konrad Irmschler. Berlin: Dietz, S. 132–144.
Weiß, Volker (2013). „Nicht links, nicht rechts – nur national". In: *Die Zeit* 13. URL: www.zeit.de/2013/13/Die-Identitaeren/komplettansicht (besucht am 14. 02. 2020).
Wentzcke, Paul (1959). *Ideale und Irrtümer des ersten deutschen Parlaments (1848–1849).* Heidelberg: Winter.
Werz, Nikolaus (2003). „Alte und neue Populisten in Lateinamerika". In: *Populismus. Populisten in Übersee und Europa.* Hrsg. von Nikolaus Werz. Opladen: Leske + Budrich, S. 45–64.
Wettengel, Michael (1998). „Parteibildung in Deutschland. Das politische Vereinswesen in der Revolution von 1848". In: *Europa 1848. Revolution und Reform.* Hrsg. von Dieter Dowe, Heinz-Gerhard Haupt und Dieter Langewiesche. Bonn: Dietz, S. 701–737.

White, Halbert (1980). „A Heteroskedasticity-Consistent Covariance Matrix Estimator and a Direct Test for Hetereoskedasticity". In: *Econometrica* 48.4, S. 817–838. URL: http://www.jstor.org/stable/1912934.

Wieser, Theodor und Frederic Spotts (1983). *Der Fall Italien. Dauerkrise einer schwierigen Demokratie.* Frankfurt a. M.: Wörner.

Wikimedia Commons contributors (2018). *File:Pyramid of Capitalist System.png.* Wikimedia Commons, the free media repository. URL: https://commons.wikimedia.org/w/index.php?title=File:Pyramid_of_Capitalist_System.png&oldid=288382454 (besucht am 15. 02. 2020).

Wilamowitz-Moellendorff, Ulrich von (1993). „Der Wandel ideologischer Orientierungsmuster zwischen 1971 und 1991 am Beispiel des Links-Rechts-Schemas". In: *ZA-Information* 32, S. 42–71.

Winkler, Heinrich A. (1979). *Liberalismus und Antiliberalismus. Studien zur politischen Sozialgeschichte des 19. und 20. Jahrhunderts.* Göttingen: Vandenhoeck & Ruprecht.

Winkler, Jürgen R. (2001). „Rechtsextremismus: Gegenstand – Erklärungsansätze – Grundprobleme". In: *Rechtsextremismus in der Bundesrepublik Deutschland. Eine Bilanz.* Hrsg. von Wilfried Schubarth und Richard Stöss. Opladen: Leske + Budrich, S. 38–68.

– (2008). „Das Parteiensystem des Saarlandes". In: *Parteien und Parteiensysteme in den deutschen Ländern.* Hrsg. von Uwe Jun, Melanie Haas und Oskar Niedermayer. Wiesbaden: VS Verlag für Sozialwissenschaften, S. 369–386.

Wippermann, Karl (1864). „National-politische Bewegung in Deutschland seit 1848". In: *Das Staats-Lexikon.* Hrsg. von Karl von Rotteck und Karl T. Welcker. Bd. 10. Leipzig: Brockhaus, S. 354–394. URL: http://dl.ub.uni-freiburg.de/diglit/staatslexikon1864-10 (besucht am 14. 02. 2020).

Wirtschaftswoche. Der Volkswirt (1972). „‚Wir brauchen das Leistungsprinzip als Motor sozialer Reformen'. Interview mit dem CSU-Parteivorsitzenden Franz Josef Strauß". In: *Wirtschaftswoche. Der Volkswirt* 45.26, S. 20–22.

Wittgenstein, Ludwig (1968). *Philosophical Investigations.* Oxford: Basil Blackwell.

– (2003). *Philosophische Untersuchungen.* Hrsg. von Joachim Schulte. Frankfurt a. M.: Suhrkamp.

Wooldridge, Jeffrey M. (2009). *Introductory Econometrics. A Modern Approach.* Mason, Ohio: South-Western.

Worm, Uwe (1995). *Die Neue Rechte in der Bundesrepublik. Programmatik, Ideologie und Presse.* Köln: PapyRossa-Verlag.

Yaffee, Robert A. (2007). „A Review of **Stata** Versions 9 and 10 Time Series and Forecasting Capability“. In: *Journal of Statistical Software* 23, S. 1–18. DOI: `10.18637/jss.v023.s01`.

Zicht, Wilko und Matthias Cantow (2016). *Wahlergebnisse.* URL: `www.wahlrecht.de/ergebnisse/index.htm` (besucht am 22.01.2017).

Ziebura, Gilbert (1996). „Globalisierter Kapitalismus: chancenlose Linke? Eine Problemskizze.“ In: *Prokla. Zeitschrift für kritische Sozialwissenschaft* 20.1, S. 85–106.

Zohlnhöfer, Reimut (2006). „Das Parteiensystem Italiens“. In: *Die Parteiensysteme Westeuropas.* Hrsg. von Oskar Niedermayer, Richard Stöss und Melanie Haas. Wiesbaden: VS Verlag für Sozialwissenschaften, S. 275–298.

Zoll, Rainer (2000). *Was ist Solidarität heute?* Frankfurt a. M.: Suhrkamp.

Züll, Cornelia, Evi Scholz und Hermann Schmitt (2010). *Kategorienschema für die Vercodung von Assoziationen mit den politischen Richtungsbegriffen „links“ und „rechts“.* GESIS-Technical Reports 19. GESIS – Leibniz-Institut für Sozialwissenschaften. URL: `https://nbn-resolving.de/urn:nbn:de:0168-ssoar-211821` (besucht am 14.02.2020).

Made in the USA
Las Vegas, NV
12 November 2024

11573203R00184